兩岸關係定位與國際空間

臺灣參與國際活動問題研究

祝捷 著

崧燁文化

目錄

緒論

一、研究意義
二、研究範式：「策略定位」的研究範式
三、研究方法：理論建構的方法
四、結構安排

第一章 「承認爭議」：兩岸政治關係定位的問題意識

一、「承認爭議」：「一中爭議」的自然衍生
　（一）兩岸的「一中爭議」
　（二）「一中爭議」與「承認爭議」的衍生
二、「承認爭議」的表現形式
　（一）「承認爭議」在政治上的表現形式
　（二）「承認爭議」在法律上的表現形式
　（三）「承認爭議」在兩岸經貿往來上的表現形式
　（四）「承認爭議」在國際交往中的表現形式
三、兩岸解決「承認爭議」的做法
　（一）「一國兩制」理論
　（二）兩會事務性商談機制
　（三）馬英九的「主權互不承認、治權互不否認」

第二章　兩岸政治關係定位的描述

一、兩岸政治關係定位的政策面和法制面描述
（一）兩岸政治關係定位的政策面描述
（二）兩岸政治關係定位的法制面描述
二、臺灣學者對兩岸政治關係定位的理論描述
（一）主權理論的解釋
（二）「分裂國家」（the Divided Country）理論的解釋
（三）「臺灣主體性」理論的解釋
三、大陸學者對兩岸政治關係定位的理論描述
（一）黃嘉樹教授和王英津博士的「主權構成研究」
（二）陳動教授基於占有理論的「一國兩區」論
（三）朱松嶺教授基於宣告死亡制度的「中華民國宣告死亡」論
（四）周葉中教授等基於治理理論的「兩岸治理」論

第三章　兩岸政治關係定位的基本思路

一、兩岸有關政治問題的談判：觀點回顧
（一）大陸方面有關政治談判議題的主張
（二）臺灣有關政治談判議題的主張
二、認識論基礎：「政治對立論」
（一）「政治對立論」的主要內容
（二）「政治對立論」的內涵
三、兩岸政治關係定位的政治前提：「九二共識」
（一）本體論的「九二共識」：「一個中國」的政治原則
（二）方法論的「九二共識」：「求同存異」的協商精神
四、定位要素：議題化、階段化和共識化

（一）兩岸政治關係定位中各基本要素的內涵及其相互關係
（二）方法要素：「議題化」
（三）路徑要素：「階段化」
（四）結果要素：「共識化」

第四章 「兩岸」模式及其與其他定位模式的比較

一、「兩岸」模式的提出及其涵義
　（一）兩岸動力系統及其對政治關係定位的影響
　（二）兩岸：從地理概念向政治概念的轉變
　（三）「兩岸」作為現階段政治關係定位模式的可行性
二、「兩岸」模式的論證：基於主權理論的思考
　（一）主權概念的產生與主權的國內法化
　（二）兩岸「主權爭議」的理論根源：主權概念的國際法化
　（三）主權概念的回歸：「兩岸」「去主權化」的理論推演
　（四）「兩岸」作為政治關係定位模式的證成：基於對「不完全分裂國家」理論的批判
　（五）「兩岸」與「一國兩制」的關係
三、「兩岸」模式的歷時性比較
　（一）「兩岸」模式與「合法政府對叛亂團體」模式
　（二）「兩岸」模式與「中央對地方」模式
　（三）「兩岸」模式與「兩黨」模式
四、「兩岸」模式的共時性比較
　（一）「兩岸」模式與「兩會」模式
　（二）「兩岸」模式與「一國兩區」模式
　（三）「兩岸」模式與「主權－治權」模式
五、「兩岸」模式的國際性比較

（一）「兩岸」模式與歐洲一體化
（二）「兩岸」模式與「分裂國家」
（三）「兩岸」模式與西方國家中央政府處理地方分離主義做法的比較研究

第五章　兩岸政治關係定位與臺灣參加國際活動的關係

一、從「外交鏖戰」到「外交休兵」：臺灣參加國際空間中的兩岸攻防
（一）「漢賊不兩立」時期的兩岸攻防
（二）「總體外交」時期的兩岸攻防
（三）「務實外交」時期的兩岸攻防
（四）「後務實外交」時期的兩岸攻防
（五）「外交休兵」與「攻防」範式的修正
二、臺灣在國際空間的存在方式
（一）作為「國家」的存在方式
（二）符合國際組織規則的存在方式
（三）保持「實質關係」的存在方式
（四）司法的存在方式
（五）民間團體的存在方式
三、兩岸政治關係定位的思路在臺灣參加國際空間問題中的運用
（一）臺灣參加國際空間的主要問題
（二）本體論上的關係：階段化
（三）方法論上的關係：議題化

第六章　臺灣參加國際組織的策略及因應

一、不對稱博弈與策略定位範式
　（一）不對稱博弈和「策略」定位範式的釋出
　（二）臺灣學者所總結的「策略」
二、臺灣參加國際組織策略的展開——以臺灣申請參與 WHO／WHA 活動為例
　（一）主體策略：從「一國」到「兩體」
　（二）議題策略：從「權力」到「權利」
　（三）行為策略：從「加入」到「參與」
三、大陸的因應策略
　（一）因應「主體策略」：定型「中華臺北」
　（二）因應「權利策略」：開放臺灣同胞維護自身利益的制度空間
　（三）因應「參與策略」：超越參加國際組織的政治目的

第七章　「兩岸」模式下臺灣有序參加國際空間的問題

一、構建兩岸關係和平發展框架與臺灣有序參加國際空間問題
　（一）兩岸關係和平發展框架的內涵
　（二）兩岸原則：「中華民族認同」的邏輯結果
　（三）功能原則：兩岸關係和平發展框架的必然要求
　（四）制度原則：法理共識的外在形態
　（五）兩岸關係和平發展框架與臺灣有序參加國際空間
二、涉及臺灣的國際法律文件及其在臺灣有序參加國際空間問題中的作用研究
　（一）1945 年 8 月 15 日之前的涉臺國際法律文件
　（二）「舊金山和約」（1951 年）和「中日和平條約」（1952 年）

（三）聯合國 2758 號決議（1971 年）
（四）中國與美國、日本的關係文件
（五）臺灣有序參加國際空間的法律邏輯
三、兩岸應對共處一個國際組織的問題及其解決：以 WTO 為例
（一）兩岸在 WTO 內的攻防
（二）臺灣在 WTO 內的地位及兩岸在 WTO 內的相互關係
（三）兩岸共處一個國際組織的機制構建：WTO 的經驗與不足
四、臺灣有序參與國際空間機制的構建
（一）指導思想：兩岸政治關係定位思路的運用
（二）模式選擇：國際法允許下的參加與制度性協商
（三）制度設計：與兩會事務性商談機制的銜接

參考文獻
後記

緒論

臺灣學者吳玉山指出：「要將兩岸互動的過程與未來發展來加以詮釋，第一步必然是尋找可以適用於兩岸關係的理論通則，然後利用理論通則的解釋和預測能力來分析兩岸關係。」[1]
然而，兩岸關係不僅有歷史遺留的問題與情結，也有現實帶來的衝突與糾葛，理論的言說相對於現實而言，顯得有些蒼白無力。兩岸關係在世界歷史與現實中，竟無一成例可與之相比照，因而比較政治學中基於其他特定政治結構產生的理論模式，在解釋和預測兩岸關係時，總有若干缺陷存在。[2]

兩岸關係的複雜性決定了分析方法的多結構性，尤其是對於兩岸政治關係定位和臺灣參加國際活動問題而言，更是如此。「主權爭議」是兩岸最根本的結。[3]

解開這個結，尋找到合適的兩岸政治關係定位模式以及臺灣有序參加國際活動問題的路徑，既需要政治人物的魄力和勇氣，也需要理論的智慧和助力。

2008年3月，臺灣政治局勢發生了有利於兩岸關係和平發展的變化，而2008年至2012年的4年間，兩岸逐漸恢復並擴大事務性商談，並且向著「兩岸治理」的新結構邁進。[4]
2012年臺灣的民意再次肯定了這一變化，並為兩岸關係更加深入的和平發展提供了時間條件。在推動兩岸協商，從事務性商談向行政性商談、政治性商談發展，構建兩岸交往機制，最終解決兩岸政治定位等問題上，兩岸有了足夠的時間和理論實驗的機會，這也是中華民族解決國家統一問題所必須獲取和抓住的戰略機遇。

本研究的任務，是為解決兩岸政治關係定位和臺灣參加國際活動問題進行理論上的探討，並形成具有實現可能性的建議方案，以期助益於解決兩岸政治關係定位

以及臺灣參加國際活動問題。

一、研究意義

本研究既著重於對以往歷史經驗的總結，也著力於透過理論模型的建構，為解釋和預測兩岸政治關係定位與臺灣參加國際活動的現實與前景提供具有現實可行性的理論通則。本研究的研究意義主要有：

第一，兩岸政治關係定位是兩岸關係從事務性階段向政治性階段發展的瓶頸，妥善解決兩岸政治關係定位問題，對於構建兩岸關係和平發展框架也有著重大意義，進而為解決和平協議的主體問題提供參考。兩岸在「主權」、「國家」以及如何看待對方的根本法和公權力機關的地位上，存在著根本爭議。這些爭議在兩岸政治關係定位上得到了集中地體現，因此，解決兩岸政治關係定位問題，成為兩岸從事務性商談向著政治性商談過渡時必須突破的瓶頸。建構兩岸都能接受且具有可持續性的政治關係定位模式，對於解決兩岸間存在的政治對立，以及由於政治對立產生的一系列問題，具有重大意義。同時，兩岸簽訂和平協議是構建兩岸關係和平發展框架的關鍵步驟，[5]
但「和平協議誰去簽」仍是在政治對立條件下困擾兩岸商簽和平協議的重要問題。[6]

從此意義而言，解決兩岸政治關係定位，對於解決「和平協議誰去簽」頗有裨益。

第二，妥善解決臺灣參加國際活動問題，落實中央有關理解臺灣人民參加國際社會願望的政策，既可以消除「臺獨」分子借此名義鼓噪「臺獨」的社會基礎，又能滿足臺灣人民參加國際社會的願望，有利於兩岸攜手，在國際社會維護中華民族的共同利益。臺灣參加國際活動，既可以理解為臺灣當局和「臺獨」分子主張所謂「臺灣主體性」的手段，但也可認識到臺灣人民對於參加國際活動的主觀願望和客觀需求。因此，尋找合適的方式，妥善解決臺灣有序參加國際空間問題，對於滿足

臺灣人民參加國際活動的需求，貫徹落實中央寄希望於臺灣人民的方針，削弱甚至消除「臺獨」分子在此議題上的操作可能性，都具有重大意義。同時，臺灣領導人馬英九曾提出，「兩岸人民同屬一個中華民族」，在以中華民族海洋利益為代表的中華民族整體利益受到侵害時，如何透過機制化的路徑攜起手來維護中華民族整體利益，也需要找到臺灣參加國際活動的合適路徑。

第三、兩岸政治關係定位與臺灣參加國際活動問題是「一體兩面」的關係，將兩者作為一個整體加以研究，有利於推動兩者相適應和相協調地發展與互動。本研究將兩岸政治關係定位和臺灣參加國際活動問題作為一個整體加以研究。如果說兩岸政治關係定位是兩岸間的內部事務，那麼，臺灣參加國際活動則是兩岸與外部世界互動而產生的問題。臺灣能否參加國際空間、以何種方式參加國際空間，取決於兩岸政治關係定位問題的解決程度，而兩岸政治關係定位又能以臺灣參加國際活動問題作為最佳的觀察點，後者也能夠成為推動兩岸政治關係定位不斷深化的動力之一。因此，兩者實際上構成了「一體兩面」的關係，沒有必要將兩者分開論述。本研究將兩岸政治關係定位和臺灣參加國際活動問題視為一個整體，試圖透過兩者之間聯繫的深入挖掘，推動兩者的不斷適應以及相協調的發展。

第四、臺灣業已以各種名義參加若干個國際組織，透過本研究，將為解決兩岸因共處一個國際組織而產生的問題提供分析框架和解決途徑。不可否認的是，臺灣參加國際空間已經是一個客觀存在的事實，大陸方面也肯定了臺灣可以透過合適名義參加國際空間的可能性。胡錦濤提出：「我們瞭解臺灣同胞對參與國際活動問題的感受，重視解決與之相關的問題……對於臺灣參與國際組織活動問題，在不造成『兩個中國』、『一中一臺』的前提下，可以透過兩岸務實協商作出合情合理安排。」[7]
目前，兩岸以各種名義共處於一個國際組織的現象已經越來越多，兩岸在政治上的分歧也被帶入到兩岸在國際組織的活動中，如2008年曾經出現的兩岸在「中華臺北（Chinese　　Taipei）」代表隊名稱翻譯上的爭議、兩岸就貿易爭端在WTO中的攻防等，已經成為兩岸交往的重要組成部分。如何實現兩岸和諧共處於一個國際組織，依託國際社會共同遵守的規則以及特定國際組織的章程，更加有效地實現兩岸參加國際組織的目的，對於兩岸未來在國際社會的交往，有著重要意義。

第五、解決兩岸政治關係定位以及臺灣參與國際活動的問題，必然要求充分的

理論論證和體系構建，因而對於豐富和完善法學、政治學、臺灣問題研究等學科的理論體系，都有著積極意義。有大陸學者曾提出「臺灣學」的概念，[8]「將淡散的對臺研究提高到『臺灣學』研究高度」。[9]

將臺灣問題和兩岸關係的研究上升到學科高度，是一種具有遠見的問題面向思維。不可否認的是，作為問題的臺灣問題和兩岸關係研究，必然涉及多種社會科學知識和方法的運用。兩岸政治關係定位和臺灣參加國際活動的問題，是當前臺灣問題和兩岸關係研究的理論增長點。對於此問題的解決，必然涉及相關學科成熟知識的運用以及新理論的創新與突破。因此，透過本研究的帶動作用，可以豐富相關學科以及臺灣問題研究本身理論體系的進一步充實。從此意義而言，本研究不僅有著很強的對策性，而且也具有較強的教義學特點。

總之，兩岸政治關係定位和臺灣參加國際活動問題，是兩岸關係的癥結問題之一，回應、研究並解決這一關鍵問題以及由此產生的問題群，對於構建兩岸關係和平發展框架，推動兩岸在未來相當長的一段時期和諧交往，都有著重大而深遠的意義。

二、研究範式：「策略定位」的研究範式

兩岸政治關係定位和臺灣參加國際活動的問題，必須鑲嵌在兩岸關係的背景中。同樣，對於此問題的研究，也必須鑲嵌在兩岸關係的研究中。在大陸和臺灣，學者們都認識到兩岸關係研究已經成為一門「顯學」。[10]
由於兩岸關係研究的「顯學」效應，兩岸有關兩岸關係的專著和論文可謂汗牛充棟。兩岸學者基於各自的立場對上述問題開展了豐富的討論，對於特定問題的論述，本研究將在具體問題的闡述中展開。以下對兩岸學界研究的範式，以及本研究所擬採取的範式進行簡述。

範式是理論化了的坐標或羅盤，以此坐標為底基，才有可能將某一研究範圍歸類或規劃，其決定了研究者的著眼點，決定了哪些問題是允許提出的，同時決定著如何回答所提出的具體問題以及解決這些問題的方法與手段。[1]「範式」概念對於解決本研究所涉問題的意義在於：兩岸政治關係定位以及臺灣參加國際活動所涉的問題，已經形成了一個「現象的集合」，對現象進行觀察點和思考路徑的選擇，決定了對現象及其本質的理解程度。合理的研究範式，將有助於研究者尋找合適的觀察點和思考路徑，進而更加精細和深刻地把握兩岸政治關係定位和臺灣參加國際活動問題的本質，並為尋求有效、準確的因應之道提供了理論支撐。

在兩岸範圍內，現有的研究成果遵循著「立場定位」（position-oriented）的範式，亦即兩岸學者立基於特定的政治立場，為理論研究預設結果，再運用政策言說或理論建構的研究方法，來獲致基於政治立場而被預設的結果。以大陸的相關研究為例：立基於「一個中國」的立場，大陸學界對兩岸政治關係定位與臺灣參加國際活動問題的文獻主要可以分為兩股：其一是從學理上闡述與論證中國政府對於兩岸政治關係定位和臺灣參加國際組織的基本觀點和政策，為政治人物的政策言說背書；其二是評論、批判臺灣政治人物和學界有關兩岸政治關係定位以及臺灣參加國際活動政策、言論和做法。事實上，臺灣相關文獻也體現了「立場定位」的範式，只不過由於臺灣文獻由於選擇的多元性因而體現出立場多元的特點，但總體而言，臺灣學者大多從凸顯臺灣的「主體性」以及論證臺灣參加國際空間的必要性、可行性方面展開論述。

「立場定位」範式的優勢在於可以從學理上強化研究所持的立場，劣勢在於對於兩岸關係定位和臺灣參加國際活動之細部制度建構與策略選擇方面的觀察、分析與解釋尚顯薄弱。因此，所謂「立場定位」範圍毋寧是對於特定政治立場的理論再現。仍以大陸的相關研究為例，多數研究成果在堅持「一個中國」原則方面，的確能夠堅持政治立場的正確性，但所提出的理論模型和對策建議，常常淪為學者對於政策的自我獨白，對於解決兩岸政治關係定位與臺灣參加國際活動問題助力有限。相同的情況，臺灣學者的研究成果也存在，且由於臺灣學者「立場」的多元性，使得臺灣學者自我想像的色彩更加濃重。如張亞中為解決兩岸政治定位所提出的「一中兩國」和為解決臺灣參加國際空間提出的「兩岸三席」等觀點，就兩岸現實來

看，幾無實現的可能性，因而只能是學者們的一中理論臆想而已。

本研究對於「立場定位」範式的態度是：對於此一在兩岸學界已經運用地比較成熟的研究範式，尤其是本研究不論在理論和實踐上都以「一個中國」原則為前提和底線，並將之作為必須堅持的基本原則，「立場定位」範式是本研究的背景。但是，將「立場定位」範式作為研究背景，並不意味著本研究將延續現有研究成果的思路。本研究將採取「策略定位」（strategy-oriented）的範式。「策略定位」範式從「立場可實現性」的角度，思考和探索特定的立場如何在現實中實現的問題，而不是簡單地重複或闡發這一立場。對於「策略定位」範式的理解，主要有兩個方面：第一，特定的策略為特定的立場服務，「策略定位」範式並不能離開「立場定位」範式，否則策略將成為無源之水和無本之木；第二，「策略定位」範式主要研究如何將「立場定位」範式中所主張的政治立場從政治話語轉變為法律話語和技術話語，併合理地設計政治立場實現的路徑，一方面推動政治立場的實現，另一方面提高政治立場的可接受度。

「策略定位」範式及其本研究對於其與「立場定位」範式關係的設定，與中國大陸對於兩岸關係的態度相一致，也符合《反分裂國家法》的規定。中共十五大、十六大、十七大報告中，都出現過只要堅持「一個中國」原則，「什麼問題都可以談」的表述。[12]
《反分裂國家法》第2條和第5條從法律角度肯定了「大陸和臺灣同屬一個中國」的事實和「堅持一個中國原則」這一基礎，第7條第2款規定了海峽兩岸可以進行協商和談判的事項，其中最後一項規定兩岸可以談「與實現和平統一有關的其他任何問題」，事實上從規範的角度體現了「什麼問題都可以談」的政策觀點。由此可見，「策略定位」範式的採用，與李登輝和陳水扁曾經提出的「不預設立場」等言論有著本質區別。[13]

三、研究方法：理論建構的方法

如果說兩岸學者對於兩岸政治關係定位和臺灣參加國際活動問題的研究範式大體相同，都是遵循「立場定位」的方式，那麼，兩岸學者對於該問題的研究方法，則體現出較大的差異。對於研究方法的整理，有著兩個層面的觀察面向：其一，以微觀的具體方法為觀察點，觀察文獻研究、比較研究、歷史研究、規範研究等具體方法的運用，這一觀察面向也是最為主要的觀察面向；其二，以宏觀的方法意識為觀察點，觀察研究兩岸政治關係定位和臺灣參加國際活動問題的總體思路、分析框架和論證結構。第二個觀察面向較少獲得兩岸學者的重視，筆者曾經在博士論文《海峽兩岸和平協議研究》[14]中將第二個觀察面向具體地劃分為「政策言說」和「理論建構」兩種，並以兩岸關係的文獻為對象，對政策言說和理論建構的特點進行了初步地分析。以下將沿用「政策言說」和「理論建構」的分類，對現有文獻的研究方法進行評析，並提出本研究的研究方法。

　　第一，政策言說的研究方法，是指兩岸關係研究以大陸和臺灣的兩岸政策，以及世界各國（主要是美國、日本和歐洲）的兩岸政策為研究對象，分析這些政策的出臺背景、主要內容和發展方向。

　　以政策言說為主要研究方法的文獻，大多圍繞官方領導人的講話以及兩岸重要政策法律文件展開。政策言說是大陸學者最為常用的方法。大陸學者一般以毛澤東、周恩來、葉劍英、鄧小平、江澤民和胡錦濤等中共中央領導人關於發展兩岸關係的一系列講話為基礎，分析這些講話的主要精神和發展脈絡，並將其作為研究的基礎和依據，或對大陸兩岸政策進行解讀，或對臺灣有關政策觀點進行評說，或兩岸關係的發展進行展望。由於兩岸議題在大陸的敏感性，對臺研究亦長期處於「保密」狀態。就大陸學人公開發表的成果來看，多數成果侷限於對領導人主張的「複述」，而缺乏真正意義上的研究。至於大陸學人沒有公開發表的部分，由於難以獲得全面而準確的資料，本研究無法進行科學評判。

　　臺灣也不乏採取政策言說方法研究兩岸關係的成果，其中以臺灣學者邵宗海所著的《兩岸關係》一書為典型代表。《兩岸關係》一書是邵宗海研究兩岸關係的綜合性論著，全書共20章，計50餘萬字。在50萬字的篇幅內，邵宗海以兩岸領導人和有關負責人的講話以及兩岸重要文告為依據，分政策、談判、衝突、交流、展望等部分，對兩岸關係的歷史、現實和未來進行了全景式的論述。在全書中，政策言說

是其主要方法,對政策的分析因而構成了全書的主幹。邵宗海在浩如煙海的兩岸關係文獻中,按照兩岸關係研究的類別,理出線索,並綜合成書,為兩岸關係研究提供了翔實的資料。同時,邵宗海雖以政策言說為方法論,但其研究內容並不限解讀政策,而是在解讀政策的基礎上,提出了若干關於兩岸關係發展的建議。如兩岸政治定位的探討、兩岸終止敵對狀態協議簽署的展望、兩岸領導人會晤之可行性、兩岸政治性談判之可能性、臺灣參加國際空間等內容。

第二,理論建構是晚近在臺灣流行的兩岸關係研究方法論,是指在兩岸關係的研究中,先建立一套完整的理論模型,繼而透過理論模型的解釋力和預測力來分析兩岸關係,並對兩岸關係的發展進行預測。前引吳玉山有關兩岸關係研究中「理論通則」的論述,就是理論建構在兩岸關係研究中重要性的集中體現。從理論的源頭上而言,理論建構所建構的「理論」,大多數脫胎於政治學、法學、國際關係和經濟學,其中尤以政治學和國際關係為多。具有代表性的研究成果是臺灣學者張亞中「兩岸關係的思想體系」和九位臺灣學者共同撰寫的《爭辯中的兩岸關係》等。

張亞中於1998年、2000年和2003年出版《兩岸主權論》、《兩岸統合論》和《全球化與兩岸統合》三本專著,完整地建構出張亞中對於兩岸關係的「整體思想體系」。[15]

第一本專著《兩岸主權論》借用主權理論和分裂國家理論,提出「一中兩國」的兩岸關係模式,是張亞中「兩岸思想體系」的開始。[16]

第二本專著《兩岸統合論》借用歐洲整合以及兩德統一過程中所形成整合理論(張氏稱之為「統合理論」),對透過「統合」方式解決兩岸關係問題進行了探討,並提出了「整個中國」、「第三主體」、「兩岸三席」等概念,對兩岸簽訂「兩岸基礎協定」的設想進行了初步的論證。[17]

第三本專著《全球化與兩岸統合》在以上兩書的基礎上,從全球化背景下大陸和臺灣的安全與發展的角度出發,運用政治學、國際關係學的分析方法,提出「兩岸治理」的理念,進一步強化了張亞中所提出的「整個中國」、「兩岸整合」等概念。[18]

實際上,張亞中的「兩岸關係思想體系」是在借鑑歐盟整合與兩德統一過程中的理

論和經驗基礎上所進行的理論探討，大多數概念都能在歐盟整合和兩德統一中找到原型。由於兩岸關係與兩德關係截然不同，歐盟模式也不完全適用於兩岸關係，因此，張亞中的上述觀點在兩岸關係的現實中不具有實現的基礎。儘管如此，張亞中畢竟提出了比較完整的兩岸關係理論體系，並在該理論體系的基礎上針對兩岸關係發展提出了具有建設性的意見，因而對兩岸關係研究的貢獻也是積極和正面的。

包宗和、吳玉山等臺灣九位兩岸關係研究的學者，編撰《爭辯中的兩岸關係》一書，[19] 從不同的理論視角，對兩岸關係理論進行了介紹。該書所持理論觀點大多數來自於國際關係理論，其書名《爭辯中的兩岸關係》也是直接來源於《爭辯中的國際關係》一書。除國際關係理論，該書還運用了整合理論、分裂國家理論、大小政治實體模式理論、選票極大化理論、國家與社會理論、心理學和博奕論等政治學、經濟學、社會學和心理學理論，從不同的角度，對兩岸關係研究中的「兩岸互動面向」、「國內政治面向」、「國際環境面向」進行了深入的探討。[20]

整本書觀點學說林立，尤其是站在理論的高度分析和驗證兩岸關係，對於兩岸關係研究有著較大的參考價值。

臺灣問題及兩岸關係對於政策的依賴性，決定了政策言說方法在兩岸關係研究中的有效性。然而，較多地透過解讀政策和複數領導人講話的方式來研究兩岸關係，至少有三個弊端：第一，導致學術話語和政策話語的混淆，無法凸顯理論對於兩岸關係的促進作用；第二，政策話語大多具有即時性，雖然可以對一定時間內的兩岸關係產生引導作用，但缺乏長時間的預測性，因而經由政策言說所形成的研究成果，在預測兩岸關係走向上存在不足；第三，政策話語基本上是基於特定的政治立場提出來的，因而運用政策言說方法的文獻大多數遵循著「立場定位」範式，導致成果在對於兩岸關係的適應性和可實現性上有著不足。據此，本研究在堅持中央有關對臺政策作為總方針的前提下，嘗試運用理論建構的方法，以克服政策言說方法的不足，並形成兩岸政治關係定位和臺灣參加國際活動問題研究的理論模型。

本研究在運用理論建構方法上的一般思路是：首先，依託政治學、法學、國際關係等學者比較成熟的理論建構理論模型，而不是生造出無依託而「故作驚人之

語」[21]的「理論」；其次，運用兩岸關係的事實對理論模型加以驗證，以論證其有效性，在此步驟裡，政策言說的方法將為對理論模型的驗證提供支撐；最後，運用經過驗證的理論模型分析和預測兩岸關係的發展趨勢，並提出相應的對策建議。

四、結構安排

兩岸政治關係定位和臺灣參加國際活動問題，看似兩個可以相互獨立的問題，但在本研究看來，兩者具有高度的關聯性。因此，本研究透過對兩者之間關聯性的挖掘，將兩者視為一個整體，並基於此對本研究的結構進行安排。本研究擬分四部分，計八章。

第一部分闡述本研究的問題意識，即提出並論證「承認爭議」的問題，將認識和解決「承認爭議」，作為解決兩岸政治關係定位和臺灣參加國際活動問題的先導。本部分共一章。

第二部分對兩岸政治關係定位的問題進行研究，分別論述大陸和臺灣對於兩岸政治關係定位的描述、兩岸政治關係定位的思路以及本研究所提出的兩岸政治關係定位模式與其他定位模式的比較等問題。本部分共三章。

第三部分重點論述兩岸政治關係定位與臺灣參加國際活動問題的關係，試圖從本體論和方法論的面向，分析兩者之間的密切關聯，並提出兩岸政治關係定位模式運用於解決臺灣參加國際空間問題上的路徑與方法。本部分共一章。

第四部分根據第三部分所形成的成果，對臺灣參加國際空間問題進行論述，重點論述臺灣參加國際空間的策略、兩岸共處一個國際組織以及臺灣有序參加國際空間機制的建立，等等。本部分共三章。

註釋

[1].吳玉山：《爭辯中的兩岸關係理論》，載包宗和、吳玉山主編：《爭辯中的兩岸關係理論》，五南圖書出版股份有限公司2002年版，第5頁。

[2].邵宗海、蘇厚宇：《兩岸關係研究的理論運用》，資料來源：www3.nccu.edu.tw/～chshaw/xmu cor th.doc，最後訪問時間：2008年9月24日。

[3].張亞中：《兩岸主權論》，生智文化事業有限公司1998年版，第2頁。

[4].周葉中、祝捷：《兩岸治理：一個形成中的結構》，《法學評論》2010年第6期。

[5].周葉中：《論構建兩岸關係和平發展框架的法律機制》，《法學評論》2007年第4期。

[6].祝捷：《海峽兩岸和平協議研究》，香港社會科學出版社2010年版，第88頁。

[7].胡錦濤：《攜手推動兩岸關係和平發展　同心實現中華民族偉大復興——在紀念〈告臺灣同胞書〉發表30週年座談會上的講話》（2008年）。

[8].陳孔立：《臺灣學導論》，博揚文化事業有限公司2004年版。

[9].章念馳：《對臺研究也是一門科學——評陳孔立的〈臺灣學導論〉》，《中國評論》2006年5月號。

[10].劉國深編著：《臺灣政治概論》，九州出版社2006年版，第1頁；臺灣學者的「顯學」論參見石之瑜編：《家國之間：開展兩岸關係的能動機緣》，翰蘆圖書出版有限公司2003年版，第281頁。

[11].[德] 漢斯·波塞爾：《科學：什麼是科學》，上海三聯書店2002年版，第118頁至第119頁。

[12].三份報告中的表述略有不同。中共十五大報告和十六大報告的表述是：「在一個中國的前提下，什麼問題都可以談」；中共十七大報告的表述是：「臺灣任何政黨，只要承認兩岸同屬一個中國，我們都願意同他們交流對話、協商談判，什麼問題都可以談。」

[13].臺灣方面曾長期主張兩岸談判應「不加先決條件、不預設立場」（李登輝執政時期）或「不設前提條件」（陳水扁執政時期）。參見邵宗海：《兩岸關係》，五南圖書出版有限公司2006年版，第652頁。

[14].祝捷：《海峽兩岸和平協議研究》，香港社會科學出版社2010年版，第4頁

以下。

[15].張亞中：《全球化與兩岸統合》，聯經出版事業股份有限公司2003年版，第23頁。

[16].張亞中：《全球化與兩岸統合》，聯經出版事業股份有限公司2003年版，第23頁；張亞中：《兩岸主權論》，生智文化事業有限公司1998年版，第117頁。

[17].張亞中：《兩岸統合論》，生智文化事業有限公司2000年版。

[18].張亞中：《全球化與兩岸統合》，聯經出版事業股份有限公司2003年版。

[19].包宗和、吳玉山主編：《爭辯中的兩岸關係理論》，五南圖書出版股份有限公司1999年版。

[20].該三個面向系吳玉山在全書第一章中提出的兩岸關係研究總體框架。參見吳玉山：《爭辯中的兩岸關係理論》，載包宗和、吳玉山主編：《爭辯中的兩岸關係理論》，五南圖書出版股份有限公司1999年版，第5頁至第25頁。

[21].「故作驚人之語」是王令鵬對陶百川、周陽山等人提出的「國協」模式的評語。參見［荷蘭］王鵬令：《「邦聯論」與「兩國論」》，《聯合早報》2000年4月29日。

第一章 「承認爭議」：兩岸政治關係定位的問題意識

　　知曉問題何在，是解決問題的前提。樹立正確的問題意識，對於解決問題有著重要的意義。兩岸政治關係定位和臺灣參加國際活動的問題何在，因而構成解決這一兩岸間最為棘手問題的必要前提。一種常見的分析框架，認為兩岸政治關係定位和臺灣參加國際活動問題，是兩岸因「主權」和「國家」的爭議而產生。在政策面上，一些政治人物也圍繞「主權」和「國家」的問題，提出過解決的路徑。如臺灣在歷史上曾經提出的「一國兩區」、「一國兩體」和「一國兩府」等。馬英九在2012年5月20日的講話中，提出的「主權互不承認、治權互不否認」的論調，本質上也是試圖透過「主權」和「治權」的相對分離來解決兩岸政治關係定位問題。然而，傳統的「主權」和「國家」的分析框架，容易墜入「立場定位」的研究範式，因而產生兩岸「各說各話」的效果。大陸方面至今未對臺灣方面提出的上述觀點作出正面表態，已經證明了「主權」和「國家」分析框架的侷限性。因此，如何合理地避免「主權」和「國家」對兩岸政治關係定位的阻滯作用，成為解決兩岸政治關係定位的首要問題。

　　觀察兩岸「主權」和「國家」的分歧，其本質並非在於否認自身的「主權」屬性和「國家」定位，[1]　而在於是否承認對方的「主權屬性」和「國家」定位。因此，在「策略定位」的範式之下，解決兩岸政治關係定位和臺灣參加國際空間問題，關鍵並不在於論證兩岸之間在「主權」和「國家」問題上的是非曲直，而是如何解決兩岸之間圍繞「主權」和「國家」而產生的「承認爭議」。本章主要對「承認爭議」的觀點進行了論證，並對兩岸在解決「承認爭議」上的努力進行介紹。

一、「承認爭議」：「一中爭議」的自然衍生

各個學科從各自的問題出發，對於「承認爭議」可以有著不同的理解：從政治學的角度，「承認爭議」可以被定義為大陸和臺灣是否承認對方擁有「主權」和作為「國家」的爭議；從法學的角度，「承認爭議」可以被定義為「大陸和臺灣在是否承認對方根本法以及依據該根本法所建立的公權力機關」上的爭議；[2] 在國際關係上，「承認爭議」又可以被定義為大陸和臺灣是否承認對方為國際法主體以及是否有權從事只有主權國家才能從事的國際活動的爭議，等等。從源頭上來說，「承認爭議」是由兩岸之間存在的「一中爭議」而產生的。可以說，「承認爭議」是「一中爭議」的自然衍生。

（一）兩岸的「一中爭議」

「一中爭議」是兩岸「承認爭議」的源頭，在討論「承認爭議」之前因而有必要對於「一中爭議」作一描述與分析。在根本上，「一中爭議」雖然衍生了「承認爭議」，但也並不是兩岸分歧的本質。胡錦濤將兩岸關係準確地定性為「政治對立」，即兩岸關係的本質「不是中國領土與主權的分裂，而是1940年代中後期中國內戰遺留並延續的政治對立」。[3]「政治對立」在形式上就體現為兩岸對於「一個中國」問題的爭議。兩岸「一中爭議」實際上是一個籠統的提法，其本身包括兩個完全不同的爭議，即「誰是中國」的爭議和「兩個中國」或「一中一臺」的爭議，前者的落腳點是「中」，而後者的落腳點是「一」。

1.「誰是中國」的爭議

「誰是中國」爭議的本質是兩岸對於不同意識形態和政權的認同差異。所謂「認同」，是指主體對自己身分、角色、地位和關係的一種定位，是主體對自己屬於哪一種群體的基本認知。兩岸之間的認同異常複雜：作為認同主體的兩岸民眾[4]對自己處於哪一個群體的認知不是一成不變的，而是在不同場景中呈現出不同狀態。兩岸認同的非穩定性決定了認同的層次性。考察兩岸關係的歷史與現實，兩岸認同主要發生在意識形態、政權、國家和民族四個層次，分別體現為意識形態認同、政權認同、國家認同和民族認同。「誰是中國」的爭議，主要體現在意識形態

認同和政權認同上。

　　意識形態認同，是指對某種特定意識形態以及依據該意識形態所形成的組織體（主要是政黨）的認同。臺灣問題是國共內戰的結果，因而從歷史根源上具有附著著意識形態的色彩。1940年代後期，國共兩黨因意識形態分歧爆發內戰，中國共產黨在內戰中獲得勝利，建立了國號為中華人民共和國的國家並建立人民民主政權。中國國民黨及中華民國政府退逃臺灣，從此據島自守。2000年臺灣政黨輪替之前，在兩岸關係的論域內，臺灣方面認為「大陸等於中共」、「中華人民共和國等於中共」，大陸方面認為「臺灣等於國民黨」、「中華民國等於國民黨」。在此背景下，兩黨主導了兩岸關係近40年的發展，兩岸關係的對峙、緊張、緩和以及發展，都與兩黨有著密切的聯繫，兩黨的意識形態，也決定了兩岸各自的政治制度和社會制度。因此，秉持不同意識形態認同的人群，基於各自所認同的意識形態，對「誰是中國」的問題產生了不同的認知。認同社會主義的人群，自然認為1949年之後的中華人民共和國是中國。最為典型的表述是稱呼中華人民共和國為「新中國」，相應的，「中華民國」被認為是「舊中國」。另一方面，認同「三民主義」以及西方自由主義思潮的人群，則認同「中華民國是中國」。意識形態認同在意識形態逐漸從兩岸淡化的今天，已經不再是兩岸認同的主流，但對於兩岸關係的影響仍存。如馬英九曾在2008年5月20日的就職演說中提出「兩岸問題的最終解決的關鍵不在主權爭議，而在生活方式與核心價值」，就是重新以意識形態區隔兩岸的典型範例。

　　政權認同，是指以特定根本法為基礎的政治體的認同，而不論該政治體及其所依據的根本法是否具有正當性，甚至是否真實存在。政權與國家不同，國家是主權、領土和人民的統一，[5] 國家的符號是歷史形成的。政權是以其自認為具有正當性的根本法為基礎的政治體。具體到兩岸關係的論域內，中國是國家的符號，而中華人民共和國和中華民國則是政權的符號。儘管政權和國家有著上述不同，但通常對於政權的認同也會影響對於國家的認同。這一影響對於「誰是中國」的爭議至為重要，因為對於同一個國家符號，哪一個政權能夠代表這個國家，是兩岸在「一中爭議」上的一個焦點問題。與意識形態認同還需要從國共黨際關係中曲折地推演出「誰是中國」不同，政權認同比較直觀地揭示「誰是中國」的爭議，亦即認同中華人民共和國，則認同「中華人民共和國是代表中國的唯一合法政府」，認同中華民國，則認同「中華民國是中國」。

事實上，有關「誰是中國」的爭議，是兩岸之間最為原初的爭議。在1992年前，大陸和臺灣都主張自己是「中國的唯一合法政府」，在國際上採取「漢賊不兩立」、「有他無我」的策略。兩岸在此階段爭議的核心是哪一個是中國的合法代表，因此，在「誰是中國」問題上的爭議，也可以被稱為「中國的正統之爭」。隨著1971年中華人民共和國恢復在聯合國的合法席位以及1979年中美建交，臺灣當局在兩岸「正統之爭」上徹底失敗。但是，在蔣經國當政和李登輝當政的前期，臺灣當局仍在島內堅持中華民國的「正統觀」。直到「一國兩府」、「一國兩區」和「一國兩體」等主張提出後，臺灣當局才正式放棄了「爭正統」的思維。然而，有關「誰是中國」的爭議並未完全結束。馬英九曾多次提出，依照「中華民國憲法」大陸仍是「中華民國領土」的觀點，事實上仍然是「誰是中國」爭議的一種表現形式。

1992年，大陸和臺灣透過海協會和海基會達成「九二共識」後，在「堅持一個中國原則」下，兩岸各自表述「一個中國」的政治涵義。在「九二共識」的基礎上，雙方沒有糾纏於「誰是中國」的爭議，對「一個中國」的討論也從「正統爭議」向「各自表述」轉變。兩岸之間「誰是中國」的爭議，雖偶有提及，但已經不是兩岸關係的主旋律。

2.「兩個中國」或「一中一台」的爭議

當前兩岸在「一中爭議」上攻防的著力點，已經從「誰是中國」向「兩個中國」或「一中一台」的爭議轉變。如果說前一爭議主要處於意識形態認同和政權認同的層面，那麼，後一爭議則主要處於國家認同的層面。

國家認同體現為對一種政治意義上的統一體的認同。國家認同比政權認同更加上位，它並不以特定根本法為基礎，並且也不明確究竟是對國家中哪個政權的認同，而只是對一定疆域、一種傳統和一個符號的認同。具體而言，對中國的認同是指對中國固有疆域、中華歷史文化傳統和「中國」這個符號的認同。而這種認同，既可能是對中華人民共和國，也可能是對中華民國的。在兩岸關係中，國家層次的認同，集中體現為是否認同「中國」這一國家歷史符號。那麼，兩岸在對國家的認同上，是否是非此即彼的關係，即要麼認同中國、不認同「臺灣」，要麼認同「臺灣」、不認同中國，而沒有其他選項？問題的緣由是在臺灣一種客觀存在的現象。根據臺灣歷次民調顯示的結果，有一部分臺灣民眾認為自己既是中國人，也是臺灣

人，還有一部分臺灣民眾認為自己既是臺灣人，也是中國人，蔣經國也曾說過「我是中國人，也是臺灣人」的話。[6] [7] 這一客觀存在的現象，是否意味著可能存在既對中國產生認同，又對「臺灣」產生認同的複合性認同呢？本文認為，上述的「中國人」和「臺灣人」是在兩個層次上使用的，即「中國」在上述論述中仍然是國家的符號，而臺灣則是一個地域的符號，由於兩個符號處於不同的層次，因而不產生國家認同的複合性。一般而言，持「我是中國人，也是臺灣人」或「我是臺灣人，也是中國人」觀點的臺灣民眾，是在國家層次上使用「中國」一詞，而將臺灣作為表徵「中國」內一個地域的概念加以使用。因此，兩者在國家層次的認同上，都是認同「中國」，只不過強弱程度有所不同。由此可見，在兩岸關係研究中，大陸和臺灣在國家認同的選擇仍是單一性的，即要麼認同中國，要麼認同「臺灣」，而沒有其他選項。

對「中國」國家符號認同的鬆動，是兩岸「一中爭議」從「誰是中國」的爭議向著「兩個中國」或者「一中一台」爭議轉變的關鍵。1980年代末期至1990年代，臺灣解除戒嚴、開始「憲政改革」後，對於中國的「國家認同」逐漸讓位於對於「臺灣」的認同，與之相伴隨的，是「中華民國臺灣化」的改造過程。1990年後，臺灣有人開始解構中華民國對大陸所聲稱享有的統治權，提出了「一國兩府」、「一國兩區」和「一國兩體」等主張，逐漸在臺灣消解了中華民國對「中國」的「代表性」。臺灣領導人亦將「中華民國到臺灣」先後修改為「中華民國在臺灣」和「中華民國就是臺灣」。同時，臺灣當局積極推動所謂「憲政改革」，採取了確認「自由地區」地位、在臺灣直選「民意代表」和「總統」、精簡臺灣省級建制、建立「公投」制度、承認臺灣少數民族的「憲法」地位和權利等措施，在根本法的層面實現了「中華民國臺灣化」。隨之發生的，就是政權認同的徹底消亡。就連中華民國這樣一個政權的符號，也蛻變為「生存策略」。在臺灣，不少人都持這樣一種觀點，即「我們」（或者直接說「臺灣」）是一個「國家」，依據「憲法」，它的名字是中華民國。[8] 持這一被稱為「B型台獨」觀點的人，未必都是「台獨」分子，這其中也包括一部分支持統一的民眾。之所以會出現同一句式為統「獨」兩方面所共同使用的情況，是因為這裡的中華民國，已經不再是「中國」的一個政權符號，而是已經淪為「臺灣」作為一個「國家」的生存策略。存在於「中華民國憲法」上的中華民國透過「憲法」的建構作用，成為臺灣作為「國家」的一種「存在

方式」。有臺灣學者更為透徹地指出，中華民國已死，只有「中華民國憲法」一息尚存。[9]

　　1999年，李登輝直接拋出「兩國論」，認為「1991年修憲以來，已將兩岸關係定位在國家與國家，至少是特殊的國與國關係」。[10] 陳水扁在2002年也提出「臺灣與對岸中國是一邊一國」的觀點。這兩個觀點是臺灣部分人群試圖改變對「中國」符號認同的代表性言論，表明了臺灣的「國家認同」經歷了從裂變到變異的過程。以民進黨的「台獨黨綱」為標誌，[11] 從原來對「中國」符號的一致肯認，轉變為一部分民眾認同「中國」符號、另一部分民眾認同「臺灣」符號的分裂局面。2000年後，由「台獨」分子控制的臺灣當局，又加速了這一分裂局面的變異，2008年前後發生的「入聯公投」，在一定程度上代表著臺灣部分人群試圖突破「中國」符號的意願。2012年8月，臺灣各界圍繞賈慶林所提「兩岸一中」觀點的爭論，再次表明了臺灣社會對於「國家認同」的分裂和扭曲。[12]

　　與此同時，大陸方面也逐漸放棄了與臺灣在「誰是中國」問題上的糾纏。對於「一個中國」政治涵義，採取了不斷擴充以包容不同觀點的務實策略。1995年1月，江澤民發表《為促進祖國統一大業的完成而繼續奮鬥》（以下簡稱「江八點」）中，沒有明確地將「中國」等同於「中華人民共和國」。[13] 1998年1月，錢其琛將「一個中國」原則表述為「堅持世界上只有一個中國，臺灣是中國的一部分，中國的主權和領土完整不能分割」【一個中國三段論（Ⅱ）】，[14][15] 用抽象性更大、包容性更強的「中國」替代了「中華人民共和國」，從而將認同的層次從政權提升至國家。但是，「臺灣是中國的一部分」的表述，還是暗含有以大陸為主體的意思，因而此時大陸的兩岸政策仍帶有政權認同的痕跡。2002年11月，中共十六大報告正式使用「世界上只有一個中國，大陸和臺灣同屬一個中國，中國的主權和領土完整不容分割」【一個中國三段論（Ⅲ）】的表述，將「一個中國三段論」（Ⅱ）中的政權認同痕跡徹底去除，從而正式確立了以國家認同為基礎的兩岸政策。2005年3月，大陸透過了無「中華人民共和國」（政權符號）前綴的《反分裂國家法》，以法律的形式將「大陸和臺灣同屬一個中國」的事實確定下來，標誌著對「誰是中國」問題的進一步淡化。2007年10月，胡錦濤在中共十七大報告中，除繼續肯定「大陸和臺灣同屬一個中國」的提法外，還首次提出「中國是兩岸同胞的共同家園，兩岸同胞理應攜手維護好、建設好我們的共同家園」（「家園論」）、「十三

億大陸同胞和兩千三百萬臺灣同胞是血脈相連的命運共同體」(「命運共同體論」),並將臺灣問題提到了「維護中華民族根本利益」的高度。「家園論」和「命運共同體論」,淡化了「中國」的國家符號意義,但卻更加突顯了其民族符號的意義。2008年12月,胡錦濤在「胡六點」中再次將解決臺灣問題提高到全民族發展的高度,將兩岸關係和平發展作為「為中華民族謀復興」的必要條件(「中華民族復興論」)。[16]

可以說,隨著臺灣對於「國家認同」的不斷變異和扭曲,以及中國大陸逐漸採取務實的應對策略,兩岸圍繞「一中」的爭議已經在相當程度上具體化為「兩個中國」或「一中一台」的爭議。

(二)「一中爭議」與「承認爭議」的衍生

儘管「誰是中國」的爭議已經讓位於「兩個中國」或「一中一台」的爭議,但兩岸之間的「承認爭議」,是由「誰是中國」的爭議直接引發並被強化,繼而在「兩個中國」或「一中一台」的爭議中繼續存續的。

1.「誰是中國」爭議與「承認爭議」的產生與強化

1949年10月後,中國人民在中國共產黨領導下取得了國內解放戰爭的勝利,建立了國號為中華人民共和國的政權,並制定了具有社會主義性質的憲法。國民黨則退居臺灣一隅,保持中華民國的「國號」和制定於1946年的「憲法」(以下簡稱「1946年憲法」,而對於臺灣目前實行的「憲法」,則稱為臺灣現行「憲法」)。1987年前,大陸和臺灣基本上處於互不往來的對峙狀態,兩岸政策也都以「獨白」形式體現。以1979年全國人大常委會發表《告臺灣同胞書》為界,兩岸對於「誰是中國」的爭議可以分為兩個階段。在這兩個階段中,「承認爭議」逐漸產生並發酵。

第一階段為1949年10月中華人民共和國成立至1979年1月全國人大常委會發表《告臺灣同胞書》前。在此階段,臺灣問題不僅在源流上是國共內戰的延續,而且在大陸和臺灣各自的政策主張和行為方式上,也體現為共產黨和國民黨兩黨之間以及兩黨所代表的意識形態和制度形態之間的對立。兩岸以各自的意識形態為基礎,制定兩岸政策,具體表現為:其一,大陸和臺灣均視對方為「偽政權」和「叛亂團

體」(「匪」),主張自己是中國的唯一代表,在國際上完全不相容,採取絕對的「有他無我」、「漢賊不兩立」等政策;其二,大陸和臺灣之間互不往來,並長期處於政治上對立、軍事上對峙狀態;其三,兩岸在意識形態上高度對立,大陸主張社會主義,而臺灣在國民黨執政的情況下主張三民主義;其四,兩岸均認為自己的管轄範圍及於對方,並以各自的方式予以體現,大陸在全國人民代表大會中設有臺灣省代表團,臺灣則使在大陸產生的民意代表延任,形成所謂「萬年國大」現象,並長期保留如「福建省」、「新疆省」和「蒙藏委員會」等單位;其五,大陸方面以「解放臺灣」為其兩岸政策的主旋律,而臺灣則以「反共復國」、「光復大陸」為基本方針。在軍事對峙的情況下,兩岸延續內戰思維,互視對方為「叛亂團體」,因而不可能承認對方的地位。這一階段是「承認爭議」產生的階段,也是兩岸就「誰是中國」爭議最為激烈的階段。

第二階段為1979年大陸人大常委會發表《告臺灣同胞書》時至1992年兩岸達成「九二共識」前。在此階段,大陸發表《告臺灣同胞書》、「葉九條」和「鄧六條」等處理臺灣問題的基本方針,並以此為基礎,形成新的大陸兩岸政策框架,其核心是「一國兩制」構想。在「一國兩制」構想的指導下,大陸對於臺灣的態度,從絕對不承認的態度,轉向逐漸承認其地位的特殊性但否認其作為一個政治實體的態度上。「葉九條」首次提出在臺灣設立特別行政區、使之享有高度自治權的設想,並將臺灣當局定位為地方政權,多次出現「臺灣地方事務」、「臺灣地方財政」等提法,且提出了「國共兩黨對等談判」的主張。鄧小平延續了「葉九條」的提法,並堅持認為中國等同於「中華人民共和國」,認為在國際社會代表中國的只能是中華人民共和國,[17] 對於中華民國採直接否定和完全否定的態度。

同時,臺灣在認同問題上也出現了與大陸類似的變化。臺灣當局第二階段的兩岸政策集中體現為「三民主義統一中國」。當時的臺灣領導人蔣經國認為,「三民主義統一中國」是使中國成為自由、和平、強大的現代化國家的「唯一可行的道路」,而臺灣「已經為此作好了實驗和準備」。在「三民主義統一中國」口號的指導下,臺灣當局逐漸將重點移向臺灣。臺灣當局雖然在形式上仍堅持中華民國的稱號,但不再以「匪區」、「淪陷區」等稱呼大陸,對中共的稱呼也從「共匪」改為「中共」。同時,臺灣當局有限度地淡化意識形態色彩,修改原來的「漢賊不兩立」政策,提出了統一問題上的「差距縮小論」,即只要大陸和臺灣「在政治、社

會、經濟、文化等方面的差距不斷縮小,中國和平統一的條件自然會漸趨成熟」。[118] 可以說,在「三民主義統一中國」的口號下,臺灣當局對中華人民共和國採取了默許的態度,並且承認兩岸分治的現狀。在此階段,蔣經國提出「不接觸、不談判、不妥協」的「三不政策」,為繼續對大陸採取「不承認」的態度提供政策依據。

上述兩個階段有著明顯的區別:在前一階段,兩岸處於相互之間絕對不承認的態度,而在第二階段,兩岸按照各自的理解定位對方,但拒絕承認對方的自我定位和對己方的定位。「承認爭議」是「誰是中國」爭議的自然衍生。由於兩岸在1987年前都堅持己方是代表中國的唯一合法政府,是中國的「正統」,因而自然產生否定或不承認對方政策導向。在兩岸政治對立、軍事對峙、交往停滯的歷史時期,兩岸之間互不承認的狀態被強化和放大,逐漸成為兩岸之間難以克服的結。

2.「兩個中國」或「一中一台」爭議與「承認爭議」的存續

1980年代末期至1990年代,臺灣結束「動員戡亂」,並開始「憲政改革」。一批出身臺灣的所謂「台籍精英」開始主導臺灣政局。以李登輝為代表的臺灣當局逐漸放棄「誰是中國」的主張,開始了對於中國大陸的有限度承認。臺灣部分人士提出「一國兩區」、「一國兩體」和「一國兩府」等主張,並將之作為臺灣「憲政改革」的「國家定位模式」。所謂「兩府」(中華人民共和國政府和中華民國政府兩個「對等政府」)、「兩體」(中華人民共和國和中華民國兩個「對等實體」)以及「兩區」(中華民國「大陸地區」和「自由地區」)既體現出「分裂」的傾向,但也體現出「分治」的觀點,部分地承認了中國大陸及其公權力機關的客觀存在和地位。與此同時,兩岸有關部門以合適名義透過特殊渠道開展溝通與協商。在這些溝通與協商中,兩岸沒有提及是否承認對方的敏感問題,而是採取務實的策略,試圖迴避「承認爭議」。

在兩會機制建立之前,兩岸透過特殊渠道解決相互事務的代表性模式是以紅十字會為主體的「金門模式」。1990年7月至8月間,臺灣海峽連續出現大批大陸私渡入台人員在遣返途中意外死亡的事件。為切實解決兩岸私渡人員的遣返問題,大陸方面透過中國紅十字會,以向臺灣紅十字組織建議的形式,要求兩岸簽訂遣返作業協議,將私渡人員的遣返工作納入規範程序。臺灣當局對此作出積極回應,並指定臺灣紅十字組織與大陸方面協商。1990年9月11日,中國紅十字會代表團以白底紅十

字旗為標誌，與持相同標誌的臺灣紅十字組織代表團在金門實現會談，並於12日簽訂協議。兩岸紅十字組織金門談判本著切實解決問題、迴避難以解決的兩岸政治分歧的務實精神，就見證遣返的原則、對象和遣返程序等方面達成協議。「金門模式」由大陸和臺灣都能接受的紅十字組織出面，對相關事務性議題進行協商，並且能採取務實的態度，有限度地接受對方公權力機關，在協商過程中不出現可能引發爭議的標誌等，[19]都在一定程度上體現了兩岸在承認爭議之下務實解決問題的態度和傾向。

1990年之後，兩岸在「承認爭議」的源頭「誰是中國」爭議已經不再是爭議核心的情況下得以繼續存在，原因在於：第一，對於大陸方面而言，儘管沒有糾纏於「誰是中國」，但仍堅持「一個中國」原則，並不認同「兩個中國」和「一中一台」，當然對主張「獨立」、「主體性」的臺灣當局持否定態度；第二，對於臺灣方面而言，儘管試圖透過「兩岸分裂分治」的構建和內部民主正當性的強化，論證自身在喪失國際承認的「合法性」，但「誰是中國」的認識慣性依舊在持續，而且由於與大陸的長期隔絕，產生了對於大陸的種種誤解，導致了臺灣當局和民眾對於大陸公權力機關和民眾的普遍不瞭解、不信任，因而延續著對於大陸的不承認態度。不僅如此，由於臺灣方面對於大陸方面的有限度承認，也是立基於「兩個中國」或「一中一台」，甚至還有著中華民國的痕跡，因而這種「承認」也不可能獲得大陸方面的認可。

可以說，「承認爭議」是「一中爭議」在不同歷史階段引發、強化和發展的結果。不論「一中爭議」的核心爭議是什麼，只要兩岸還存在著「一中爭議」，兩岸之間的「承認爭議」就會存續。所謂「有限度」、「默許」等僅僅是「承認爭議」在一定程度上的緩解和變化，而不會改變「承認爭議」存在的客觀事實。

二、「承認爭議」的表現形式

「承認爭議」在兩岸關係的各個方面都有所體現，這一方面是因為兩岸圍繞「一中」的爭議已經成為兩岸關係的核心環節，另一方面也是由於兩岸長期以來的不瞭解、不信任所導致的結果。首先，兩岸隔絕日久，兩岸民眾在意識形態、知識

結構和情感觀念上相距甚遠，對於對方的情況也不甚瞭解，因而不可避免地產生了疏離感。但是，如果僅僅是疏離感的存在，尚不足以導致兩岸之間的「承認爭議」，進一步的原因是兩岸長期以來對於對方所進行的片面宣傳。在政治對立和軍事對峙的背景下，「宣傳戰」是兩岸鬥爭的重要形式。出於政治和軍事的目的，兩岸都在一定程度上存在對於對方的片面宣傳。這些片面宣傳加深了兩岸之間的疏離感和陌生感，也使得兩岸互信這一解決「承認爭議」的重要基礎嚴重缺失。再加上1990年後，「台獨」分裂勢力對於大陸進行了不正常的惡意宣傳和攻擊，尤其是對於大陸的某些正當行為按照「打壓臺灣」、「邊緣化臺灣」等方向去解釋和宣傳，更加加深了臺灣民眾對於大陸的消極印象。兩岸之間業已存在且根深蒂固的「承認爭議」在「台獨」分子的誤導下，逐漸成為痼疾。「承認爭議」已經成為兩岸交往中俯拾可見的一種爭議，在政治、法律、經濟、文化以及國際交往等事務中都有著諸多表現形式。

（一）「承認爭議」在政治上的表現形式

「承認爭議」首先是政治層面的爭議，繼而由於政治對於其他事務的輻射性，作用於其他事務上。「承認爭議」在政治上的表現形式主要體現在四個方面：第一，大陸和臺灣對於對方地位的不同觀點；第二，大陸和臺灣對於對方公權力機關和政治職位的不同觀點；第三，大陸和臺灣對於對方象徵「主權」的各類標誌的不同觀點；第四，大陸和臺灣都保留著象徵對對方具有「主權」或實施「管制」的機構。

第一，兩岸相互否認對方所稱「國家」和「政權」的「正當性」。歷史地看，「承認爭議」是國共兩黨內戰的延伸，亦即由於國共兩黨分別基於自身所建立政權的「正當性」而否定對方所建立政權的「正當性」。儘管兩岸達成旨在消解兩岸政權認同差異的「九二共識」，且臺灣主流觀點已經放棄了與大陸「爭正統」的努力，但是，由於歷史和觀念的慣性，兩岸仍然否認對方所稱「國家」和「政權」的「正當性」。具體表現為：其一，兩岸在其具有特色的政策話語中，均不出現對方所建立政權的符號。如大陸宣傳部門所發的一份文件中強調，在大陸出版的文獻，不得直接出現中華民國的字樣，如需出現時必須加注引號。更多的時候，大陸方面將臺灣方面稱呼為「臺灣」、「臺灣當局」等。臺灣方面也長期否認中華人民共和

國,而是呼之為「中共」、「大陸」。其二,大陸方面否認大陸方面與臺灣方面的所謂「對等性」。儘管臺灣方面在1987年後轉向謀求與大陸的「對等關係」,並提出「一國兩府」、「一國兩體」和「一國兩區」等觀點,但均未獲得大陸方面的正面回應。大陸方面一度認為上述三種提法均違反「一個中國」的原則,是謀求「臺灣獨立」的階段性政策表述。[20] 其三,兩岸至今沒有簽訂結束敵對狀態的和平協議,因而並未正式結束敵對狀態。兩岸儘管在避免軍事對峙和武裝衝突的問題上已經默示地形成共識,但此種「默示共識」並未轉化為規範形態的協議。大陸方面至今並未明確宣布放棄「不使用武力」的提法,而且將使用非和平手段解決國家統一問題明確寫進了《反分裂國家法》。[21] 臺灣方面亦針對中國大陸保持一定數量的軍事力量,並試圖借助海外勢力武裝「保衛臺灣」。兩岸有關「撤飛彈」、「軍購」乃至於「間諜」案等問題,常成為兩岸間的焦點議題,牽動兩岸敏感的神經。

第二,兩岸互不承認對方公權機關和政治職位的「合法性」。由於兩岸否認對方政權的「正當性」,因而為構成兩岸政權核心的公權力機關和政治職位也為兩岸所否認。在稱呼方面,大陸方面對於臺灣公權力機關採取加引號標準或轉化說法的方式處理,如「中華民國總統」在大陸被稱呼為「臺灣領導人」、「立法院」被稱呼為「臺灣立法部門」等。但大陸基於寄希望於臺灣人民的政策以及對於臺灣民眾自治權的尊重,對於臺灣市縣級公權力機關和政治職位的合法性並未表示否認。臺灣方面在用語上已經不再否認大陸公權力機關和政治職位,但在行為上仍然否定其合法性。根據「兩岸人民關係條例」,臺灣人民不得在大陸擔任公職,否則會被處以10萬到15萬新台幣的罰鍰。在實踐中,也多有臺灣知名人士和在陸台商因擔任地方政協委員而受到臺灣有關部門的處理。[22] 此外,兩岸公權力機關尚未建立(至少是沒有公開建立)制度化的聯繫渠道,也沒有相應的行政合作機制,主要是透過授權民間組織的方式完成特定行政任務。兩岸公職人員雖經常性地出現在同一場合,甚至共同處理同一事務,但兩岸各自心照不宣,代之以民間名義掩蓋和忽略。

第三,大陸方面排斥臺灣具有「主權」象徵意義的標誌。國旗、國徽、國歌是象徵一國主權的標誌。由於大陸否認對臺灣當局「正當性」,因而也否認對方所使用的各類「主權」標誌的「合法性」。在中國大陸,臺灣方面具有「國家」象徵意義的旗幟(如「青天白日旗」和「青天白日滿地紅」)、徽章(如「青天白日」徽章)和歌曲(如「中華民國國歌」、「國旗歌」等)都不得公開出現。上述措施不

僅是宣傳政策所需，也為大陸方面的法律所肯定。1993年由對外貿易經濟合作部和海關總署公布的《對臺灣小額貿易的管理辦法》中明確規定，對台小額貿易貨物和船隻均不得出現違反「一個中國」即中華人民共和國的字樣及旗、徽、號等標記。不僅在兩岸交往中，臺灣具有「主權」象徵意義的標誌不得出現，在國際社會，大陸方面也排斥上述標誌。最典型的事例莫過於2012年倫敦奧運會期間，主辦方曾誤將「青天白日滿地紅」旗作為中華台北奧委會旗幟公開懸掛，導致大陸方面的強烈關注。[23]

第四，兩岸保持著象徵對於對方具有「主權」或實施「管制」的機構。由於兩岸並未承認對方政權的「正當性」以及公權力機關的「合法性」，而是（至少在根本法）主張對於對方享有完全的「主權」，因此，兩岸都在一定程度上保持著象徵對於對方具有「主權」或實施「管制」的機構。臺灣在大陸的行政序列中，仍然是中華人民共和國的一個省，大陸方面的最高國家權力機構全國人民代表大會包含有臺灣省代表團。全國人民代表大會中的臺灣省代表不是從臺灣直接選舉產生，而是由各省、自治區、直轄市和中央國家機關、中國人民解放軍中的臺灣省籍同胞派代表到北京參加協商選舉會議，按照選舉法規定，採用差額選舉和無記名投票的方式選舉產生，其候選人也來自於上述人群。[24] 儘管臺灣方面從來沒有承認過大陸臺灣省代表團的合法性，但臺灣省代表團在政治和法理上都證明了大陸和臺灣同屬一個中國的事實，標誌著中國對於臺灣所享有的主權。臺灣方面也保持著表徵對大陸具有「主權」或實施「管轄」的機構。如臺灣方面雖在1997年「憲政改革」後對臺灣省實施了「精簡」，但僅僅是「凍結」臺灣省級層次的選舉，並未「廢止」臺灣省級建制。同時，臺灣方面還保留著「福建省」、「新疆省辦事處」、「蒙藏委員會」、「華僑委員會」等具有明顯大陸特徵的機構。

（二）「承認爭議」在法律上的表現形式

政治上的「承認爭議」，經由政治力對於立法的影響，也在法律上有所表現。兩岸涉及對方事務的法律大多是政策的直接摹寫。與兩岸有關民事、刑事和行政事務方面的法律不同，後者雖然在一定程度上也受到政治力的作用，但更多的是體現該部門法中被各國所普遍遵循的原則和規律，而兩岸涉及對方事務的法律則具有相

當的「兩岸特質」，更多地體現了兩岸政治力的意志。因此，兩岸涉及對方事務的法律，成為觀察兩岸政治決策層面的最佳切入點。值得注意的是，儘管兩岸在政策上變化頻仍，尤其是臺灣在政黨輪替過程中，常常發生大的政策變更，但是，臺灣處理兩岸事務的法律卻在相當程度上保持穩定。考慮到臺灣社會法治建設的程度，從某種意義上而言，如果臺灣處理兩岸事務的法律沒有出現大的變動，則法律對於政策的急劇變化有著重要的牽製作用，法律在一定程度上是臺灣公權力機關的正式（official）觀點。

上述理論可以用於分析陳水扁當局時期（2000～2008）試圖修改臺灣現行「憲法」及其失敗的意義，而後者也成為論證上述理論最典型的範例。陳水扁在2000年競選時，是以主張「台獨」作為其兩岸政策的主軸。當選後，陳水扁從政治現實出發，提出「四不一沒有」的主張，其中「四不」的第三點是「不會推動李登輝的『兩國論』入『憲』」，「一沒有」即「沒有廢除『國統綱領』與『國統會』的問題」，這兩點主張都是與臺灣公布的規範性文件有關。但是，隨著陳水扁在臺灣地位穩定，「台獨」成為當時臺灣當局兩岸政策的目標定位。實現這一目標定位的重要方法，就是透過制定、修改或廢止相應的規範性文件。如臺灣當局在2003年制定試圖解決「台獨」程序問題的「公民投票法」、在2005年廢止象徵中華民國「法統」的「國民大會」、2006年違反承諾廢止「國統綱領」、同年又聲稱發動新的「憲政改革」以「催生一部新憲法」。2007年，陳水扁又違背「四不一沒有」的承諾，提出「四要一沒有」，其中「四要」的第三點就是「要制定『新憲』」。總之，對法律的調整，成為陳水扁推行其「台獨」政策的重要方法。但是，在陳水扁時期，「台獨」勢力對於法律的制定、修改和廢除又受到了島內勢力的制約，導致多數法律沒有出現較大幅度的變動，尤其是臺灣現行「憲法」對於兩岸關係的定位並未發生變化，反而在「國土變更案」上出現了更為嚴格的修改程序。[25] 可以說，在陳水扁執政八年內，儘管前民進黨當局的兩岸政策急轉向「台獨」，但在法律層面保持了相對的穩定，沒有導致兩岸關係發生大的動盪。

由此可見，在兩岸關係的論域內，法律由政治決定並且體現了政治的意志，甚至是實現特定政治目的的工具，但法律本身因其安定性和規範性而具有相對的獨立性，因而又對政治意志進行了有效的牽制。立基於此認識，研究「承認爭議」在法律上的表現形式，對於全面、準確地認識「承認爭議」並為化解「承認爭議」尋找

規範依據，具有重要價值。

第一，根本法。兩岸根本法作為兩岸各自法律體系中居於最高位階的規範性文件，對於兩岸關係都有著明確的規定。大陸現行的1982年憲法在序言第4自然段在歷史範疇上使用了不加引號的中華民國[26]的概念，並在第5自然段提出「建立了中華人民共和國」的表述，從而表明了兩者之間的關係是「歷時性」的，而非「共時性」的。據此，在「正當性」上，1982年憲法徹底否定了「中華民國一息尚存」的主張，而是認為中華民國早已成為歷史的陳跡，已經不復存在了。在第9自然段，1982年憲法更加明確地規定，臺灣是中華人民共和國的神聖領土的一部分，進一步明確了大陸與臺灣同屬一個中國的事實。憲法第30條和第31條從行政區劃的角度，規定了臺灣當前作為「省」的定位，提供了透過特別行政區制度解決兩岸和平統一的憲法依據。臺灣現行「憲法」制定於大陸，但在1990年後經由「憲政改革」基本完成了「臺灣化」的改造。臺灣現行「憲法」在增修條文的前言中提出，該「憲法增修條文」制定的目的是「為因應國家統一前之需要」，因而並未否定「統一的中國」。在第11條專門規定了處理兩岸關係相關事務的授權性條款，其中明確提出「自由地區」和「大陸地區」的區分。儘管第11條幾乎位於「憲法增修條文」的結尾（全文共12條），但第11條所謂「自由地區」和「大陸地區」的劃分，幾乎貫穿於「憲法增修條文」的全文。如所謂「中華民國總統」由「自由地區」全體人民直接選舉產生（第2條）、「立法院」「立法委員」中的區域「立法委員」由「自由地區」縣市選舉產生（第4條），等等。

第二，處理兩岸事務的基本法律。兩岸除根本法外，還制定有調整兩岸關係的基本法律：在大陸為《反分裂國家法》，在臺灣為「臺灣人民與大陸地區人民關係條例」（以下簡稱「兩岸人民關係條例」）。基本法律承繼了根本法所肯認的兩岸政治關係定位，而且將根本法上的抽象原則具體化，因而是「承認爭議」在法律上的基本表現形式。《反分裂國家法》第2條重申了一個中國原則，從法律上肯定了「大陸和臺灣同屬一個中國」的事實；第3條明確規定「臺灣問題是中國內戰的遺留問題」，「解決臺灣問題，實現祖國統一，是中國的內部事務」，凸顯了臺灣問題的內部性；第5條規定以「一國兩制、高度自治」方式完成統一臺灣的路徑；第6條在兩岸談判議題的列舉上，又提出了「兩岸敵對狀態」、「臺灣當局的政治地位」等問題，依然是第3條「內戰遺留問題」在具體領域的延伸。由此可見，《反分裂國

家法》是在「內戰遺留問題」的定性上看待臺灣當局的地位，「承認爭議」儘管沒有明確地出現在《反分裂國家法》中，但其內涵得到了充分的體現。相較於《反分裂國家法》，「兩岸人民關係條例」則比較明白地體現了「承認爭議」。「兩岸人民關係條例」將「大陸地區人民」和「臺灣人民」上升為規範概念，並在具體規範中處處體現「大陸地區人民」和「臺灣人民」在台享有權利的不同，如針對「大陸地區人民」設置的「入出境禁止事項」（第15條）、「強制出境之情事」（第18條）。最為典型的是第21條有關「候選人登記」、「擔任公職」和「組織政黨」的限制。第21條規定，「大陸地區人民」經許可在台設立戶籍10年後才能登記為公職候選人、擔任公教或公營事業機關人員及組織政黨，20年後才能擔任情報機構或防務機構的相關人員。除對「大陸地區人民」施加限制外，對於部分「臺灣人民」進入大陸施加限制。第9條第3項規定，臺灣公務員、「國家安全局」、「國防部」、「法務部調查局」及其各所屬機關未具公務員身分之人員，應向「內政部」申請許可，使得進入大陸。第9條第4項列舉了五類政務人員和公務員進入大陸的嚴格審查程序。以上規定，都表現出臺灣方面對於大陸的不信任感和重重限制。

第三，民事法律的適用問題。民事法律一般僅僅涉及人民之間的人身、財產關係，因而政治意涵比刑事法律和行政法律較弱。法院在審判案件的過程中是否適用對方的民事法律，是考量「承認爭議」在個案中是否存在的重要方面。1991年最高人民法院在向七屆大陸人大四次會議所作的報告中提出：「臺灣居民在臺灣的民事行為和依據臺灣法規所取得的民事權利，如果不違反中華人民共和國法律的基本原則，不損害社會公共利益，可以承認其效力」，首次公開地對臺灣法律的效力予以了符合一般法治規律的確認。但是，是否可以適用臺灣的法律，對於大陸方面而言是一個兼具政策性和法律性問題。在大陸的涉台審判實務中，兩岸當事人和法律職業者都盡力避免兩岸間跨法域的法律適用。[27] 2010年，最高人民法院公布《關於審理涉台民商事案件法律適用問題的規定》，其中第1條第2款規定：「根據法律和司法解釋中選擇適用法律的規則，確定適用臺灣民事法律的，人民法院予以適用」，相當於肯定了臺灣民事法律在大陸的可適用性。與大陸相比，臺灣對於能否適用大陸法律的態度則比較清晰。「兩岸人民關係條例」第41條第2款規定，「大陸地區人民相互之間及其與外國人間民事事件，除本條例另有規定外，適用大陸地區之規定」。其後，「兩岸人民關係條例」又規定了相當於兩岸間區際私法的法律適用規

則，允許適用大陸地區的相關規定。「兩岸人民關係條例」的上述規定，在相當程度上表明了臺灣承認大陸法律在台的可適用性。儘管承認民事法律的「可適用性」並不能等價為兩岸在民事法律上的相互承認，但是，此種將是否承認與是否適用相分離的務實做法，較之完全隔絕和「老死不相往來」的做法更加有利於兩岸關係和平發展，也值得在消解「承認爭議」中借鑑。

　　第四、司法判決和解釋。司法判決和兩岸最高司法機關對於各自根本法和法律的解釋，較多涉及的是兩岸人民在交往過程中發生的具體案例，因而成為「承認爭議」在個案中表現形式的觀察點。總體而言，大陸方面對於臺灣法院的判決、裁定和仲裁機構裁決在不違反「一個中國」的原則下予以認可並依照大陸的《民事訴訟法》執行。最高人民法院在1998年和2009年先後頒布《關於人民法院認可臺灣有關法院民事判決的規定》及其《補充規定》，對人民法院承認與執行臺灣法院的裁判和仲裁機構的裁決進行了詳細的規定。2009年4月兩岸簽署的《海峽兩岸共同打擊犯罪及司法互助協議》第9條對於兩岸互相承認民事裁判和仲裁裁決予以確認。在實務中，臺灣法院為了獲取大陸方面對其判決書的認可和執行，往往採取去掉判決書標題上中華民國字樣。[28] 在臺灣方面，司法判決和解釋大多採取「國家發生重大變故」和「憲法規範」兩種模式，將兩岸關係按照「分離」的面向進行解釋。[29] 如著名的「釋字第242號解釋」，臺灣「司法院」大法官提出：「惟國家遭遇重大變故，故夫妻隔離相聚無期之情況下所發生之重婚事件，與一般重婚事件究有不同，……。」[30] 此解釋將「兩岸隔絕」作為解釋的依據，默認了兩岸事實上分離的狀態。但，在「動員戡亂時期」的1958年和1973年，臺灣「最高法院」曾將「契約執行至反攻大陸時止」解釋為「不確定期限之租賃契約」而不是「附條件之契約」，表明了在臺灣司法界，「統一」仍然是主流意識形態。相較之下，「釋字第242號解釋」的態度就發生了較大的變化。事實上，1958年和1973年的兩個判決在2000年和2003年也分別被廢棄不用。[31] 在一些臺灣「司法院」的「大法官解釋」中，大陸人民被區別對待，在入出境、擔任公職等問題上不享有與臺灣人民相同的權利，甚至在大陸地區人民於臺灣設立戶籍後，仍受到不平等地對待。[32] 有學者認為，大陸人民「可歸屬於有別於一般外國人之特別或特殊身分之外國人」。[33]

（三）「承認爭議」在兩岸經貿往來上的表現形式

經貿關係是當前兩岸關係的重點。經貿關係儘管較少涉及政治問題，但並不是沒有政治問題。經貿問題牽動著臺灣的民生福祉，涉及臺灣民眾的切身利益，是否將臺灣經濟寄希望於大陸、如何看待兩岸經貿往來對臺灣的影響，成為島內主要政黨之間政爭的議題之一。由於大陸對於兩岸經貿往來持「鼓勵和推動」的立場，[34]因此，探討「承認爭議」在兩岸經貿往來上的體現，主要以臺灣為對象。

2008年前，由於臺灣當局比較消極的兩岸政策，「承認爭議」對於兩岸經貿往來的影響是根本性的。1996年9月14日，李登輝在臺灣工業總會年會上，首次提出「戒急用忍」，其後臺灣當局發表「亞太營運中心以大陸為腹地的論調必須加以檢討」、「大陸政策要『戒急用忍』、『行穩致遠』」等論調，並在同年12月召開的「國家發展會議」上，形成了「發展兩岸經貿應以臺灣安全第一、臺灣利益優先、考量政治風險、規範大企業赴大陸投資」的所謂「共識」，正式形成了「戒急用忍」的兩岸經貿主張。「戒急用忍」的本質，是將在經貿交往中加入政治考量，用所謂臺灣「安全性」審查臺灣企業赴大陸投資的可行性和必要性，限制臺灣企業對大陸的投資。1997年7月，根據「戒急用忍」政策修改的「企業對大陸地區投資審查辦法」開始實施，該辦法秉持「大企業從嚴」和「特殊行業從嚴」的原則，限制大企業、高科技企業、從事基礎建設的企業赴大陸投資，為企業赴大陸投資設置重重障礙和高額度的罰鍰。2000年後，「戒急用忍」政策一度被鬆綁，但陳水扁很快提出以「南向」取代「西進」的政策，力主臺灣經濟界向東南亞投資，或與東南亞開展更加活躍的經貿往來，以避免臺灣經濟對於大陸過於依賴的現象發生。同時，陳水扁要求改變輸入大陸的產品結構，以提高大陸對臺灣的技術依賴，加大對大陸資本的審批等，試圖將大陸經濟對臺灣的影響降至最低。不論是「戒急用忍」還是「南向」，出發點都是基於「內戰」思維所形成的、對大陸的不信任感，目的是避免臺灣經濟因臺灣企業界投資大陸甚至向大陸轉移產業而導致的空洞化，保持當時臺灣對於大陸的經濟優越感。

2008年5月後，臺灣政治局勢發生了有利於兩岸關係和平發展的變化，兩岸經貿往來逐漸正常化且日漸活絡。但是，並不能據此認為「承認爭議」對於兩岸經貿往來的影響已經消失，只能說在新的情勢下，「承認爭議」對於兩岸經貿關係從具有根本性、全局性的影響，轉變為對於具體問題的影響。應當說，「承認爭議」對於兩岸經貿往來的影響在程度上有所降低，但並未完全消失，而是以另外的形式繼續

存在。

《海峽兩岸經濟合作框架協議》（ECFA）是規範兩岸經貿交往的框架性文件，也是兩岸在兩會框架下規範兩岸經貿往來的基本協議。對於ECFA的爭論與質疑，自兩岸商簽ECFA（包括其前身「海峽兩岸綜合性經濟合作協議」CECA時）就沒有停息。對於ECFA的質疑，主要可以分為三類：其一，認為ECFA對於臺灣公眾利益影響甚巨，應當採取「公民投票」的方式透過，因而質疑ECFA在臺灣的「合法性」；[35] 其二，認為ECFA對於臺灣經濟沒有實質性的改變，甚至有可能對臺灣經濟產生負面影響；[36] 其三，認為ECFA必須在臺灣與其他國家簽署的「自由貿易協議」（FTA）後同步生效。[37] 不僅上述觀點體現了「承認爭議」，兩岸就ECFA協議定位的共識，也是「承認爭議」的體現。根據 ECFA序言第2 自然段，兩岸是本著世界貿易組織基本原則簽署的。因此，ECFA有了兩岸在世界貿易組織框架開展經貿合作的機制的意味，而不是如同《海峽兩岸海運協議》、《海峽兩岸空運協議》等協議，後者從文本上來看僅具有兩岸協議的意味。將ECFA置於世界貿易組織的基本原則下，而不僅僅是兩岸之間的協議，體現了兩岸在ECFA這一重要協議的定位上仍然有著不同的觀點，只能借助大陸和臺灣以不同名義加入世界貿易組織的事實，將ECFA納入世界貿易組織的基本原則框架內，解決對於ECFA的協議定位問題。兩岸在ECFA協議定位上的共識，從一個側面表現了兩岸之間即便在較少涉及政治問題的經貿問題上，依然存在著隔閡和對立。

2009年4月，兩岸在陸資入台的問題上達成共識，陸資進入臺灣有了制度化的途徑。面對陸資，臺灣當局並未如同大陸給予台商投資諸多優惠的政策，而是對陸資加以了諸多的限制。首先，對陸資能夠投資的項目予以限制。根據臺灣大陸委員會公布的「開放陸資來台從事事業投資政策說明」，臺灣有關部門以「正面列表」的方式，明定開放陸資來台投資之項目，從而對陸資投資的範圍進行了嚴格的限制。考察「陸資投資項目」，在製造業、服務業和公共建設部分，臺灣當局都只對陸資進行了有限度地開放。在製造業部分，臺灣行業標準中「製造業」的細類是212項，「陸資投資項目」只開放了64項，占總額的30%。在服務業部分，臺灣在WTO框架下承諾開放的113項次行業，只開放了25項，占總額的22%。在公共建設部分，臺灣「促進民間參與公共建設法」規定了公共建設此類別分類計81項，但只開放了11項，僅占總額的14%。其次，限制陸資投資人資格及禁止投資的方式。據「投資許

可辦法」第6條之規定，陸資投資人為大陸地區軍方投資或具有軍事目的之企業者，臺灣主管機關應限制其來臺灣投資。「投資許可辦法」第8條又對具有壟斷地位和可能影響臺灣安全穩定的陸資予以禁入。再次，透過事前審查和事後監控的方式，限制陸資投資人投資行為。臺灣有關部門建立相應機制，對陸資投資人的投資行為進行嚴格的審查和監控。臺灣「經濟部」「投資審議委員會」已經建立「陸資審查機制」，將依據陸資投資申請人的投資金額、業別項目、投資類型、投資人身分等，會同有關機關進行審查。同時，「投資審議委員會」還建立「陸資來台投資資訊管理系統」，對陸資在台投資的訊息及動態進行記錄、備案，以隨時掌握陸資在台的活動。[38]

（四）「承認爭議」在國際交往中的表現形式

兩岸在國際社會的交往，集中體現了大陸和臺灣之間的「承認爭議」。「承認爭議」之所以集中地體現在國際交往中，與中華民族文化傳統中的主權觀念有著密切的關聯。現代主權概念的功能已經從僅僅表明國家最高權力歸屬，向著多元化的面向發展。在多元化的主權理論中，其中一種認為主權與正當性產生聯結，而正當性是「有權者」（power holder）之間的相互認可。根據這種觀點，一個權力或者政權，加入有其他權力的支持，就是有效與正當的。[39] 將主權與「有權者」的承認相聯結的觀點，符合中華傳統文化中對權力正當性的認識。後者對於權力正當性的建構，常常來源於一個外部主體的確認或授予，而並不是由這個權力所統治的人民的認可。立基於此認識，能否獲得國際社會的認可，對於兩岸而言，就不僅僅是一個簡單的參與國際空間的問題，更涉及自身政權的正當性。

最典型的例子就是臺灣在1971年前，因為有美國、日本等「外部有權者」的確認，並占據著聯合國的席位，「外部有權者」的承認足以支撐當局的「正當性」，因此，在臺灣依然延續著從大陸帶來的「法統」，包括維繫在大陸選舉產生的第一屆「國民大會」，拒絕開放「中央」層級的民意代表選舉。但在1971年被逐出聯合國後，臺灣當局透過「外部承認」構建的「正當性」崩塌，只能求助於內部人民的同意。所以，在1971年後，臺灣當局逐步開放「中央」層級的民意代表增選和地方選舉活動。這一過程在1990年後又重新出現了一次，只不過順序恰好相反。1990年

开始，臺灣當局透過三次「憲政改革」，強化其對內「代表性」，試圖解決解除戒嚴結束動員戡亂體制後的「法統」危機。[40] 如結束「萬年國大」、完全開放「中央民意代表」的選舉、臺灣領導人由臺灣人民直接選舉產生、開放臺灣省和「直轄市」層級的行政首長直選等。在1996年臺灣完成首次領導人直選後，臺灣當局認為其「內部正當性」以及獲得了強化，遂開始構建其「外部正當性」。1997年開始的第四次「憲政改革」以強化對外「代表性」為目的。首先，精簡臺灣省級建制，以強化臺灣意識，使臺灣省和中華民國在對外「代表性」上有更清楚的分野；其二，直選臺灣領導人，構建以領導人為核心的雙首長制，強化領導人權威，使領導人成為臺灣「主權」的象徵。[41]

參加國際交往，對於兩岸而言，所爭的不僅是在國際社會的利益，更重要的是牽涉國際社會對於雙方在法理名號上的認知。[42] 在此意義上，大陸在臺灣參加國際交往的問題上，更加在意的並不是臺灣進入國際空間後對大陸現實利益的影響，而是臺灣的參加行為是否會產生對臺灣「國際承認」的效果。而臺灣所關注者，也更多在於臺灣能否透過參加國際交往，以彰顯其「主權」，以及外部有權者的「認可」。兩岸在國際空間的攻防，是兩岸「承認爭議」最為典型的表現形式，也是最為普通公眾所熟悉的表現形式。

第一，大陸僅同意外國與臺灣發展不涉政治的經貿、文化關係和民間交流，也僅允許臺灣參加非主權實體可以參加的國際組織。目前，國際社會已經形成共識：中華人民共和國是代表中國的唯一合法政府。這一共識不僅停留在觀念上，而且已經體現在國際社會的諸多實踐中。如中華人民共和國代表中國，是聯合國成員國之一，並且是安理會的常任理事國；世界上絕大多數國家，尤其是美國、俄羅斯、英國、法國、日本、德國等在世界上具有重要影響的「大國」，均與中國建立正式外交關係。這些實踐在中華傳統文化中，有著明顯的「外部承認」效果。反觀臺灣，其多次「入聯」申請及其「邦交國」所提的「入聯」提案被聯合國以絕對優勢否決，且不能以中華民國或「臺灣」的名義參加重要國際組織。如只能以「中華台北」參加國際奧林匹克運動委員會（IOC）、只能以「中華台北」名義和觀察員身分參加世界衛生大會（WHA）、只能以「台澎金馬單獨關稅區」名義參加世界貿易組織（WTO）等。在與「外國」的「外交關係」上，臺灣截至2012年6月30日，僅有24個「邦交國」，且大多是依靠金錢關係維持的微型島國或在國際社會並無大多

41

影響力的「小國」。

　　大陸對於臺灣參加國際組織和與外國建立「邦交國」的態度可以分為兩個部分。其一，對於接受臺灣以「國家」名義參加的國際組織，一律採取退出的態度，這種情況主要發生在1971年之前；對於與臺灣建立「外交關係」的國家，一律採取與之斷交的態度。如曾為美國核試驗基地的太平洋島國馬紹爾群島，在1986年獨立後，曾與1990年與中華人民共和國建立外交關係，1998年與臺灣建立「外交關係」後，中華人民共和國隨之與之斷交。其二，對於臺灣與外國發展不涉政治的經貿、文化關係，以及臺灣以合適名義參加非主權實體可以參加的國際組織，大陸不持異議。大陸方面多份重要文件（法律）對此問題都作出了明確的闡述或規定。「江八點」第二點提出，「對於臺灣同外國發展民間性經濟文化關係，我們不持異議」。[43] 中共十六大報告在兩岸「可以談」的三個議題中，也提出兩岸可以談「臺灣在國際上與其身分相適應的經濟文化社會活動空間問題」。《反分裂國家法》第7條第2款第5項規定，兩岸可以就「臺灣在國際上與其地位相適應的活動空間」事項進行協商和談判。胡錦濤在「胡六點」中再次繼承和發展了上述觀點，提出：「對於臺灣同外國開展民間性經濟文化往來的前景，可以視需要進一步協商」，「對於臺灣參與國際組織活動問題，在不造成『兩個中國』、『一中一台』的前提下，可以透過兩岸務實協商作出合情合理安排。」[44] 以上政策話語表明，大陸方面充分尊重臺灣人民參加國際空間的意願和期望，在不違背「一個中國」原則的前提下，臺灣可以以合適名義參加國際空間，與外國和國際組織發展非官方的關係。

　　第二，在同一個國際組織中，兩岸因多次涉及「一個中國」的問題發生爭議和摩擦。兩岸業已共同參加一些國際組織，這些國際組織大多有適合臺灣以合適名義和身分參加的憲制性規範。臺灣有些是以正式成員身分參加，有些是以觀察員或準會員、副會員身分參加，依照所參加國際組織的規範，享有與其身分和地位相適應的權利和義務。由於臺灣參加國際組織的目的，除了從國際組織中獲取相應的利益，參加國際社會規則的制定與實施外，更加重要的是彰顯臺灣在國際社會的存在。因此，大陸和臺灣難免因涉及「一個中國」的問題發生爭議。WTO是兩岸發生上述摩擦最為集中的國際組織。如2002年，中國駐WTO代表團對臺灣鋼鐵產品和PVC展開反傾銷調查時，沒有依照WTO規則通知臺灣當局的主管部門，並於7月30日以「通知」形式告知臺灣駐WTO辦事機構相關事宜。在「通知」中，並沒有以

「台澎金馬單獨關稅區」呼之，而是代之以「中國台北」，意味著該通知並不是WTO框架內的行文，而僅具有「兩岸屬性」。[45] 不僅如此，中國駐WTO代表團將臺灣駐WTO辦事機構稱為「台澎金馬單獨關稅區辦事處」，而不是臺灣自己命名的「代表團」。[46] 國際奧林匹克運動委員會（IOC）及其所舉辦的奧林匹克運動會也是兩岸經常發生摩擦的國際組織。臺灣以「Chinese Taipei」的名義成為IOC的正式成員，但對於「Chinese Taipei」的譯法，兩岸曾有不同觀點並引發摩擦。大陸方面將「Chinese Taipei」譯為「中國台北」，而臺灣方面則堅持譯為「中華台北」，以避免名稱中的「中國」意涵。2008年北京奧運會期間，兩岸代表團曾因此發生摩擦。2012年倫敦奧運會期間，兩岸又由於主辦方懸掛「青天白日滿地紅」的旗幟而引發兩岸強烈關注。[47]

第三，兩岸在共同維護中華民族整體利益上也存在著不協調之處。兩岸人民同屬一個中華民族，在國際事務中有著廣泛的共同利益。總體而言，兩岸在攜手維護中華民族整體利益上具有共識，且開展了一定程度的合作。胡錦濤在「胡六點」中也提出：「我們（大陸）駐外使領館要加強同臺灣同胞的聯繫，誠心誠意幫助他們解決實際困難。」[48] 大陸海軍為臺灣船隊提供護航，是兩岸在維護中華民族整體利益上的典型事例。但是，兩岸並不是在所有關乎中華民族整體利益的問題上都能保持一致或合作。2012年，中國固有疆域南沙群島和釣魚島頻遭外國勢力侵犯。大陸方面提出，維護祖國的領土完整與主權是兩岸同胞的共同意願，[49] 表達了兩岸共同維護中華民族整體利益的意願。但臺灣方面表示，在南海問題、釣魚島問題上不會單獨與大陸合作。[50] 由於兩岸沒有能夠共同維護中華民族整體利益的機制，因而導致兩岸在「共禦外侮」時，不能真正的「兄弟鬩於牆」，而是處於各說各話的狀態，究其原因，除了國際政治因素的考量外，兩岸之間存在著的不信任感是最為主要的原因。

總之，「承認爭議」已經滲透至兩岸關係的方方面面，對於兩岸關係的影響甚巨。在兩岸政治關係定位和臺灣參加國際空間的問題上，首先應當解決的，就是兩岸如何回應「承認爭議」。需要指出的是，「承認爭議」是兩岸關係中客觀存在的現象，只要兩岸之間的政治對立還存在，或者說兩岸在「國家」和「主權」的問題上尚未找到雙方都能接受的解決辦法，「承認爭議」就將繼續存在和延續。因此，「承認爭議」對於兩岸政治關係定位和臺灣參加國際空間的影響是持續性的，兩岸

在當前的情勢下，也不可能消除「承認爭議」。立基於此認識，兩岸有必要尋找合適的方式迴避「承認爭議」或者消除「承認爭議」對兩岸關係的負面影響。

三、兩岸解決「承認爭議」的做法

兩岸對於「承認爭議」的態度是複雜的：一方面，兩岸必須堅持導致「承認爭議」的各項因素，在客觀上導致瞭解決「承認爭議」的進程，至少在現階段無法獲得實質性的進展；另一方面，兩岸又希望尋找到合適的辦法，來迴避「承認爭議」，或者儘量地減低「承認爭議」對於兩岸正常交往的影響。立基於這種複雜的感情，兩岸對於「承認爭議」的態度只能是：正視其客觀存在的事實，不因單方面的政策決斷而否認「承認爭議」的存在，盡力避免其對於兩岸關係的負面影響，並尋找兩岸能夠共同接受的方式迴避之。因此，兩岸在根本上維持「承認爭議」的同時，為解決國家統一和兩岸關係和平發展，乃至於兩岸交往的具體問題上，提出了一系列的主張和對策。本研究主要闡述「一國兩制」理論、兩會事務性商談機制和馬英九所主張的「主權互不承認、治權互不否認」。需要說明的是，「九二共識」事實上也是兩岸為解決承認爭議的對策之一，但由於「九二共識」的具體內涵本研究將在後文作詳細介紹，因而不在此處贅述。

（一）「一國兩制」理論

「一國兩制」理論是大陸解決臺灣問題的基本方針，也是大陸解決因歷史遺留原因而導致國家分裂問題的最高綱領。「一國兩制」理論的核心思想是透過「一個國家、兩種制度」的方法，承認在特殊地區實行有別於大陸的資本主義社會制度和生活方式，給予特殊地區高度自治權，實現特殊地區的本地人治理。從解決「承認爭議」的角度觀察，「一國兩制」理論實際上將兩岸有關「承認爭議」的具體內容分為對於「主權」的承認和對於「治權」承認，在主權部分，要求國家主權必須統一，這是談論「兩制」的前提和基礎，也是不可動搖的底線；而在治權部分，則允許兩岸存在相當程度但仍有限度的合理差異。因此，「一國兩制」理論事實上是將

代議制度中的基本原理「主權統一而治權相對分離」運用於國家結構形式領域中，在主權統一的前提下，允許兩岸「治權」合理的分離。

　　從歷史源流而言，「一國兩制」理論是由毛澤東、周恩來所奠基，由葉劍英提出初步輪廓與構想，而由鄧小平最終定型和完成的理論。「一國兩制」理論最早是用於解決臺灣問題。早在1960年代，毛澤東、周恩來就提出透過和平方式解決臺灣問題的設想，集中體現為「一綱四目」，其中包括：臺灣與祖國統一後，除外交必須統一於中央外，所有軍政大權、人事安排等悉委於蔣、臺灣的社會改革可以從緩，必須條件成熟並尊重蔣介石的意見，同臺灣人民協商後進行。毛澤東還提出，如果臺灣回到祖國，一切可以照舊：「我們容許臺灣保持原來的社會制度，等臺灣人民自己來解決這個問題。」[51] 葉劍英在「葉九條」中提出了「一國兩制」理論的基本框架。根據「葉九條」第三條和第四條，統一後的臺灣可保留軍隊，作為特別行政區，享有特別自治權；臺灣社會、經濟制度、生活方式與同其他外國的經濟、文化關係不變；私人財產、房屋、土地、企業所有權、合法繼承權和外國投資不受侵犯。鄧小平在1979年後的一系列講話，逐漸地將「一國兩制」理論定型化，並且明確地提出了「一國兩制」的概念。

　　根據鄧小平的論述，「一國兩制」理論包括以下四個方面的主要內容。其一，「一國兩制」的前提是「一國」，鄧小平提出「一國兩制」理論所要解決「問題的核心是祖國統一」。[52] 其二，「一國兩制」理論達到「一國」目的的方法是允許特殊地區採取「兩種制度」。鄧小平提出：「（『一國兩制』理論）這個構想是從中國解決臺灣問題和香港問題出發的」，「十億人口大陸的社會主義制度是不會改變的，永遠不會改變」，「但是，根據香港和臺灣的歷史和實際情況，不保證香港和臺灣繼續實行資本主義制度，就不能保持它們的繁榮和穩定，也不能和平解決祖國統一問題」。[53]　其三，「一國兩制」理論在特殊地區落實的關鍵是實行「高度自治」和「本地人治理」。鄧小平提出：「祖國統一後，臺灣特別行政區可以有自己的獨立性，可以實行同大陸不同的制度」，「司法獨立、終審權不需到北京」，「臺灣還可以有自己的軍隊，只是不能構成對大陸的威脅」，「大陸不派人駐台，不僅軍隊不去，行政人員也不去」，「臺灣的黨、政、軍等系統，都由臺灣自己來管」，「中央還要給留出名額」。[54] 但是，鄧小平也提出，所謂「高度自治」並不等同於「完全自治」。鄧小平強調：「不贊成臺灣『完全自治』的提法」，「自治

不能沒有限度，既有限度就不能『完全』」。「『完全自治』就是『兩個中國』，而不是『一個中國』。」[55]根據大陸1982年憲法的具體規定，「高度自治」和「本地人治理」的載體是「特別行政區制度」。其四，「一國兩制」理論並不會影響大陸的社會主義制度。對此，鄧小平有著明確的論述：「『一國兩制』除了資本主義，還有社會主義，就是中國的主體、十億人口的地區堅定不移地實行社會主義。……主體是很大的主體，社會主義是在十億人口地區的社會主義，這是個前提，沒有這個前提不行。在這個前提下，可以容許在自己身邊，在小地區和小範圍內實行資本主義。我們相信，在小範圍內容許資本主義存在，更有利於發展社會主義。」[56]由此可見，「一國兩制」理論最初是為解決臺灣問題而提出的理論構想，目的是使臺灣當局儘可能接受和認同大陸方面的統一主張，並向臺灣方面展現大陸謀求國家統一的最大誠意。

從認同的角度而言，「一國兩制」理論與「九二共識」相結合，是在國家層次上構建認同，而擱置在意識形態認同上的爭議。從「一國兩制」的早期形態來看，這裡的「一國」是指「中華人民共和國」。1982年憲法序言第9自然段的前段規定：臺灣是中華人民共和國神聖領土的一部分，也表明了「一國兩制」中的「一國」具有明確的政權意涵。在實踐中，「一國兩制」理論已經運用於香港問題和澳門問題的實踐，香港特別行政區和澳門特別行政區依據1982年憲法第31條建立且依據基本法順利施政，也表明了「一國」的政權性質。因此，在「一國兩制」理論的早期形態和在香港、澳門問題上的具體實踐來看，「一國兩制」理論在認同問題上的立意點是放棄對於意識形態認同的堅守，而構建在政權層次的認同。但是，臺灣問題有別於香港問題和澳門問題，其複雜性和特殊性更為明顯，解決的難度亦大於後兩者。兩岸在1992年所形成的「九二共識」，已經明確了兩岸在相互交往中不再謀求雙方對於政權符號的認同，而轉而構建兩岸對於中國國家的認同。因此，「一國兩制」理論在臺灣問題上的具體形態亦在「九二共識」的作用下發生變化：「一國兩制」理論中的「一國」，已經從「中華人民共和國」轉變為「中國」，而基於「一國兩制」理論而設計的特別行政區制度是否適用於臺灣，目前還需更加精細的考量。至少在1983年之後，大陸方面很少在公開文獻中提及建立「臺灣特別行政區」的主張。

「一國兩制」理論因應兩岸認同的變化，表明了「一國兩制」理論在臺灣問題

的論域內，對於「承認爭議」的因應有了較「主權統一而治權合理分離」更加深入的新意涵。對於新意涵的挖掘，涉及對於「一國兩制」理論內涵的再思考。「一國兩制」理論的提出，一方面是為了向臺灣方面展現大陸解決國家統一的誠意，另一方面，又何嘗不是為了因應當時大陸凡事都要問「姓資姓社」的社會情勢，為人們在統一問題上解放思想提供理論武器。因此，鄧小平所提的「一國兩制」理論有著深刻的意識形態意涵。然而，隨著歷史的發展，「一國兩制」理論在釐清意識形態爭論方面的功能已經較其原初形態有所弱化，那麼，如何理解「一國兩制」理論顯得尤為重要，同時也是理解「一國兩制」理論能夠有效因應承認「爭議」的關鍵。本研究認為，「一國兩制」中所指的「兩制」，在意識形態上可以理解為「社會制度」，亦即社會主義制度和資本主義制度，在法律上還可以理解為大陸和特殊地區分別實行不同的法律制度，亦即大陸與特殊地區構成了不同的法域。這一理解雖未見諸大陸官方文獻，但學界多有論述且在香港、澳門有關「一國兩制」的實踐中已經被證實。根據香港和澳門兩個特別行政區的基本法，大陸（內地）的法律——包括憲法在內——除被列入基本法附件三的之外，均不在特別行政區適用。同時，即便是被列入附件三的全國性法律，也必須由特別行政區政府透過轉化或納入的方式適用，而不能直接適用。由此可見，香港和澳門事實上構成了有別於大陸（內地）的法域。當然，跨法域性並不影響「一國」這個基礎，承認兩岸構成兩個不同的「法域」，也並不影響「一個中國」原則。[57]臺灣自為一法域，實施不同於大陸的法律制度，並根據自己的法律制度構建其公權力機關體系，對此大陸在臺灣堅持「九二共識」的基礎上不予否認，並對臺灣的有關規定予以尊重和有限度地適用，從而迴避「承認爭議」為兩岸關係造成的消極後果。

　　事實上，用「法域」來理解「一國兩制」理論對於解決「承認爭議」的效果較之單純從意識形態層面理解「一國兩制」更加具有操作性，可接受度也更高。其一，按照「法域」的理解解決「承認爭議」，對於根本法和法律正當性的承認，在相當程度上轉化為法律適用、司法判決或仲裁裁決的承認與執行、區際司法協助等技術性問題。其二，按照「法域」來理解「一國兩制」，也有利於兩岸透過各自的根本法對於「一國」進行闡釋，從而在規範面上落實和固化「九二共識」。如大陸憲法始終強調「一中性」，而臺灣現行「憲法」迄今未改「一中」表述，對於兩岸共同堅持「九二共識」都有著重要作用。2012年7月28日，賈慶林在第八屆兩岸經貿

文化論壇開幕式上的致辭中對此也予以了確認：兩岸從各自現行規定出發，確認這一客觀事實，形成共同共知，就確立、維護和鞏固了一個中國框架。[58]

可以說，「一國兩制」理論已經構成了大陸解決「承認爭議」的一個典型範例，至今仍對大陸處理兩岸關係具有較高的宏觀指導作用。

（二）兩會事務性商談機制

兩會事務性商談機制，是兩岸在具體的交往過程中解決「承認爭議」的對策。由於「承認爭議」的存在，兩岸公權力機關因不承認對方的正當性，因而互相拒絕開展直接的往來。但是，基於兩岸共同事務的需要，兩岸在1991年前後形成了由海峽兩岸交流協會和財團法人海峽交流基金會為商談主體的兩會事務性商談機制，從而為在兩岸事務性交往中迴避「承認爭議」的問題提供了有效的機制。

在兩會事務性商談機制形成之前，兩岸並非沒有透過民間性質的機構開展事務性商談的先例。1987年後，臺灣當局開放大陸探親，大陸和臺灣亦因此恢復接觸。1989年，兩岸體育組織就臺灣以何種名義參加國際體育比賽達成共識，同意臺灣以「中華台北」（Chinese Taipei）的名義參加國際奧委會以及各類體育比賽。這是兩岸在1987年後第一次就事務性問題開展商談，商談的主體是兩岸的體育組織。1990年9月，兩岸紅十字組織在金門就私渡人員遣返工作進行談判，並簽訂《海峽兩岸紅十字會組織在金門商談達成有關海上遣返協議》，這是兩岸之間簽訂的第一個事務性協議。臺灣學者甚至將其稱之為兩岸第一個「準官方協議」，[59]而這個事務性協議的商談主體和簽訂主體都是兩岸具有民間性質的紅十字組織。

1990年10月，臺灣當局成立「國家統一委員會」，同年11月，成立財團法人海峽交流基金會，「以協調處理臺灣與大陸地區人民往來有關事務」。[60] 1991年4月，海基會秘書長陳長文與國台辦副主任唐樹備進行了海基會成立以來兩岸的首次會談。在此次會談中，陳長文以民間人士身分參與，而唐樹備則是以「官方」身分參與，出現了一次兩岸間「民間對官方」談判的特例。[61] 1991年12月，大陸方面成立海峽兩岸交流協會。根據《海協會章程》第4條之規定，海協可以接受有關方面委託，與臺灣有關部門和授權團體、人士商談海峽兩岸交往中的有關問題，並可簽訂協議性文件。至此，大陸和臺灣以海協會和海基會為主軸的「兩會框架」，以「兩

會框架」為主軸的兩會事務性商談機制經過20餘年的發展，雖其間遭遇較長時間的波折與暫停，但為兩岸開展事務性合作提供了有效的制度化路徑，也成為兩岸在沒有解決「承認爭議」的情況下開展商談與合作的主要框架。

兩岸公權力機關透過授權的方式，使得兩岸得以代表各自的公權力機關與對方開展事務性商談。兩岸為構建兩會事務性商談機制提供了法制準備，以為兩會得以代表各自的公權力機關提供規範上的依據。《海協會章程》第4條規定「本會接受有關方面委託，與臺灣有關部門和授權團體、人士商談海峽兩岸交往中的有關問題，並可簽訂協議性文件」。《海基會章程》第3條規定「本會為達成前條所定之宗旨，辦理及接受政府委託辦理下列業務：一、臺灣與大陸地區人民入出境案件之收件、核轉及有關證件之簽發補發等事宜；二、大陸地區文書之驗證、身分關係之證明、協助訴訟文書之送達及兩地人犯之遣返等事宜；三、大陸地區經貿訊息之蒐集、發布；間接貿易、投資及其爭議之協調處理等事宜；四、兩地區人民有關文化交流之事宜；五、協助保障臺灣人民在大陸地區停留期間之合法權益；六、兩地區人民往來有關諮詢服務事宜；七、政府委託辦理之其他事項」。[62] 另據臺灣「兩岸人民關係條例」第4條規定，臺灣當局行政院得設立或指定機構，處理臺灣與大陸地區人民往來有關之事務；第4-2條又規定第4條所規定的指定機構可以與大陸方面簽訂「協議」，而對「協議」的解釋為「臺灣與大陸地區間就涉及行使公權力或政治議題事項所簽署之文書；協議之附加議定書、附加條款、簽字議定書、同意紀錄、附錄及其他附加文件，均屬構成協議之一部分」。

如果是純粹的民間團體，兩會事務性商談機制事實上也無法承擔代替兩岸公權力機關進行協商與合作的重任。事實上，海協會和海基會雖名為民間團體，但卻是具有官方性質的「民間團體」。無論是大陸的臺灣事務管理體制，還是臺灣的大陸事務管理體制，海協會和海基會都是作為窗口而存在。在大陸，臺灣事務管理體制包括中共中央對台工作領導小組、中央台辦/國務院台辦和海協會，上述三個機構分別作為對台事務的決策機構、執行機構和窗口機構。[63] 海協會不僅接受中共中央對台工作領導小組和國台辦的領導，而且在人員上也與國台辦具有高度的一致性。以2008年6月產生的第二屆海協會會長和副會長為例，會長陳雲林是前任國台辦主任，7名副會長中有5人同時兼任或曾經擔任過國台辦副主任，1人為國務院其他部門（商務部）負責涉台事務的副職，1人曾任國台辦重要職務，[64] 而海協會幾乎所有的活

動，都由中共中央直接指揮，由國台辦具體聯繫。因此，臺灣學者認為，「海協會根本就是國台辦為了因應兩岸協商，以民間對民間的模式而給予另一種『民間團體』的面目」，「實際上它仍是『政府組織』的本質」。[65] 雖然臺灣學者的觀點有所偏頗，但也說明了海協會和國台辦之間的密切關係。臺灣方面亦是如此。在臺灣，大陸事務管理體制包括總統府（原在總統府下設「國統會」，後為陳水扁撤銷，因而由總統府直接進行大陸事務決策）、「行政院陸委會」、海基會等。從組織序列上而言，海基會就是陸委會下設的團體，所有工作人員依「兩岸人民關係條例」，均具有公務員身分，並且服從公務員的有關法律和職業紀律。「兩岸人民關係條例」還規定，臺灣方面「派員赴大陸地區或其他地區處理受託事務或相關重要業務」，應報請委託機構或相關機關的同意，並受起指揮，還要「隨時報告處理情形」，即便是在這種情況下籤訂的協議，還要經過嚴格的接受程序」。[66] 由此可見，兩會實質上是兩岸在公權力機關無法接觸的情況下，為開展兩岸談判而設立的、具有民間團體身分的半官方團體。

海協會和海基會所構成的「兩會框架」已經比較成熟，並為實踐證明是兩岸談判行之有效的方式。在兩會的談判史上，兩會已經簽訂了影響兩岸關係發展的重要協議，並形成了包括最高負責人會談在內的各個層級的會談和聯繫機制。在兩岸公權力機關無法進行直接對話時，「兩會框架」為兩岸談判提供了通道。由於「兩會框架」所取得的顯著成效，在兩岸談判中逐漸具有了不可替代性。因此，儘管大陸和臺灣已經形成了包括黨際交流、其他民間團體交流在內的交流通道，但這些通道只能為兩岸關係發展提出建設性的意見，或只能成為兩岸公權力機關互相宣示政策的平台，至於兩岸之間進行正式協商，並達成協議，則必須透過「兩會框架」。這一點，大陸和臺灣領導人以及有關部門已經有多次表態。[67] 在兩會事務性商談機制的框架內，兩岸逐步深化互信和合作。馬英九在2012年11月初的一個會議上，提出兩岸兩會互設辦事機構的觀點，並將之作為其在第二個任期內處理兩岸政策的三大重點之一。馬英九認為，互設辦事機構對兩岸關係是必要的一步，「希望大陸主要城市都有海基會的辦事機構」，以協助台商、台生和觀光客解決問題。[68] 可以說，兩會事務性商談機制不僅僅是代替兩岸公權力機關進行協商和交流的機制，其功能在兩岸關係和平發展的未來前景中將獲得進一步的深化和拓展，從而成為兩岸交往機制的核心和樞紐。

（三）馬英九的「主權互不承認、治權互不否認」

「主權互不承認、治權互不否認」，是臺灣領導人馬英九提出因應「承認爭議」的主張。馬英九在2008年當選為臺灣領導人後，多次在不同場合提出相關的表述，並在2012年就職儀式上正式、完整地提出，使之在一定程度上成為臺灣當局具有官方性質的觀點。由於「主權互不承認、治權互不否認」的觀點在馬英九兩岸政策中占據極為重要的地位，幾乎可以說是除「一國兩區」外馬英九執政時期最為重要的兩岸觀點，本研究對此問題擬作一簡要說明。

早在馬英九競選臺灣領導人時，就已經形成與「主權互不承認、治權互不否認」的觀點。2007年6月13日，馬英九在接受CNN記者訪時，提出「目前大概不太可能做到（兩岸『互相承認』），我們『九二共識』的內涵也是一中各表，換句話說，雙方都有各自解釋的空間，這個解釋呢，只要雙方互不否認，就可以達到我們原來所說的共識。」對此，馬英九進一步解釋，「兩岸互不否認」，這是一個低標準的要求，因為實際上根據雙方的法律，「不可能正式承認對方」，所以用「互不否認」的方式，把這個議題暫時擱置，就可以去解決更迫切、更有實際意義的議題。[69] 2009年2月，馬英九參加臺灣「憲法學會」年會時，對四個「憲法」問題發表了個人看法，其中第三點談到了「兩岸關係與互不否認」。馬英九提出，「過去在終止動員戡亂時期，海峽兩岸不但相互不承認，而且是相互否認。大家都記得早期臺灣稱大陸為『匪幫』或『共匪』，對方稱我為『蔣幫』，當時是相互否認的年代。1996年當時的李前總統任內，統一規定稱大陸為『中共當局』或『大陸當局』，雙方在實際上進入一種相互不否認的階段，也唯有用『互不否認』的原則，才能讓兩岸進行必要的和解，才能真正進行促進和平與繁榮的互動。所以我在海協會會長來台前，把這次活動定位為『正視現實，互不否認，為民興利，兩岸和平』，沒有這樣一個框架，兩岸將來運作會非常困難。」[70] 2009年7月17日，臺灣大陸委員會負責人賴幸媛根據馬英九的講話主旨，評論兩岸兩會制度性協商是「由雙方官員直接面對面談判，象徵兩岸已從相互否認走向互不否認，這是兩岸關係良性發展重要基礎」。[71] 2010年5月15日，馬英九在臺灣政治大學的一次活動致辭中提出：「兩岸關係是特殊的關係，法理雙方相互不承認，事實上雙方又不得不相互不否認，現在雙方都採取務實態度處理問題。」[72] 2011年3月9日，馬英九在海峽交

流基金會成立20週年慶祝大會上再次提出，兩岸和平交流、對等發展，最重要的基礎就是「互不承認主權，互不否認治權」，「不論是哪一黨，哪一種思想，都要認清這個政治現實」。[73] 2011年5月30日，馬英九在出席世界國際法學會2011年亞太區域會議時，比較完整地提出了「兩岸主權互不承認、治權互不否認」的主張。馬英九表示：「傳統國際公法的承認制度無法適用於兩岸關係，臺灣無法、也不會承認大陸的主權，但是也不會否認大陸當局有效行使治權的事實。」對此，馬英九解釋說：「互不承認、互不否認的涵義就是兩岸互不承認對方的主權，但是互不否認對方的治權。」「互不否認對方的治權，是務實的承認現狀，也讓兩岸談判簽署了15項具有約束力的協定。」[74] 2012年5月20日，馬英九在其就職演說中明確地提出了「主權互不承認、治權互不否認」的主張。馬英九強調，「兩岸互不承認主權、互不否認治權」是對現狀最好的解釋，也是正視現實、擱置爭議、促進和平最好的方法。2012年9月4日，時任臺灣總統府發言人王郁琦對「主權互不承認、治權互不否認」的觀點進行瞭解釋。王郁琦提出：根據臺灣「憲法」與「兩岸人民關係條例」規定，臺灣與大陸的關係是臺灣與大陸地區的關係，臺灣和大陸雖然無法做到相互承認，至少可以做到相互不否認。[75]

「主權互不承認、治權互不否認」的觀點系以「主權」和「治權」的劃分為前提。馬英九在臺灣「憲法學會」上的講話也是基於「主權」和「治權」的劃分闡述其觀點的。馬英九提出，「兩岸人民關係條例」「很清楚區分主權與統治權」，聯邦德國在《兩德基礎關係條約》中對雙方領土相互承認，但對主權則採取統治高權的做法，雙方相互承認對方的統治高權，以臺灣來說，就是「兩岸人民關係條例」第二條中的統治權；德國同樣將主權與統治權加以區分，用此方法來解決法律上與政治上的困擾。[76] 在臺灣，「主權」和「治權」的劃分，是孫中山構建「五權憲法」的基本前提。根據孫中山的論述，「權能分治」是「五權憲法」設計的基本原理，主權（政權）由人民享有，而治權則分別由「五院」享有。[77] 孫中山的「權能分治」思想，當然是針對政府體制而非針對尚未統一前的國家狀態的。馬英九將「權能分治」中有關主權和治權劃分的思想，運用於解決國家尚未統一前的「承認爭議」，並且提出了「主權互不承認、治權互不否認」的主張。就此一點而言，所謂「主權互不承認、治權互不否認」與「一國兩制」理論在構成原理上有著共通之處：兩者都是將本來運用於橫向權力配置的「主權統一而治權合理分離」運用在縱

向權力配置上。

然而,「主權互不承認、治權互不否認」在性質、觀點和立意上,與「一國兩制」理論有著本質的區別。馬英九的意圖是透過擱置敏感且「國家」意涵更加強烈的「主權」,換取大陸方面對於「治權」的承認,以解決「承認爭議」。事實上,由於兩岸早就處於「主權互不承認」的狀態,因此,馬英九「主權互不承認、治權互不否認」觀點的核心是後半句,即「治權互不否認」。對於「互不否認」的表述,在臺灣並非沒有由來。早在「國統綱領」中,臺灣當局就提出了「互不否認對方為政治實體」的主張,這或許是可見資料中最早出現的「互不否認」。[78] 馬英九本人對於這個觀點的提煉也是從主張「互不否認」開始,逐漸將「互不承認」的表述納入其中。可以說,馬英九提出「主權互不承認、治權互不否認」的觀點,在相當程度上是為瞭解決兩岸之間的「承認爭議」,用政治敏感度較小、大陸接受度更高的「治權」換取政治敏感度較大、大陸接受度低的「主權」,謀求大陸對於臺灣當局的承認,至少是「不否認」。與此相比,在「一國兩制」理論中,「主權」是「一國」的,因而並不存在「互不承認」的問題,而「治權」實際上被轉化為「高度自治權」,必然為大陸方面所承認,因而也無「互不否認」的問題。

「主權互不承認、治權互不否認」這一觀點實際上體現了臺灣要求大陸承認其「存在」現實的意圖,也是馬英九長期所言「正視現實」的體現。作為一種思潮,尤其是在臺灣具有較大影響力的思潮,不宜基於特定的政治立場給予徹底否定,而是應當全面、客觀地認識與解讀。綜合馬英九的講話,其實際上描繪了一個與「承認爭議」有關的「承認光譜」,亦即兩岸之間的「承認」與「否認」關係,並非是二元絕然對立,而是經過了一個類似於光譜的漸變結構。從學理上而言,「承認光譜」對於瞭解兩岸關係的發展階段有著一定的參考價值。根據馬英九的論述,從「互不承認」開始,兩岸之間的「承認」、「否認」關係主要是:「主權和治權都互不承認」——「主權互不承認、治權互不否認」——「主權和治權都相互承認」。[79] 馬英九認為,目前兩岸處於「主權和治權都互不承認」的狀態,而且也不太可能走向「主權和治權都相互承認」,因而「主權互不承認、治權互不否認」是比較現實的選擇。在馬英九看來,「主權互不承認、治權互不否認」不僅臺灣有相關的法律給予規範上的支撐,而且大陸方面雖未表態,但似乎也採取默許態度,因而具有較大的可行性。

然而，如果熟知兩岸關係的現狀以及兩岸「承認爭議」，可以發現，「主權互不承認、治權互不否認」和「承認光譜」不可能為大陸所接受。首先，大陸方面根本不承認兩岸有「主權」和「治權」的問題，而是將兩岸關係解釋為「政治對立」。其次，大陸方面對於臺灣的否定，不僅是「主權」問題上的徹底否定，而且在「治權」上也採取否定的態度，因而是雙重意義的否定。由此可見，「主權互不承認、治權互不否認」本身就存在「承認」的問題，因而也是不可能有助於解決「承認爭議」的。相反，「主權互不承認、治權互不否認」還會造成兩岸間相關共識和話語的混亂，加深兩岸在「承認爭議」上的分歧。

註釋

[1].在這裡，暫且不論其各自所認為的「主權」和「國家」是否真實存在，或者是否符合國際社會公認的一般事實。如儘管兩岸現狀是「大陸和臺灣同屬一個中國」，但臺灣方面並未因此而否定自身的「主權」屬性和「國家」定位。

[2].祝捷：《論兩岸海域執法合作模式的構建》，《臺灣研究集刊》2010年第3期。

[3].胡錦濤：《攜手推動兩岸關係和平發展　同心實現中華民族偉大復興——在紀念〈告臺灣同胞書〉發表30週年座談會上的講話》（2008年）。

[4].由於「中國人」、「臺灣人」等用語有著特定的政治內涵，為避免歧義，本研究用中性的「大陸民眾」、「大陸人民」、「臺灣民眾」和「臺灣人民」來指代地理上居住於大陸和臺灣的人的集合。

[5].［英］詹寧斯、瓦茨修訂：《奧本海國際法》，王鐵崖等譯，中國大百科全書出版社1995年版，第92頁。

[6].李家泉：《關於60年來「臺灣意識」的看法》，《黨建文匯》2008年第3期。

[7].在理論上還存在「既認同中國，又認同『臺灣』」和「既不認同中國，又不認同『臺灣』」兩種，但前者在實踐中不存在，而後者則不屬於本研究的討論範圍。

[8].該觀點首見民進黨的「臺灣前途決議文」（1999年），後也為一些泛藍人士

所主張。參見顏厥安：《憲政體制與語言的困境》，載顏厥安：《憲邦異式》，元照出版有限公司2005年版，第152頁。

[9].顏厥安：《憲政體制與語言的困境》，載顏厥安：《憲邦異式》，元照出版有限公司2005年版，第155頁。

[10].《德國之聲採訪李登輝答問全文》，資料來源：http：//www.cass.net.cn/zhuanti/taiwan 1/com-ments/german.htm，最後訪問日期：2008年12月25日。

[11].截止2011年12月，民進黨有3個標誌性的「台獨」黨綱，分別是1988年4月17日透過的「四一七決議文」、1990年10月7日透過的「一零零七決議文」和1999年5月8日透過的「臺灣前途決議文」，另外還有一份於1991年透過的「建立主權獨立自主的臺灣共和國基本綱領」，但影響略遜於前三者。以上幾份文件合稱為「台獨」黨綱。目前，民進黨對於「統獨」的基本觀點，仍以「臺灣前途決議文」為基本依據。

[12].《臺灣民調》（第114輯），2012年8月1日至5日。《臺灣民調》系由台盟中央委員、上海台盟成員王中老師編撰的內部參考資料，感謝上海台盟王中老師惠寄，以後引用時不再一一指明。

[13].江澤民：《為促進祖國統一大業的完成而繼續奮鬥》（1995年）。

[14].錢其琛：《在紀念江八點發表三週年座談會上的講話》（1998年）。

[15].大陸方面對台政策的核心常常用三個互相聯繫又相互獨立的句子表述，學界普遍將其稱為「一個中國三段論」。截至2009年3月，大陸方面共形成了三個「一個中國三段論」，本文分別用Ⅰ、Ⅱ、Ⅲ表示。「一個中國三段論」（Ⅰ）是指1993年中國政府在《臺灣問題與中國的統一》白皮書中正式確認的「世界上只有一個中國，中華人民共和國是代表中國的唯一合法政府，臺灣是中國的一部分」；「一個中國三段論」（Ⅱ）是指國務院前副總理錢其琛在1998年提出的「世界上只有一個中國，臺灣是中國的一部分，中國的主權和領土完整不能分割」；「一個中國三段論」（Ⅲ）是指2002年中共十六大報告提出的「世界上只有一個中國，大陸和臺灣同屬一個中國，中國的主權和領土完整不容分割」。

[16].胡錦濤：《攜手推動兩岸關係和平發展 同心實現中華民族偉大復興——在紀念〈告臺灣同胞書〉發表30週年座談會上的講話》（2008年）。

[17].《鄧小平文選》（第三卷），人民出版社1993年版，第30頁。

[18].常泓、胡俊峰、於文善：《國民黨大陸政策的嬗變探析》，載《華中師範大學研究生學報》2007年第3期。

[19].《海峽兩岸紅十字會組織在金門商談達成有關海上遣返協議》（1990年）第4條。

[20].《臺灣問題與中國的統一》白皮書（1993年）。

[21].邵宗海：《兩岸關係》，五南圖書出版有限公司2006年版，第405頁。

[22].《陸委會稱32人違法任大陸公職包括名主持吳小莉》，資料來源：http：//www.jizhe.cc/news view 201436.html，最後訪問日期：2012年9月3日。

[23].《倫敦市中心掛「中華民國國旗」迎奧運三天后移除》，資料來源：http：//news.china.com/tai-wan/11068155/20120725/17336637.html，最後訪問日期：2012年9月3日。

[24].《臺灣省出席第十一屆全國人民代表大會代表協商選舉方案》（2007年）。

[25].根據臺灣第七個「憲法增修條文」，「國土變更案」需經公告半年後，在三個月內由「公民投票」決定。部分臺灣政界人士和學界人士認為，此舉事實上封死了「台獨」勢力透過提「國土變更案」謀求「法理台獨」的可能性。

[26].此處引號為作者表示直引所加，1982年憲法原文沒有引號。

[27].王建源：《涉台民商事案件法律適用的現狀與展望》，載《臺灣研究集刊》2007年第4期。

[28].此說法來源於筆者參加之「涉台法制經驗研討會」（福建省人大常委會涉台法制研究中心2007年舉辦）上實務界代表的發言。

[29].周葉中、祝捷：《兩岸關係的法學思考》，香港社會科學出版社2010年版，第380頁。

[30].「釋字第242號解釋」之解釋文。

[31].黃明瑞：《從二則「反攻大陸」判例的作成與廢止論民法上的政治解釋》，載《台大法學論叢》第34卷第4期，2005年。

[32].「釋字第618號解釋」之解釋文。

[33].李震山：《多元、寬容與人權保障——以憲法未列舉權之保障為中心》，

元照出版公司2005年版，第3頁以下，第9頁。

[34]. 《反分裂國家法》第6條第2項。

[35]. 《公審會否決ECFA公投是民主的大失衡》，資料來源：http：//www.taiwanthinktank.org/chinese/page/3/76/1264/0，最後訪問日期：2012年9月7日。

[36]. 臺灣智庫財經研究小組：《ECFA對地方產業與就業影響衝擊調查結果》（2009年）。

[37]. 《臺灣智庫：ECFA應待臺灣與其他國家簽署FTA後才同步生效》，資料來源：http：//www.tai-wanthinktank.org/chinese/page/3/76/1336/0，最後訪問日期：2012年9月7日。

[38]. 周葉中、祝捷：《兩岸關係的法學思考》，香港社會科學出版社2010年版，第227頁。

[39]. 張亞中：《兩岸主權論》，生智文化事業有限公司1998年版，第22頁。

[40]. 葉俊榮：《憲法的上升與沉淪：六度修憲後的定位與走向》，載《政大法學評論》第69期，2002年。

[41]. 葉俊榮：《憲法的上升與沉淪：六度修憲後的定位與走向》，載《政大法學評論》第69期，2002年。

[42]. 張啟雄、鄭家慶：《中華民國（臺灣）參與WHO／WHA會籍的「國際名分」認定》，載《近代史研究所集刊》第66期，2009年12月。

[43]. 江澤民：《為促進祖國統一大業的完成而繼續奮鬥》（1995年）。

[44]. 胡錦濤：《攜手推動兩岸關係和平發展 同心實現中華民族偉大復興——在紀念〈告臺灣同胞書〉發表30週年座談會上的講話》（2008年）。參見江澤民：《為促進祖國統一大業的完成而繼續奮鬥》（1995年）。

[45]. 李孟鴻：《兩岸經貿互動過程中WTO爭端解決機制之研究》，臺灣東華大學碩士論文2004年，第79頁。

[46]. 江啟臣：《WTO下兩岸政治互動之發展與意涵》，載《東吳政治學報》第19期，2004年。

[47]. 《倫敦市中心掛「中華民國國旗」迎奧運三天后移除》，資料來源：http：//news.china.com/tai-wan/11068155/20120725/17336637.html，最後訪問日

期：2012年9月3日。

[48].胡錦濤：《攜手推動兩岸關係和平發展　同心實現中華民族偉大復興——在紀念〈告臺灣同胞書〉發表30週年座談會上的講話》（2008年）。參見江澤民：《為促進祖國統一大業的完成而繼續奮鬥》（1995年）。

[49].《外交部：維護祖國領土完整是兩岸共同意願》，資料來源：http://news.sina.com.cn/c/2012-07-05/175924719591.shtml，最後訪問日期：2012年9月11日。

[50].《臺灣當局：南海問題不單獨與大陸合作》，資料來源：http://news.21cn.com/domestic/yao-wen/2012/05/04/11714382.shtml，最後訪問日期：2012年9月11日。

[51].中共中央政策文獻研究室編：《建國以來重要文獻選編》（第14冊），中央文獻出版社1997年版，第376頁。

[52].《鄧小平文選》（第三卷），人民出版社1993年版，第30頁。

[53].《鄧小平文選》（第三卷），人民出版社1993年版，第67頁。

[54].《鄧小平文選》（第三卷），人民出版社1993年版，第30頁。

[55].《鄧小平文選》（第三卷），人民出版社1993年版，第101頁。

[56].《鄧小平文選》（第三卷），人民出版社1993年版，第103頁。

[57].韓德培主編：《國際私法問題專論》，武漢大學出版社2004年版，第147頁。

[58].賈慶林：《在第八屆兩岸經貿文化論壇開幕式上的致辭》，《臺灣民調》（第113輯），2012年7月26日至7月31日。

[59].張惠玲：《歐盟「共同外交暨安全政策」之整合談判過程與台海兩岸協商經驗之比較》，臺灣中山大學大陸研究所博士論文，2002年，第136頁。

[60].《財團法人海峽交流基金會章程》（1990年）第1條。

[61].臺灣學者邵宗海認為，唐樹備和陳長文的談判是兩岸僅有一例的「民間對官方」機制，但是，若考察海協會成立前的兩岸對話可知，大陸方面的吳學謙、王兆國等領導人都曾以官方身分接見過海基會代表團。邵宗海的觀點參見邵宗海：《兩岸關係》，五南圖書出版有限公司2006年版，第280頁；海協會成立前兩岸談判的有關情況參見國台辦網站：http://www.gwytb.gov.cn/lasht/1.asp，最後訪問日

期：2009年1月4日。

[62].「兩岸人民關係條例」（2003年）第4條。

[63].楊開煌：《中共「對台政策」解釋與評估——決策人物取向之研究》，載《東吳政治學報》1997年第7期。

[64].以上訊息系根據國台辦、中國臺灣網、商務部網站和廈門大學網站提供的資料整理。最後訪問日期：2008年12月27日。

[65].邵宗海：《兩岸關係》，五南圖書出版有限公司2006年版，第286頁。

[66].「兩岸人民關係條例」（2003年）第4條至第5條。

[67].在2008年12月進行的第四屆兩岸經貿文化論壇上，國台辦原主任王毅專門提出簽訂協議必須透過「兩會框架」，國共論壇只提建議。

[68].《臺灣民調》（第133輯），2012年11月1日至5日。

[69].《兩岸關係新策略馬英九：先求雙邊不否認》，資料來源：http：//www.taihainet.com/news/twnews/bilateral/2007-06-13/136859.html，最後訪問日期：2012年11月25日。

[70].馬英九：「在臺灣憲法學會2009年年會上的講話」（2009年）。

[71].《賴幸媛稱兩岸關係要發展必須先互不否認》，資料來源：http：//www.stnn.cc/hk taiwan/200907/t20090713 1062089.html，最後訪問時間：2012年11月25日。

[72].《馬英九：兩岸法理上互不承認事實上互不否認》，資料來源：http：//news.163.com/10/0517/01/66RNFE0D000146BD.html，最後訪問日期：2012年11月25日。

[73].《馬英九談兩岸現狀：互不承認主權互不否認治權》，資料來源：http：//news.ifeng.com/taiwan/3/detail 2011 03/10/5067850 0.shtml，最後訪問日期：2012年11月25日。

[74].馬英九：「在世界國際法學會2011年亞太區域會議上的講話」（2011年）。

[75].《馬辦發言人：兩岸雖無法互相承認但互不否認》，資料來源：http：//news.ifeng.com/taiwan/3/200809/0905 353 765987.shtml，最後訪問日期：2012年11月25日。

[76].馬英九：「在臺灣憲法學會2009年年會上的講話」（2009年）。

[77].傅肅良：《中國憲法論》，三民書局1989年版，第206頁。

[78].臺灣當局「國統會」：「國家統一綱領」（1991年）。

[79].理論上還存在「主權相互承認、治權相互否認」，但在現實中，此種情形是不可能存在的。

第二章 兩岸政治關係定位的描述

　　大陸和臺灣政治關係定位，亦可稱為「兩岸互動關係模式」，是用於表徵大陸和臺灣如何看待對方政治地位，以及如何看待彼此間政治關係的概念。大陸和臺灣的政治關係定位是兩岸關係深入發展所必須解決的前提性問題。合理的、可為大陸和臺灣共同接受的政治關係定位，將有力地促進兩岸關係和平發展，為兩岸關係繼續深入發展創造條件。大陸和臺灣的政治關係定位具體包括兩個層次：一是對地理區域的定位，即大陸如何看待臺灣這片土地，臺灣又是如何看待大陸這片土地；二是對公權力機關的定位，即大陸如何看待臺灣的公權力機關，臺灣又是如何看待大陸的公權力機關。本章主要從政策、法制和理論三個面向對大陸和臺灣的政治關係定位進行分析，以為尋找兩岸政治關係定位的困境和尋求解決困境的思路和合適模式奠定基礎。

一、兩岸政治關係定位的政策面和法制面描述

　　對大陸和臺灣的政治關係定位進行描述，是透過政策解讀和規範分析對兩岸關係的定位進行研究的方法，其研究對象包括兩岸高層對兩岸關係的有關講話和報告，兩岸官方發表的有關文告和法律，兩岸實際交往過程中的政治關係，等等。描述大陸和臺灣在政治關係定位上的政策選擇和法律規定，不僅有助於釐清大陸和臺灣政治關係發展的脈絡，而且為大陸和臺灣的政治關係定位的理論解釋提供相應的實踐素材。

（一）兩岸政治關係定位的政策面描述

在大陸和臺灣的政治關係定位上，政策起著核心性的作用，因為兩岸相互政策直接決定了政治關係定位的現實狀況。因此，要把握大陸和臺灣政治關係的定位，有必要首先對兩岸有關政治關係定位的政策進行描述。

1.大陸的描述

臺灣這片土地（land）一直被大陸視為中國的一個「省」（province）或一個「地區」（territory）。在1997年臺灣「精省」後，[1] 大陸除在人民代表大會中保留臺灣省代表團外，一般不再用「省」來稱呼臺灣，而改用「地區」。大陸對臺灣公權力機關（臺灣當局）的定位，經歷了從叛亂團體、到地方政府、再到迴避具體定位等三階段。

1949年至1979年間，大陸對臺灣當局的基本定位是「叛亂團體」。1949年2月，中共中央發布廢除「六法全書」的指示，宣告了中華民國「法統」的徹底廢除。[2] 同年10月，中華人民共和國成立，取代中華民國成為中國唯一合法政府。按照大陸通說，1949年10月1日中華人民共和國的成立，標誌著中華民國作為一個合法政權的消滅。[3]

按照此說，退據臺灣的中華民國「國民政府」已經失去了「合法性」，不再是合法的「政府」，而蛻變為一個「叛亂團體」，大陸對台政策的主軸因而是「解放臺灣」。將臺灣當局視為「叛亂團體」的定位在1959年前後曾有所鬆動，大陸在一定程度上承認了國民黨當局對臺灣的管轄權。毛澤東曾在中央政治局的一次會議上指出，「臺灣寧可放在蔣氏父子手裡，不可落到美國人手中」，而周恩來所提出的「一綱四目」，也表明臺灣統一後，除外交事務外，國民黨當局有權管理臺灣的一切內部事務。根據臺灣學者的解讀，從「一綱四目」開始，大陸實際上已經將臺灣當局視為「地方政府」。[4]

但是，由於「文化大革命」的影響，大陸對台定位的鬆動並未持續多久，而又重回「叛亂團體」的定位上。大陸方面的主張獲得了絕大多數中國人民和國際社會的普遍認同。聯合國2758號決議在指代臺灣當局派駐聯合國的「代表」時，因而也沒有

用「臺灣政府代表」或「中華民國政府代表」，而是代之以「蔣介石的代表」。

1979年至2002年，大陸對臺灣的基本定位是「地方政府」。1979年1月1日，大陸人大常委會發布《告臺灣同胞書》，提出尊重臺灣現狀、寄希望於臺灣當局、結束軍事對峙等主張，並提出了「中國政府和臺灣當局商談」的呼籲，代表著大陸正式改變臺灣當局是「叛亂團體」的定位，已經隱然將臺灣當局視為一個地方政府。1981年9月30日，葉劍英提出「葉九條」，其中第3條是大陸和臺灣統一後，臺灣可作為「特別行政區」，第5條提出臺灣當局及各界代表人士，可擔任全國性政治機構的領導職務，第6條提出中央可以補貼臺灣的「地方財政」。按照「葉九條」來理解兩岸關係，臺灣已經被定位為中華人民共和國的一個地方政府了，只是沒有正式出現「地方政府」這個概念。1983年6月，鄧小平在會見美國客人楊力宇時，提出了著名的「鄧六條」，其中包括「中央承認臺灣地方政府對內政策上可以搞自己一套」，臺灣回歸後「作為特別行政區，雖是地方政府，但同時可以享有其他省市自治區所沒有，而為自己所獨有的某些權力」等內容，[5]明確提出臺灣是「地方政府」的主張，為此後近20年大陸的兩岸政治關係定位奠定了基礎。1993年，大陸發表《臺灣問題與中國的統一》白皮書，正式以官方文件的形式提出「一個中國三段論」（Ⅰ），從而確認了臺灣作為「地方政府」的定位。1995年，江澤民在「江八點」中未採用「中華人民共和國」的提法，而是用了包容性更大的「中國」，將「臺灣是中華人民共和國的一部分」，修改為「臺灣是中國的一部分」。1998年1月，錢其琛正式提出了新的「一個中國三段論」（Ⅱ），不再提「中華人民共和國是中國的唯一合法政府」，但仍透過說明「臺灣是中國的一部分」，強調臺灣對中國的從屬性。直到2002年，大陸對臺灣當局「地方政府」的定位都沒有改變。

2002年11月，中國共產黨十六大再次調整「一個中國三段論」，提出了「一個中國三段論」（Ⅲ），將「臺灣是中國的一部分」修改為「大陸和臺灣同屬一個中國」，緩和了臺灣對大陸的從屬性。同時，大陸在涉及臺灣公權力機關時，也不再稱其為「地方政府」，而一概以含義模糊的「臺灣當局」指稱。可以說，中共十六大提出「一個中國三段論」（Ⅲ）後，大陸對臺灣公權力機關的具體定位採取了迴避的策略，既沒有承認其合法性，也沒有否認其在臺灣有效管轄的事實，而且在一

定程度上調整了「臺灣從屬於大陸」的政治關係定位。2008年12月，胡錦濤在「胡六點」中提出「兩岸可以就在國家尚未統一的特殊情況下的政治關係展開務實探討」，[6]
從而表明了大陸將大陸和臺灣的政治關係定位「議題化」的態度。

　　2012年7月28日，中共中央政治局常委、全國政協主席賈慶林在第八屆兩岸經貿文化論壇開幕上的致辭中提出了「兩岸一國」的提法。賈慶林提出：「增進政治互信就是要維護和鞏固一個中國的框架。兩岸雖然尚未統一，但中國的領土和主權沒有分裂。一個中國框架的核心就是大陸和臺灣同屬一個國家，兩岸關係不是國與國關係。兩岸從各自現行規定出發，確認這一客觀事實，形成共同認識，就確立、維護和鞏固了一個中國框架。」[7]
「兩岸一國」與大陸前述的「一個中國三段論」（Ⅲ）相比，至少有三點變化：其一，將「一個中國」稱之為「框架」而不是「原則」，使得「一個中國」經歷了「前提」、「原則」到「框架」的三步變化，更加抽象和具有包容性；[8]

其二，將「大陸和臺灣同屬一個中國」修改為「大陸和臺灣同屬一個國家」，去除了「中國」這一可能引發臺灣爭議的「國家符號」，更加符合兩岸關係的現狀；其三，提出「確立、維護和鞏固一個中國框架」的方法，是「兩岸從各自現行規定出發，確認這一客觀事實，形成共同認識」，明確地肯定憲法和法律在確認「一個中國框架」過程中的重要作用和關鍵角色，因而有著與臺灣「憲法一中」相呼應的意涵。「兩岸一國」是大陸方面對兩岸政治關係定位的最新表述，也是對「一個中國」原則理解和認識的最新成果。可以預見，「兩岸一國」將在未來的一段時期內，成為大陸制定對台政策的指針。

　　綜合上述政策回顧，大陸對臺灣及臺灣當局的定位，從政策面上可以表述如下：大陸視臺灣為中國（但不一定是中華人民共和國）的一個地區（有時為省），承認臺灣當局在臺灣有效管轄，但仍然透過否定臺灣現行「憲法」的「正當性」，在根本上否定臺灣當局的「合法性」。因此，大陸在現階段對臺灣當局持不明示承認、不直接接觸的態度。

2.臺灣的描述

臺灣當局對大陸的政治定位，也可以在地理區域和公權力機關兩個層次上討論：在對地理區域的政治定位上，臺灣當局對大陸先後採取了「淪陷區」、「匪占區」、「大陸地區」、「對等實體」和「中國」等定位模式；而在對公權力機關的定位上，臺灣當局對中華人民共和國政府先後採取了「叛亂團體」、「對等政府」和「中國政府」等定位模式。

1987年前，臺灣當局將地理上的大陸定位為「淪陷區」、「匪占區」，而將中華人民共和國政府定位為「叛亂團體」，名義上對包括大陸和臺灣在內的「全中國」實行所謂「動員戡亂」。1949年，國民黨當局退據臺灣後，在蔣介石和蔣經國的主導下，從未放棄國家統一的目標。1979年前，國民黨當局主張「反攻大陸」，透過武力和政治的手段，顛覆大陸的人民政權，實現所謂「反共復國」。在「反攻大陸」和「反共復國」等政策指導下，大陸被視為是「淪陷區」、「匪占區」，而中華人民共和國政府被視為「叛亂團體」，制定於大陸的「動員戡亂時期臨時條款」（以下簡稱「臨時條款」）亦仍然在臺灣生效。1979年後，蔣經國逐漸改變「反攻大陸」的政策，並提出「三民主義統一中國」的主張替代之。1982年6月10日，時任臺灣當局「行政院長」的孫運璿在一次研討會上，首次未用「匪區」指代大陸，也未用「共匪」指代中國共產黨，表明了臺灣當局在對大陸政治定位上有所鬆動。但是，直到1987年，臺灣當局沒有改變「三不政策」，而且對大陸釋出的善意大加攻擊，認為大陸的「一國兩制」是試圖將「中華民國地方化」，「中共所有建議均置中華民國政府於地方政府的不平等地位」。[9]

1987年後，臺灣當局解除戒嚴、開放探親，代表著臺灣當局改變視大陸為「淪陷區」、「匪占區」，開始採視中華人民共和國政府為「叛亂團體」的定位模式。1989年後，臺灣當局提出「一國兩府」、「一國兩區」和「一國兩體」等概念，改變對大陸不承認的態度。「一國兩府」、「一國兩區」和「一國兩體」中的「一國」是指「中國」，其含義在1994年前指中華民國，在1994年後按臺灣當局發布的「台海兩岸關係說明書」，是指「歷史上、地理上、文化上、血緣上的中國」，「兩區」是指「大陸地區」和「自由地區」（「臺灣」），「兩府」是指中華人民共和國政府和中華民國「政府」，「兩體」是指中華人民共和國和中華民國是兩個「對等」的實體。「一國兩區」、「一國兩府」、「一國兩體」的核心思想是「兩岸對等」，其意在透過「兩岸對等」的建構，防止臺灣被大陸「地方化」、「矮

化」。1991年2月，臺灣當局「國統會」頒布「國家統一綱領」，提出「大陸與臺灣均是中國的領土」、兩岸「在互惠中不否定對方為政治實體」等主張，以法律形式肯定了上述對大陸的政治定位。

從1994年開始，臺灣當局逐漸放棄在「一個中國」的框架下定位大陸和臺灣政治關係的立場，逐漸向「兩國論」轉變。1994年4月，臺灣當局「外交部」在發表「參與聯合國說帖」中聲稱：「一九四九年中國因內戰再度分裂，在中國之領域內爰同時並存在有臺灣之中華民國與在大陸之中華人民共和國兩個對等且無隸屬關係之政治實體」，並表示「不挑戰中共在聯合國的席位」。[10]
該說帖中的論調儼然是數年後「兩國論」的說詞。1995年6月，李登輝在美國康奈爾大學發表演講，提出「中華民國在臺灣」的主張，蓄意製造「兩個中國」。1995年4月，李登輝發表「李六條」，認為「民國三十八年以來，臺灣與大陸分別由兩個互不隸屬的政治實體治理，形成了海峽兩岸分裂分治的局面，也才有了國家統一問題，……只有客觀對待這個事實，兩岸才能對於『一個中國』的意涵，盡快獲得較多共識」，似乎李登輝又回到了在「一個中國」框架下定位兩岸關係的立場。但是如果仔細推敲這段話，表明李登輝不過是在「一個中國」的名義下，推動所謂「兩個中國」。根據李登輝的論述，他所謂「中國統一」是有前提的，即「兩岸分治的現實」。1996年5月，李登輝又在接受美國媒體採訪時，聲稱「統一以後才有一個中國，沒有統一，這裡就沒有這種所謂的『一個中國』」。[11]

由李登輝的上述言論可見，此時李登輝對大陸和臺灣政治關係的定位，已經不再是在「一個中國」的框架下了。1999年7月，李登輝正式提出「兩國論」，將大陸和臺灣政治關係定位為「國家與國家，至少是特殊的國與國關係」。李登輝在詮釋「兩國論」時，認為「兩國論」「從現實、法律與歷史的角度，兩岸關係的定位講得更清楚，宣示的是一個主權的事實」。「兩國論」對大陸和臺灣政治關係定位的主要內容是：其一，「一個中國」是兩岸統一以後的事情，目前大陸和臺灣是「兩國」，因而互不隸屬；其二，大陸和臺灣之間的「國與國」關係又是特殊的，不是一般的「國與國」關係，也非「內政」的中央與地方關係，而是內外有別，即「兩岸在對外關係定位上為兩個國家，但對內則互不稱外國，也非內政關係」。[12]

2000年陳水扁當選為臺灣領導人後，「兩國論」被改造成了更加偏向「台獨」的

「一邊一國」論。根據陳水扁對「一邊一國論」的解釋，所謂「一邊一國」是指「臺灣是我們的國家，……不是別人的一部分，不是別人的地方政府，別人的一省，臺灣也不作第二個香港、澳門，因為臺灣是一個主權獨立的國家」。在語言體繫上，陳水扁的「一邊一國論」已經徹底拋棄了中華民國架構，他說「臺灣是一個主權獨立的國家，依目前憲法稱為中華民國」，進一步將「兩國論」中的「中華民國在臺灣」改造成「中華民國就是臺灣」，將大陸定位為「中國」，中華人民共和國政府定位為「中國政府」，刻意區分中國與「臺灣」，造成兩岸「一邊一國」的態勢。

2008年馬英九當選為臺灣領導人後，「兩國論」和「一邊一國論」有所退潮，馬英九等臺灣領導人在儘量迴避此類議題的同時，又在一些場合發表「大陸依憲法是中華民國領土」等言論。2012年3月23日，國民黨榮譽主席吳伯雄在北京與胡錦濤會面，提出「一國兩區」是臺灣處理兩岸關係的「法理基礎」，兩岸「不是國與國關係，而是特殊關係」。[13]
2012年3月28日，臺灣領導人馬英九在國民黨中常會上對吳伯雄的上述言論進行呼應。據臺灣媒體報導，馬英九提出，早在1992年「修憲」時，在「憲法增修條文」中就提到「自由地區」和「大陸地區」，「兩岸人民關係條例」也都對臺灣、大陸地區有相關規範。馬英九還回顧1992年臺灣當局陸委會主委黃昆輝的言論，提出：「我大陸政策是分為一國兩區三階段，但我方目前治權僅及於台、澎、金、馬」。[14]

2012年5月20日，馬英九在其第二個任期的就職典禮在再次提出「依據憲法，中華民國領土主權涵蓋臺灣與大陸，目前政府的統治權僅及於台、澎、金、馬。換言之，二十年來兩岸的憲法就是『一個中華民國，兩個地區』，歷經3位總統，從未改變。」[15]

上述言論是否是暗示馬英九及臺灣當局將回到「一個中國」框架下，按照「一國兩區」定位大陸和臺灣的政治關係，值得進一步觀察。

（二）兩岸政治關係定位的法制面描述

大陸和臺灣的政治關係定位首先是一個政治問題，大陸和臺灣的有關政策構成了政治關係定位的主要內容。因此，多數學者在評介大陸和臺灣政治關係定位時，將政策面的大陸和臺灣政治關係定位作為論點，而將法制面的大陸和臺灣政治關係定位作為支撐論點的論據。[16]

但是，將大陸和臺灣政治關係定位的法制面與政策面分開，並分別將其作單獨的描述，有其重要意義：其一，早有學者指出，臺灣問題是政治問題，也是法律問題，從法制面分析大陸和臺灣的政治關係定位是運用法律思維進行兩岸關係研究的題中應有之義；[17]

其二，法律雖是政策的規範表述，但法律本身具有相對的穩定性，兩岸關係在法制面上的發展因而通常落後於政策面，而按照兩岸都認可的法治原則，只有法律上對大陸和大陸政治關係定位的規定，才是兩岸官方所正式採行的政治關係定位模式，因此，分析大陸和臺灣政治關係在法制面上的定位能更為直接地把握大陸和臺灣的政治關係定位；其三，「臺灣法理獨立」是「台獨」的重要形式，在「台獨」分裂勢力聲稱所謂「臺灣事實獨立」的情況下，法律上對大陸和臺灣政治關係定位的規定，往往成為「台獨」分裂勢力謀求「台獨」的重要目標，同樣，大陸與臺灣透過法律確認兩岸「法理統一」的事實，也是祖國完全統一的重要形式。因此，透過對大陸和臺灣政治關係定位的法制面描述，比政策面描述能更加有效地瞭解和掌握大陸和臺灣政治關係定位的現狀。

1.大陸的描述

大陸透過法律定位大陸和臺灣政治關係可以追溯至1949年的《共同綱領》。根據《共同綱領》第2條，中央人民政府必須負責將人民解放進行到底，解放中國全部領土，完成統一中國的事業。該條雖然沒有明確出現「臺灣」，而且就當時的歷史背景而言，該條的適用對象也不只臺灣，但是，臺灣顯然被包括在「中國全部領土」之內，實現大陸與臺灣的統一，是「統一中國的事業」的一部分。由於《共同綱領》第2條有「解放」等詞語，可以說，《共同綱領》對大陸和臺灣政治關係的定位是將退逃臺灣的國民黨當局定位為「叛亂團體」。但是，必須說明的是，《共同

綱領》第2條並不是對大陸和臺灣政治關係定位的直接規定，上述關於該條的分析，是運用規範分析方法所得出的結論。可以說，《共同綱領》對於大陸和臺灣的政治關係定位只作了間接的規定。同樣，1954年憲法和1975年憲法也沒有關於大陸和臺灣政治關係定位的直接規定，因而只能從關於「維護國家統一」的條款中推知此兩部憲法對大陸和臺灣政治關係的定位。1978年憲法是新中國第一次透過國家根本法的形式對大陸和臺灣政治關係定位作出了規定。1978年憲法序言第7自然段規定：「臺灣是中國的神聖領土。我們一定要解放臺灣，完成統一祖國的大業。」顯而易見，該規定對臺灣當局的定位，尚未突破「叛亂團體」的模式。

1979年至1982年間，雖然大陸對臺灣的政治定位作出了重大調整，但是1978年憲法並未透過修憲程序對第7自然段進行修改，因此，大陸對臺灣的政治定位在政策面和法制面出現了暫時的斷裂。1982年憲法根據「葉九條」和「一國兩制」的有關精神，分別在序言和第31條中對大陸和臺灣的政治關係定位進行了規定。根據1982年憲法序言第9自然段的規定，臺灣是中華人民共和國的神聖領土的一部分，完成統一祖國的大業是包括臺灣同胞在內的全中國人民的神聖職責。對比1982年憲法與1978年憲法的同一規定，「解放」一句被刪除，同時增補入了關於國家和公民統一臺灣義務的規定。[18]

透過對比可以發現，1982年憲法對臺灣的定位有了較大的變化，主要體現在：其一，刪除「解放」一句，表明大陸對臺灣當局的政治定位已經從叛亂團體轉向一個更為開放的空間，但這個更為開放的空間，仍然包括將臺灣當局定位為「叛亂團體」的可能，因為「完成」一詞，既可能是「武力統一」，也可能是「和平統一」；其二，1982年憲法的效力及於臺灣，臺灣在法律上是中華人民共和國的一個「地方政府」，至多是一個「特別行政區」（還要根據大陸人大常委會的特別規定）；其三，1982年憲法為「包括臺灣同胞在內的全中國人民」設定了統一臺灣義務，這一規定雖然體現了「葉九條」中「寄希望於臺灣人民」的精神，但從憲法解釋的角度，該規定也穿越海峽，為尚不處於大陸管轄範圍內的臺灣人民設定了憲法義務，表明在1982年憲法的制定者看來，1982年憲法的適用範圍是包括臺灣在內的。[19]

結合上述變化，復考察1982年憲法第31條關於設立特別行政區的條款，[20]同時考慮到1982年憲法第30條關於行政區域設置的規定，可以發現，根據1982年憲

法第31條，大陸人大在必要時，可以設立特別行政區，特別行政區依據大陸人大指定的法律，可以實行於大陸不同的政治制度。憲法第31條通常被解讀為「一國兩制」的憲法依據，但是，從「一中性」來理憲法第31條，還可以據此分析1982年憲法對大陸和臺灣的政治關係定位。憲法第31條規定了在臺灣設立特別行政區、實施「一國兩制」的三項基本要件：其一，設立主體是大陸人大；其二，設立條件是「必要時」，而這個「必要時」的判斷權也歸屬於大陸人大；其三，設立特別行政區以及在特別行政區所實施的制度，由大陸人大以法律形式規定。由此可見，大陸人大對於在臺灣設立特別行政區、實施「一國兩制」具有全權。另參考憲法第30條，臺灣在沒有被設立為特別行政區前，仍是中華人民共和國的一個省。由此可見，1982年憲法對大陸和臺灣政治關係的定位是「中央對地方」的定位模式，即中華人民共和國政府是中央，臺灣當局是「地方政府」，兩者是中央與地方的關係。1982年的這一定位，與當時大陸對兩岸政治關係的定位也是一致的。[21]

此後對1982年憲法的四次修改都未改變上述政治關係定位模式。

2005年制定的《反分裂國家法》是目前大陸處理臺灣問題的基本法律，在對台法律體系中的地位僅次於憲法。[22]
根據大陸人大常委會副委員長王兆國所作的《關於〈反分裂國家法（草案）〉的說明》，《反分裂國家法》是在中共十六大報告的指導下制定的，[23]

而且中共十六大報告對大陸和臺灣政治關係定位的表述也被完整地寫入該法第2條。因此，《反分裂國家法》對大陸和臺灣政治關係的定位與「一個中國三段論」（Ⅲ）完全一致。

值得推敲的是《反分裂國家法》的幾處措辭，我們透過分析這些措辭，把握《反分裂國家法》在大陸和臺灣政治關係定位方面的微妙態度。其一，《反分裂國家法》沒有冠以「中華人民共和國」，這在大陸制定的法律中為僅有的一例，體現了「一個中國三段論」（Ⅲ）的精神，從而將兩岸認同的層次提高到國家層次。其二，《反分裂國家法》第1條將1982年憲法作為立法依據，[24]
僅從文本分析的角度而言，《反分裂國家法》仍然承認1982年憲法對大陸和臺灣政

治關係的定位模式，該法第2條和第4條也沿用1982年憲法序言第9自然段的規定，為「包括臺灣同胞在內的全中國人民」設定了統一臺灣義務。[25]

其三，《反分裂國家法》第7條第1句「國家主張透過臺灣海峽兩岸平等的協商和談判」，「國家」地位在《反分裂國家法》中高於「兩岸」，「兩岸」因而是「國家」框架內的雙方。結合「一個中國三段論」（Ⅲ）中「大陸和臺灣同屬於一個中國」（亦被載入《反分裂國家法》第2條），以及同法第5條第3款的規定，[26]

《反分裂國家法》對大陸和臺灣政治關係的定位是以1982年憲法為基礎，但又有了新的發展：《反分裂國家法》迴避了臺灣對大陸的從屬性，沒有直接將大陸和臺灣的政治關係定位為中央與地方關係。[27]

這一定位，與大陸在同期政策面上的態度是一致的。綜合上述三點分析，《反分裂國家法》立足於國家層次的認同，與政策面的規定相呼應，將大陸和臺灣的政治關係定位為「一個中國」下的「兩岸」關係。《反分裂國家法》對大陸和臺灣的政治關係定位，體現了大陸兩岸政策的務實性，為本文定位大陸和臺灣的政治關係提供了規範依據。

　　除了1982年憲法和《反分裂國家法》外，大陸其他一些法律、法規和司法解釋等規範性文件也體現了大陸和臺灣的政治關係定位。由於此一問題所涉規範性文件眾多，本文僅以民事判決認可和執行制度為例說明。根據1998年頒布的《最高人民法院關於人民法院認可臺灣有關法院民事判決的規定》（以下簡稱「98規定」），大陸對臺灣法院的民事判決作有條件的認可和執行，其中的「條件」之一是不違反一個中國原則。根據「98規定」第4條，申請人在申請認可臺灣法院的民事判決時，應提交申請書，並須附有不違反一個中國原則的臺灣有關法院民事判決書正本或經證明無誤的副本、證明文件。有學者認為，該條所規定的一個中國原則是「98規定」最基本的原則。[28]

由此可見，「98規定」對大陸和臺灣的政治關係定位以一個中國原則為基礎，對臺灣部分公權力機關的有限承認。這種有限承認除了受到一個中國原則的限制外，還包括：其一，「98規定」只是對判決書的認可和執行，而不涉及是否承認臺灣法院

的問題；其二，認可和執行臺灣法院判決書的目的是維護當事人的民事權益和訴訟權利，而非執行臺灣有關「法律」。[29]

「98規定」是大陸方面在除憲法和《反分裂國家法》外的其他規範性文件上，對兩岸關係進行定位的一個縮影。這些非政治性的規範性文件基於現實的考量，在兩岸之間的事務性交流上都迴避了敏感政治定位的影響，採取了比較靈活和務實的方式，為兩岸順利開展事務性交流奠定了基礎。

2.臺灣的描述

與大陸相比，臺灣當局更加重視透過「憲法」和法律定位大陸和臺灣的政治關係，「臺灣法理獨立」已經成為一種重要的「台獨」形式。根據大陸學者對「臺灣法理獨立」的有關分析，「臺灣法理獨立」呈現出多層次、多樣態的結構，不僅追求顯性的「台獨」結果，而且透過「修憲」、「釋憲」、「修法」等方式推動隱性「台獨」，一項法律、一件判決，都可能成為「臺灣法理獨立」的載體。[30]
因此，對臺灣當局在大陸和臺灣政治關係定位的法制面進行描述，對於把握臺灣當局對大陸和臺灣政治關係的定位，具有極為重要的意義。

臺灣現行憲法是臺灣當局定位大陸和臺灣政治關係的基本依據。臺灣現行憲法實際上包括兩個部分，即制定於大陸的1946年憲法和1990年「憲政改革」後透過的「憲法增修條文」。「憲政改革」名為「修憲」，實為「制憲」，目的是將1946年憲法改造成為「臺灣憲法」。[31]
按照「台獨」分子的自白，「憲政改革」是把臺灣從「事實上的獨立推進到法律上獨立的階段」。[32]

但僅就文本而言，目前臺灣現行憲法具有「一中性」，這也為臺灣泛藍人士主張「憲法一中」提供了法理依據。[33]

臺灣現行憲法對大陸和臺灣政治關係的定位主要體現在以下幾個方面：

第一，臺灣現行憲法並未廢除中華民國「國號」，亦未否定「統一」立場。

1990年後，臺灣當局一共發動了七次「憲政改革」，每次「憲政改革」都會廢止大量1946年憲法的條文，但仍保留了中華民國「國號」、「固有疆域」等內容，並且在「憲法增修條文」的序言中聲明，「增修」憲法的目的是「為因應國家統一前之需要」，從而並未在法制面上否定「統一」的立場。根據2005年透過的第七個「憲法增修條文」和「公民投票法」的有關規定，變更「國號」需經過「公民投票程序」。依據臺灣的政治實踐，透過「修憲」方式廢除中華民國「國號」的可能性相當小。

第二，臺灣現行憲法將大陸與臺灣視為兩個「對等實體」，在具體規範上體現為「一國兩區」。1991年5月透過的第一個「憲法增修條文」將中華民國分為所謂「大陸地區」和「自由地區」，以「一國兩區」定位大陸和臺灣的政治關係。該定位為此後六次「憲政改革」所沿用，2005年透過的第七個「憲法增修條文」（現行）仍予保留。

第三，在具體制度上，臺灣現行憲法將中華民國的「法統」從「全中國」轉移到「臺灣」。根據臺灣第七個「憲法增修條文」的有關規定，中華民國的總統和「中央」民意代表全部在「自由地區」選舉產生，中華民國的重大事務由「自由地區」「公民投票」決定，臺灣省級建置被「精簡」，臺灣少數民族的憲法地位得到肯定。臺灣當局對1946年憲法的「臺灣化」改造固然是為了使憲法同臺灣的現狀相符，但是，這也在一定程度上抹去了中華民國的「大陸痕跡」，從而在臺灣「重建」了中華民國的「法統」，甚至是虛構了「臺灣」的「法統」。綜合上述分析，臺灣現行憲法對大陸和臺灣的政治關係定位基本上持類似於「一國兩府」、「一國兩體」和「一國兩區」的立場，將中華人民共和國政府視為異於臺灣當局的另一政府、將「大陸地區」視為異於「自由地區」的中華民國另一地區、將中華人民共和國視為與中華民國「對等」的「政治實體」，而且也不再主張中華民國政府對大陸的代表性，從而實現了中華民國「法統」向「臺灣」的轉移。

根據「憲法增修條文」最後一條的規定，[34]臺灣當局「立法院」制定「臺灣與大陸地區人民關係條例」（「兩岸人民關係條例」），並以該法作為臺灣調整兩岸人民關係的法律依據。「兩岸人民關係條例」以臺灣現行憲法為依據，表面上對大陸和臺灣的政治關係定位持「一國兩區」的立場，但就具體內容而言，「兩岸人民關係條例」對大陸和臺灣政治關係的定位，與

「兩國關係」無異。[35]

有臺灣學者認為，大陸人民「可歸屬於有別於一般外國人之特別或特殊身分之外國人」。[36]

　　臺灣「入出國及移民法」和「國籍法」的修改，表明了臺灣當局意在營造「分裂國家」的意圖。1999年5月21日，臺灣當局修改「入出國及移民法」，其中第3條將「國民」定義為「居住在臺灣設有戶籍或僑居國外之具有中華民國國籍者」。顯然，「入出國及移民法」對於「國民」的定義，將臺灣現行憲法增修條文所稱的「大陸地區人民」排除在「國民」的概念之外。2000年4月，臺灣當局修改「國籍法」，將該法第1條中有關「中國」的表述，全部修改為中華民國。根據這兩個法律的修正情況，臺灣當局顯然已經不再將「大陸地區人民」視為「中華民國國民」，也不認為「大陸地區人民」具有「中華民國國籍」。上述兩法的修正，將中華民國與「臺灣」聯繫起來，隱含有「中華民國臺灣化」的意涵。[37]

　　臺灣司法院大法官針對兩岸關係作成的「大法官解釋」亦是臺灣當局定位大陸和臺灣政治關係的重要法源。截至2008年12月止，臺灣司法院共作成有關兩岸關係的解釋17個，其中1990年之後作成的12個，包括「法統型」、權利型和制度型三類，這12個解釋的基本情況列表如下：[38]

表格2-1 臺灣司法院大法官有關兩岸關係的解釋（1990年後）

作成時間	編號	類型	聲請主體	案由	協同意見書	不同意見書
1990.6.21	261	「法統」型	「立法院」	「萬年國大」任期	0	1
1990.10.5	265	權利型	人民	大陸人民入境案	0	0
1993.11.26	328	制度型	三分之一「立法委員」	「固有疆域」範圍	0	0
1993.12.24	329	制度型	三分之一「立法委員」	「辜汪會談」協議性質	0	4
1998.10.22	467	制度型	三分之一「立法委員」	台灣省之地位	3	2
1999.1.29	475	權利型	法官③	退台前發售之債券債權人權利	0	0
1999.4.1	479	權利型	人民	「中華比較法學會」更名案	0	1
1999.4.16	481	制度型	三分之一「立法委員」	「福建省」之地位	0	1
1999.12.3	497	權利型	人民	大陸人民入境案	0	0
2003.4.18	558	權利型	「台灣高等法院」	「返國」條件爭議	0	2
2006.11.3	618	權利型	「台灣高等行政法院」	大陸人民在台任公職條件	0	0
2008.6.20	644	權利型	人民	組成主張「分裂國土」的團體是否「違憲」	0.5	2.5④

（本表為作者自制）

註釋：

③據臺灣「司法院大法官釋字第371號解釋」，法官得為「憲法解釋」的聲請主體。

④在本號解釋中，許玉秀提出一部協同、一部不同意見書，因而各算0.5。

上表所列的12個解釋中，臺灣司法院大法官對大陸和臺灣政治關係定位的態度可以分為三類：

第一，不定位。持不定位態度的解釋以「釋字第328號解釋」為典型代表。1993年3月，陳婉真等「立法委員」在審查行政院陸委會、「蒙藏委員會」等部會預算時，要求大法官解釋中國大陸和外蒙古是否屬於1946年憲法第4條所稱的「固有疆域」。[41]
陳婉真等人在「釋憲」「臨時提案」中公然提出「中國大陸不屬於中華民國領土」、「『自由地區』（即台澎金馬地區）即為現階段中華民國領土主權所在」等言論，[42]

直指兩岸關係底線。1993年11月，司法院大法官針對陳婉真等人的「釋憲聲請」，作成「釋字第328號解釋」。大法官認為，「國家領土之範圍如何確定，純屬政治問題，……不受司法審查」，「固有疆域範圍之界定，為重大政治問題，不應由行使司法權之釋憲機關予以解釋」，[43]

由此，根據「政治問題不審查理論」，大法官對該問題不予解釋。[44]

憑藉「政治問題不審查」理論，臺灣司法院大法官們迴避了對「固有疆域」的解釋，也迴避了對兩岸關係的定位。

　　第二，將「臺灣」與「國家」畫上等號。持該類態度的解釋以「釋字第261號解釋」和「釋字第479號解釋」為典型代表。在「釋字第261號解釋」中，大法官終止了臺灣當局憑藉「國民大會」維持的虛幻「法統」，規定「中央」民意代表機關僅在「自由地區」選舉產生，從而完成了中華民國「法統」的轉移，分割了作為整體的「一個中國」。「釋字第479號解釋」源於「中華比較法學會」更名為「臺灣法學會」的爭議，涉及「臺灣是否意含國家名號」等問題。[45]
對此，大法官迴避實質性問題，而已「結社自由」為名，支持「臺灣法學會」的更名，從而為臺灣當局「去中國化」運動提供了法律依據。

　　第三，將大陸和臺灣的政治關係定位為「一國兩體」、「一國兩區」，除上述少量解釋外，其餘解釋均持上述態度。但是，這一態度又有偏向「一國」和偏向「兩體」或「兩區」之分。前者如「釋字第329號解釋」和「釋字第481號解釋」，兩個解釋都否定了大陸與臺灣是「兩國」的觀點，在大陸和臺灣的政治關係定位上堅持「一國」立場，具有積極意義。後者如大多數權利型解釋，這些解釋都認為對大陸人民權利加以限制，是為「確保臺灣安全與民眾福祉」，符合憲法規定之「比例原則」，從而「兩體」或「兩區」為依據將大陸人民和臺灣人民區分對待。

　　綜上所述，臺灣在法制面上對大陸和臺灣政治關係的定位充滿著矛盾：一方面，基於各種因素的考量，臺灣當局至今未在憲法和法律中放棄「一中」立場，至少是透過「一國兩體」、「一國兩區」詞語等來描述大陸和臺灣政治關係的現狀；另一方面，臺灣當局又透過各種途徑，有意識地將大陸與臺灣區別對待，試圖將大

陸和臺灣的政治關係「兩國化」，以實現「臺灣法理獨立」。但從總體上而言，臺灣當局在法制面上對大陸和臺灣政治關係的定位較政策面溫和，尚能堅持「一個中國」原則，這就為兩岸開展協商與交流提供了法律上的有利條件。

臺灣司法機關在兩岸政治關係定位上的態度也漸趨模糊，逐步地走向「兩國」、「兩體」的定位。總結臺灣司法機關有關兩岸關係的典型案例，主要有三類：

第一，「反攻大陸」的民法意義。臺灣在「動員戡亂」時期曾有人在租賃契約中訂定「契約執行至反攻大陸時止」的文字，對於該文字到底是契約所附「條件」還是「期限」，臺灣「最高法院」在審理過程中曾發生爭議。如果理解成「條件」，則表明「反攻大陸」不一定發生，但如理解成「期限」，則表明「反攻大陸」一定發生，只不過時間遠近而已。在1958年和1973年的兩個判決中，臺灣「最高法院」均將含有「契約執行至反攻大陸時止」文字的契約解釋為「不確定期限之租賃契約」，而不是「附條件之契約」，表明了當時臺灣司法機關以「統一」為主流的意識形態。但在2000年和2003年，1958年和1973年的兩個判決均遭廢止，[46]臺灣司法機關的態度由此可見一斑。

第二，司法管轄權和法律適用的範圍。由於司法管轄權和法律適用的範圍，與「主權」有著密切的關聯，臺灣司法機關的司法管轄權是否及於大陸，以及臺灣有關法律的適用範圍是否及於大陸，因而成為考量臺灣司法機關對兩岸政治關係定位態度的重要指標。臺灣「最高法院」1997年作成的「臺上字第6403號判決」提出：「原判決於事實欄僅載上訴人『係源豐號漁船所有人』，並未認定該漁船係『中華民國』船舶，於理由欄載稱該漁船係『中國』船舶，究竟指大陸地區之『中華人民共和國』或臺灣之『中華民國』，尚欠明確。」臺灣「高等法院」「88年度易字第357號刑事判決」針對設籍於臺灣的居民在大陸福建省福州市犯罪行為是否屬臺灣「刑法」適用範圍的問題，提出：「雖然中國對大陸地區亦實稱擁有主權，然而依國際情勢實不容否認該地區由另一實體『中華人民共和國』所統治，事實上並非我中華民國主權之地域，從而在大陸地區犯罪，應屬在中國領域外犯罪。」[47]

第三，大陸地區行政單位是不是「中華民國固有疆域」的問題。有些判決遵循「釋字第328號解釋」的意旨，對「大陸地區」是否為「中華民國固有疆域」進行說明。臺灣「高等法院」在1999年4月9日的一份判決中提出：「惟中華民國領土，依

77

其固有之疆域,憲法第4條亦有明文。而大陸地區指臺灣以外之中華民國領土,⋯⋯經查本件相對人⋯⋯住四川省,係中華民國固有之疆域,為公眾周知之事實,⋯⋯」云云。[48]

二、臺灣學者對兩岸政治關係定位的理論描述

無論是對大陸和臺灣政治關係定位的政策面描述,還是法制面描述,其實都是一種政策描述,因為即或是法制面的描述,也不過是透過規範的語言,將政策面的政治話語加以表述而已。描述是對現象的摹寫,對政策的解讀以及對規範的描述,都至多是對政策或規範進行有限度的說明,而與理論解釋無涉。由此對比西德對統一問題的研究情況,據臺灣學者張亞中介紹,在西德總理勃蘭特(Willy Brandt)提出「新東方政策」前後,全西德對未來兩德間的各種可能發展關係的法律定位提出廣泛而深入的討論,相關專書或論文不下千餘篇,學者的研究為「新東方政策」提供了相當的理論基礎,使得西德與東德的基礎條約得以在不違憲的情況下順利達成,為1970年代後的兩德關係發展乃至最終的德國統一,都創造出良性的環境。[49]西德學界的經驗值得兩岸學界借鑑:政策的推動必須依賴一定的理論依據,除了政策面和法制面的描述外,對大陸和臺灣政治關係定位的理論解釋亦尤為重要,尤其是在弔詭的兩岸局勢下,理論還可以提供相當的預測力,為政治關係的發展提供指引。在理論解釋方面,臺灣學者的論述提供了大量的理論資源。雖然臺灣學者的觀點大多在政治立場上有所偏頗,且不乏為「台獨」背書之言,但僅從理論上著眼,仍有其借鑑意義,若能站在正確的政治立場加以修正,也可以不失為解釋大陸和臺灣政治關係定位的理論模型。以下兩節將對臺灣學者和大陸學者對於兩岸政治關係定位的理論描述進行介紹和分析。

臺灣學者為解釋大陸和臺灣的政治關係定位,曾經提出過數種理論模型,試圖透過理論體系的構建,論證臺灣的「國家」性質。總體而言,臺灣學者對大陸和臺灣政治關係定位的理論模型,主要有有三個來源:其一是對傳統理論的改造,如臺

灣學者對主權理論進行改造,演繹出形形色色的主權理論,目的都是為了論證中華民國或「臺灣」的「主權性」;其二是借鑑西方比較成熟的政治學或法學理論,如臺灣學者曾採取兩德類比兩岸的方法,借用兩德問題研究中形成的「分裂國家」理論研究大陸和臺灣的政治關係定位;其三是創造一套新的理論,用以解釋大陸和臺灣的政治關係定位,如部分臺灣學者提出所謂「臺灣主體性」理論,試圖從歷史、法律等角度論證臺灣相對於大陸的所謂「主體性」。以下將三種比較典型的大陸和臺灣政治關係定位理論模型加以介紹。

(一)主權理論的解釋

主權理論是臺灣學者常用的一種理論模型,臺灣學者或透過對主權理論的構造,論證中華民國或「臺灣」是一個擁有「主權」的「國家」,或提出新的主權理論,試圖解決兩岸的「主權」爭議。目前,臺灣學者對於主權的主要觀點有以下五種:

第一,「相對主權論」。臺灣學者普遍認為,博丹建構的主權論乃是一種絕對主權論,即認為主權是永恆的、非委派的、不可轉移的權力。但是,博丹的主權理論僅僅是在國內法的意義上運用「主權「一詞,在主權理論向國際法領域擴展時,絕對主權論已經淪為極端民族主義的工具,而此種極端形式的轉移是不利於國際法與國際組織的正常運作與發展,並且亦非適當。[50]
據此,臺灣學者引據《奧本海國際法》的觀點,認為主權作為最高法律權力和權威,是不適用於各國將其運用在國際社會的地位的,[51]

而要將「主權」這一國內法的概念運用到國際法上,必須用「有限領土主權」或「相對主權」代替「絕對主權」。按照臺灣學者的觀點,所謂「相對主權」,是指在傳統觀念中,加入了「不違反國際法」等相關內容。[52]

臺灣學者透過「相對主權」的構建,使原本永恆的、不受限制的主權,變成了一個受國際法制約的、可轉移的概念。臺灣學者論證「相對主權論」的目的有三:其一,透過對「相對主權論」的論證,試圖說明主權運用的有限性,要求大陸「遵

守」國際法，不以武力威脅臺灣的「主權獨立」；其二，透過對「相對主權論」的論證，試圖運用主權可轉移、可分割等理論，證明臺灣從1949年前的中國「分割」出一部分「主權」，或為延續中華民國，或為建立「臺灣國」，或為「階段性的兩個中國」等主張提供主權理論上的支持；其三，一些學者試圖透過「相對主權論」，提出大陸和臺灣在承認對方「主權」的前提下，透過「主權轉移」，形成一個超兩岸的「中國」，以完成兩岸統一，但目的還是為了要求大陸承認臺灣的所謂「主權」。

第二，「事實主權論」。臺灣學者認為，傳統主權理論將主權分為「內部主權」和「外部主權」，分別用於指代一國對內的最高權和對外的獨立權，但這一分類顯然已經不能解釋兩岸關係的現狀。[53]
為此，有學者提出「法理主權」（de jure sovereignty）和「事實主權」（de facto sovereignty）的分類。所謂「法理主權」是指「法定的主權」，而「事實主權」是指為實力或武力所握有的實際權力。該學者認為，「中華人民共和國在對台主權主張及對外關係上，即是來自於上述之『法理主權』的觀點，其運用歷史事實與相關的國際協定為法理基礎，強調對臺灣在內之中國領土具有最高性與排它性的管轄權與統治權，而雖然中華人民共和國對於台、澎、金、馬並無實際上之管轄，但從對外關係上的封殺中華民國之外交空間，並在其能力或影響力所及之範圍內，試圖否定中華民國政府對台、澎、金、馬有管轄權之事實；……然對於中華民國而言，其在1971年以後不但強調國際法人地位存在的事實，且由於實際控制台、澎、金、馬等地，『事實主權』的論述顯然也是在於凸顯中華民國存在的事實」。[54]

據此，臺灣學者認為，臺灣的「法理主權」雖不被承認，但其仍擁有「事實主權」。實際上，部分「台獨」分裂分子也正是以所謂「事實主權」為基礎，透過各種手段謀求所謂「臺灣法理獨立」，實現「法理主權」。民進黨曾於1990年透過的「臺灣事實主權決議文」（「一零零七」決議文），宣稱「中國（臺灣）事實主權不及於中華人民共和國及蒙古人民共和國領土」，其後，又運用「憲政改革」、「入聯公投」等形式謀求「法理台獨」。

第三，「主權與國家無關論」。大陸學者一般引據通說，認為主權與定居的居

民、確定的領土和一定的政府組織（政權組織）一道，是國家構成的條件，認為「在一個地域之內，儘管有政府組織和定居的居民，如果沒有主權，只能是一個國家的地方行政單位或殖民地而不能成為一個國家」，[55]「國家就是具有一定的居民、領土、政權組織和主權的社會實體」[56]

等等。大陸學者的觀點與世界國際法學界的通說是一致的。[57]

但是，臺灣學者透過文字上的轉化或引據一些歐美國際學學者的觀點，提出「主權與國家無關論」的理論。臺灣國際法學者丘宏達認為，使用「主權政府」與「與他國交往的能力」兩者的意義事實上是一致的，「因為只有主權政府才能有與他國交往的能力」，從而將「主權」從國家構成的條件中去除。[58]

臺灣學者張亞中引據數位歐美國際法學者的觀點，論證「主權與國家無關」。被張亞中引據的學者及主要觀點有：其一，施塔克認為，主權乃是一專有名詞（a term of art），而非可予準確定位的法律表述（legal expression）；其二，海克華克（Green H.Hackworth）認為，「國家」一詞就國際法的意義而言，並擁有一個有組織的政府，而且有處理對外國關係的能力的一群人；其三，布萊利（Bricrly）認為，「如果主權意味著絕對權力，如果國家之為主權是這種意義，國家就不可能同時遵從法律，如果這一前提是正確的，我們的結論唯有說國際法是一種幻想」；其四，高利亞（C-A.Colliard）認為，「（主權）是一個呆滯的觀念，其中有種種缺陷，既不能構成國家的一個尺度，也不應用以為國家的一個真正尺度」。[59]

據此，張亞中認為，主權已經不是國家的標誌，在國際法中應儘量避免使用「主權」一詞。[60]

儘管張亞中本人提出「主權與國家無關論」的觀點，只是為了廓清「主權」的含義，未見得是有何特定的政治目的，但臺灣仍有人將張亞中的觀點用於論證臺灣的「國家」性。[61]

　　第四，「主權共儲共享論」。「主權共儲共享論」也是臺灣學者張亞中在總結

歐盟整合經驗基礎上提出了主權創新理論，並為一些主張借鑑歐洲經驗實現兩岸整合的學者所主張。[62]

張亞中認為，從國際法的角度來看，國家被視作主權的擁有者，但從政治哲學對主權演進的角度來看，「人民主權」是關於主權歸屬的主流通說。因此，張亞中認為，國家受人民經由自由民主程序將主權託付而行使其國家的「主權權力」（sovereignty power），[63]

只要人民透過自由民主程序同意後，國家可以將「主權權力」「共儲」在超國家統合機構中，而該超國家機構，可以「共享」主權權力。[64]

立基於「主權共儲共享論」，張亞中提出了「兩岸共同體」的主張，並主張大陸和臺灣以「整個中國」的名義在國際間生存。[65]

第五，「憲法主權論」。有臺灣政治人物和持「台獨」觀點的學者，借鑑歐美有關憲政主權的觀點，[66]
提出了「憲法主權論」。「憲法主權論」認為，憲法是一國主權的體現，臺灣現行憲法規定了臺灣的主權，因此，臺灣是一個「主權國家」。1999年，民進黨在所謂「臺灣前途決議文」中首先提出了「憲法主權論」的觀點，「臺灣是一個主權獨立國家，依目前的憲法稱為中華民國」。在該決議文中，臺灣被賦予了政治意涵，其概念依其事物之本質乃不可能涵蓋「中國」與「中國大陸」。[67]

由此，中華民國的含義被裂解：1946年憲法所擬制的「法理主權」範圍是同時涵蓋大陸和臺灣，但基於「國民主權」原則和「憲法增修條文」，臺灣現行憲法的有效實施法域僅為台澎金馬地區。[68]

有臺灣政治人物聲稱，「中華人民共和國並未完全繼承中華民國，臺灣人民也未曾參與中華人民共和國憲法秩序的創造，因此，中華民國和臺灣不屬於中華人民共和國及其所代表的中國」，而「臺灣的憲法秩序中存在著中華民國法理主權形式的一個中國架構」。[69]

至此,被稱為「B型台獨」的理論從憲法中生成了:「我們」(或者直接說臺灣)是一個「國家」,依據憲法,它的名字是中華民國。[70]

按照「B型台獨」的理論,中華民國的主權,依據憲法,被限定在臺灣,因此,臺灣(中華民國)與中華人民共和國是「兩個國家」。「憲法主權論」在臺灣非常有市場,泛藍和泛綠均在「憲法主權論」上尋找支持自己觀點的論據,形成了所謂「一個憲法,各自表述」的局面。[71]

以上有關主權理論的論述,是目前流行於臺灣學界的幾種理論。可以說,這些理論的一個基本目標是為了證成「臺灣擁有主權」這一命題,即便是最為溫和的「主權共儲共享論」,也是為了證成大陸與臺灣「共享中國的主權」。由此可見,臺灣學者基於形形色色的主權理論,將大陸和臺灣的關係定位為兩個擁有(或共享)主權的實體。雖然臺灣學者的主權理論及其對兩岸關係的定位在政治立場上有所偏頗,但有些觀點亦為解決兩岸有關主權爭議提供了啟示。因此,對於上述觀點,不能僅憑其政治立場一味否定,而應對之加以揚棄,並吸取其中的有益之處為我所用。

(二)「分裂國家」(the Divided Country)理論的解釋

臺灣學者常用「分裂國家」理論來解釋兩岸關係的定位,並將1949年後的中華人民共和國和中華民國與東西德、韓朝、南北越並列為二次大戰後的四大「分裂國家」(Divided Country)。[72]
「分裂國家」理論的建構方法是透過德國和韓朝的個案研究,運用比較研究的方法,抽象出有關「分裂國家」的一般特徵,並用這些一般特徵「類比」兩岸關係,藉以解釋並預測兩岸關係的現狀與未來。

1.「分裂國家」的理論概要

首次明確的界定與完整論述「分裂國家」的是韓德遜(Gregory Henderson)、李鮑(Richard Ned Lebow)和史多辛格(John G.Stoessinger)等人。在1974年出版

的《分裂世界中的分裂國家》（Divided Nationsin aDivided World）一書中，三人提出了「分裂國家」的理論框架。[73]

其後，經過兩德統一、韓朝和解等分裂國家的實踐，以及臺灣學者以兩岸為背景的補充，「分裂國家」理論已經蔚為大觀，本文擇其要點論述如下。

第一，「分裂國家」的產生。臺灣學者認為，造成「分裂國家」的因素包括外在因素和內在因素。外在因素是指促使「分裂國家」走向分裂的國際因素，包括國際政治體系結構與變遷、地緣政治與戰略利益考量、國際強權對分裂雙方或一方的干預等等。[74]

就此考察兩德、韓朝和兩越，可以發現，上述三個分裂國家的形成，無不是戰後冷戰背景下，東西方兩大陣營角力的結果。內在因素是指分裂國家內部、或因歷史淵源、或因地緣差異、或因意識形態的歧異與對立、或因權力的爭奪而導致國家走向分裂。考察兩德、韓朝和兩越，內在因素大多是社會主義和資本主義意識形態的對立，而這一對立又是東西方兩大陣營對峙在分裂國家的延伸。因此，「分裂國家」產生的主要因素是外在因素，內在因素只產生輔助性影響。

第二，「分裂國家」的特徵。臺灣學者趙國材和張五岳分別概括了「分裂國家」的特徵，但趙國材的觀點提出於1990年臺灣「憲政改革」前，個別觀點已經過時，因此，本文綜合兩位學者的觀點一併論述。[75]

其一，「分裂國家」在分裂前系一個擁有共同語言、歷史、文化與長期統一經驗的國家社會單位；其二，「分裂國家」分裂的原因無論是因內戰或國際權力，都未經過雙方人民的同意；其三，雙方至少有一方不斷聲明，以結束國土分裂追求國家統一為其國策；其四，分裂雙方在各自領域內實行有效管轄，在政治、經濟、社會制度等方面互異，而雙方發展程度亦有區別；其五，雙方能正視國家分裂狀態，並遵守聯合國憲章所揭示的和平解決爭端原則；其六，雙方承認並尊重對方的對等地位，在外交上接受雙重承認與雙重代表；其七，分裂雙方的關係為特殊性質的內部關係，可準用國際法規範；其八，雙方透過制度化的溝通協商管道，開啟並致力於「正常化」關係。[76]

值得說明的是，「分裂國家」理論尤其強調「統一意志」在判斷「分裂國家」標準

中的地位。根據臺灣學者的論述，正是由於西德和韓朝從未放棄國家統一的目標，因此，兩德和韓朝才能保持「分裂國家」的局面，如果分裂各方都已經放棄了追求國家統一的目標，則已經不能再被稱做是「分裂國家」。[77]

第三，「分裂國家」的發展階段。臺灣學者大多沿用韓德遜等人對於「分裂國家」發展階段的描述。[78]
根據韓德遜等人的觀點，「分裂國家」從分裂到統一共經歷四個階段：第一階段為初期分裂階段，「分裂國家」雙方之間具有敵意，這種敵意包括互相不承認、對現狀採取與對方相反的態度、加強意識形態的衝突、企圖增強防禦並關閉邊界和採取企圖顛覆對方政策，甚至包括軍事手段等；第二階段為中期分裂期間，又稱消極的和平共存，「分裂國家」雙方之間敵意降低，其表現方式包括默許或正式接受共存政策、意識形態對抗的削弱、邊界緊張的緩和、允許較廣泛的人員和思想交流、減少對雙方的顛覆行為以及彼此抑制軍事衝突等；第三階段為和解階段，又稱積極的和平共存，「分裂國家」雙方的表現包括以相互觀光、貿易、行政交流等經濟合作更密切、對共同的對外問題作政治合作、對國內外的威脅作安全合作、政府間聯繫的加強等；第四階段為統一階段，雙方尋求政治上的整合，完成從分裂到統一的過程。[79]

第四，「分裂國家」的相互關係。「分裂國家」的相互關係，是「分裂國家」理論框架中，理論最為密集的部分，共分為三大類觀點：其一，認為「分裂國家」有一方具有完整國際法人地位的理論；其二，認為「分裂國家」各方均具有完整國際法人地位的理論；其三，認為「分裂國家」各方均不具完整國際法人地位的理論。第一類觀點又包括四種理論：其一，內戰理論，指一個國家因內戰存在兩個政府，但雙方各主張其本身為唯一的合法政府；其二，同一性理論，指「分裂國家」中的一方與原有國為同一（identity）關係，具有完整的國際法人格地位，而另一方不具有完整的國際法人格；其三，完全同一理論，是同一性理論的一個特例，是指「分裂國家」其中某一方主張其主權及憲法效力所及的地區均涵蓋對方，與原有國為「完全同一」，具有完整的國際法人格地位；其四，縮小理論，亦稱國家核心理論，也是同一理論的一個特例，指「分裂國家」其中某一方主張，雖然其目前的有效管轄區域縮小，但縮小的部分與原有國家是「同一」的，縮小的區域是原有國的

核心，主權仍涵蓋未分裂前的地區，但只對目前所擁有的地區行使有效管轄權，承認「分裂國家」另一方在其管轄區域的管轄權，但不承認其擁有該區域的主權。第二類觀點包括兩種理論：其一，分解理論，指原有國內戰爭、國際條約或各方協定，分解為兩個或多個國家，原有國的國際法人格消失，「分裂國家」各方擁有完全主權；其二，分割理論，指原有國領土某一部分被分離的區域，後來取得國際法主體的地位，且不影響到原有國的法律地位，而原有國的主權不再及於該分割地區。第三類觀點包括一種理論，即部分秩序理論，該理論認為原有國雖然已無行為能力，但作為國際法人而言，它的主權仍在，只是被凍結了，原有國的國家權力交由「分裂國家」各方行使，「分裂國家」各方在其各自所轄的領域內享有完整的主權，是一個完整的國際法人，但對於原有國的事務均無完整管轄權，是一個不完整的國際法人，「分裂國家」各方不是國際法意義上的國家關係，而是所謂「特殊關係」或「兄弟關係」。[80]

2.「分裂國家」理論對兩岸政治關係定位的解釋

純粹從理論上而言，「分裂國家」理論對於兩岸關係的定位仍有著一定解釋力。由於大陸學者和大多數臺灣學者都承認兩岸在1949年前同屬於中國，只不過由於各種原因尚未統一的事實，這就為「分裂國家」理論解釋大陸和臺灣政治關係定位提供了認知基礎。根據「分裂國家」理論，大陸、臺灣臺灣的國民黨和民進黨對於大陸和臺灣政治關係定位的認識，可以作如下解釋。

第一，大陸對政治關係定位的認識，經歷了從內戰理論與完全同一性理論交錯，到修正的完全同一性理論的階段。1949年至1979年間，大陸將臺灣當局定位為「叛亂團體」，而主張中華人民共和國政府是代表中國的唯一合法政府，該主張得到了聯合國2758號決議的認可和世界上絕大多數國家的支持。按照「分裂國家」理論的解釋，該階段大陸同時採用了內戰理論和完全同一性理論，兩者交錯於大陸對政治關係定位的認識中。1979年後，大陸逐漸改變了內戰思維，承認了臺灣當局對臺灣的管轄權，並主張用「一國兩制」實現兩岸統一，代表著大陸對政治關係定位的認識，開始向純粹的完全同一理論轉變，即世界上只有一個中國，中國的主權覆蓋包括大陸和臺灣在內的整個中國。但是，當前大陸對兩岸關係的定位又不能嚴格依照完全同一性理論來解釋，因為大陸目前亦不再提「一個中國即中華人民共和國」的主張，而是改用比較模糊的「大陸與臺灣同屬於一個中國」的表述，這與完

全同一性理論有所區別，不妨將之稱為「修正的完全同一性理論」。2008年12月，胡錦濤在「胡六點」中將兩岸關係的性質界定為「政治對立」，更加強化了修正的完全同一性理論對政治關係定位的解釋。

　　第二，國民黨對政治關係定位的認識比較複雜，經歷了從內戰理論與完全同一性理論交錯、內戰理論、完全同一性理論和縮小理論交錯、完全同一性理論和縮小理論交錯、單純的縮小理論、再到分割理論，最終發展為比較溫和的分割理論等階段。1972年前，國民黨執政的臺灣，以內戰思維對待兩岸關係，用「臨時條款」代替憲法，將大陸（中共）定性為「叛亂團體」，主張中華民國對大陸的主權，並且使大陸選舉產生的第一屆民意代表無限期延任，以體現其對大陸的所謂主權。上述現象表明，1972年前，國民黨對兩岸關係的認識，可以用內戰理論和完全同一性理論來解釋，即國民黨是大陸（中共）為「叛亂團體」，主張中華民國的主權覆蓋大陸與臺灣，中華民國是「中國的唯一代表」。1972年，國民黨當局開放增額「中央」民意代表的選舉，代表著臺灣當局在「外部合法性」崩潰後，開始透過開放民意代表選舉，尋求在臺灣的「內部合法性」。[81]
同時，國民黨極力拔擢台籍精英，並將重心從「反攻大陸」移向「建設臺灣」。但是，由於此時在大陸選舉產生的「資深民意代表」尚未退職，在臺灣選舉產生的增額民意代表只是補充，而且國民黨當局尚未放棄對大陸的主權。因此，不能說國民黨對兩岸關係的認識從完全同一性理論向縮小理論轉變，而只能說此時國民黨對兩岸關係的認識，處於以內戰理論和完全同一性理論為主、縮小理論為輔的階段。1987年國民黨當局廢止「臨時條款」後，內戰理論遂被放棄，[82]

但「資深民意代表」和增額民意代表共存的現象仍未改變，因此，在1987年至1990年期間，國民黨對兩岸關係的認識，可以解釋為以完全同一性理論為主、縮小理論為輔。1989年後，國民黨高層相繼提出「一國兩府」、「一國兩體」和「一國兩區」等理論，並將之載入黨綱。1990年，臺灣司法院透過「釋字第261號解釋」，終止「資深民意代表」任期，1991年5月，臺灣透過第一個「憲法增修條文」，明確劃分「大陸地區」和「自由地區」，並規定臺灣民意代表、總統等公職人員全部在「自由地區」產生。[83]

從此時開始，國民黨當局正式放棄完全同一性理論，而改採單純的縮小理論。1992

87

年8月,「國統會」透過「關於『一個中國』的涵義」決議,提出「『一個中國』應指1912年成立迄今的中華民國,其主權及於整個中國,但目前之治權,僅及於台澎金馬」,[84]

該決議可算得上是對縮小理論的官方確認。然而,就在國民黨當局在法制面上轉向縮小理論的同時,政策面出現了分割理論的傾向。1994年起,以李登輝為代表的國民黨高層開始將「中國」「去政治化」,臺灣當局「行政院陸委會」頒布的「台海兩岸關係說明書」聲稱『『一個中國』是指歷史上、地理上、文化上、血緣上的中國」。有臺灣學者認為,「台海兩岸關係說明書」的上述說詞,表明國民黨已經放棄了上述「關於『一個中國』的涵義」決議,而是轉而採用分割理論,提出「臺灣已經從中國分割出去」的主張。此後,國民黨當局極力主張「代表」臺灣人民「加入」聯合國,以及其他「務實外交」策略也印證了這一點。1999年,李登輝提出「兩國論」,表明國民黨在當時已經徹底轉向了分割理論。2000年國民黨失去執政地位後,對其兩岸政策進行了調整,尤其是在2005年後,國民黨逐漸對其嚴格的分割理論主張進行了修正。2008年馬英九當選為臺灣領導人後,多次表示「依據中華民國憲法,大陸為中華民國領土」,似乎又回到了完全同一性理論的立場上,但是,馬英九畢竟無法也無意改變兩岸現狀,而且在持上述主張時,更提出「中華民國與臺灣的命運已經緊緊的結合在一起」、「臺灣優先」等主張,因此,不妨說國民黨當前對政治關係定位的認識,不過是改變了李登輝時代嚴格的分割理論,而採比較溫和的分割理論,使自己的兩岸政策,得以在兩岸都能接受的範圍之內。

第三,民進黨對政治關係定位的認識,主要採取的是分割理論。民進黨創黨後不久,就從一個反對國民黨威權統治的民主政黨,蛻變為一個以「台獨」為黨綱的政客團體。1988年4月17日,民進黨透過「臺灣主權獨立決議文」(「四一七決議文」),主張「臺灣國際主權獨立,不屬於以北京為首都之中華人民共和國」,1990年10月7日,民進黨又透過「一零零七決議文」,宣稱臺灣的「事實主權」不及於中華人民共和國及「外蒙古」。1991年10月,民進黨修改黨綱,更進一步的宣稱「臺灣主權不及於中國大陸」。此後,民進黨一直按照分割理論看待兩岸關係的定位,認為「中華人民共和國在中國大陸擁有主權」,「臺灣(中華民國)對臺灣擁有主權」。2002年8月,陳水扁更是提出「一邊一國」的主張,將分割理論用到了極

致。需要指出的是，由於民進黨在是否承認兩岸在1949年前同屬一個中國這一事實上有爭議，因此，「分裂國家」理論對民進黨有關「臺灣從來不屬於大陸」的部分觀點沒有足夠的解釋力。

若以大陸和臺灣（包括在不同階段執政的國民黨和民進黨）各自對政治關係定位的認識為分析對象，「分裂國家」理論對政治關係定位的解釋，可列表如下：

自1970年代以來，臺灣就有人提出用「兩德模式」解決兩岸問題。1990年代後，「兩德模式」一度成為臺灣官方和民間在定位兩岸關係上的主流通說。[85] 由於「分裂國家」理論對於大陸和臺灣的政治關係定位具有一定的解釋力，在臺灣當局提出「一個分治的中國」（a divided china）後，以「兩德模式」為主要研究對象的「分裂國家」理論為臺灣政學各界所重視。臺灣學者一般認為，「分裂國家」理論的主要意義，不在於主張「分裂國土」，相反的，它只是主張兩岸當局皆能正視「國土分裂」的「事實」，在統一前的「國家分裂」狀況中，為「分裂」雙方在短、中程互動關係建構一個和平、對等、互利與共榮的關係，俾使「分裂」雙方得以循一正常化的關係互動，以確保並增加雙方人民的福祉，進而為未來可能的和平統一奠定實質的基礎。[86]

由此可見，臺灣部分學者之所以極力主張「分裂國家」理論，原因在於依據該理論，臺灣當局可以堂而皇之地要求大陸「正視國土分裂的事實」，在統一前建立「對等關係」，尤其是要求大陸方面承認臺灣（中華民國）的主權和「獨立」。由此可見，「分裂國家」理論與「兩岸同屬一個中國」的事實不符，因而也是不可能為大陸所接受的。

表格2-2「分裂國家」理論對大陸和臺灣政治關係定位的解釋

時間	大陸	台灣	備註
1949－1972	內戰理論	內戰理論與完全同一性理論交錯	台灣地區為國民黨執政
1972－1979		以內戰理論與完全同一性理論為主，縮小理論為輔	
1979－1987	修正的完全同一性理論		
1987－1990		以完全同一性理論為主，縮小理論為輔	
1990－1994		縮小理論	
1994－2000		分割理論	
2000－2008		分割理論①	台灣地區為民進黨執政
2008－		溫和的分割理論	台灣地區為國民黨執政

（本表為作者自制）

註釋：

①未考慮民進黨在「是否承認兩岸在1949年前同屬一個中國」這一事實上的爭議，參見下文。

（三）「臺灣主體性」理論的解釋

一部分主張「台獨」的學者連「大陸和臺灣在1949年之前是同一個國家」也不承認，並透過對歷史的誤讀、歪曲甚至臆造，提出了「臺灣主體性」理論。目前，「臺灣主體性」理論尚沒有形成比較完整的體系，而僅是停留在學者的個別論述階段，但已漸有成為「台獨」主流學說之勢。在臺灣，具有代表性的「臺灣主體論」有陳隆志的「臺灣國家進化論」、許宗力的「兩岸關係法律定位論」和王泰升的「外來政權論」等。「臺灣主體性」理論將大陸和臺灣的政治關係定位為「國與國」關係，是一種比較極端的「台獨」理論。

1.陳隆志的「臺灣國家進化論」

陳隆志的「臺灣國家進化論」。陳隆志是民進黨內的「理論大師」，[88] 提出了一整套有關「台獨」的理論體系，其中「臺灣國家進化論」是支撐其「台獨」理論體系的基礎。陳隆志認為，「臺灣、中國，一邊一國」，「臺灣是一個主權獨立的國家，不是中國的一部分，也不是中國的內政問題」，「從國際法的觀點

來看,自1895年以來,臺灣並不是中國的一部分」。[89]

為此,陳隆志描繪了臺灣「歷經持續的演進過程而成為一個國家」的「進化過程」。

根據陳隆志的描述,臺灣的所謂「國家進化過程」共分為四個重要階段:第一階段為1895年至1945年,清政府與日本簽訂《馬關條約》,將臺灣永久割讓給日本,臺灣成為日本的「領土」(殖民地)。第二階段為1945年至1952年,臺灣為盟軍軍事占領,該占領是由盟軍最高統帥麥克阿瑟所指令授權,由蔣介石為首的中華民國軍隊代行,此舉屬於對臺灣的「軍事占領」,而不是取得臺灣的主權或「所有權」。1949年後,中華民國政府「流亡」至臺灣。第三階段為1952年至1987年,臺灣為中華民國政府的軍事占領階段。1952年「舊金山和約」生效後,日本放棄對臺灣的主權,但並未規定臺灣的歸屬,出現了「臺灣地位未定」的狀況,中華民國政府則在此情況下對臺灣實施長期軍事威權統治,由於該統治未得到臺灣人民同意,因而是非法的、不正當的軍事占領。第四階段為1988年後,該階段為臺灣成為一個「國家」的「歷史時刻」(historic moment),其主要表現形式是「憲政改革」。在此階段國民黨的非法「戒嚴」被解除,臺灣開始「民主化」進程,並得直選總統和民意代表。2000年,「臺灣本土政權」(指陳水扁當局)獲得大選勝利,代表著臺灣已經進化成為一個「主權獨立的國家」。[90]

2.許宗力的「兩岸關係法律定位論」

許宗力的「兩岸關係法律定位論」。許宗力是臺灣知名學者,曾於2002年至2003年任臺灣大學法律學院院長,2003年起任臺灣司法院大法官。許宗力是臺灣較早主張「兩國論」的學者,其主要「台獨」言論體現在《憲政改革芻議》(以下簡稱《芻議》)和《兩岸關係法律定位百年來的演變與最新發展——臺灣的角度出發》(以下簡稱《發展》)兩篇論文中。《芻議》一文屬對臺灣「憲政改革」的建言之論,對大陸和臺灣政治關係的定位是「一國兩府」,[91]
而《發展》一文則屬於「兩國論」。本文以《發展》一文為主,介紹許宗力的「兩岸關係法律定位論」。

《發展》一文繼承《芻議》中的「一國兩府」思想,並將其演變成為「兩個中

國模式」的論調。[92]

該文首發於耶魯大學在1993年舉辦的「邁向二十一世紀的兩岸關係學術研討會」，比李登輝提出「兩國論」早近6年。[93]

該文歪曲歷史，將臺灣1895年後的歷史分為四個階段：第一階段為日治時期，其間臺灣作為日本的一部分與大陸的政治關係是「國與國間關係」；第二階段為1945年臺灣光復至1949年國民黨退台前的一段時期，許宗力稱之為「中國統一時期」，其間臺灣作為中國的一個省與大陸的政治關係是「地方對中央的一個中國的內部關係」；第三階段為「動員戡亂時期」，臺灣和大陸的政治關係是「合法政府」對「叛亂團體」的一個中國的內部關係；第四階段為「憲政改革」時期，大陸和臺灣的政治關係是「特殊的國與國關係」。[94]

許宗力認為，1991年後的「憲政改革」是對「兩個中國」關係模式的重新定位，是臺灣的「解套之道」。為此，他呼籲，臺灣應拋棄「漏洞百出」、「不具任何實際意義的新名詞」，將大陸和臺灣的政治關係定位為所謂「兩個中國」。[95]

對於其所主張的「兩個中國模式」的實質，許宗力在文中自白道：「『兩個中國』模式的重定位與民進黨主張的臺灣獨立，就結果而言並沒有什麼兩樣。因兩個中國與一中一台的定位模式，同樣都是承認兩岸各自是一個主權獨立的國家，只是前者維持中華民國國號，後者則主張臺灣共和國國號而已。」[96]

許宗力在《發展》一文中還認為，「兩中模式」的確定，對於避免臺灣統「獨」之爭，促進臺灣政治之穩定，擴大外交空間，爭取有利的國際地位，維持「國格」等方面具有積極影響。[97]

3.王泰升的「外來政權論」

王泰升的「外來政權論」。王泰升是臺灣著名的法律史學者，也是「以臺灣為中心」的「憲法史觀」的首倡者。王泰升的「臺灣主體性」理論主要透過論證中華民國政府的「外來性」展開，因此，其「臺灣自主性」理論又可稱為「外來政權論」。

王泰升認為持「大陸主體論」的臺灣學者都「心不在焉」，心不在人民、心不在臺灣。[98]

王泰升「從人民的歷史和臺灣的歷史出發」，認為「生於斯、長於斯」的臺灣人民是臺灣的主人。他將臺灣視為「非指某特定的政權或國家，而是指稱由居住其上的人民組成的一個共同體」，「臺灣在歷史的敘述上，是單獨作為一個主體，而非依附於另一個主體。以臺灣為主體，即意味著臺灣可以有自己的歷史，不必因為它是中國的一部分，或日本或另一個主體的一部分而有歷史」。[99]

王泰升認為，臺灣並非中國的一部分，也不應將臺灣史納入中國史當中。因此，自1895年中日甲午戰爭後，臺灣已「脫離」在大陸的中國政權的統治，清末以降的中國立憲運動儘管熱鬧，但卻與臺灣無關，生活在臺灣的閩南、客家和少數民族等族群幾乎未參與這段歷史發展，臺灣本島自成為一個憲法法域，有著自己的憲法發展史。[100]

立基於此認識，王泰升認為臺灣單獨構成一個「共同體」，中國中央政府、外來殖民者和地方割據政權這些曾經統治過臺灣的政權，對於臺灣這個「共同體」而言，屬於「外來政權」，不是臺灣本島的「原住民自治」或「住民自治」。為此，王泰升依次將荷蘭西班牙殖民統治時期、鄭氏家族時期、清朝、日本殖民統治時期、臺灣光復至2000年政黨輪替前的各個歷史時期，稱之為「荷西時期」、「鄭治時期」、「清治時期」、「日治時期」和「國治時期」，尤其是將國民黨治下的臺灣與日本殖民統治時期的臺灣相比，認為「舊中國的一省近似舊日本的殖民地」。[101]

王泰升認為，「臺灣與大陸分離五十年：嚴格來講就是一種閉鎖的歷史陳述，因為那只關照到外省族群的歷史經驗，……」[102]

並而皇之地聲稱，「臺灣是臺灣人的臺灣，臺灣歷史是臺灣人的歷史，與外來的大陸無關」。

　　由此可見，王泰升臆造了一個從「舊日本」到「舊中國」、進而蛻變而成「新

臺灣」的故事，[103] 並用這個臆造的故事又臆造了一個所謂「外來政權」的理論，將包括中國中央政府在內的、凡是在臺灣進行過統治的政權一概稱為「外來政權」，只有2000年至2008年臺灣人自己的民進黨政府才是「本土政權」。透過對「外來政權」論的構造，王泰升突出了臺灣的「主體性」，從而完成了他對「台獨」的論證。

上述有關「臺灣主體性」的理論是最為赤裸裸的「台獨」理論，將大陸和臺灣的政治關係直接定位為「兩國」關係，為「兩國論」和「一邊一國」提供了理論支撐。由於這些理論違背了基本的歷史事實，無視兩岸關係發展現狀，因而在論點、論據和論證過程上都是錯誤的，而且也未獲得臺灣臺灣的普遍認同和共識。

三、大陸學者對兩岸政治關係定位的理論描述

由於大陸學者當前對兩岸關係的研究在方法上以政策言說為主，多數研究成果因此都是對政策面大陸和臺灣政治關係定位的解讀，由此導致對大陸和臺灣政治關係定位的理論解釋上有所不足。但是，也有部分大陸學者透過建構理論的方法對大陸和臺灣的政治關係定位提出了有意義的觀點，其中具有代表性的是黃嘉樹教授和王英津博士的「主權構成研究」、陳動教授基於占有理論的「一國兩區」論、朱松嶺教授基於宣告死亡制度的「中華民國宣告死亡」論以及周葉中、祝捷提出的「兩岸治理」論。

（一）黃嘉樹教授和王英津博士的「主權構成研究」

黃嘉樹教授和王英津博士在批判臺灣學者的主權理論時，運用民法學上所有權和使用權分離的原理，形成了獨具特色的「主權構成研究」，並以此研究的成果為工具，對「分裂國家」理論進行了批判，提出了「主權所有權統一、主權執行權分

離」的大陸和臺灣政治關係定位模式。

一般而言，大陸學者對臺灣學者所持主權理論的批判主要有兩條進路。第一條進路是立足於傳統的絕對主權論，按照大陸方面的兩岸政策，對臺灣學者的觀點進行批判，反覆強調主權與國家的不可分性，並突出「中國的主權不可分割」的觀點。從政治立場而言，該批判完全必要，且有助於揭露「台獨」分裂分子借主權理論包裝「台獨」理論的圖謀，但是，在批判方法上，仍屬於政策面的描述，批判的理論力度和深度均有所欠缺。第二條進路立足於理論創新，對傳統主權理論進行改造，試圖建立起新的主權理論，以對抗臺灣學者的主權理論，尤其對主張「台獨」的「主權理論」進行理論駁斥。第一條進路是大陸當前兩岸關係研究的主流，已無需本文贅述，第二條進路以黃嘉樹教授和王英津博士的「主權構成研究」最為典型。

「主權構成研究」形成了主權構成的分析框架，並透過對主權構成的分析，對大陸和臺灣的政治關係定位進行瞭解釋。根據兩位學者的論述，傳統主權理論面對許多複雜的主權現象，已經不能作出很有說服力的解釋，尤其是在臺灣當局所具有的「主權外觀」上，更是缺乏足夠的說服力，而臺灣學者所主張的「主權權力共享」、「治權分裂」等主張亦有缺陷。[104]
為此，在批判傳統主權理論和部分主權創新理論的基礎上，兩位學者「試圖改變學者們以往從主權外部來進行主權研究的通常做法，嘗試從主權的內部構成來解析主權」。[105]

立即於此思路，兩位學者提出了「主權所有權」和「主權行使權」的概念，前者「表徵主權的歸屬狀況」，後者「表徵主權的運作狀況」，而主權行使權與主權所有權相互分離的過程，構成了主權概念演進的歷史。[106]

根據兩位學者的論述，主權形態經歷了從君主主權經議會主權到人民主權的變化，主權所有者也經歷了君主——少數人——全體人民，即個體——部分——整體的變化。在這個過程中，主權和主權所有者由具體走向了抽象，主權所有者只能將主權行使權委託經由合法程序產生並能代表自己的政府，由政府代行主權，政府因而成為主權的行駛者。兩位學者認為，主權所有權和主權行使權的合法性分離，不僅不會損及主權的完整性，反過來還更有利於維護主權的完整性。[107]

95

主權所有權和主權行使權的地位並不是平等的，主權所有權是主權質的規定性，具有絕對性、不可分割性和排他性，而主權行使權是主權量的規定性，具有執行性、相對性和可分割性，兩者的基本關係是授權與被授權、委託與被委託的關係。[108]

在表現形式上，兩位學者認為，在當今國際社會，主權即國家主權，在所有權方面表現為人民主權，在行使權方面體現為政府職權。主權所有權和主權行使權是可以分離的，其形式包括兩種：其一，主動分離模式，即主權所有者主動地委託或讓渡部分主權行使權，從而使主權行使權透過法定程序與主權所有者分離，如代議制政府的產生、國家主權向國際組織的讓渡等；其二，被動分離模式，即沒有經由主權所有者自願地、主動地權力委託或讓渡，而是由於主權所有者意志以外的原因所造成的主權行使權同主權所有權的分離。根據兩位學者的觀點，「台獨」分裂活動可以被定性為「挑戰地區主權所有權」的被動分離模式。[109]

至此，兩位學者完成了「主權構成研究」。

根據「主權構成研究」的成果，兩位學者針對大陸和臺灣的政治關係定位得出了下列幾個結論：其一，臺灣的主權所有權的歸屬是包括大陸人民和臺灣人民在內的全體中國人民，因此，臺灣當局意圖透過臺灣「公民投票」實現「台獨」的觀點，在理論上是不成立的；其二，臺灣的主權行使權由大陸和臺灣共享，其中大陸所享有的主權行使權主要體現為限制臺灣當局的對外交往能力，臺灣當局所享有的主權行使權主要體現為對臺灣內部事務的全權；其三，兩岸現狀可以用主權所有權和主權執行權被動分離來解釋，而這種被動分離是不正常的狀況，應盡快結束；其四，臺灣當局所擁有的部分主權執行權雖不具備整體的「合法性」，但因獲得臺灣民眾的認同而具有部分的「合法性」，大陸也透過承認臺灣的司法判決等方式對臺灣當局的「部分合法性」給予了一定程度的承認，而國際社會透過接納臺灣以各種名義參加國際組織，也承認了臺灣當局的某種合法性。[110]
最後，兩位學者指出，透過「一國兩制」解決臺灣問題，就是要將「被動分離」轉變為「主動分離」。[111]

對於在臺灣盛行一時的「分裂國家」理論，「主權構成研究」亦進行了重新解

讀和批判。王英津認為,「分裂國家」理論在一定程度上揭示了兩德、韓朝和兩越等國在分裂狀態方面相類似一面,但該理論有一個致命的缺陷,那就是它淡化或掩蓋了大陸和臺灣當前尚未統一的狀態[112]
在性質、程度和原因等方面同前三者的分裂狀態存在著的本質區別,繼而將它們劃歸為同等類型的「分裂國家」。[113]

王英津認為,「分裂國家」理論迎合了臺灣某些「分離人士」的政治訴求,同時給大陸在理論上造成了困局:承認它,自然進了「台獨」分裂分子的圈套,不承認它,又沒法解釋大陸和臺灣尚未統一的狀態及其性質。[114]

王英津認為,「主權構成研究」可為解決這一困局提供新的分析思路。按照「主權構成研究」,只要一個國家的主權所有權是統一的,那麼,這個國家就是一個統一的國家。但根據通常情況,統一國家又有兩種類別:一種是主權所有權統一,且主權行使權也統一,即完全統一國家;另一種是在主權所有權統一的前提下,主權行使權卻存在某種程度的分裂,即存在主權所有權和主權行使權「被動分離」的情形,可以稱之為「不完全統一國家」。立基於此認識,王英津認為,所謂「分裂國家」,實際上是主權所有權和主權行使權都分裂的國家,如兩德、韓朝和兩越,而大陸和臺灣屬於「主權所有權統一、主權行使權被動分離」的情形,即「不完全統一國家」,換一個角度,也就是「不完全分裂國家」。[115]

王英津認為,中國是不完全分裂國家的典型範例,其原因有三:其一,中國在主權所有權層面上是統一的;其二,中國在主權行使權層面上是分裂的;其三,兩岸(尤其是大陸)從未放棄兩岸再統一的目標。[116]

　　黃嘉樹教授和王英津博士所進行的「主權構成研究」,在相當程度上解決了所謂「絕對主權論」、「相對主權論」的抽象爭議,對主權進行比較具體和直觀的要件分析。[117]
同時,主權構成研究所提出的理論模型也能對大陸對兩岸關係的定位進行比較合理的理論解釋,具有一定參考價值。

（二）陳動教授基於占有理論的「一國兩區」論

　　陳動教授對「主權構成研究」進行了批判，並基於民法學上的占有理論，將大陸和臺灣的政治關係定位為「一國兩區」。[118]
陳動教授認為，博丹在內的眾多思想家在探討主權概念時，無法脫離當時的理論基礎，也就是不可能脫離當時的法學理論而另起爐灶，只能從私法理論中汲取營養。陳動教授從私法對國際法的影響中得出結論：主權概念是從土地所有權的概念發展而來的；羅馬法中關於土地所有權的理論是現代主權概念的基礎；主權概念經過發展，羅馬法中有些規則現在已經不能再適用於國際法，但是這絲毫不能磨滅私法對國際法的影響。根據上述結論，陳動教授認為，「主權構成研究」有兩處明顯的錯誤：其一，國際法上的主權概念實際上是「所有權」概念的「放大」，使用「主權所有權」的表述是同義詞的重疊，因此，使用「主權所有權」的表述不能說明問題，也不能產生新的概念，而由此談主權的構成也就不能成立；其二，根據所有權理論，所有權是包括使用權在內的他物權的源泉，任何基於物上的權利都是派生於所有權，無所有權即無他物權，因此，只有主權所有者，才擁有主權行使權，臺灣當局不是主權所有者，不能擁有主權行使權。

　　陳動教授認為，民法上的占有理論可以解釋臺灣當局的現象。根據占有理論，占有有兩種：一種是基於物權的合法占有，另一種僅僅是事實上的控制，如果這種占有不涉及他人的所有權，可能會產生的權利，即形成所有權（即先占），但是如果先前在占有物上已經形成所有權，那麼這種占有就不是合法的，要受到所有權的排斥。由此分析大陸和臺灣的政治關係定位，陳動教授認為，臺灣是中國領土的一部分，根據主權的原則，臺灣的所有權或主權屬於包括臺灣人民、大陸人民、港澳人民在內的全體中國人民，也就是說，只有全體中國人民才能決定臺灣的前途。臺灣當局實際控制的臺灣，對臺灣「有事實上管領之力」，因此成為「占有人」。但是，這種「占有」的性質在法律上有發展和變化。1945年至1949年，中華民國政府代表全體中國人民行使對臺灣的所有權，因此，在此階段，中華民國政府對臺灣的「占有」是「合法占有」。1949年10月中華人民共和國成立後，臺灣當局對臺灣的

「占有」就不再是「合法占有」。從所有權的角度而言，目前臺灣當局對臺灣的「占有」只經過一部分所有權人（即臺灣人民）的授權，而沒有經過全體所有權人（全體中國人民）的共同授權，在法律上有重大瑕疵，所以不是「合法占有」。陳動教授認為，臺灣是全體中國人民的「共同財產」，臺灣人民也擁有對臺灣的「所有權」及主權，但是，其他中國人也同時擁有對臺灣的「所有權」和主權，兩岸人民對臺灣形成「共有關係」。臺灣當局對臺灣的「占有」沒有經過全體中國人民的授權，即並沒有獲得全體「共有人」的合法授權，從這一點來看，臺灣當局對臺灣的「占有」是不合法的。但是，在形式上似乎可以說，臺灣當局的「占有」獲得「共有人」之一的臺灣人民的授權。更進一步，臺灣問題實際上是一個法律上的「共同財產」沒有形成「共同管理」的問題，解決臺灣問題實際上就是要在法律上確認兩岸中國人民對臺灣的「共有關係」。因此，中國人民要求兩岸統一，應考慮到「共有關係」的特點，可以在統一後讓臺灣當局繼續行使管理權。[119]
陳動教授據此對中共十六大報告進行解讀，認為只要臺灣方面承認臺灣是全體中國人民的「共同財產」，至於該「財產」今後如何管理都可以商量。

　　陳動教授認為，兩岸目前處於政治分離的狀態，因此導致主權與治權的分離。從主權方面來看，主權並沒有分割，但是中華人民共和國政府的治權目前還不及於臺灣，這是因為臺灣還存在一個分離的治權，即臺灣當局對臺灣的治權。臺灣當局實際控制著臺灣，在臺灣形成一個事實上的治權，形成一個與大陸地區互不交叉的、獨立的法域。陳動教授專門指出，其所謂的「主權與治權的分離」與臺灣當局所謂的「兩岸分裂分治」不同。後者旨在透過承認中華人民共和國在大陸地區治權的合法性，以換取大陸承認中華民國在臺灣治權的「合法性」，意在國際上造成「兩個中國」或「一邊一國」的政治效應。前者所指的「主權與治權的分離」，是承認中華人民共和國的治權不及於臺灣，但臺灣有事實上的治權，但是臺灣當局的治權並不是合法的治權。如果將來臺灣方面承認兩岸同屬「一個中國」，並且接受和平統一，就可以承認其治權的合法性。臺灣當局對臺灣的治權也就從事實上的、非法的治權，轉化為法律上的、合法的治權。
　　基於以上的分析，陳動教授主張用「一國兩區」定位兩岸關係。陳動教授認為，「一國兩區」的基本涵義是指「世界上只有一個中國，大陸地區和臺灣同屬於一個中國。」陳動教授認為，其所主張的「一國兩區」與大陸方面主張的「一個中

國三段論」（Ⅲ）完全一致。從兩岸關係的基本現實出發，將大陸和臺灣的政治關係定位為「一國兩區」是能為所有中國人所接受的，原因可以從三個方面來進行分析：其一，從歷史事實的層面上看，兩岸都長期確認兩岸關係是國家內部的特殊的地區與地區關係之間的關係；其二，從法律的層面來看，兩岸都在法律上明確確認了「一個中國」，同時也明示或默示地承認了「兩個地區」；其三，從現實層面上看，「一個中國三段論」（Ⅲ）被臺灣多數人認為這是大陸方面的積極善意，再提出「一國兩區」的政治關係定位，其積極意義就是暫時擱置政治上的分歧，進一步向臺灣民眾表明大陸方面和平解放臺灣問題的誠意和決心，對打破兩岸僵局具有重要促進作用。

（三）朱松嶺教授基於宣告死亡制度的「中華民國宣告死亡」論

值得注意的是，黃嘉樹、王英津和陳動三位學者都是圍繞民法上所有權的概念，構建兩岸政治關係定位的理論模型。朱松嶺教授獨闢蹊徑，從民法上的宣告死亡制度來闡述中華民國的政治地位，提出了「中華民國宣告死亡」論。[120]

朱松嶺教授認為，中國共產黨和中國國民黨都不是在原有體制內發展起來的，而是在體制外發展起來，具有強烈的反對體制的革命動力，並最終以反體制的方式進入和破壞體制，奪取政權。體制外的政黨是透過宣告前政府死亡的方式，以武力或其他手段推翻前政府獲取新政府的合法性。中華人民共和國成立時，對中華民國所稱「法統」的廢除不容質疑。但是，兩岸關係的客觀現實又需要對中華民國的政治地位予以交待，這就需要在堅持既有理論基礎的前提下，尋求解釋之道。為此，朱松嶺教授認為，有必要充分揚棄民法中的宣告死亡制度，並應用於兩岸關係。

宣告死亡，又稱推定死亡或相對死亡，是指自然人下落不明，超過法律規定的時間，經利害關係人的申請，由法院依照法定程序和方式宣告其死亡的法律制度。宣告死亡制度設置的目的，不僅旨在結束被宣告死亡者財產關係的不確定狀態，而且旨在結束被宣告死亡者人身關係的不確定狀態，保護被宣告死亡者的利害關係人的合法權益。[121]

朱松嶺教授認為，宣告死亡的基本原理可以適用於定位中華民國的政治地位。

1949年1月14日，中共中央發布了《關於時局的聲明》，提出了懲辦戰犯和廢除中華民國憲法、「法統」等和平談判的條件，並將中華民國憲法、「法統」稱之為「偽憲法」、「偽法統」。中共中央廢止中華民國憲法、「法統」的意義，是指「在國民黨反動統治下制定和建立的包括憲法在內的一切法律、典章、政治制度、政治機構和政治權力等，均歸無效，均應徹底剷除。」[122]
新建立的中華人民共和國政府認為「六法全書」代表的利益與新政府不符，並因此而廢除這一「法統」並建立符合新政府利益的新法統。這一過程，是對於中華民國宣告死亡的過程。

　　朱松嶺教授認為，從理論上而言，對中華民國宣告死亡的重點是「宣告」，而非「死亡」。宣告中華民國死亡的意義有四：其一，中華人民共和國政府宣告舊的中華民國死亡，以獲取國內最高管轄權；其二，中華人民共和國政府宣告舊的中華民國死亡以獲取在國際上代表中國唯一合法政府的政府繼承地位；其三，保留用革命手段完成政府繼承的目的，以為實現解放包括臺灣在內的全中國的目標；其四，確立用一切合法手段，包括武力手段反對「分裂國家」的合法性。由於政府是代表國家行使主權的機構，一個國家只能有一個中央政府，依照革命理論建立起來的新政府必然要透過宣告前政府死亡的方式獲取自己的合法性和統治力，而一個被宣告死亡的中華民國則會否認新政府的合法性和統治力。因而，兩者必然是相互否定的。對中華民國宣告死亡，是中華人民共和國否定中華民國的方式。至於中華民國被宣告死亡的效力，朱松嶺教授認為，主要有四點。其一，中華民國代表整個國家的政治主體地位喪失，其行為與中華人民共和國政府相衝突者無效；其二，中華民國的經濟、文化行為不與中華人民共和國政府衝突者有效；其三，中華民國參與非政府國際組織經中華人民共和國政府同意者有效；其四，中華民國武裝力量維護主權、「領土」安全的行為有效。

　　基於中華民國被宣告死亡，朱松嶺教授分三個層次對兩岸政治關係進行定位。其一，國際法上的兩岸關係政治定位。由於中華民國被中華人民共和國「宣告死亡」，因而兩者之間是政府繼承，而不是國家繼承。在國際法層面上，中華民國被宣告死亡既沒有消滅舊的國際法主體，也沒有產生新的國際法主體。在國際法層面上，兩岸政治關係從來就不是中華民國與中華人民共和國的關係，而是中國內政範疇內的事情。其二，國內法上的兩岸政治關係定位。兩岸之間存在著主權的「重疊

宣示」，因此，中華民國和中華人民共和國在「國家」概念體系下，只是宣示主體不同。從國內法的角度，兩岸根本法對於主權、「人民」、「領土」的規定是一致的，只是在實際控制過程中效力沒有及於對方控制區。朱松嶺教授據此認為：「在國內法上，新舊政權並存時期兩岸是主權宣示重疊、互相否認的、相互競爭的平等主體。」其三，談判中的兩岸政治關係定位。朱松嶺教授認為，不論是「政府對政府」、「民意機關對民意機關」、「白手套對白手套」還是其他形式，都必須遵循「九二共識」和「主權重疊宣示」的原則。

朱松嶺教授借用「宣告死亡」的理論來闡釋臺灣當局的地位以及大陸和臺灣的政治關係定位，具有一定的新意，尤其是對於臺灣當局在國際社會和其臺灣行為「有效性」的分析，對於解釋臺灣當局的地位也有著較強的啟示意義。

黃嘉樹、王英津兩位學者運用的主權所有權和主權執行權來源於民法上對所有權和使用權的劃分，陳動教授所運用的「占有」和朱松嶺教授所運用的「宣告死亡」是民法上的重要制度。如果說與臺灣學者大多運用國際關係的理論來分析兩岸政治關係定位，大陸學者則多用民法理論來分析兩岸政治關係定位。民法是調整主體之間關係的法律，民法上的理論和制度也以「平等」為立基點。用立基於「平等」的民法理論和制度，來分析大陸和臺灣的政治關係定位，不僅在實踐面上符合兩岸關係的現狀，而且在政策面上也符合大陸「一個中國三段論」（Ⅲ）中「同屬」所具有的政治意涵。因此，用民法理論和制度來分析兩岸政治關係定位，具有一定的合理性。但是，大陸學者所用的民法理論，大多仍然圍繞所有權展開，依然沒有擺脫主權的理論困境。儘管大陸學者的觀點在理論上具有一定的自治性和理論上的說服力，但能否為臺灣當局所接受以及在實踐上如何實現，尚存在疑問。因此，除合理運用上述觀點來分析和解讀兩岸政治關係外，還有必要發掘新的理論對兩岸政治關係定位進行描述。

（四）周葉中教授等基於治理理論的「兩岸治理」論[123]

周葉中教授和本研究的作者立基於在歐盟整合過程中形成的治理理論，去除歐盟整合的國家因素和主權因素後，將其運用於兩岸關係的研究中，形成了「兩岸治

理」的觀點，並認為當前兩岸政治關係定位中所持的方法論，基本上是將兩岸類比為某種政治實體的類型，甚或是創造出一種新的政治實體類型。但是，無論是類別還是創造，總有若干缺憾甚至謬誤之處。兩岸關係固然不能借助傳統政治學的智識，將其放置於「兩黨」、「兩體」或者「兩國」的研究框架內，[124] 但亦難依循靜態思維，孤立地將其看作一個已經形成的新實體。立基於此認識，周葉中和祝捷嘗試改變用「實體」範疇分析兩岸關係的方法論，轉而用「結構」代替「實體」，將兩岸關係描述成一種「治理結構」（the governance system）。為此，提出並試圖論證以下命題：大陸和臺灣之間的治理結構，乃是一種形成中的治理結構。為了論述方便，這種形成中的結構被簡稱為「兩岸治理」。

周葉中、祝捷首先對歐盟治理和臺灣學者張亞中提出的「兩岸治理」進行了評析。早有學者根據兩岸現實，將「兩岸治理」作為兩岸間「去主權化」的替代性方案。[125] 從更廣的範圍內而言，有關「治理」的理論資源主要來自於已經成型的歐盟治理（或歐洲治理）。當然，無論是有學者提出之「兩岸治理」，抑或是「歐洲治理」，都與兩岸關係現狀及發展有著相當距離。歐盟治理和張亞中所提出之「兩岸治理」的概念雖有著諸多不同，但仍有一個共同點：兩者都有在以主權為思考的前提，因而在對「治理」概念的思考上，受限於主權的牽絆。按照兩種治理的論證邏輯：主權作為一個需要迴避的對象，而治理是主權的一種替代性方案，「治理」的提出，要麼是為了提高政策的正當性（如歐盟治理），要麼是為了給政策制定提供一個可能的框架（如張亞中的「兩岸治理」）。這種圍於主權思考的治理概念，雖然在表面上次避了主權，但時時刻刻都將主權作為其理論的一個要素，因而可能使得「治理」概念隨時可能重新受困於主權的牽絆。

因為治理概念沒有脫離主權的思考框架，所以，「形成主權」被看作治理的目標之一。歐盟治理的理論預設是歐盟已經向著一個超國家機構發展，歐盟治理是歐洲一體化過程中「憲政主權」形成的必要機制。[126] 張亞中的「兩岸治理」雖然以「治理」替代「統治」，試圖超越主權的論爭，但其在對治理結果的設計上，仍然希望透過「兩岸治理」實現兩岸的「共同認同」，並且試圖以「整個中國」代替「一個中國」，在國際上形成「兩岸三席」的局

面。[127]

與「形成主權」的目標相適應，公權力機關被視為不可或缺的治理主體，使得治理在概念上仍然處於公權力機關的主導範圍內。考察「治理」的概念源頭，治理毋寧是在福利國時代政府管制失靈的產物。按照有關治理的經典理論解說：隨著福利國家的興起，社會團體日益崛起，並對傳統的政府管制模式產生衝擊，為了適應這一變化，政府必須進行「去管制化」，重新確定國家和社會的關係，尊重和促進各社會系統的自治能力，鼓勵更多的參與和合作。[128]

這一理論解說在歐盟治理的研究中得到了充分的體現。歐盟治理的一個研究方向就是將治理的概念放置在「國家中心主義」的論域內，致力於將歐盟作為「規制國家」（regulatory state）進行分析，[129]

將治理視為「（歐洲）國家適應20世紀末所處的外部環境的實證表現。」[130]

一些歐盟法專家甚至借此懷疑歐盟治理的有效性，這些專家非常肯定地認為：治理是需要政府的，因為歐盟是一個沒有政府的體系，因此研究歐盟治理將會無果而終。[131]

即便是那些將歐盟治理放置於「國家中心主義」之外的學者，也突出政府在治理中的主導性。貝婭特·科勒-科赫認為，在歐盟治理的兩大部分中，歐盟的新治理模式是「共同體方法」的補充。易言之，以政府為核心的「共同體方法」仍然是歐盟治理的主導模式。張亞中的「兩岸治理」在理論上更是與治理的理論源頭相左。按照張亞中的觀點，「兩岸治理」要求兩岸公權力機關超越「統獨」、「統治權」，從而進行「共同治理」。在這裡，「治理」一詞甚至已經偏離了它的本意，成為「統治」和主權的一種「概念美化」。綜上所述，歐盟治理和張亞中的「兩岸治理」，都沒有真正擺脫主權的牽絆，因而使得兩種治理概念都不能簡單地套用到作為兩岸新結構的「兩岸治理」上。

周葉中和祝捷討論兩岸治理的一個基本前提是兩岸論域內主權的自證成性

(self-evidence)。作為一種新結構,兩岸治理與「兩黨」、「兩體」或者「兩國」的政治關係定位不同,亦不是一種被創造的新政治模式,而毋寧是對兩岸現狀的一種理論描述。在這一描述的過程中,主權固然重要,但在兩岸關係的論域中,以及在兩岸商談的過程中,主權毋寧被看作一個已經自證成的背景。除非出現兩岸面對有國際因素之事件的情形外,主權在相當程度上是被擱置著的。因此,拋開兩岸關係中的國際因素,單以「兩岸」作為一個考察對象,沒有主權的牽絆,可以使智識資源更加集中於對兩岸正在形成中之結構進行思考。對於「兩岸治理」內容揭示,周葉中和祝捷主要從三個方面展開。第一,治理的性質:公與私之間。透過沒有公權力性質、但與公權力機關有著密切關係的「民間團體」進行溝通和對話,決定了兩岸治理是徘徊於公與私之間的一種結構。這種結構不同於歐盟治理中國家、地方政府、利益集團和公民共同參與的多層級網絡治理,而體現為「私名義、公主導」的單一層級治理。第二,治理的功能,是為兩岸關係和平發展提供制度供給。兩岸治理源於兩岸關係和平發展所產生的制度需求,因而其主要功能是為兩岸關係和平發展進行制度供給。顯然,大陸和臺灣之上沒有一個「超兩岸」的主體,[132]因而也就不存在可以為兩岸制定共同規範的「超級立法者」。立基於此認識,對兩岸關係和平發展進行制度供給,必須依賴大陸和臺灣之間的協商,兩岸透過協商所形成的制度,亦因此而成為兩岸制度供給的主要來源。因此,用比較簡單的理論語言描述,兩岸治理在現階段的主要功能是透過「兩會框架」形成兩會協議。第三,治理的工具:兩會協議。兩岸治理乃是一種法治型的治理結構,兩岸治理因而是透過規則的治理。立基於此認識,兩岸治理的主要工具是規範化的兩會協議。從法律的規範效力上而言,兩會協議有著軟法的性質。作為軟法,兩會協議雖然不具有拘束力,但可以指導兩岸各自域內的立法。當兩岸關係和平發展框架發展到一定程度時,軟法有助於兩岸的有效決策和結果趨同,從而成為「兩岸法」從形成到演進的一種過渡形式。

綜合考察兩岸治理,可以發現其在三個方面有著顯著的特點。第一方面的特點是:兩岸治理是一個沒有官僚體系的治理,亦即治理主體並不是以政治權威或行政命令來進行治理。這一特點決定了兩岸治理並不是一種行政權威的治理,如果考慮到兩會協議的軟法性,這一結論更加具有確定性。雖然兩岸治理在性質上是「形私實公」的,公權力的影子無處不在,但任何一方的公權力機關在「沒有官僚體系的

治理」中，都無法主導治理，而毋寧是充當著中介者的角色。兩岸都只能經由透過充分協商產生的兩會協議來實現治理。第二方面的特點是：大陸和臺灣在形成共識的過程中，與其說是透過協商產生共識，不如說是透過協商尋找共識。第二個方面的特點表明了大陸和臺灣在現階段尚未達到謀求某一共同利益的階段，而是只能透過對相衝突利益的整合來彌補因長期隔離而造成的關係裂痕，離透過談判尋求利益平衡還有相當距離。第三個方面的特點是：兩岸治理不是一個被搭建的結構，而是一個逐漸生成的結構，亦即兩岸並非是搭建起治理結構後再討論問題，而是一邊搭建結構，一邊討論議題，治理結構的搭建與治理功能的實現因而幾乎是同步的。這一方面的特點又表現為議題的受選擇性，並非所有議題都能進入兩岸事務性商談的範圍，而兩岸事務性在選擇議題上又具有較大的偶然性。如大陸「三鹿奶粉」事件使得「食品安全」進入兩岸事務性商談的議題範圍，金融危機的爆發又使得「金融監管」成為兩岸事務性商談關注的議題。議題選擇方面的偶然性和議題本身的受選擇性，決定了只有議題所涉及的少數行業可以參與到兩岸治理的結構中。而由於兩岸在涉對方事務上的管制，即便某一行業進入兩岸治理的結構，也並不意味著該行業中所有的利益集團都能進入兩岸治理的結構。大陸方面分步驟開放各省市赴台旅遊資格的做法，已經證明了這一點。當然，這些被納入兩岸治理結構的利益團體，也成為了兩岸公權力機關處理兩岸事務的重要節點，協助各自兩岸政策的執行和實現。

在兩岸治理的結構中，由於議題的受選擇性，少數利益集團實際上無法控制治理結構。從特徵上考察，兩岸治理更加類似於貝婭特・科勒-科赫所言之「商談民主與追求集體認同相結合而成的產物」。[133]
從方法論角度而言，兩岸治理概念的提出，核心是用「結構」範疇替代「實體」範疇，從而改變了將兩岸關係類比為政治實體的方法論，而著重於從動態角度建構兩岸關係的理論模型。這種方法論的提出，使當前殊為敏感和複雜的兩岸政治關係定位產生了新的理論思路。

註釋

[1].關於「精省」，參見周葉中、祝捷：《臺灣「憲政改革」研究》，香港社會科學出版社2007年版，第38頁。

[2].李龍、劉連泰：《廢除「六法全書」的回顧與反思》，學報載《河南省政法管理幹部學院》2003年第5期。

[3].張憲文：《中華民國史綱》，河南人民出版社1986年版，第763頁。

[4].鄭樟雄：《國家主權評析兩岸統合模式》，臺灣南華大學公共行政與政策研究所碩士論文，2003年，第122頁。

[5].《鄧小平文選》（第三卷），人民出版社1993年，第30頁。

[6].胡錦濤：《攜手推動兩岸關係和平發展　同心實現中華民族偉大復興——在紀念〈告臺灣同胞書〉發表30週年座談會上的講話》（2008年）。

[7].賈慶林：《在第八屆兩岸經貿文化論壇開幕式上的致辭》，《臺灣民調》（第113輯），2012年7月26日至7月31日。

[8].祝捷：《海峽兩岸和平協議研究》，香港社會科學出版社2010年版，第64頁以下。

[9].邵宗海：《兩岸關係：變遷、定位與策略》，「兩岸關係——變遷、定位與策略學術研討會」，臺灣大學政治學系主辦，2002年。

[10].鄭樟雄：《國家主權評析兩岸統合模式》，臺灣南華大學公共行政與政策研究所碩士論文，2003年，第114頁。

[11].劉德久、魏秀堂：《解讀臺灣》，九州圖書出版社1999年版，第395頁至第396頁。

[12].鄭樟雄：《國家主權評析兩岸統合模式》，臺灣南華大學公共行政與政策研究所碩士論文，2003年，第116頁。

[13].《胡錦濤會晤吳伯雄吳提「一國兩區」概念》，資料來源：http：//news.sina.com.cn/c/2012-03-23/075624161927.shtml，最後訪問日期：2012年9月12日。

[14].《馬英九稱「一國兩區」概念20年來一直沒有改變》，資料來源：http：//www.china.com.cn/news/tw/2012-03-29/content_25016659.htm，最後訪問日期：2012年9月12日。

[15].馬英九：「在2012年就職典禮上的講話」（2012年）。

[16].邵宗海：《兩岸關係：變遷、定位與策略》，「兩岸關係——變遷、定位與策略學術研討會」，臺灣大學政治學系主辦，2002年。

[17].周葉中：《臺灣問題的憲法學思考》，載《法學》2007年第6期。

[18].周葉中：《臺灣問題的憲法學思考》，載《法學》2007年第6期。

[19].雖然《共同綱領》、1954年憲法和1975年憲法亦有此意，但均未如1982年憲法這樣作出明確的表述。

[20].根據大陸憲法學界通說，1982年憲法第31條本為解決臺灣問題而專設，後雖首先適用於香港和澳門，但仍不排除適用於臺灣問題的可能性。參見周葉中主編：《憲法》（第二版），北京大學出版社、高等教育出版社2005年版，第246頁。

[21].1979年大陸人大常委會發表的《告臺灣同胞書》、葉劍英提出的「葉九條」和鄧小平在當時的一系列重要講話，都包含「臺灣當局是地方政府」的內容。

[22].周葉中：《論構建兩岸關係和平發展框架的法律機制》，載《法學評論》2008年第3期。

[23].王兆國：《關於〈反分裂國家法（草案）〉的說明》（2005年）。

[24].王兆國在《關於〈反分裂國家法（草案）〉的說明》中也明確指出，1982年憲法序言第9自然段是制定《反分裂國家法》的憲法依據。參見王兆國：《關於〈反分裂國家法（草案）〉的說明》（2005年）。

[25].《反分裂國家法》第2條第1款後半段規定：「維護國家主權和領土完整是包括臺灣同胞在內的全中國人民的共同義務。」第4條規定：「完成統一祖國的大業是包括臺灣同胞在內的全中國人民的神聖職責。」

[26].《反分裂國家法》第5條第3款規定：「國家和平統一後，臺灣可以實行不同於大陸的制度，高度自治。」

[27].有學者提出，1982年憲法應根據大陸最新對台政策和《反分裂國家法》進行修改。參見邱震海：《反分裂法之後：北京亦需考慮修憲》，資料來源：http：//blog.ifeng.com/article/7925.html，最後訪問日期：2008年12月2日。

[28].宋錫祥：《論海峽兩岸民商事司法協助的方法與途徑》，載《中國國際私法研究會2004年年會論文集》，武漢大學編，2004年。據從事涉台法制實務界的人士介紹，臺灣法院為了獲取大陸方面對其判決書的認可和執行，往往採取去掉判決書上中華民國抬頭等方法。此說法來源於作者參加之「涉台法制經驗研討會」（福

建省人大常委會涉台法制研究中心2007年舉辦）上實務界代表的發言。

[29].「98規定」第1條規定：「為保障中國臺灣和其他省、自治區、直轄市的訴訟當事人的民事權益與訴訟權利，特製定本規定。」

[30].周葉中：《論構建兩岸關係和平發展框架的法律機制》，載《法學評論》2008年第3期。

[31].周葉中、祝捷：《臺灣「憲政改革」研究》，香港社會科學出版社2007年版，第64頁。

[32].民進黨：「憲政政策白皮書」（1999年）。

[33].杜力夫：《「憲法一中」與國民黨當政時的大陸政策》，載《臺灣研究集刊》2007年第1期。但是，杜力夫教授將臺灣現行憲法稱作「一中憲法」，本文存疑。至於兩岸根本法「一中性」的比較，參見周葉中、祝捷：《「一中憲法」與「憲法一中」——兩岸根本法「一中性」比較研究》，載《當代中國政治研究報告》，社會科學文獻出版社2012年版。

[34].臺灣「憲法增修條文」最後一條為「自由地區與大陸地區間人民權利義務關係及其他事務之處理，得以法律為特別之規定。」該條在前三個「憲法增修條文」為第10條，第四個「憲法增修條文」後為第11條。

[35].根據「兩岸人民關係條例」的規定，大陸和臺灣的政治關係被定位為臺灣與「大陸地區」的「兩區關係」（第1條），兩岸人民在各自區域設有戶籍（第2條），未經主管機關許可，兩岸人民不得進出入對方區域（第9條、第10條），大陸人民在台權利受到限制，等等。

[36].李震山：《多元、寬容與人權保障——以憲法未列舉權之保障為中心》，元照出版公司2005年版，第3頁以下，第9頁。

[37].朱松嶺：《國家統一憲法學問題研究》，香港社會科學出版社2011年版，第50頁。

[38].周葉中、祝捷：《論中國臺灣司法院大法官解釋兩岸關係的方法》，載《現代法學》2008年第1期。

[41].「釋字第328號解釋」「立法委員」陳婉真等18人「釋憲」聲請書。

[42].「釋字第328號解釋」「立法委員」陳婉真等18人「釋憲」聲請書。

[43].「釋字第328號解釋」解釋理由書。

[44].臺灣「司法院大法官釋字第328號解釋」解釋文。

[45].「釋字第479號解釋」「大法官」董翔飛、劉鐵錚、黃越欽之不同意見書。

[46].黃明瑞：《從二則「反攻大陸」判例的作成與廢止論民法上的政治解釋》，載《台大法學論叢》第34卷第4期，2005年。

[47].朱松嶺：《國家統一憲法學問題研究》，香港社會科學出版社2011年版，第48頁至第49頁。

[48].朱松嶺：《國家統一憲法學問題研究》，香港社會科學出版社2011年版，第49頁。

[49].張亞中：《兩岸主權論》，生智文化事業有限公司1998年版，第3頁。

[50].張亞中：《兩岸主權論》，生智文化事業有限公司1998年版，第8頁。

[51].［英］詹寧斯、瓦茨修訂：《奧本海國際法》，王鐵崖等譯，中國大百科全書出版社1995年版，第94頁。

[52].楊永明：《民主主權：政治理論中主權概念之演變與主權理論新取向》，載《台大政治科學論叢》第7期，1996年5月。

[53].楊永明：《民主主權：政治理論中主權概念之演變與主權理論新取向》，載《台大政治科學論叢》第7期，1996年5月。

[54].沈正彥：《兩岸主權問題研究》，臺灣中山大學大陸研究所碩士論文，2000年，第91頁。

[55].王鐵崖：《國際法》，法律出版社1981年版，第87頁。

[56].梁西：《國際法》，武漢大學出版社2003年版，第65頁。

[57].如國際法權威著作《奧本海國際法》認為，國家的構成要件包括人民、土地、政府和主權。參見［英］詹寧斯、瓦茨修訂：《奧本海國際法》，王鐵崖等譯，中國大百科全書出版社1995年版，第92頁。

[58].丘宏達編：《現代國際法》，三民書局1977年版，第172頁。

[59].張亞中：《兩岸主權論》，生智文化事業有限公司1998年版，第11頁至第14頁。

[60].張亞中：《兩岸主權論》，生智文化事業有限公司1998年版，第15頁。

[61].鄭樟雄：《國家主權評析兩岸統合模式》，臺灣南華大學公共行政與政策研究所碩士論文，2003年，第84頁以下。

[62].黃偉峰：《歐盟整合模式與兩岸主權爭議之解析》，載《歐美研究》第31卷第1期，2004年。

[63].張亞中：《兩岸統合之理論與實踐：歐盟經驗的啟示》，載《美歐季刊》第14卷第1期，2000年春季號。

[64].黃偉峰：《歐盟整合模式與兩岸主權爭議之解析》，載《歐美研究》第31卷第1期，2004年。

[65].張亞中：《兩岸統合之理論與實踐：歐盟經驗的啟示》，載《美歐季刊》第14卷第1期，2000年春季號；「整個中國」的概念，參見張亞中：《全球化與兩岸統合》，聯經出版事業股份有限公司2003年版，第272頁以下。

[66].「憲政主權」論是流行於歐洲整合運動中的一種理論，目的在於透過歐洲憲法的建構，論證歐洲作為一個統一國家的可能性。但是，值得注意的是，歐美學者所稱的「憲政主權」論並不否認傳統意義上的主權，而僅僅為了使歐洲從民族國家走向法律共同體提供理論依據。參見李俊增：《論哈伯馬斯之憲政愛國主義》，載《歐美研究》第36卷第1期，2006年。

[67].曾建元：《一個憲法、各自表述：臺灣憲法秩序中的「一個中國架構」》，載《萬竅：中華通識教育學刊》第4期，2006年。

[68].曾建元：《一個憲法、各自表述：臺灣憲法秩序中的「一個中國架構」》，載《萬竅：中華通識教育學刊》第4期，2006年。

[69].曾建元：《一個憲法、各自表述：臺灣憲法秩序中的「一個中國架構」》，載《萬竅：中華通識教育學刊》第4期，2006年。

[70].顏厥安：《憲政體制與語言的困境》，載顏厥安：《憲邦異式》，元照出版有限公司2005年版，第152頁。

[71].曾建元：《一個憲法、各自表述：臺灣憲法秩序中的「一個中國架構」》，載《萬竅：中華通識教育學刊》第4期，2006年。

[72].張五岳：《分裂國家互動模式與統一政策之比較研究》，業強出版社1992年版，第2頁至第3頁；鄭樟雄：《國家主權評析兩岸統合模式》，臺灣南華大學公共行政與政策研究所碩士論文，2003年，第11頁以下，等等。

[73].邵宗海：《兩岸關係：變遷、定位與策略》，「兩岸關係——變遷、定位與策略學術研討會」，臺灣大學政治學系主辦，2002年。

[74].張五岳：《分裂國家互動模式與統一政策之比較研究》，業強出版社1992年版，第9頁。

[75].如趙國材認為，分裂國家的特點包括「一國內出現兩個或多個法律與政治實體，各自聲稱其為唯一合法政府」，對於現在的臺灣，顯然是不適用的，甚至對於兩德關係也是不適用，因為東德已經於1967年後逐步放棄了德國統一的追求。參見趙國材：《從國際法觀點論分裂國家之承認》，載《中國國際法與國際事務年報》（第三卷），臺灣商務印書館1989年版，第28頁；參見張五岳：《分裂國家模式之探討》，載包宗和、吳玉山主編：《爭辯中的兩岸關係理論》，五南圖書出版股份有限公司1999年版，第95頁。

[76].趙國材：《從國際法觀點論分裂國家之承認》，載《中國國際法與國際事務年報》（第三卷），臺灣商務印書館1989年版，第28頁至第29頁；張五岳：《分裂國家互動模式與統一政策之比較研究》，業強出版社1992年版，第2頁至第3頁；張五岳：《分裂國家模式之探討》，載包宗和、吳玉山主編：《爭辯中的兩岸關係理論》，五南圖書出版股份有限公司1999年版，第103頁至第105頁。

[77].張麟征：《務實外交——政策與理論之解析》，載《問題與研究》第29卷第12期，1990年。

[78].張五岳：《分裂國家模式之探討》，載包宗和、吳玉山主編：《爭辯中的兩岸關係理論》，五南圖書出版股份有限公司1999年版，第82頁；邵宗海：《兩岸關係：變遷、定位與策略》，「兩岸關係——變遷、定位與策略學術研討會」，臺灣大學政治學系主辦，2002年。

[79].邵宗海：《兩岸關係：變遷、定位與策略》，「兩岸關係——變遷、定位與策略學術研討會」，臺灣大學政治學系主辦，2002年。

[80].上述理論，實際上都是德國學者解決兩德關係時所提出的理論模型，臺灣學者張亞中對其進行了比較詳細的介紹。參見張亞中：《兩岸主權論》，生智文化事業有限公司1998年版，第57頁至第67頁。

[81].曾建元：《動員戡亂時期臺灣憲法變遷的環境動力》，載李炳南、何輝慶、曾建元：《動員戡亂時期臨時條款之研究——臺灣憲政變遷的環境動力、政治過程與制度後果》，臺灣大學社會科學院「國家」發展研究所2003年版。

[82].張亞中：《兩岸主權論》，生智文化事業有限公司1998年版，第77頁。

[83].周葉中、祝捷：《臺灣「憲政改革」研究》，香港社會科學出版社2007年版，第24頁至第27頁。

[84].張亞中：《兩岸主權論》，生智文化事業有限公司1998年版，第82頁。

[85].王英津：《「兩德模式」與「一國兩制」之比較研究》，載《新視野》2001年第3期。

[86].張五岳：《分裂國家互動模式與統一政策之比較研究》，業強出版社1992年版，第435頁。

[88].張鳳山：《陳隆志——美國培植的「台獨理論大師」》，資料來源：http：//www.china.org.cn/chinese/TCC/264666.htm，最後訪問日期：2006年11月23日。

[89].陳隆志：《臺灣國家進行曲》，載《新世紀智庫論壇》第39期，2007年3月。

[90].陳隆志：《臺灣國家進行曲》，載《新世紀智庫論壇》第39期，2007年3月。

[91].許宗力：《憲政改革芻議》，載許宗力：《法與國家權力》（增訂二版），月旦出版社股份有限公司1993年版。

[92].許宗力：《兩岸關係法律定位百年來的演變與最新發展——臺灣的角度出發》，載《月旦法學雜誌》第12期，1996年。

[93].蔡文斌：《特殊的兩國論》，載蔡文斌：《考銓行政與正當法律程序》，學林文化事業有限公司2000年版。

[94].許宗力：《兩岸關係法律定位百年來的演變與最新發展——臺灣的角度出發》，載《月旦法學雜誌》第12期，1996年。

[95].許宗力：《兩岸關係法律定位百年來的演變與最新發展——臺灣的角度出發》，載《月旦法學雜誌》第12期，1996年。

[96].許宗力：《兩岸關係法律定位百年來的演變與最新發展——臺灣的角度出發》，載《月旦法學雜誌》第12期，1996年。

[97].許宗力：《兩岸關係法律定位百年來的演變與最新發展——臺灣的角度出發》，載《月旦法學雜誌》第12期，1996年。

[98].王泰升：《臺灣法律史概論》，元照出版公司2001年版，第4頁。

[99].王泰升：《臺灣法律史概論》，元照出版公司2001年版，第4頁。

[100].李鴻禧：《中華民國憲法病理病症》，載李鴻禧等著：《臺灣憲法之縱剖橫切》，元照出版公司2002年版。

[101].王泰升：《臺灣憲法的故事：從「舊日本」與「舊中國」蛻變而成「新臺灣」》，載《台大法學論叢》第32卷第1期，2003年。

[102].王泰升：《臺灣法律史概論》，元照出版公司2001年版，第9頁。

[103].王泰升：《臺灣憲法的故事：從「舊日本」與「舊中國」蛻變而成「新臺灣」》，載《台大法學論叢》第32卷第1期，2003年。

[104].黃嘉樹、王英津：《主權構成研究及其在臺灣問題上的應用》，載《臺灣研究集刊》2002年第2期。

[105].黃嘉樹、王英津：《主權構成研究及其在臺灣問題上的應用》，載《臺灣研究集刊》2002年第2期。

[106].黃嘉樹、王英津：《主權構成研究及其在臺灣問題上的應用》，載《臺灣研究集刊》2002年第2期。

[107].黃嘉樹、王英津：《主權構成研究及其在臺灣問題上的應用》，載《臺灣研究集刊》2002年第2期。

[108].黃嘉樹、王英津：《主權構成研究及其在臺灣問題上的應用》，載《臺灣研究集刊》2002年第2期。

[109].黃嘉樹、王英津：《主權構成研究及其在臺灣問題上的應用》，載《臺灣研究集刊》2002年第2期。

[110].黃嘉樹、王英津：《主權構成研究及其在臺灣問題上的應用》，載《臺灣研究集刊》2002年第2期。

[111].黃嘉樹、王英津：《主權構成研究及其在臺灣問題上的應用》，載《臺灣研究集刊》2002年第2期。

[112].王英津此處所用的詞語是「分裂」，本文認為，中國政府並未承認大陸和臺灣的分裂，而是僅認為大陸和臺灣尚未統一，兩者雖外觀相似，但卻存在著本質的區別，因而將王英津所用的「分裂」改為「尚未統一」。

[113].王英津：《分裂國家模式之探討》，載《國際論壇》2005年第2期。

[114].王英津：《分裂國家模式之探討》，載《國際論壇》2005年第2期。

[115].王英津：《分裂國家模式之探討》，載《國際論壇》2005年第2期。

[116].王英津：《分裂國家模式之探討》，載《國際論壇》2005年第2期。

[117].黃嘉樹、王英津：《主權構成：對主權理論的再認識》，載《太平洋學報》2002年第4期。

[118].本小節關於陳動教授的觀點，主要來自於陳動教授《也談主權理論及在臺灣問題上的應用——兼與黃嘉樹、王英津商榷》，參見陳動：《也談主權理論及在臺灣問題上的應用——兼與黃嘉樹、王英津商榷》，載《臺灣研究集刊》2003年第1期。

[119].陳動教授此處的表述是「中國人民要求兩岸統一，是會考慮到『共有關係』的特點，可以在統一後讓臺灣當局繼續行使管理權。」（著重號為作者所加），本文根據文義，將「會」改為「應」，特此說明。

[120].本小節關於朱松嶺教授的觀點，來自於朱松嶺：《國家統一憲法學問題研究》，香港社會科學出版社2011年版，第34頁至第43頁。

[121].馬俊駒、余延滿：《民法原論》（第二版），法律出版社2005年版，第80頁。

[122].許崇德：《中華人民共和國憲法史》，載《許崇德全集》（第6卷），中國民主法製出版社2009年，第1694頁。

[123].本部分的主要觀點發表於周葉中、祝捷：《兩岸治理：一個形成中的結構》，載《法學評論》2010年第6期。

[124].周葉中、祝捷：《關於大陸和臺灣政治關係定位的思考》，載《河南省政法管理幹部學院學報》2009年第3期。

[125].張亞中：《全球化與兩岸統合》，聯經出版事業股份有限公司2003年版，第231頁以下。

[126].蘇宏達：《以「憲政主權建造」概念解釋歐洲統合之發展》，載《歐美研究》第31卷（2001年）第4期。

[127].張亞中：《全球化與兩岸統合》，聯經出版事業股份有限公司2003年版，第275頁至第279頁。

[128].翟小波：《軟法及其概念之證成——以公共治理為背景》，載《法律科學》2007年第2期。

[129].［德］貝婭特・科勒-科赫，貝特霍爾德・裡滕伯格：《歐盟研究中的「治理轉向」》，載《歐洲研究》2007年第2期。

[130].［德］貝婭特・科勒-科赫，貝特霍爾德・裡滕伯格：《歐盟研究中的「治理轉向」》，載《歐洲研究》2007年第2期。

[131].［德］貝婭特・科勒-科赫：《對歐盟治理的批判性評價》，金玲譯，載《歐洲研究》2008年第2期。

[132].周葉中、祝捷：《論兩岸關係和平發展框架的內涵》，載《時代法學》2009年第1期。

[133].黃偉峰：《剖析歐洲聯盟正在成型的治理體系》，載《歐美研究》第33卷（2003年）第2期。

第三章 兩岸政治關係定位的基本思路

對兩岸政治關係定位的描述，既是對當下兩岸政治關係定位的某種思索，也展現了政學各界對於兩岸政治關係定位在相當程度上的無奈。但是，值得樂觀的是，基於兩岸在各自根本法上，並未放棄「一中」立場，[1]
因此，兩岸在政治關係定位上仍存著規範上的共識。透過規範對事實的導引與拘束作用，兩岸根本法的「一中」立場，為兩岸在可以預期的未來對兩岸政治關係進行定位提供事實上的可能。正是基於這種規範和事實相聯結，為當下討論兩岸政治關係定位的提供了可能性和必要性。就總體而言，理性的政治人物、學者和關注兩岸問題的民眾，都不應當奢望兩岸能夠透過當前的事務性商談和短暫的政治性商談，對兩岸政治關係定位達成穩定的共識，而有必要認識到這一工作的長期性和歷史性。為此，本研究的目的，在於提出一套足以為兩岸政治關係定位提供理論支撐的基本思路。

一、兩岸有關政治問題的談判：觀點回顧

兩岸政治關係定位的討論，大多隱含在兩岸所提出的有關政治問題的談判中。對兩岸就政治問題談判的觀點進行必要回顧，對於明晰兩岸在政治關係定位上的基本立場和主張，並在此基礎上釐清兩岸政治關係定位，具有重要意義。

（一）大陸方面有關政治談判議題的主張

雖然兩岸尚未進行嚴格意義上的政治性談判，但大陸方面對政治性談判的主張和呼籲從未間斷。1979年後，大陸對政治性談判的主張，共經歷了四個階段。第一

階段為1979年《告臺灣同胞書》發表至1991年6月「六七談話」前。1979年1月1日，大陸人大常委會在《告臺灣同胞書》中提出兩岸「首先應當透過中華人民共和國政府和臺灣當局之間的商談結束這種軍事對峙狀態，以便為雙方的任何一種範圍的交往接觸創造必要的前提和安全的環境。」1981年9月，葉劍英在「葉九條」中建議「舉行中國共產黨和中國國民黨兩黨對等談判，實行第三次合作，共同完成祖國統一大業」，此前，雙方可「先派人接觸，充分交換意見」。1983年6月，鄧小平在「鄧六條」中提出「要實現統一，就要有個適當方式」，「建議舉行兩黨平等會談，實行國共第三次合作，而不提中央與地方談判」，「雙方達成協議後可以正式宣布，……」等設想。[2]

大陸方面在第一階段為政治性談判設定的主要議題是「和平統一」，其方式主要是國共兩黨之間的「對等談判」。然而，由於臺灣當局採取「三不」政策，大陸方面的這些呼籲，都未能獲得臺灣方面的響應，更談不上開展兩岸政治性談判。

第二階段為1991年6月「六七談話」至1995年1月「江八點」提出前。1991年6月7日，國台辦就臺灣當局廢止「動員戡亂時期臨時條款」、結束「動員戡亂時期」發表談話。在談話中，國台辦負責人指出「由海峽兩岸有關部門和授權團體或人士，盡快商談實現直接三通和雙方交流的問題」，或者「中國共產黨和中國國民黨派出代表進行接觸，以便創造條件，就正式結束兩岸敵對狀態，逐步實現和平統一進行談判」。[3]

1991年7月1日，江澤民在紀念中國共產黨成立70週年的大會上，指出：「中國共產黨和中國國民黨對國家統一負有重大歷史責任。兩黨應本著對國家對民族負責的態度，派出代表進行直接接觸商談，逐步達到實現祖國統一的原則協議。商談中，邀請其他政黨、團體的代表參加。臺灣當局、各黨派團體和各界人士關心的問題，都可以提出來商談。」[4]

1992年10月，江澤民在中共十四大報告中再次提出：「為結束敵對狀態，實現和平統一，兩岸應儘早接觸談判」，並提出「在一個中國的前提下，什麼問題都可以談，包括談判的方式，參加的黨派、團體和各界代表人士，以及臺灣方面關心的其他一切問題。只要兩岸坐下來談，總能找到雙方都可以接受的辦法。」[5]

1993年9月發布的《臺灣問題與中國的統一》白皮書重申了江澤民在中共十四大報告中的觀點。[6]

在第二階段，大陸仍然延續第一階段為兩岸政治性談判設定的主要議題和方式，但也體現出相當程度的靈活性，因而有了較大的發展。其一，與第一階段將政治性談判的議題主要設定為「和平統一」相比，大陸方面在第二階段還增加了「在一個中國的前提下，什麼問題都可以談」的主張，使兩岸政治性談判議題的內容更加務實、也更加充分。其二，在談判方式上，大陸方面在主張以國共兩黨對等談判為主的同時，增加了「由海峽兩岸有關部門和授權團體或人士」進行談判的主張，中共十四大報告又進一步將談判主體模糊化為「兩岸」，而「談判的方式，參加的黨派、團體和各界代表人士」等都被歸入「都可以提出來商談」的範圍。

第三階段為1995年1月「江八點」發表至1999年李登輝提出「兩國論」前。1995年1月，江澤民發表「江八點」，在兩岸談判部分提出「進行海峽兩岸和平統一談判。談判過程中，可以吸收兩岸各黨派、團體有代表性的人士參加」，其中「作為第一步，雙方可先就『在一個中國的原則下，正式結束兩岸敵對狀態』進行談判，並達成協議」。1997年9月，中共十五大報告繼續重申上述建議。此後，大陸領導人在多個場合按照「江八點」的精神，對臺灣方面提出了進行政治性談判的呼籲。第三階段大陸關於政治性談判的主張，在第二階段的基礎上，又有了新的發展。其一，在談判的主要議題上，將「和平統一」的目標分為三個層次，最高層次為「和平統一」，中間層次為「正式結束兩岸敵對狀態」，現實層次為政治性談判的程序性事宜，兩岸可以先就現實層次進行談判。其二，在談判的方式上，繼續第二階段的主張，將談判主體模糊為「兩岸」，並主張吸收兩岸各黨派、團體及有代表性的人士參加，至於政治談判的名義、地點、方式等，都屬於「可以談」的問題。其三，大陸透過海協會，積極向臺灣方面提出就兩岸政治性談判的程序性事宜進行商談的主張。從1998年2月起，海協會在給海基會的多份函件中，都按照「江八點」的要求，提出與海基會「協商兩岸政治談判的程序性事宜」，汪道涵在與辜振甫會談時，也指出「兩岸應儘早進行政治談判及其程序性商談」。[7]

1999年李登輝提出「兩國論」後，大陸和臺灣透過「兩會框架」的談判被中斷。2000年陳水扁上台後，兩岸政治關係漸趨緊張，「兩會框架」被臺灣當局閒置

不用，大陸和臺灣只能透過其他渠道進行事務性談判，政治性談判被暫時擱置。但大陸方面仍積極主張兩岸政治性談判。2000年，大陸在《一個中國的原則與臺灣問題白皮書》中，也將「江八點」的內容載入其中。[8]

2002年11月，中共十六大再次呼籲兩岸「在一個中國原則的基礎上，暫時擱置某些政治爭議，儘早恢復兩岸對話和談判」，「在一個中國的前提下，什麼問題都可以談，可以談正式結束兩岸敵對狀態問題，可以談臺灣在國際上與其身分相適應的經濟文化社會活動空間問題，也可以談臺灣當局的政治地位等問題」，進一步豐富了大陸關於政治性談判的主張。但就總體而言，兩岸政治性談判處於停滯階段，兩岸關係不僅沒有前進，而且出現了大踏步的倒退。

第四階段為2005年「胡四點」發表至今。2005年3月，胡錦濤發表「新形勢下發展兩岸關係的四點意見」（外界通稱為「胡四點」），其中兩岸談判部分特別提到：「只要臺灣當局承認『九二共識』，兩岸對話和談判即可恢復，而且什麼問題都可以談。不僅可以談我們已經提出的正式結束兩岸敵對狀態和建立軍事互信、臺灣在國際上與其身分相適應的活動空間、臺灣當局的政治地位、兩岸關係和平穩定發展的框架等議題，也可以談在實現和平統一過程中需要解決的所有問題。」同月透過的《反分裂國家法》第7條專門就兩岸談判進行了規定。「國家主張透過臺灣海峽兩岸平等的協商和談判，實現和平統一。協商和談判可以有步驟、分階段進行，方式可以靈活多樣。」同時，該條對兩岸協商和談判的內容進行了規定，主要有：其一，正式結束兩岸敵對狀態；其二，發展兩岸關係的規劃；其三，和平統一的步驟和安排；其四，臺灣當局的政治地位；其五，臺灣在國際上與其地位相適應的活動空間；其六，與實現和平統一有關的其他任何問題。[9]

2007年10月，胡錦濤在中共十七大報告中提出：「臺灣任何政黨，只要承認兩岸同屬一個中國，我們都願意同他們交流對話、協商談判，什麼問題都可以談。我們鄭重呼籲，在一個中國原則的基礎上，協商正式結束兩岸敵對狀態，達成和平協議，構建兩岸關係和平發展框架，開創兩岸關係和平發展新局面。」[10]

2008年3月後，臺灣局勢發生了有利於兩岸關係和平發展的變化。2008年3月26日，胡錦濤在與當時的美國總統布希通電話時指出：「在『九二共識』的基礎上恢復兩岸協商談判是我們的一貫立場。我們期待兩岸共同努力、創造條件，在一個中

國原則的基礎上,協商正式結束兩岸敵對狀態,達成和平協議,構建兩岸關係和平發展框架,開創兩岸關係和平發展新局面。」[11]

胡錦濤於2008年5月會見國民黨主席吳伯雄時,主張兩會在「九二共識」下復談,[12]

並在同年6月會見參加兩會商談的海基會董事長江丙坤時再次指出兩會復談的基礎是「九二共識」。2008年12月31日,胡錦濤發表「胡六點」,提出「兩岸應該本著建設性態度,積極面向未來,共同努力,創造條件,透過平等協商,逐步解決兩岸關係中歷史遺留的問題和發展過程中產生的新問題」,並再次呼籲「在一個中國原則的基礎上,協商正式結束兩岸敵對狀態,達成和平協議,構建兩岸關係和平發展框架」。胡錦濤的講話,尤其是「胡六點」,為兩岸政治性談判規劃了總體性框架,也是大陸現階段對兩岸政治性談判的主要主張。

總結起來,大陸對政治性談判的主要觀點是:其一,兩岸政治性談判以「一個中國」原則和「九二共識」為基礎,現階段主要目的是正式結束兩岸敵對狀態、達成和平協議,構建兩岸關係和平發展框架;其二,兩岸可以以各種名義進行平等談判;其三,兩岸政治性談判的議題具有多樣性、包括兩岸關係中歷史遺留問題和發展過程中產生的新問題。

(二)臺灣有關政治談判議題的主張

臺灣方面對政治性談判一直採取「躲閃」策略、迴避、忌諱兩岸之間的政治性談判。[13]

1990代前,臺灣當局堅持「三不」政策,拒絕與大陸開展任何形式的接觸。1990年5月,李登輝在就職典禮上,提出兩岸談判的條件。李登輝提出:「如果中共當局能體認世界大勢之所趨及全體中國人的普遍期盼,推行民主政治及自由經濟制度,放棄在臺灣海峽使用武力,不阻撓我們在一個中國前提下開展對外關係,則我們願以對等地位,建立雙方溝通管道,……」[14]

根據李登輝的言論，兩岸「建立雙方溝通管道」的前提條件包括：其一，大陸「民主化」；其二，大陸放棄對台使用武力；其三，不阻撓臺灣開展「對外關係」；其四，兩岸地位「對等」。1991年2月，臺灣當局「國統會」透過「國統綱領」，首次系統地闡述了臺灣當局對兩岸談判的觀點。根據「國統綱領」，兩岸談判被設計為三個階段：其一，近程階段，「建立兩岸交流秩序，制訂交流規範，設立中介機構，以維護兩岸人民權益；逐步放寬各項限制，擴大兩岸民間交流，以促進雙方社會繁榮」，「兩岸應摒除敵對狀態，並在一個中國的原則下，以和平方式解決一切爭端」；其二，中程階段，「兩岸應建立對等的官方溝通管道」，「推動兩岸高層人士互訪，以創造協商統一的有利條件」；其三，遠程階段，「成立兩岸統一協商機構，……共商統一大業，……」[15]

由於「國統綱領」在臺灣當局兩岸政策中的指導性地位，臺灣當局隨之按照「國統綱領」的規定，開始與大陸進行談判。根據「國家統一綱領」，臺灣當局對兩岸政治談判所設前提有所變化：其一，必須是兩個「對等實體」之間的談判，即大陸在談判前，必須接受兩岸是「兩個對等實體」的主張；其二，必須是建立「官方對官方」的談判渠道，尤其是就和平協議等具有高度政治性協議進行的談判，堅持由官方出面。時任臺灣當局「陸委會副主委」的馬英九有一段話，比較能代表當時臺灣當局的意思。馬英九認為：「如果兩岸之間簽署類似停戰協定這類高度政治性協議，當然應該由官方出面較合適，因民間中介團體出面將缺乏充分代表性。」[16]

更為極端的是，還有部分民進黨籍「立法委員」提出應以「兩國兩府」為主體，簽訂「基礎條約」。[17]

1992年後兩岸透過「兩會框架」進行的兩岸事務性談判，雖被普遍認為是兩岸談判的重要形式，但當時的臺灣當局仍認為包括辜汪會談在內的兩岸事務性談判不是「談判」，只是去建立兩岸交流秩序與規範的「磋商」，更談不上是「政治談判」。[18]

根據臺灣當局的一份文件，臺灣當局授權海基會與海協會進行事務性談判的「最高原則」是「著重於以民間交流促進瞭解，以互惠化解敵意，並希望建立兩岸交流秩序及制定交流規範」，（辜汪）會談「絕不是政治性的」，而且「政府不會與中共

貿然進行政治性談判」。[19]

除上述表態外，臺灣當局還否定了兩岸進行「黨對黨會談」的可能性。在上述文件中，臺灣當局認為「在過去多年中，政府基於國內政黨政治發展已具基礎，面對中共一再提出『黨對黨談判』的要求，均表反對，或未予理會」，「政府以前的態度是如此，以後也不會改變」。[20]

儘管如此，臺灣當局仍然在兩岸事務性談判中滲入了政治意圖。臺灣學者初國華認為，臺灣當局對辜汪會談及兩岸事務性談判的政治意圖有三：其一，想緩和台海情勢，並借此使大陸緩解對臺灣在「國際生存空間」的「排擠壓力」；其二，借助會談形式「對等」，塑造兩岸「對等政治實體」的印象；其三，透過將會談地點放在新加坡，有意塑造國際輿論，凸顯臺灣的國際地位，等等。[21]

　　1994年5月，臺灣當局透過「台海兩岸關係說明書」，提出所謂「理性、和平、對等、互惠」四大原則，認為大陸和臺灣應在上述四大原則的基礎上進行兩岸談判。[22]

總體而言，「理性、和平、對等、互惠」四大原則雖然名稱動人，但其實質仍然是要求大陸放棄武力統一、承認兩岸是「兩個對等實體」等主張。「台海兩岸關係說明書」還提出「無論是目前民間的交流，或是未來政府間的協商，均應在尊重對方人民與政府法制的原則下進行」等觀點。1995年4月，李登輝在「李六條」中提出：「當中共正式宣布放棄對台澎金馬使用武力後，即在最適當的時機，就雙方如何舉行結束敵對狀態的談判，進行預備性協商。」李登輝的上述表態，是臺灣當局首次正式使用「談判」一詞。[23]

對於李登輝的言論，可以作以下三點理解：其一，兩岸進行談判的條件仍是「中共正式宣布放棄對台澎金馬使用武力」；其二，即便是「中共正式宣布放棄對台澎金馬使用武力」，按照李登輝的意思，也只能就「舉行結束敵對狀態的談判」，進行「預備性協商」，還不是「政治性談判」本身。1996年4月，當時的臺灣當局「陸委會主委」張京育提出「兩岸政策性對話」與「政治性談判」都是無法排除的，而同年5月7日，張京育又提出「兩岸結束敵對狀態及簽訂和平協議，不必然是由海基

會架構下的人馬進行。」[24]

從張京育的言論來看，此時的臺灣當局似乎已經意識到兩岸政治性談判的必要性，但是，僅僅過了十幾天，李登輝就對兩岸政治性談判提出了不同的觀點。1996年5月20日，李登輝在其第二個任期的就職典禮上，提出兩岸進行「對談溝通」，「正視處理結束敵對狀態這項重大問題，以便為追求國家統一的歷史大業，作出關鍵性的貢獻」，為此，李登輝提出：「願意與中共最高領導當局見面，直接交換意見。」[25]

按照臺灣學者邵宗海的評論，李登輝提出「對談溝通」、「見面」、「直接交換意見」等提法，目的在於揚棄談判，抗衡大陸方面「兩岸政治談判」的壓力。[26]

1997年8月，時任臺灣當局「陸委會副主委」的高孔廉兩次表示兩岸可從事政治談判，並建議兩岸開展「官方對官方」的談判。高孔廉的言論獲得了張京育的肯定，後者提出：「台北樂見中共隨時派人前來討論政治性談判的先期作業。」[27]

但是，張京育的「樂見」是有前提的，即大陸不得加先決條件、不預設立場。[28]

言下之意就是要大陸方面放棄「一個中國」原則。

　　2000年3月，陳水扁當選為臺灣領導人。在競選時，陳水扁針對兩岸談判（陳稱為「兩岸協商」）提出了一系列主張，主要包括：其一，以兩會為對口的民間授權協商模式，應該過渡到以雙方官方單位「對等談」的「新階段」，正式的官方接觸、對話、談判以及任何有助於雙方理解與信賴的溝通模式，在任何方便的時間與地點，都應該被接納為雙方互動機制的一環；其二，兩岸談判應「對等談判」，不預設前提，「國家主權」不應成為談判標的；其三，兩岸在談判中應「議題開放」，打破政治、事務性議題區隔局面，各項雙邊經貿、軍事互信機制、「和平條約」均可協商，但攸關人民權益議題優先；其四，兩岸應依照「兩德模式」簽訂和平協議。[29]

2000年1月，陳水扁宣稱沒有「九二共識」，只有「對話、交流、擱置爭議」的

「九二精神」，並認為兩岸應在「九二精神」下進行兩岸「對等談判」。[30]

2001年12月，陳水扁在與美國「百人會」訪問團會談時宣稱：「兩岸領導人可以用智慧與創意，找出一個大家都能夠接受的『一個中國』內涵；但它絕非前提，因為當成前提就變成了結論。兩岸對於『一個中國』仍有不同看法，在沒有談出結果之前，不應該硬將它變成一個談判前提，來影響兩岸的對話。」[31]

以上政策宣示和談話，基本上勾勒出陳水扁對於兩岸談判的觀點，陳水扁其後有關兩岸談判的言論，大多數圍繞上述觀點展開，鮮有新的發展。

　　2008年3月，馬英九當選為臺灣新領導人，臺灣當局對兩岸談判的主張又有了新的變化。2008年5月，馬英九在就職演說中提出，今後將繼續在「九二共識」的基礎上，儘早恢復與大陸方面的協商，並秉持2008年4月「胡蕭會」提出的「正視現實，開創未來；擱置爭議，追求雙贏」，尋求共同利益的平衡點，並表示「已經做好協商的準備」。在談判的議題上，根據馬英九在就職報告中言論，其起點是「經貿往來與文化交流的全面正常化」，同時包括臺灣國際空間與兩岸和平協議。[32]
2008年6月，海基會負責人江丙坤在回應胡錦濤的主張時，認為「臺灣政治形勢發生變化，有必要根據一九九二年達成的共識盡快恢復協商，兩會為此互致函電，構成了恢復商談的基礎」。[33]

2008年6月9日，馬英九在接見海基會代表團時表示，兩會復談「要在九二共識的基礎上，擱置爭議，共同協商」。[34]

2008年8月，馬英九在接受墨西哥《太陽報》提出，兩岸可以透過「九二共識」暫時處理「兩岸主權爭議」，而且表示「將來和對岸發展關係的時候，會要求對方簽署和平協議」，但是「在簽署和平協議之前，會要求大陸對這些飛彈作一些處理，因為臺灣不願意在飛彈的威脅之下進行和平談判」。[35]

同月，馬英九在接受英國媒體採訪時，提出兩岸關係已經發生了重大突破，下一步希望與大陸簽和平協議。[36]

2008年10月10日,馬英九在「雙十節」講話中,高度評價了2008年6月所實現的兩會復談,表示這一成果是在「九二共識」基礎上形成的,同時,馬英九還提出了兩岸談判中「以臺灣為主,對人民有利」的原則。[37]

2008年10月18日,馬英九在接受印度媒體採訪時,又表示願意在其任內與大陸簽訂和平協議。[38]

綜合馬英九在2008年3月後的諸言論,其有關兩岸談判的主張主要有著以下三個方面的特點:其一,只談以「九二共識」為基礎,而不談「一個中國」原則,同時突出「臺灣優先」;其二,談判議題全面,其立足點是臺灣利益,特別強調經貿關係正常化和臺灣「國際空間」問題;其三,明確表達了願與大陸簽訂「和平協議」的觀點。

二、認識論基礎:「政治對立論」

政治關係定位,本身是一個具有高度價值判斷和價值選擇的問題。選擇何種意識形態或者政治上的偏好,就會產生有關政治關係定位的觀點。然而,大陸和臺灣在意識形態上的高度分歧,臺灣統「獨」觀點的絕然分立,政治人物在確定兩岸政治關係定位時,不能單純地立基於特定的意識形態或政治上的偏好,而只能在對客觀事實準確定位以及對現實正確認識的基礎上。沒有對於客觀歷史事實的準確認識,就無法認識兩岸關係在當下的本質以及未來可能的發展空間,所提出的各種定位模式也很可能淪為政治人物和學者的自我想像。從此意義而言,兩岸政治關係定位的基本思路,尋求政治關係定位的合理模式,必須以對客觀歷史事實以及兩岸關係現狀的正確定性為其認識論基礎,並經由合適的認識論基礎,推演出兩岸政治關係定位的基本思路。

(一)「政治對立論」的主要內容

事實上，兩岸高層對於客觀歷史事實，都有著較為明確的認識。2008年4月13日，蕭萬長先生訪問大陸時，提出「正視現實、開創未來、擱置爭議、追求雙贏」的「十六字箴言」，後為臺灣領導人馬英九所肯認，並被反覆提及。[39]大陸方面則偏向於歷史的淵源上論證兩岸之間的親緣關係，進而為遏制「台獨」，穩固兩岸關係和平發展的歷史基礎。然而，兩岸領導人在論述「客觀歷史事實」的清晰性上，仍有一定的差距。臺灣的政治人物雖然提出了「正視現實」的觀點，但基於臺灣情緒、大陸感受等因素的考量，並未給出「現實」意指為何。若從大陸的角度觀察，「正視現實」似乎還有要求大陸方面「正視」大陸和臺灣已然「分裂分治」、臺灣已經成為一個「獨立實體」的「現實」。當然，若從政治策略上考量，臺灣政治人物透過「一個現實、各自表述」的方法，也能夠在臺灣政治勢力和大陸之間實現平衡。這種平衡雖然符合了某種政治上的需要，但是對於明晰兩岸「客觀歷史事實」之性質並無助益。相反，大陸方面對於兩岸關係的「客觀歷史事實」有著相當清晰的論述。

　　2008年12月31日，胡錦濤在紀念大陸人大常委會發表告臺灣同胞書30週年座談會的講話上，提出了兩岸關係的本質是「政治對立」關係的觀點，表達了大陸方面對於「客觀歷史事實」的基本定性。「政治對立論」是大陸方面在政治關係定位問題上的最新主張，其主要內容是：[40]

　　1949年以來，大陸和臺灣儘管尚未統一，但不是中國領土和主權的分裂，而是上個世紀40年代中後期中國內戰遺留並延續的政治對立，這沒有改變大陸和臺灣同屬一個中國的事實。兩岸復歸統一，不是主權和領土再造，而是結束政治對立。

　　雖然「政治對立論」對於大陸和臺灣政治關係定位的論述只有三句話，但這三句話揭示了大陸和臺灣政治關係的實質，提出瞭解決大陸和臺灣政治關係定位問題的方式。

　　第一，胡錦濤指出：「1949年以來，大陸和臺灣儘管尚未統一，但不是中國領土和主權的分裂，而是上個世紀40年代中後期中國內戰遺留並延續的政治對立，這沒有改變大陸和臺灣同屬一個中國的事實。」胡錦濤的上述講話為大陸和臺灣的政治關係定位奠定了基礎。眾所周知，臺灣問題是國共內戰的遺留問題。儘管臺灣已經兩次實現「政黨輪替」，但並不能改變這一歷史上發生的事件，兩岸關係的現狀和未來發展，即是上述歷史事件的延續。由於國共內戰以及大陸和臺灣過去近60年

間實際上的敵對狀態，使得大陸和臺灣在政治上高度對立。但是，兩岸之間的政治對立並不是「國與國」之間的政治對立，而是一國內因內戰而產生的政治對立。因此，雖然大陸和臺灣尚未統一，但仍然是「一個中國」內的「不統一」，不能以大陸和臺灣尚未統一為由，否定大陸和臺灣同屬於一個中國的事實。也就是說，大陸和臺灣的政治關係定位，應在「一個中國」的框架內，從「一國」的角度來思考。正確認識上述事實，是對大陸和臺灣進行政治關係定位的基礎。

第二，胡錦濤指出，「兩岸復歸統一，不是主權和領土再造，而是結束政治對立」，這就確定了大陸和臺灣解決政治關係定位問題的標準。臺灣當局主張的「兩區」、「兩府」、「兩體」和「兩國」等政治關係定位模式，都以「領土」、主權、「政府」、「國家」等兩岸關係中的表面性、形式性概念為基礎，而沒有意識到兩岸關係的實質是政治對立。事實上，正是由於大陸和臺灣存在政治對立，所以才在形式上體現出「兩個地區」、「兩個政府」、「兩個實體」，甚至「兩個國家」的外觀。臺灣當局的上述政治關係定位模式，違背了歷史事實，因而不可能為大陸所接受。因此，以「兩區」、「兩府」、「兩體」和「兩國」等模式，來定位大陸和臺灣的政治關係，不僅不能解決大陸和臺灣在政治關係定位上的爭議，反而會因此加劇兩岸在政治上的對立。1999年後兩岸關係發展的現實，已經充分證明了上述結論。根據胡錦濤的論述，大陸和臺灣應該把握「政治對立」這一實質，以結束政治對立為標準，妥善、合理地確定大陸和臺灣能共同接受的政治關係定位模式。

第三，胡錦濤指出，「為有利於兩岸協商談判、對彼此往來作出安排，兩岸可以就在國家尚未統一的特殊情況下的政治關係展開務實探討」，為我們解決大陸和臺灣政治關係定位問題提供了合適的方式。「政治對立」揭示了兩岸關係的實質，結束「政治對立」是大陸和臺灣政治關係定位的標準。確定合適的政治關係定位模式，以符合結束「政治對立」的標準，是大陸和臺灣政治關係定位的關鍵。根據胡錦濤的論述，大陸和臺灣都不宜單獨選擇政治關係定位模式，而是應該將兩岸在國家尚未統一情況下的政治關係，作為兩岸之間的一項議題，展開務實探討，進而透過相互之間的談判、協商以及妥協、折衷，形成大陸和臺灣能共同接受的政治關係定位模式。這種將政治關係定位議題化的主張，符合兩岸關係的現狀，在堅持「一個中國」原則的基礎上，表現了對臺灣當局的尊重，因而體現了大陸方面的善意和

誠意。

綜上所述,「政治對立論」對大陸和臺灣政治關係定位的基本觀點可以概括為:大陸和臺灣之間當前政治關係的實質是一國內部的政治對立關係,大陸和臺灣的政治關係定位應以結束這種政治對立關係為標準,至於採取何種模式定位大陸和臺灣的政治關係,應由兩岸透過務實探討決定。

(二)「政治對立論」的內涵

「政治對立論」的提出,有著鮮明的時代背景,既體現了大陸方面對自2000年乃至於1990年以來兩岸關係演變全面反思的結果,又提出了對於臺灣政治局勢變化後兩岸關係和平發展的期許。在兩岸政治關係定位方面,大陸方面「政治對立論」的內涵,可以從以下四個方面加以理解。

第一,找回已經被「台獨」分裂勢力混淆和割裂的兩岸歷史關聯。1990年以來,在「憲政改革」的喧囂下,「台獨」分裂勢力借助「本土化」、「民主化」,逐漸發展成為足以左右臺灣政局的政治勢力。在這一時期,李登輝、陳水扁等「台獨」分裂勢力的代表人物先後提出「兩國論」、「一邊一國」等「台獨」主張,因而改變了1990年前臺灣當局堅持的「一個中國」立場。客觀地說,「台獨」分裂勢力在提出「台獨」觀點時,伴隨著一整套「台獨」理論,對於部分臺灣民眾有著較強的煽動性。在形形色色的「台獨」理論中,一部分是以重述和扭曲兩岸歷史為方法的理論,如「臺灣國族認同論」、「外來政權論」、「政治反抗文化論」等,[41]這些「台獨」理論透過對歷史事實的重新解釋,在相當程度上混淆和割裂了兩岸的歷史關聯。「台獨」理論的混淆和割裂作用在「台獨」分裂勢力代表人物的操作下,從單純的學術觀點,轉化為具有特定政治涵義的話語體系。「政治對立論」準確概括了導致兩岸現狀的近因,找回了被「台獨」理論所矇蔽的歷史事實,試圖透過對「政治對立」關係的正視,釐清兩岸在歷史上的緊密關聯,為兩岸政治關係定位提供必要的事實描述和論述框架。

第二,界定民族層次認同的邊界,以民族認同為路徑,培養國家認同。2008年5月20日,新當選的臺灣領導人馬英九在就職典禮上提出「兩岸人民同屬中華民族」(「同屬論」),在民族認同的層次,提出了兩岸政治關係定位的思路。「同屬

論」有著積極正面意義，表明臺灣新領導人改變過去完全、絕對的「臺灣國族」立場，而承認「中華民族」的民族符號，也為構建兩岸關係和平發展的基礎提出了新的選擇。但是，「同屬論」畢竟是民族層次的認同，並不排斥國家層次的分立。如在冷戰時期，聯邦德國曾經按照「一個民族、兩個國家」的「民族-國家」結構，建構其與前民主德國的關係框架。「兩德模式」在臺灣曾被一些政治人物和學者奉為解決「分裂國家」政治關係定位的經典模式，因此，如果不對民族認同的界限加以規定，容易使得兩岸政治關係定位在「中華民族」的符號下滑向「兩國」的一側。從政治策略上而言，「政治對立論」可以解讀為對「同屬論」的回應。「政治對立論」明確地指出了兩岸關係的實質是政治對立而不是中國領土和主權的分裂，從而為民族認同加上了「領土和主權不分裂」的邊界。在「政治對立論」的規定下，兩岸可以借臺灣領導人提出的民族認同話語，漸次將「民族」和「國家」置於一個論述框架內，從而再次培養起兩岸對於「中國」這一國家符號的共同認同。

第三，在兩岸事務性商談已經破冰的情況下，為政治性商談進行必要的鋪墊。2008年3月，臺灣政治局勢發生有利於兩岸關係的變化，在兩岸高層的共同努力下，兩岸暫停十年的海協海基兩會事務性商談得以恢復，並取得階段性成果。借助事務性合作的累積效應和兩岸政治人物的推動，事務性商談必然向政治性商談「溢出」。[42]
儘管兩岸關係和平發展框架依循的是「由經到政、由易到難」的路徑，在兩岸事務性商談剛剛破冰之時，談論政治性商談尚僅具理論意義和文宣意義，但為政治性商談做必要的鋪墊，仍有其必要性。兩岸政治關係定位是兩岸政治性商談除了「一個中國」原則之外最棘手的問題，[43]

「政治對立論」清晰地表明了大陸方面對於兩岸政治關係定位的觀點，而且並未如慣常的政治言說一般，論述國共內戰的是非問題，而是以「政治對立」這一相對中性的詞語，描述國共內戰所遺留的後果。在「政治對立論」的論述框架內，既然主權、領土、國家等具有高度敏感性的議題都為「政治對立」所取代，兩岸雙方得以獲得可以「坐下來談」的話語前提。因此，「政治對立論」實際上是大陸方面透過對客觀歷史相對中性的定性，使得兩岸自當可以在相對寬鬆的政治環境內開展政治性商談。可以說，「政治對立論」解決兩岸政治性商談中的主體問題提供了初步的思考方向，乃至於為兩岸有關政治關係定位的政治性商談提供了可資討論的議題。

第四，將兩岸關係與國共關係產生聯結，以期望國民黨能做出正面回應。正如前文所述，「兩黨」曾經是兩岸政治關係定位的基本模式。透過國共第三次合作，解決國家統一問題，在1980年代也曾經是大陸方面解決臺灣問題的選項之一。隨著臺灣政黨政治的開展以及2000年的政黨輪替，「兩黨」模式不再有附麗之基礎。然而，作為政治關係定位的兩黨模式基於兩岸政治情勢的變化，或許將不復見於兩岸，但作為交往機制的兩黨模式未見得不會對兩岸政治關係定位產生積極而正面的影響。事實上，在事務性商談中，國共兩黨透過黨際交往機制，發揮了重要而特殊的作用。2008年國民黨重新上台執政，為大陸方面運用國共兩黨的黨際交往機制，推動政治性商談的啟動，提供了歷史性的契機。為此，大陸方面在「政治對立論」中，透過「上個世紀40年代中後期中國內戰遺留並延續的政治對立」一句，將兩岸關係與作為內戰雙方的國民黨和共產黨產生了聯結，因而將兩岸關係在歷經民進黨執政8年後，又回到了國共雙方主導的年代。「政治對立論」用比較隱諱的方式，表達了對於國民黨的期待。這一策略的運用，在兩岸政治性商談之外，為兩岸圍繞兩岸政治關係的博弈，提供了新的疏解選項。

　　立基於以上對於「政治對立論」內涵的挖掘，可以看到，「政治對立論」立足於現實性的角度，對兩岸關係的「客觀歷史事實」作了相當中性的界定，同時對兩岸政治關係定位的前景與路徑都作了闡明與提示。「政治對立論」為本研究討論兩岸政治關係定位提供了認識論的基礎，本研究將延續「政治對立論」的思路，按照其所設定的邏輯，提出並論證兩岸政治關係定位的思路。

三、兩岸政治關係定位的政治前提：「九二共識」

　　從兩岸各層級和各類型的論述與宣示來看，「九二共識」是兩岸交往的前提。此方面的相關論述頗多，本研究不再一一羅列，僅以兩岸高層在紀念辛亥革命100週年紀念活動的講話為例。大陸方面，胡錦濤提出：[44]

　　我們要牢牢把握兩岸關係和平發展主題，增強反對「台獨」、堅持「九二共識」的共同政治基礎，促進兩岸同胞密切交流合作，共享兩岸關係和平發展成果，提升兩岸經濟競爭力，弘揚中華文化優秀傳統，增強休戚與共的民族認同，不斷解

決前進道路上的各種問題，終結兩岸對立，撫平歷史創傷，共同為實現中華民族偉大復興而努力。

臺灣方面，馬英九提出：

「……以『九二共識，一中各表』為基礎，推動兩岸關係，維持台海『不統、不獨、不武』現狀，並得以大幅降低台海緊張，贏得國際社會的肯定與支持。」

兩岸高層的具體表述雖有不同，但在強調「九二共識」之於兩岸關係的重要性，以及表明堅持「九二共識」的態度上，是基本相同的。因此，儘管對「九二共識」的具體內容存在表述上的爭議，亦即兩岸「一個共識、各自表述」的狀況仍然存在，但在堅持「九二共識」方面，兩岸並不存在異議。可以說，「九二共識」已然成為維繫兩岸政治平衡狀態的共同符號，亦即：兩岸都借助於對「九二共識」內容的闡述，汲取對己有利的成分，進而在「九二共識」符號所營造的框架和氛圍內，維繫基本的平衡。

然而，兩岸在對於「九二共識」的認識上並非完全一致，在臺灣內部，亦有部分政治人物否定「九二共識」的存在。儘管從歷史事實的角度，即便不贊同「九二共識」的內容，亦不可否定「九二共識」的客觀存在，但上述現象也的確體現出「九二共識」雖名為「共識」，但的確有需要進一步加以釐清的地方。從結構上，而非從政治立場上，分析「九二共識」之所以存在理解和認同分殊的原因，在於「九二共識」本身並非是一個獨立的論斷，而是有著本體論和方法論的雙重結構。在本體論上，「九二共識」體現為對某種特定政治共識的認可，即「一個中國」的政治原則。在方法論上，「九二共識」以其達成的過程，表明了兩岸在形成共識上的步驟和方法。「九二共識」雙重結構，對於理解「九二共識」在兩岸政治關係定位中的前提性作用，將造成良好的分析框架作用。

（一）本體論的「九二共識」：「一個中國」的政治原則

從產生的原因來看，兩岸恢復交往後如何看待對方政治地位的問題，要求兩岸形成一個前提性的框架。1987年後，臺灣當局開放大陸探親，大陸和臺灣亦因此恢復接觸。兩岸最早的接觸發生在功能性團體之間。1989年，兩岸體育組織就臺灣以何種名義參加國際體育比賽達成共識，同意臺灣以「中華台北」（Chinese Taipei）的名義參加國際奧委會以及各類體育比賽。1990年9月，兩岸紅十字組織在金門就私

渡人員遣返工作進行談判，並簽訂《海峽兩岸紅十字會組織在金門商談達成有關海上遣返協議》，這是兩岸之間簽訂的第一個事務性協議。[45]

這些接觸或者協議都是兩岸功能性團體所開展的交往活動。1990年後，臺灣和大陸先後成立海基會和海協會，為兩岸綜合性、全面性的事務性商談做好了組織上的準備。此觀《辜汪會談協議》的文本自可證明。由於長期以來兩岸的隔絕和對立，兩岸在如何看待對方政治地位上，尚存在不同認知。簡而言之，就是繼續基於內戰思維，認定對方為「叛亂團體」。這一政治定位，顯然無助於兩岸開展綜合性、全面性的事務性商談。因此，兩岸對如何看待對方的政治地位問題，形成一個可以為雙方所接受的論述，將部分敏感的政治問題予以擱置，為兩岸即將啟動的事務性商談提供前提性條件。由於當時兩岸的根本爭議並不在於「一個中國」，而在於「誰是中國」，因此，「一個中國」原則得成為兩岸可以共同接受的最大公約數。至於在「一個中國」原則的框架內，兩岸如何表述「誰是中國」的問題，則是屬於暫時可以被擱置的敏感問題。

對於大陸而言，「一個中國」作為一個特定的政治用語，其含義並非是一成不變的。1956年9月30日，毛澤東在與來訪的印尼總統蘇加諾交談時，提出「聯合國裡只能有一個中國，不能『兩個中國』，而那個中國是我們」，首次提出了「一個中國」的表述。[46]

在毛澤東的表述中，「一個中國」的含義是「一個中華人民共和國」。將「一個中國」等同於「一個中華人民共和國」的公式在官方文件上予以確認的，是1982年憲法。1982年憲法在其序言第9　自然段明確規定，臺灣是中華人民共和國的神聖領土的一部分。1982年憲法的上述規定，也是在根本法層次上確認了「一個中國」原則。在隨後大陸方面的對台政策文獻中，將「一個中國」等同於「一個中華人民共和國」的公式被得以延續。如1983年鄧小平在對美國客人楊力宇的談話中提出：「制度可以不同，但在國際上代表中國的，只能是中華人民共和國。」[47]

1992年兩岸達成「九二共識」後，一個中國原則在1982年憲法表述的基礎上出現了微調。根據1993年中國政府發布的《臺灣問題與中國統一白皮書》，一個中國原則被完整地表述為「一個中國三段論」（Ⅰ）：「世界上只有一個中國，中華人民共和國是代表中國的唯一合法政府，臺灣是中國的一部分。」對比「一個中國三段

論」（Ⅰ）與1982年憲法第9自然段，「一個中國」等於「一個中華人民共和國」的公式，被限定為中國代表權的問題上，於鄧小平1983年講話的觀點保持一致，而在中國與臺灣的關係上，則按照「九二共識」，界定為「臺灣是中國的一部分」，並未延續1982年憲法第9自然段的表述。儘管「一個中國三段論」（Ⅰ）對1982年憲法第9自然段有所微調，但如果將其第二分句和第三分句聯結起來解讀，仍然不難推出「臺灣是中華人民共和國一部分」的論斷。1995年1月，江澤民在「江八點」中，並沒有指明「一個中國」原則中的「中國」是中華人民共和國。1998年，錢其琛在紀念「江八點」發表3週年的座談會上，提出「一個中國三段論」（Ⅱ）：「世界上只有一個中國，臺灣是中國的一部分，中國的主權和領土完整不能分割。」結合「江八點」以及在「江八點」指導下形成「一個中國三段論」（Ⅱ），「一個中國」原則被去除了政權的符號，而執著於國家層次的認同建構。1998年10月，時任海協會會長的汪道涵提出關於「一個中國」涵義的「86字」：[48]

世界上只有一個中國，臺灣是中國的一部分，目前尚未統一，雙方應共同努力，在一個中國原則下，平等協商，共議統一。一個國家的主權和領土是不可分割的，臺灣的政治地位應該在一個中國的前提下進行討論。

「86字」透露出了大陸方面對「一個中國」涵義的諸多新觀點和新認識，進一步將「一個中國」的涵義模糊化和彈性化。[49] 2000年9月，錢其琛提出「一個中國三段論」（Ⅲ），將「一個中國」的涵義進一步模糊，並且得到了中共十六大和中共十七大的確認，成為大陸官方正式的「一個中國」涵義。

直到1992年前，臺灣當局在對於一個中國原則的理解與大陸方面「大同小異」：「大同」是指臺灣當局在堅持一個中國原則的大方向上與大陸方面一致，認同世界上只有一個中國的觀點；「小異」是指臺灣當局所理解的「一個中國」是指1912年成立的中華民國。1992年，臺灣當局「國統會」在「『一個中國』意涵定位結論」的說帖中，按照主權與「治權」分離的方法，對「一個中國」的含義進行了重新說明。根據該說帖，「一個中國」應指1912年成立的中華民國，「其主權及於整個中國，但目前之治權，則僅及於台澎金馬」。[50]

即便如此，「『一個中國』意涵定位結論」的說帖開宗明義就宣示「海峽兩岸均堅持一個中國原則」，表明此時的臺灣當局雖在「一個中國」的意涵上與大陸方面有所不同，但在總體原則和方向上，仍能堅持一個中國原則。1994年，臺灣當局陸委會發布「台海兩岸關係說明書」，開始扭曲其在之前的政策文件中所一再聲明的一個中國原則。在「台海兩岸關係說明書」中，臺灣當局將「一個中國」的涵義確定為「歷史上、地理上、文化上、血緣上的中國」，[51]

而不是「政治的中國」，從而將「一個中國」的國家意義去除。1999年7月，李登輝提出「特殊的兩國論」，代表著兩岸圍繞「一個中國」的爭議從「涵義之爭」轉向了「原則之爭」，至此，「一個中國」到底是中華人民共和國，還是中華民國，甚或是「文化意義上的中國」都已經不再是兩岸爭論的中心，是否承認「一個中國」成為兩岸在「一個中國」問題上爭論的焦點。2000年後，臺灣方面不再提「中國」，而是將透過對中華民國涵義的不斷修改，逐漸將中華民國作為一個可以「各自表述」的政治符號。以上對於臺灣當局在「一個中國」上態度的變遷，主要發生在政策領域，而在法制領域，臺灣現行憲法仍然按照主權與「治權」相分離的觀點，堅持一個中國原則，因而也為兩岸在一個中國原則上留存一絲聯繫提供了前提條件。

從兩岸政治關係定位的角度，一個中國原則的意義有二。第一，一個中國原則是兩岸政治關係定位所必須堅持的基本原則和政治前提，當然是必須堅持的基本原則和政治前提，任何可能削弱、動搖和扭曲一個中國原則的政治關係定位模式，都不可能為兩岸所共同接受。這是一個中國原則在兩岸政治關係定位上的底線。第二，對於一個中國原則，又不可做僵化理解，而是可以在堅持政治底線的前提下，務實理解一個中國原則、開放各種策略運用的可能，允許透過階段化、功能化的方法，在一個中國原則的框架內，選擇更加靈活多變的定位模式。[52]

（二）方法論的「九二共識」：「求同存異」的協商精神

從產生的過程來看，「九二共識」體現了雙方求同存異的務實態度。1991年後，兩岸進行事務性商談的組織框架，但兩岸對於「一個中國」的涵義仍存在不同

認知，而此爭議構成兩岸事務性商談的最大障礙，為瞭解決此爭議，兩岸曾展開多輪接觸。

　　最早出現類似問題，是在1991年11月間。臺灣方面的海基會與中共中央台辦就兩岸共同防制海上犯罪進行程序性協商，時任中共中央台辦副主任的唐樹備希望在「一個中國」的前提下，將合作的對象限於福建和臺灣「省對省」的形式，但遭臺灣方面拒絕。時任海基會秘書長的陳長文提出，在「一個中國」之下，建立兩岸「對等互惠」的表述，以借此建立兩岸「對等」關係。[53]
這次短暫的商談雖然在主議題上沒有達成共識，但在一個中國原則上，已經出現兩岸「各自表述」的端倪。

　　「九二共識」形成的時刻，出現在兩岸有關文書查證使用及間接掛號查詢補償兩項問題的討論上。海基會自始堅持一個中國原則和文書使用等「技術性事務」無關。[54]
因此，該次會談沒有達成任何具體協議。會後，海協會常務副會長唐樹備指出：「一個中國問題不應成為雙方會商的困擾，兩岸沒有統一，但我們是一個國家，這個原則我們是堅定不移的。至於用什麼形式來表達這麼一個原則，我們願意討論」。[55]

同時，唐樹備還指出：「我們並不是要和海基會討論政治問題，我們只是要確認一個事實，就是只有一個中國。至於一個中國的涵義，我們並沒有準備也不打算和海基會討論。」[56]

1992年5月19日，臺灣當局「國統會」的研究機構對「一個中國」進行討論，認為「1949年以後兩岸分裂的事實不能不承認，在現階段分裂的情況下，中國的主權問題應予虛懸或凍結」。[57]

1992年8月1日，臺灣當局「國統會」透過「關於『一個中國』涵義」的決議。海協會回應時指出，「臺灣有關方面就海基會與我會商談事務性協議時有關『一個中國』涵義所做出的『結論』中，確認『海峽兩岸均堅持一個中國之原則』，我會認為，明確這一點，對海峽兩岸事務性商談具有十分重要的意義，它表明，在事務性

商談中應堅持一個中國原則已成為海峽兩岸的共識。當然，我會不同意臺灣有關方面對『一個中國』涵義的理解，……在事務性商談中，只要表明堅持一個中國原則的基本態度，可以不討論一個中國的涵義。」[58]

1992年9月17日，海協會副會長兼秘書長鄒哲開在香港建議「海基會認真考慮逕直引用『海峽兩岸均堅持一個中國原則』的表述」。[59]

1992年10月28日，兩會代表在香港進行會商，其主題是如何排除在事務性協商中雙方對「一個中國」問題上的分歧。海協會和海基會提出了五種文字表述方案，海基會方面又補充了三種文字表述，參見表3-1：[60]

　　然而，談判過程異常艱苦，雙方對於上述十三種表述都未能達成共識，但雙方立場已有接近。1992年10月29日和11月2日，海協會兩次致函海基會，建議對商談結果進行評估，在北京或臺灣、廈門或金門就有關問題進行進一步商談，並由兩會負責人簽署協議。1992年10月31日，海基會提出上述修正後的第三案，海協會於11月3日透過新華社發表新聞表示，願意尊重並接受兩會各自口頭聲明方式表述「一個中國」原則，並建議就表述的具體內容另行協商。同日，海基會發表新聞稿，表示接受海協會的意見。11月16日，海協會回函海基會，表示尊重並接受海基會關於「兩會各自口頭聲明的方式表述一個中國原則」的建議。[61]
具有歷史意義的「九二共識」至此達成。

　　由此可見，「九二共識」達成之過程，雙方經歷了「各表觀點——折衷修正——妥協接受」的過程。兩岸都能體認到對方無法完全接受已方觀點，而採取務實態度。整體觀之，「九二共識」不僅在本體論上確立了一個中國原則，而且在方法論上為兩岸進行事務性商談和可能之政治性商談提供了最為基本的協商精神。對於「九二共識」所體現出來的協商精神，胡錦濤在2011年11月進行了概括：[62]
　　表3-1 1992年兩會對一個中國原則的表述

海協會的表述	海基會的表述
海峽兩岸文書使用問題是中國的內部事務	雙方本著「一個中國，兩個對等政治實體」的原則
海峽兩岸文書使用問題是中國的事務	雙方本著「謀求一個民主、自由、均富、統一的中國兩岸事務本是中國人的事務」的原則
海峽兩岸文書使用問題是中國的事務。考慮到海峽兩岸存在不同的制度（或稱國家尚未完全統一）的現實，這類事物具有特殊性，……	鑒於海峽兩岸長期處於分裂狀態，在兩岸公同努力謀求國家統一的過程中，雙方皆認為必須就文書查證（或其他商談事務，加以妥善解決）
在海峽兩岸共同謀求國家統一的過程中，雙方均堅持一個中國之原則，對兩岸公證文書使用（或其他商談事務）加以妥善解決。	雙方本著「為謀求一個和平民主統一的中國原則」。
海峽兩岸關係協會、中國公證員協會與海峽交流基金會，依海峽兩岸均堅持一個中國之原則的共識	雙方本著「謀求兩岸和平民主統一」的原則。
	修正後
	鑒於中國仍處於暫時分裂之狀態，在海峽兩岸共同努力謀求國家統一的過程中，由於兩岸民間交流日益頻繁，為保障兩岸人民權益，對於文書查證應加以妥善解決。
	海峽兩岸文書查證問題是兩岸人民間的事務。
	在海峽兩岸共同努力謀求國家統一的過程中，雙方雖均堅持一個中國的原則，但對於一個中國的涵義，認知各有不同。惟鑒於兩岸民間交流日益頻繁，為保障兩岸人民權益，對於文書查証，應加以妥善解決。

（本表為作者自制）

「九二共識」的精髓是求同存異，這體現了對兩岸間政治問題的務實態度。

對於胡錦濤的上述概括，結合「九二共識」的形成過程，可以做以下幾點解讀。

第一，協商的前提是堅持基本的政治原則。儘管「九二共識」所體現的是求同存異的務實精神，但這並不表明協商是無底線的。相反，圍繞「九二共識」的協商過程，有著明確的政治底線，即一個中國原則。因此，「九二共識」一方面立足於客觀歷史事實，對「一個中國」的現實加以肯認，另一方面，又體現出較強的價值性，亦即「九二共識」是以一個中國原則為價值取向的共識。「求同存異」和「務實態度」並不是絕然價值中立的，而是有著明顯價值偏向的方法與策略。沒有一個

中國原則，圍繞「九二共識」協商所體現出來的「求同存異」與「務實態度」是無本之木、無源之水，因而也是沒有意義的。

第二，協商的關鍵是尋找兩岸的最大公約數。從兩岸各自的利益考量出發，維護自身利益的最大化、盡力實現己方所預定的政策目標，自然是兩岸進行協商談判的主要目的。然而，如果雙方在協商時都固執己見，則協商難有達成共識之日。如前述1991年兩岸在共同防制海上犯罪問題上差距太大，以至於根本無法達成共識，只有作罷。因此，兩岸協商的關鍵在於善於尋找兩岸的最大公約數，並善於將這一最大公約數以兩岸都能接受的方式表達出來，進而為謀求兩岸共識累積基礎和話語資源。「九二共識」得以達成的關鍵，在於兩岸儘管在「中國」的確切涵義上存在著分歧和爭議，但對於一個中國原則本身並不持異議。如臺灣當局「國統會」研究機構認為不宜將「一個中國」納入事務性商談的原因，並不是否定一個中國原則，而是認為「兩岸對『一個中國』涵義的認知，短期內不會有共識，……以免掉入中共的陷阱」云云。[63]
正是兩岸有著「一個中國」這樣一個最大公約數，才得以推動圍繞「九二共識」的協商得以順利開展。

第三，協商的重要工作是釐清兩岸的分歧。尋找到兩岸的最大公約數後，以該最大公約數為主幹，整理與最大公約數相關問題之脈絡，並在此脈絡下，釐清兩岸的分歧，是協商的重要工作。基於兩岸利益的殊異，兩岸自然在「一個中國」的重大問題上存在分歧。這些分歧為何、與一個中國原則的關聯性強弱以及在兩岸關係大背景下作用如何，都是協商時所需關注的問題。因此，對於兩岸分歧的釐清，並不是簡單地對分歧加以羅列，而是在一個事先確定的最大公約數框架內，透過理論的解釋力，對分歧進行系統化地整理與詮釋，為最終處理這些分歧、在最大公約數基礎上形成共識提供必要的素材。

第四，協商的方法在於聯繫協商之主要目的，進而在該主要目的的背景下，分析特定分歧是否在可接受的範圍之內，或者是否可以透過合適方式加以消化。分歧的存在可以被視為是阻礙共識達成的最大阻滯因素，因此，協商的目的即在於盡力克服或者迴避這些分歧。其時，兩岸在「一個中國」上的最大分歧，在於對於「一個中國」的涵義，有著不同的認知。值得一提的是，如果孤立地觀察「一個中國」這一最大公約數及其重要意義，兩岸在「一個中國」涵義上的不同認知，並不會被

輕易排除，至少在邏輯上並無上述可能性。因此，「九二共識」相當成功的處理方式，在於將「一個中國」的議題嵌入到兩岸事務性商談的大背景下，以兩岸事務性商談為動力，在拉升「一個中國」重要地位的同時，也推動了兩岸分歧的處理。由於兩岸事務性商談並不涉具體的政治問題，兩岸大可不必糾纏於「一個中國」到底為何，因而可以暫時不討論這一問題，而是透過「各自表述」的方式加以消解。

　　此外，從方法論的角度來解讀「九二共識」，也可以有效地回應臺灣部分人士對於「九二共識」的誤讀。「九二共識」形成後，由於其所包含的「一個中國」原則，「台獨」分子一直欲「除之而後快」，並且創造了諸如「九二精神」、「九六共識」、「臺灣共識」等名詞，以圖取代「九二共識」的地位。2001年11月，陳水扁提出「如果接受『一個中國的九二共識』，就等於滅了中華民國」。2006年4月，陳水扁再次否定「九二共識」。2010年10月，臺灣前副領導人呂秀蓮在採訪陳水扁時，陳水扁又提出「一中各表的九二共識是史上最大騙局」。為抹殺「九二共識」的歷史地位，陳水扁在2000年創造了「九二精神」一詞。按照陳水扁對「九二精神」的闡述，所謂「九二精神」意指「九二共識」是「沒有共識的共識」，兩岸在1992年根本沒有共識，只有「對話、交流、擱置爭議」的「精神」。[64]
呂秀蓮還曾經提出過一個假設的「九六共識」，即「臺灣在1996年首次民選總統之後，就已明確確立為一獨立國家，不為其他國家所控制，因為只有主權獨立的國家人民才有權用民主方式選舉出總統作為國家領導人」。無獨有偶，後陳水扁時期的民進黨主席蔡英文也一再否定「九二共識」。2011年8月，蔡英文在其用於競選的「十年政綱」中，提出了「臺灣共識」一詞，其提出了「臺灣共識」的主張，並將之作為參加2012年臺灣領導人選舉的重要口號。蔡英文認為，「九二共識」是國共兩黨的共識，而不是兩岸的共識，因為臺灣內部對於中國大陸還沒有形成共識，無法讓臺灣當局展開對中國大陸的談判，因而希望透過「民主程序」先凝聚起臺灣臺灣的共識，再以此共識作為與大陸談判的基礎。以上所謂的「九二精神」、「九六共識」、「臺灣共識」當然都不過是文字遊戲。事實證明，「九二共識」已經經受了上述假共識、假概念的衝擊，已經成為兩岸公權力機關和絕大多數人民的共識。從方法論的角度來理解「九二共識」，除了鞏固其「一個中國」的本體論意涵外，更加重要的是回到了「九二共識」的形成時刻，使得「九二共識」的內涵與其形成的客觀歷史更加相符，避免臺灣部分人士借助「九二共識」的形成過程，歪曲甚至

否定「九二共識」。

總體而言,「九二共識」所體現的協商精神,就是在態度上堅持而不失靈,在方法上求同而不避存異,立基於解決問題和可實現性,使得兩岸關係的發展不至於陷入不必要的概念之爭。這一立場及其前文所述的策略,也為確定兩岸政治關係定位的基本思路提供了有益的啟示。

四、定位要素:議題化、階段化和共識化

(一)兩岸政治關係定位中各基本要素的內涵及其相互關係

結合作為認識論基礎的「政治對立論」和作為「基本前提」的「九二共識」,本研究提出以下兩岸政治關係定位的基本思路:以一個中國原則為政治前提、以消除兩岸政治對立為主要目標,在兩岸政治關係定位中貫徹議題化、階段化和共識化的要素,為兩岸政治關係定位確定符合兩岸關係和平發展需要的定位模式。[65]

這一定位思路的實現關鍵在於貫徹議題化、階段化和共識化三項要素。總體而言,議題化是指將兩岸政治關係定位作為一項議題,由兩岸透過談判協商加以解決;階段化是指兩岸政治關係定位可以由大陸和臺灣透過分階段、有步驟的方式,根據兩岸關係發展狀況,在不同階段確定不同的政治關係定位,使得政治關係定位始終與兩岸關係發展狀況相適應;共識化是指大陸和臺灣都應當儘量避免單方面對兩岸政治關係作出單方面的定位,而是應當儘量透過協商的方式,選擇兩岸能夠形成共識的定位模式。三個要素在兩岸政治關係定位的思路中,分別起著重要的作用:議題化是解決兩岸政治關係定位的主要方法,因而是兩岸政治關係定位基本思路中的方法要素;階段化是推動兩岸政治關係定位形成與選擇的路徑,因而是兩岸政治關係定位基本思路中的路徑要素;而共識化是確定兩岸政治關係定位的結果的要素,因而是兩岸政治關係定位基本思路中的結果要素。

同時,議題化、階段化和共識化又是一個緊密聯繫、內部融貫的整體。第一,議題化與階段化的關係。兩岸政治關係定位是兩岸間最為敏感的話題之一,在處理

上稍有不慎，則可能導致兩岸關係的停滯甚至於倒退。議題化和階段化是降低兩岸政治關係定位敏感性的重要方法。議題化的目的是透過議題設置和議題轉化的方式，使得兩岸能夠啟動相關事項的協商，避免政治關係定位成為兩岸交往的前提性條件，不至於因抽象的概念之爭，影響兩岸交往的正常開展。階段化則是透過將兩岸政治關係定位與兩岸關係發展的現狀進行調適和整合，一方面降低兩岸在特定階段達成共識的難度，另一方面也是透過更加合適和務實的政治關係定位指導兩岸交往的理性開展。

第二，議題化與共識化的關係。議題化與共識化之間具有交互推動的關係。某一階段的議題，雙方透過折衷與妥協，推動一個共識的形成，而這一共識，又成為確定下一輪兩岸協商的重要議題。兩岸在政治關係定位上的互信在議題與共識的不斷轉換間累積，而兩岸政治關係定位模式，也透過議題的深入和共識的累積，而最終得以確定。

第三，階段化與共識化的關係。階段化與共識化之間的配合，也是兩岸政治關係定位的模式得以順利形成的重要因素。透過階段化的作用，兩岸在特定的階段只能形成特定的共識，而無法也無必要形成一成不變的確定共識。因此，兩岸形成共識的難度在階段化要素的作用下得以降低。同時，共識的達成為兩岸政治關係定位的不斷深入提供了條件，因此，共識化要素又為階段化要素的鋪開奠定了基礎。

就總體而言，議題化、階段化和共識化的關鍵，在於降低了兩岸政治關係定位的敏感性，為兩岸能夠形成可實現性的政治關係定位模式，進而指導兩岸在各層次、各方面的交往與合作提供政治條件。當然，議題化、階段化和共識化並非意味著兩岸可以透過談判形成諸如「兩國」模式，或者其他「台獨」模式。議題化、階段化和共識化只是兩岸政治關係定位的要素，需要在既定的政治前提下才能發揮作用，而這個前提就是一個中國原則。可以說議題化、階段化和共識化是方法論意義上的「九二共識」在兩岸政治關係定位上的體現，而這並不排除本體論意義上的「九二共識」，而後者也構成了三者不可踰越的政治底線，也是三者在兩岸間發揮作用的前提條件。

需要說明的是，「兩岸政治關係定位」中的議題化、階段化和共識化，都有策略運用的意味，亦即試圖透過不斷降低「兩岸政治關係定位」的敏感性，從而降低兩岸在解決政治關係定位上的難度。但是，正如大陸在多份公開文件中指出，兩岸

在談判中應持「善意溝通」的態度，真誠開展合作；曾任海基會副董事長的許惠佑也曾經提出，兩岸談判要「多一點誠意與信任、少一點權謀策略」，臺灣學者石之瑜更是直截了當的指出：「當前（臺灣）學界對中共談判策略與風格的研究主流，可能無助於未來開展的談判研究，恐怕還會稱為未來談判的絆腳石。」[66] 如果策略的思維在兩岸關係中被無序運用，那麼，顯然是無助於兩岸透過談判達成共識，也無助於兩岸關係和平發展。因此，儘管本研究提出了議題化、階段化和共識化的要素，毋寧是透過這樣的策略選擇和安排，為兩岸政治關係定位提供可行的方法和路徑，在實際運用中仍然有待政治人物的謹慎與謙抑。

（二）方法要素：「議題化」

大陸和臺灣對於兩岸政治關係定位有著豐富的論述。基於兩岸殊異的政治態度和認同選擇，政治關係定位問題，是兩岸的核心爭議之一。由此，兩岸的論述大多針鋒相對，難有真正的交集。這一現象的原因在於：兩岸在有關政治關係定位的論述上，至少有一方堅持將事先確定的政治關係定位模式作為兩岸各層次交往和商談的前提，而被事先確定的方案，又多體現己方的認知和立場，因而難以獲得對方的認可，並且常常導致敏感而抽象的概念之爭、理念之爭。這一現象也從消極的方面證明了兩岸並無法在政治關係定位的敏感議題上達成一致，而只能透過「議題化」的方式，將兩岸政治關係定位從兩岸交往和商談的前提，轉變為「議題」，透過兩岸協商的方式，解決政治關係定位問題。

議題化，是指將兩岸政治關係定位作為一項議題，由兩岸透過談判協商加以解決。議題化是解決兩岸政治關係定位的主要方法，因而是兩岸政治關係定位基本思路中的方法要素。雖然兩岸政治關係的實質是政治對立，但就臺灣的現實而言，要讓臺灣當局放棄在「國家」、主權上的主張，有著相當的難度。因此，大陸和臺灣在政治關係定位的過程中，將不可避免地涉及「國家」、主權等敏感議題，稍有不慎就可能激化兩岸之間的政治對立，給兩岸關係和平發展帶來消極影響。基於上述考慮，在解決政治關係定位的問題上，可以採取「議題化」的方式，將政治關係定位轉變為大陸和臺灣之間「可以談」的「議題」，從而降低大陸和臺灣間的政治對立與因政治關係定位而被激化的可能性。

大陸對於兩岸之間的「議題」有著充分的論述。根據鄧小平、葉劍英、江澤民、胡錦濤等領導人的論述，大陸在兩岸關係中所採取的議題策略主要可以分為三個層次。第一層次，一個中國原則是前提，而不是議題。大陸方面一再強調一個中國原則在兩岸關係中的重要性，儘管基於策略性的需求，將「一個中國」從前提轉化為原則，又逐步地將原則向框架過渡，又在某些兩岸場合將「一個中國」用「一國」或「九二共識」予以替代，但是，大陸「一個中國」的立場從未改變。「一個中國」對於大陸而言，是與臺灣方面開展任何對話和談判的前提，也是解決兩岸間所有其他問題的政治基礎。第二層次，在「一個中國」的基礎上，大陸方面對於具體議題又採取了「什麼都可以談」的策略。這裡的什麼都可以談，包括了兩岸政治關係定位問題。大陸方面的領導人講話、政策文件和法律規範至今尚沒有明確地提出「兩岸政治關係定位」的提法，但江澤民在十六大報告中提出「可以談臺灣當局的政治地位」問題、胡錦濤在2005年的「胡四點」中提出「臺灣當局的政治地位」議題、《反分裂國家法》第7條規定兩岸可以談「臺灣當局的政治地位」、2008年「胡六點」又用了更加抽象的「歷史遺留的問題和發展過程中產生的新問題」。顯然，無論上述何種表述，「兩岸政治關係定位」都被包含在上述的議題中，解決上述議題也都不可避免地要遭遇到「兩岸政治關係定位」的問題。第三層次，「什麼都可以談」的目的是「先談起來」，而不是「為談而談」。大陸方面用「什麼都可以談」來表徵其推動兩岸關係和平發展的誠意和耐心，然而，不能將這種誠意和耐心理解為「縱容」。「什麼都可以談」是為兩岸營造一種相對寬鬆的範圍，並不是構造一種形式上的和諧。江澤民在中共十四大報告中提出「只要兩岸坐下來談，總能找到雙方都可以接受的辦法」這一主張。[67]
1993年9月發布的《臺灣問題與中國統一白皮書》重申了江澤民在中共十四大報告中的觀點。[68]

此後，大陸方面一再重申了該觀點，並列入「江八點」第三條。由此可見，「什麼都可以談」，並不是無底線的遷就，而毋寧是一種議題選擇的策略。大陸方面主張「什麼都可以談」的策略目的，是推動兩岸「先談起來」，在「談」的過程中解決兩岸關注的問題。

透過對大陸在兩岸議題設置和選擇策略上的分析，將「兩岸政治關係定位」議

題化,符合大陸當前的兩岸政策,在政策導向上與大陸的議題策略也相符合。其一,「兩岸政治關係定位」以「九二共識」為基礎,且衡判其是否得到有效解決的標誌是消除兩岸的政治對立,因而「兩岸政治關係定位」並不涉「一個中國」的問題,而是兩岸在共同認可「九二共識」基礎上的具體議題,因而也屬於兩岸「可以談」的議題。其二,將政治關係定位「議題化」的方式,延續了大陸處理兩岸事務、尤其是敏感事務的一貫做法,是對當前「擱置爭議」處理方式的發展,因而有利於兩岸關係的深入發展。其三,將「兩岸政治關係定位」議題化,可以推動兩岸先就「兩岸政治關係定位」在不設任何可能選項的基礎上「先談起來」,避免兩岸在此問題上的「隔空喊話」和「自說自話」,促進兩岸就此問題開誠布公的提出各自關心的問題,集中兩岸智慧和力量在「談」的過程中解決問題。其四,「議題化」的處理方式使得「兩岸政治關係定位」的最終結果有了較大的開放性。「議題化」可以給大陸和臺灣多種選擇空間,既可使兩岸在務實探討基礎上選擇已經提出的模式,也可是兩岸經由談判創造的新模式。

「議題化」作為「兩岸政治關係定位」思路中的方法要素,其核心是兩岸透過協商談判的方式解決「兩岸政治關係定位」問題,為「兩岸政治關係定位」創造開放和寬鬆的政策空間,而不是按照既定的框架和結果去解決問題。但是,「議題化」對於大陸方面兩岸政策的符合性,並不意味著在臺灣方面不會遭遇到困難。與大陸比較重視一個中國原則下的議題設置不同,臺灣更加重視議題設置之前的前提問題。1990年5月,李登輝在就職典禮上,提出兩岸談判的條件。李登輝提出:「如果中共當局能體認世界大勢之所趨及全體中國人的普遍期盼,推行民主政治及自由經濟制度,放棄在臺灣海峽使用武力,不阻撓我們在一個中國前提下開展對外關係,則我們願以對等地位、建立雙方溝通管道,……」[69]
根據李登輝的言論,兩岸「建立雙方溝通管道」的前提條件包括:其一,大陸「民主化」;其二,大陸放棄對台使用武力;其三,不阻撓臺灣開展「對外關係」;其四,兩岸地位「對等」。1991年2月,臺灣當局「國統會」透過「國統綱領」,上述前提發生了變化,即兩岸談判必須是兩個「對等實體」之間的談判,大陸在談判前,必須接受兩岸是「兩個對等實體」的主張。」除開1999年後臺灣當局逐漸轉向「兩國論」或「一邊一國」的主張,馬英九當選為臺灣領導人後,臺灣當局對於前提性條件的設置,仍然沒有本質性的改變。馬英九在其臺灣領導人第一個任期的就

職典禮上，專門提及「兩岸問題最終解決的關鍵不在主權爭議，而在生活方式與核心價值」，「由衷盼望中國大陸能繼續走向自由、民主與均富的大道，為兩岸關係的長遠和平發展，創造雙贏的歷史條件。」[70]

在第二個任期的就職典禮上，馬英九又重複了上述觀點：「衷心期盼中國大陸的政治參與逐步開放，人權與法治日漸完善，公民社會自主成長，以進一步縮短兩岸人民的心理距離。」[71]

除此以外，馬英九當選後，其本人和臺灣當局還多次以其憲法為依據，多次主張「一國兩區」，事實上為「兩岸政治關係定位」提供了答案和既定的目標，這就與「議題化」不設最終答案的開放性相牴觸。

　　鑑於議題化可能在臺灣遭遇的困難，有必要對「議題化」在「兩岸政治關係定位」中的運用方式進行探討。最理想的「議題化」運用，是兩岸在正式的政治談判中，提出「兩岸政治關係定位」的議題。然而，由於兩岸在「兩岸政治關係定位」的前提，以及「兩岸政治關係定位」是否可以作為議題方面存在等方面存在問題，所以「兩岸政治關係定位」是否能夠成為兩岸之間的一個議題，是一個棘手的問題。更為重要的問題是，兩岸未來開展政治性談判的前景，儘管兩岸政治人物都曾提出過相關論述，但總體而言，仍是一個時間上未知的期待。邵宗海認為，兩岸政治定位的問題，始終是兩岸一旦涉及正式政治性議題談判時較為困擾的挑戰。[72] 為避免出現上述的尷尬，不妨換成另外一個角度來說，從兩岸早期的接觸與協商前例而言，也見證並不見得非要兩岸有明確的政治定位才能展開。[73]

因此，一個可以思考的「議題化」要素運用方法，是力爭將「兩岸政治關係定位」作為一個正式議題在兩岸政治談判中提出，但同時也考慮將「兩岸政治關係定位」的議題予以「分割」，使之成為一個包含諸多子議題的「議題群」。政治關係定位不僅是兩岸的政治問題，也關涉兩岸事務性商談，因此在兩岸尚處事務性合作的階段，亦要討論政治關係定位問題。將一些適合在兩岸事務性商談中討論的子議題，透過兩岸事務性商談「先談起來」，進而逐步地將有關「兩岸政治關係定位」「議題群」中的各項議題滲透進兩岸各類各級別商談和談判中，透過在商談過程中不斷

累積對相關議題的互信和共識，而不是一蹴而就。另一方面，將「兩岸政治關係定位」予以分割，也可以根據商談的具體情況和所涉具體問題，將「兩岸政治關係定位」這一敏感的政治議題轉化為法律性和技術性的問題，從而降低「兩岸政治關係定位」在實際討論中的敏感度，避免因該議題太過敏感而導致的迭次被「擱置」，從而避免「兩岸政治關係定位」久拖不決局面的長期存在。

（三）路徑要素：「階段化」

「階段化」是指大陸和臺灣可以採取分階段、分步驟的方式，根據兩岸關係發展狀況，在不同階段確定不同的政治關係定位，使政治關係定位始終與兩岸關係發展狀況相適應。「階段化」是推動兩岸政治關係定位形成與選擇的路徑，因而是兩岸政治關係定位基本思路中的路徑要素。

大陸和臺灣對於「階段化」有著較多的論述。大陸方面對於「階段化」的論述主要是針對兩岸談判的階段。1979年的《告臺灣同胞書》中提出，兩岸可以「首先透過中華人民共和國政府和臺灣當局之間的商談結束這種軍事對峙狀態，以便為雙方的任何一種範圍的交往接觸創造必要的前提和安全的環境」。《告臺灣同胞書》事實上是提出了兩岸關係發展的「兩階段」，即第一階段的結束軍事對峙狀態和第二階段的完成祖國和平統一。對比之後兩岸關係發展的情勢，可以發現，《告臺灣同胞書》對兩岸關係發展階段的理解比較抽象和原則，所指的「階段」，也是兩岸關係的宏觀階段，而不是具體的階段劃分。相較而言，「葉九條」提出了比較具體的階段劃分。「葉九條」第一條提出：「舉行中國共產黨和中國國民黨兩黨對等談判，實行第三次合作，共同完成祖國統一大業。」此前，雙方可「先派人接觸，充分交換意見」。「葉九條」將兩岸談判分為兩個階段：第一階段是國共兩黨之間的對等談判，第二階段是雙方的「接觸」和「交換意見」。「江八點」延續「葉九條」的精神，正式地將「和平統一」分為三個層次。根據「江八點」第三點，「和平統一」的目標分為三個層次：最高層次為「和平統一」，中間層次為「正式結束兩岸敵對狀態」，現實層次為政治性談判的程序性事宜，兩岸可以先就現實層次進行談判。事實上，自1998年2月起，海協會在給海基會的多份函件中，都按照「江八點」的要求，提出與海基會「協商兩岸政治談判的程序性事宜」。汪道涵在與辜振

甫會談時,也指出「兩岸應儘早進行政治談判及其程序性商談。」[74]
隨後,大陸提出了兩岸分階段協商和談判的主張。2005年3月透過的《反分裂國家法》第7條專門規定:「國家主張透過臺灣海峽兩岸平等的協商和談判,實現和平統一,協商和談判可以有步驟、分階段進行,方式可以靈活多樣。」2008年12月31日,胡錦濤在「胡六點」中提出「兩岸應該本著建設性態度,……透過平等協商,逐步解決兩岸關係中歷史遺留的問題和發展過程中產生的新問題。」[75]

臺灣方面對於兩岸關係發展的「階段」也有著相關的論述。1991年2月,臺灣當局透過的「國家統一綱領」,首次系統地闡述了臺灣當局對於兩岸關係發展階段的產物。根據「國家統一綱領」,兩岸關係的發展被預想為三個階段:其一,近程階段,「建立兩岸交流秩序,制訂交流規範,設立中介機構,以維護兩岸人民權益;逐步放寬各項限制,擴大兩岸民間交流,以促進雙方社會繁榮」,「兩岸應摒除敵對狀態,並在一個中國的原則下,以和平方式解決一切爭端」;其二,中程階段,「兩岸應建立對等的官方溝通管道」,「推動兩岸高層人士互訪,以創造協商統一的有利條件」;其三,遠程階段,「成立兩岸統一協商機構,……共商統一大業,……」[76]

兩岸對於相互關係的階段性劃分,對於「階段化」特點的理解和挖掘有著重要價值。與兩岸已有的對於階段化的論述相比,本研究提出的,作為兩岸定位「路徑要素」的階段化有著以下幾個方面的特點。

第一,「階段化」體現了「先談起來」的精神,是務實定位兩岸政治關係的必然選擇。「先談起來」,是大陸在處理對台談判事務中的一個政策性創舉。自中共十四大開始,「先談起來」、「只要早日進行平等協商,總可找出雙方都可以接受的辦法」等表述成為大陸對台政策中有關談判部分的重要話語。「先談起來」的目的,首先是將臺灣當局拉回談判桌,避免臺灣當局在相悖於「一個中國」的道路上越走越遠;其次是希望透過「先談起來」,在「談」的過程中,兩岸共同提出議題並對如何解決相關議題形成共識,避免各說各話的局面。因此,「先談起來」是一種務實的精神。當前,由於兩岸在政治互信方面仍未取得較大進展,「承認爭議」對於兩岸關係各方面的影響依然存在。兩岸政界和學界對於政治關係定位的描述和展望,較多地集中於對於政策語言表述的修辭以及在現有理論基礎上的不斷創新

（甚至於創造）。與其將兩岸政治關係定位的問題轉變為語言的轉換或者各路創新理論的演繹，不如在兩岸政治關係定位中發揚「先談起來」的精神，由兩岸在「談」的過程中，各自表達所關注的問題，尋找解決問題的辦法。「階段化」體現了「先談起來」中的務實精神，其核心是大陸和臺灣不必一次性地確定兩岸政治關係定位，而是在不同的階段，尋找與其階段特徵相符合的定位模式。換而言之，就是兩岸關係在什麼階段，就形成與之相適應的兩岸政治關係定位的模式。兩岸在階段化的「兩岸政治關係定位」下，就由此政治關係定位所影響的其他問題展開交往。

第二，當前兩岸政策中有關「階段」的論述，主要是指「談判」的階段，而「階段化」更多的是指兩岸關係的宏觀發展階段。大陸人大常委會的《告臺灣同胞書》之後，包括「葉九條」在內，大陸絕大多數對於兩岸關係發展階段的論述，是對於談判階段的劃分。「江八點」開始，這種對於談判階段的劃分，已經精細到了策略層面。對於大陸在「葉九條」之後的階段劃分，不妨稱之為「微觀」的階段劃分。相比之下，臺灣方面在「國統綱領」中的劃分則比較宏觀。微觀和宏觀的階段劃分，都是兩岸在政策釋出過程中，基於各自立場和策略的考量提出來的，並無優劣之分。作為兩岸政治關係定位路徑要素的「階段化」，更多的是偏向對於兩岸關係的宏觀發展階段的論述。之所以「階段化」的目標主要定位為宏觀發展階段的論述，一方面是由於大陸基於其務實和開放的兩岸政策，較多地著力於微觀的階段劃分，對於宏觀的兩岸關係發展階段，尚未見具有可行性的論述，另一方面則是因為兩岸政治關係定位儘管可以被議題化並在不同的階段體現出不同的樣態，但兩岸政治關係定位仍然是兩岸關係中的核心之一，對於兩岸在政治性和事務性層次的交往具有指導作用，因而應當在一定歷史時期內保持穩定，與兩岸關係發展的宏觀階段相適應。將「階段化」理解為宏觀的範疇，並不影響在兩岸關係的具體議題中，可以根據情況，對兩岸政治關係定位在具體議題中的表現形式進行調整。

第三，「階段化」是與「議題化」相聯結的要素，不能脫離「議題化」來理解「階段化」。「階段化」是由「議題化」所決定的。兩岸談判的實踐表明，任何一項共識的達成，都是在多輪談判、反覆商談基礎上形成的。可以預見，政治關係定位這樣重大而敏感的議題，對於兩岸而言，尋找到都能接受的共識是困難的，因而兩岸在政治關係定位的議題上必然經歷多次反覆。由此可見，大陸和臺灣有關政治

關係定位的談判，亦將體現出階段性的特徵。「階段化」的談判將產生階段性的成果。這些階段性成果既是對現有兩岸共識的集中概括，也是未來大陸和臺灣政治關係定位發展的基礎，對於積累兩岸互信、擴大兩岸共識，具有積極意義。透過「階段化」的處理，大陸和臺灣政治關係定位的敏感性和難度在被「議題化」降低後，再次被降低，大陸和臺灣之間因政治關係定位激化政治對立的可能性也會隨之降低。

「階段化」對於臺灣當局而言，也是一個可以接受的方案。兩岸之間的「承認爭議」，決定了兩岸在政治關係定位上必然存在著不同的認知。一個可以被雙方所共同接受的最終方案，顯然不可能在兩岸政治性談判之前就完全達成。儘管兩岸借助「九二共識」的話語表述，可以在「一個中國」的問題上達成默契，但即便是有了對於「一個中國」的默契，臺灣方面對其在兩岸談判中如何被定位，也始終是它解不開的夢魘。[77]

大陸方面為兩岸政治關係定位設計了幾個「可以談」的議題，如正式結束兩岸敵對狀態、臺灣當局的政治地位等。這些議題的根本出發點顯然是恰當的，但對於臺灣方面而言，其承受力和接受度在短時間內顯然無法適應這些議題的要求。臺灣方面對於議題的理想狀態，是「若有政治談判，必須是雙方同意的議題」。[78]

面對此一現狀，如果兩岸貿然提出對於政治關係定位的最終期待，則不可避免地陷入由「承認爭議」所營造的兩岸緊張氛圍中。唐樹備曾經說過：「海峽兩岸之間的根本分歧就是政治分歧，應透過政治談判逐步解決。」[79]

連戰也曾說過：「在兩岸互動的過程中，一下子就要談到什麼主權等問題，在目前看來，是沒有意義的。」[80]

對於兩岸當前並無太多政治共識積累的現狀而言，用「階段化」的方法，由易到難，循序漸進，在不同的階段將政治關係定位的議題予以分解，降低其政治敏感度。由「階段化」所揭示，兩岸政治關係定位最終共識的形成，將是一個長期的歷史過程。更進一步，兩岸政治關係定位甚至有可能是一個歷史性過程的永續發展，而沒有一個最終的樣態。總而言之，透過「階段化」共識的積累，兩岸才有可能為形成雙方都能接受的政治關係定位奠定基礎。

（四）結果要素：「共識化」

　　兩岸政治關係定位，必須是兩岸在政治關係定位上的共識，而不是單方面獨白，這是判斷兩岸政治關係定位是否有效的唯一準則。兩岸共識，是與兩岸各自的「獨白」相對應的提法。從描述性的角度，兩岸共識是兩岸對於某一問題的共同同意。與此相應的，所謂「獨白」，則是指兩岸立基於各自的立場，在不考慮對方觀點的情況下，對於兩岸相關問題的描述。

　　共識化，是兩岸政治關係定位的結果要素，其含義是兩岸政治關係定位的模式選擇只能建立在兩岸共識的基礎上，任何一方基於自身立場的獨白，都不構成兩岸政治關係定位的模式。之所以在兩岸政治關係定位中引入「共識化」的要素，依然是基於「承認爭議」的考量。由於兩岸根深蒂固的「承認爭議」，任何一方面的政策獨白，都會被另一方所質疑和否定，因而對於兩岸關係的實踐並無太多的積極意義。兩岸政治關係定位，涉及兩岸最為根本的利益，甚至關係到兩岸公權力機關在各自範圍內存續的合法性問題，因此，兩岸都不可能在政治關係定位上，為迎合對方的觀點而作出過大的讓步。尤其是兩岸政治關係定位必須在「一個中國」的框架內，在「國家認同」逐漸多元化的臺灣整合民眾意見，形成己方的觀點已經具有相當難度，更遑論對於大陸「獨白式」觀點的體認。

　　共識化作為兩岸政治關係定位的結果要素，不僅在邏輯上可以獲得證立，而且與兩岸關係的歷史也是相符的。以1992年兩岸達成「九二共識」為界，兩岸關係可以分為「獨白」時期和「共識-獨白」時期。「獨白」時期是在大陸和臺灣達成「九二共識」前，兩岸在「獨白」時期互不往來，而是以「獨白」形式單方面宣告各自的兩岸政策。在「獨白」時期，大陸和臺灣各自可以毫無顧忌地按照自己的意願制定兩岸政策，也可以按照自己所設定的話語體系描述、解釋兩岸關係，而完全不必考慮對方是否能接受，各自在兩岸政策制定上具有獨斷性。「共識-獨白」時期是指兩岸達成「九二共識」達成後，兩岸在「共識-獨白」時期開始交流，並逐漸擴大交流的規模、層次和領域，兩岸之間也不再單純以「政策獨白」為主，而是有了一定的共識。在「共識-獨白」時期，無論兩岸哪一方，在制定兩岸政策時，都不能僅僅按照自己的意願為之，尤其是在達成兩岸共識方面，必須考慮對方的可接受度。將「獨白」時期和「共識-獨白」時期與兩岸關係發展的歷史相對照，可以發現「獨

白」時期與兩岸相互隔絕、相互對峙的時期幾乎完全同步，而一當兩岸恢復接觸，除了在個別時期和個別政策上兩岸仍採「獨白」方式表述兩岸政策外，絕大多數的兩岸政策都考慮到了對方的可接受度。

「共識化」不僅在判斷兩岸政治關係定位的結果上有著判準意義，而且經由與「階段化」的配合，還具有推動兩岸政治關係定位良性推動的方法意義。臺灣學者蘇宏達在分析歐盟形成的原因時，提出一個有意義的結論：歐洲整合的動力在於它的「不可瓦解性」，這個「不可瓦解性」植基於歐盟已經符號化為歐洲「和平、和解和合作繁榮」的象徵，在歐洲整合面臨「共同體既有成果」受到威脅時，對歐盟結構可能被動搖甚至瓦解的恐懼時，可以進一步刺激整合的深化。[81]
根據蘇宏達的解釋，洲整合具有累積性，整合進程與時間成正比，整合進程愈久，程度愈高，則歐盟的抗壓線就愈高，因此，整合時間愈久，愈能主導整合運動，其他因素影響力就愈低，其路徑不是直線或循環，而是呈現黑格爾式的「正-反-合」曲線。[82]

儘管歐盟模式不具有可移植性，[83]

且歐盟與兩岸關係也無必然聯繫，但蘇宏達對歐盟定性理論的研究，對兩岸關係具有極為重要的參考意義：兩岸關係的實踐中，兩岸由於存在政治對立，都不能、不會、不願、不敢輕易地在兩岸關係的關鍵上作出讓步，[84]

而是會根據各自的利益需求，提出兩岸政策，透過不斷試探對方的政策底線來爭取儘可能多的利益。經由「階段化」的配合，兩岸在不同的階段形成與其階段特徵相適應的共識，這些共識不斷地在「正-反-合」的邏輯中進行作用和累積，以為新共識的生成奠定基礎。隨著兩岸共識的累積，兩岸之間亦可出現類似於歐盟整合過程中所產生的效應，即共識累積越深、兩岸之間的共識越穩固，而共識累積時間越久，兩岸之間業已形成的共識就越能主導兩岸關係的發展趨勢，兩岸對於共識的依賴也就越深。

「共識化」並非要求兩岸的「一致」，相反，「共識化」所表徵的是兩岸有差別的共識。當前，兩岸描述這種有差別的共識，通常使用「各自表述」或「擱置爭

議」等話語。不可否認，這些話語對於兩岸關係的發展具有正面意義。無論是「各自表述」還是「擱置爭議」的本質，是兩岸為對方預留不同意己方意見的空間，以換取對於共識的接受與認可。兩岸當前最重要的共識——「九二共識」——就是在「各自表述」的前提下完成的，無論在形成過程還是內涵確定上，都體現了「各自表述」和「擱置爭議」的思想。2008年4月和6月，蕭萬長和胡錦濤在不同場合都提出過包含有「擱置爭議」在內的「十六字」，馬英九也肯定了「擱置爭議」的重要性。隨後，「擱置爭議」本身成為兩岸在現階段和平發展的基本共識。可以說，在未來的一段時期內，「各自表述」也好，「擱置爭議」也罷，都將成為兩岸取得共識時的關鍵要素。但是，「各自表述」和「擱置爭議」都具有較多的消極意涵，從長遠來看，應當更多地挖掘與之相適應的積極形態，更好地助力於「共識化」要素的作用。

　　立基於以上的思考，在兩岸形成「共識」的過程中，可以引入「同意歧見」的原則。「同意歧見」原則是美蘇英法四國在解決兩德問題時所採取的原則，後為兩德處理彼此間關係時採用。1970年代，兩德在德國是否統一上存在根本性的分歧，為了發展兩德關係，兩德在「同意歧見」的基礎上，以擱置爭議的方式處理雙方的爭議，並簽訂《兩德基礎關係條約》，實現兩德關係正常化。按照張亞中的觀點，「同意歧見」是「相互同意對方的歧見」，[85]在對方觀點與己方觀點不一時，不作爭論，而是保持尊重。值得討論的是「同意歧見」與「擱置爭議」的關係。從效果上來看，「同意歧見」的主要方式和直接效果，就是「擱置爭議」。那麼，「同意歧見」原則是否與「擱置爭議」具有相同的含義？在兩岸已經達成「擱置爭議」共識的情況下，有否必要另提「同意歧見」呢？

　　本研究認為，「同意歧見」與「擱置爭議」在含義上雖有重疊之處，但並不完全相同。張亞中認為，僅對於兩岸互信而言，僅僅「擱置爭議」是做不到的。張亞中的理由是：從國際關係的經驗來看，如果當事國無法對於一個根本性的問題找到共識，那麼所簽訂的條約、建立的機制基本上都很脆弱，而對於兩岸而言，不同的基礎自然會產生不同的結果。據此，張亞中認為，在「擱置爭議」的基礎上，兩岸無法達成互信。[86]
張亞中的觀點有一定道理，但他仍然僅僅揭示出「同意歧見」與「擱置爭議」在一

個方面的區別,而沒有揭示出兩者之間的主要區別。「同意歧見」對於兩岸之間存在的爭議,不是採取迴避態度,而是積極主動地透過尋找可能的共同點或者變換語言表達,達到雙方具有建設性的均衡狀態,而「擱置爭議」對於兩岸爭議的態度則是消極的,採取「不討論」等方式,迴避兩岸在議題上的爭議。確立「同意歧見」原則有助於兩岸最大限度地尋找現階段可能形成的共識。根據「同意歧見」原則,對於兩岸在現階段難以解決的政治爭議,如「一中爭議」及其衍生的「承認爭議」等,並不是就此「擱置」、「不解決」,而是儘量為解決上述爭議形成建設性的均衡狀態。具體而言,在「同意歧見」原則的作用下,即便大陸和臺灣暫時不能就「一中爭議」、「承認爭議」等爭議達成實質性的共識,但兩岸若能達成願意,就此問題達成進一步協商的程序性共識,對於兩岸政治關係定位而言,也是一個有效的成果。

當然,需要說明的是,「同意歧見」原則並不是要取代「擱置爭議」原則,更不是否定「擱置爭議」和「各自表述」的必要性。「擱置爭議」和「各自表述」是兩岸在特定歷史條件下提出的主張,在兩岸事務性談判以及兩岸現階段的對話中是有效的。「同意歧見」原則只是在含義、適用方式和適用範圍上與此兩者有所不同,在目的上則是完全相同的。

註釋

[1].周葉中、祝捷:《「一中憲法」與「憲法一中」——兩岸根本法之「一中性」的比較研究》,載《當代中國政治研究報告》,社會科學文獻出版社2012年版。

[2].《鄧小平文選》(第三卷),人民出版社1993年版,第31頁。

[3].邵宗海:《兩岸關係》,五南圖書出版有限公司2006年版,第628頁。

[4].《江澤民在中國共產黨成立七十週年大會上的講話》,載《人民日報》1991年7月2日。

[5].江澤民:《加快改革開放和現代化建設步伐 奪取有中國特色社會主義事業的更大勝利》(1997年)。

[6].國台辦、國新辦：《臺灣問題與中國統一白皮書》（1993年）。

[7].汪道涵：《汪道涵會見辜振甫談話提綱》，資料來源：http：//www.gwytb.gov.cn/lasht/lasht0.asp？last_m_id=236，1998年10月，最後訪問日期：2009年1月5日。

[8].國台辦、國新辦：《臺灣問題與中國的統一》白皮書（1993）。

[9].《反分裂國家法》（2005年）第7條。

[10].胡錦濤：《高舉中國特色社會主義偉大旗幟 為奪取全面建設小康社會新勝利而奮鬥》（2007年）。

[11].《胡錦濤：在「九二共識」基礎上恢復兩岸協商談判》，資料來源：http：//www.gwytb.gov.cn/zyjh/zyjh0.asp？zyjh_m_id=1534，最後訪問日期：2009年1月7日。

[12].新華社：《胡吳會：在九二共識下「兩會」復談》，2008年5月28日。感謝新華社湖北分社沈翀供稿，本研究未指明來源的新華社公開稿均來自於此，不再一一說明。

[13].邵宗海：《兩岸關係》，五南圖書出版有限公司2006年版，第630頁，第651頁。

[14].轉引自臺灣當局「國統會」：「台海兩岸關係說明書」（1994年）。

[15].臺灣當局「國統會」：「國家統一綱領」（1991年）。

[16].邵宗海：《兩岸關係》，五南圖書出版有限公司2006年版，第579頁。

[17].邵宗海：《兩岸關係》，五南圖書出版有限公司2006年版，第579頁。

[18].邵宗海：《兩岸關係》，五南圖書出版有限公司2006年版，第632頁。

[19].陸委會：「我們對辜汪會談的看法」（1993年）。

[20].臺灣當局「行政院陸委會」：「我們對辜汪會談的看法」（1993年）。

[21].初國華：《不對稱權力結構下的兩岸談判：辜汪會談個案分析》，臺灣政治大學中山人文社會科學研究所博士論文，2007年9月，第60頁至第61頁。

[22].臺灣當局「國統會」：「台海兩岸關係說明書」（1994年）。

[23].邵宗海：《兩岸關係》，五南圖書出版有限公司2006年版，第632頁。

[24].邵宗海：《兩岸關係》，五南圖書出版有限公司2006年版，第107頁。

[25].李登輝：「民之所欲，長在我心」（1996年）。

[26].邵宗海：《兩岸關係》，五南圖書出版有限公司2006年版，第633頁。

[27].邵宗海：《兩岸關係》，五南圖書出版有限公司2006年版，第652頁。

[28].邵宗海：《兩岸關係》，五南圖書出版有限公司2006年版，第652頁。

[29].張惠玲：《歐盟「共同外交暨安全政策」之整合談判過程與台海兩岸協商經驗之比較》，臺灣中山大學大陸研究所博士論文，2002年，第176頁至第178頁。

[30].周嘉川：「陳總統：已做好準備兩岸隨時可談判」，載《聯合報》2000年10月22日。

[31].邵宗海：《兩岸關係》，五南圖書出版有限公司2006年版，第656頁。

[32].馬英九：「在就任臺灣領導人典禮上的講話」，2008年5月。資料來源：http：∥www.zaobao.com/special/china/taiwan/pages11/taiwan080520e.shtml，最後訪問日期：2008年11月14日。

[33].《胡錦濤：兩會在九二共識基礎上復談是良好開端》，資料來源：http：∥news.china.com/zh　cn/domestic/945/20080613/14907315.html，最後訪問日期：2008年12月23日。

[34].《馬英九稱「兩會」復談要以「九二共識」為基礎》，資料來源：http：∥news.cctv.com/spe-cial/C17274/01/20080609/105843.shtml，最後訪問日期：2008年12月23日。

[35].《馬英九：兩岸主權爭議以九二共識做暫時處理》，資料來源：http：∥www.twtimes.com.tw/ht-ml/modules/news/article.php？storyid=15547；《馬英九：兩岸若要簽和平協議大陸須處理導彈》，資料來源：http：∥mil.huanqiu.com/Taiwan/2008-09/216448.html，最後訪問日期：2008年12月25日。

[36].《馬英九稱兩岸關係已突破，望與大陸簽和平協議》，《環球時報》2008年8月31日。

[37].馬英九：「國慶談話全文」（2008年）。

[38].《馬英九：願努力在任內與大陸簽和平協議》，資料來源：http：∥www.chinanews.com.cn/tw/tw-yw/news/2008/10-18/1416733.shtml，最後訪問日期：2008年10月18日。

[39].如馬英九在2008年5月20日的講話上再次重申了「十六字箴言」，2011年10

月10日紀念辛亥革命100週年的講話上，再次提出「兩岸人民同屬中華民族，希望雙方在正視現實的基礎上，求同存異，互助合作，建立制度化的和平關係」。

[40].胡錦濤：《攜手推動兩岸關係和平發展 同心實現中華民族偉大復興——在紀念告臺灣同胞書發表20週年座談會上的講話》，載《人民日報》2009年1月1日。

[41].祝捷：《「臺灣國族認同」剖析》，載周葉中、祝捷：《兩岸關係的法學思考》，香港社會科學出版社2010年版。

[42].「溢出」的話語借助了歐洲整合中比較成熟的新功能主義理論，參見周葉中、祝捷：《論兩岸關係和平發展框架的內涵》，載《時代法學》2009年第1期。

[43].邵宗海：《兩岸關係》，五南圖書出版有限公司2006年版，第343頁。

[44].胡錦濤：《在紀念辛亥革命100週年大會上的講話》，載《人民日報》2011年10月9日。

[45].張惠玲：《歐盟「共同外交暨安全政策」之整合談判過程與台海兩岸協商經驗之比較》，臺灣中山大學大陸研究所博士論文，2002年，第136頁。

[46].邵宗海：《兩岸關係》，五南圖書出版有限公司2006年版，第303頁。

[47].《鄧小平文選》（第二卷），人民出版社1993年版，第30頁。

[48].汪道涵：《汪道涵會見辜振甫談話提綱》，資料來源：http://www.gwytb.gov.cn/lasht/lasht0.asp? last_m_id=236，最後訪問日期：2008年12月24日。該「86字」後來刊登在《人民日報》上，成為當時大陸官方對「一個中國」涵義的正式界定。

[49].邵宗海：《兩岸關係》，五南圖書出版有限公司2006年版，第324頁至第326頁。

[50].臺灣當局「國統會」：「『一個中國』意涵定位結論」（1992年）。

[51].臺灣當局「國統會」：「台海兩岸關係說明書」（1994年）。

[52].對此部分，限於兩岸關係發展的現狀所限，並無現成之例證，不妨透過下例幫助理解。2003年，錢其琛在紀念「江八點」發表8週年的座談會上提出：「三通是兩岸之間的事，是經濟問題，三通商談不是政治談判，可以不涉及一個中國的政治意涵。」《為促進祖國統一大業的完成而繼續奮鬥 首都各界舉行江主席重要講話發表八週年座談會》，資料來源：http://www.gwytb.gov.cn/seek/qft0.asp? zyjh_m_id=630＆pge=zyjh，最後訪問日期：2008年12月25日。

[53].邵宗海：《兩岸關係》，五南圖書出版有限公司2006年版，第306頁。

[54].何振忠、尹乃馨：《果不其然提出來，各說各話解僵局》，載《聯合報》1992年3月24日。

[55].許世銓：《1992年共識：海基海協兩會協商之回顧與評析》，載《臺灣研究》2000年第4期。

[56].許世銓：《1992年共識：海基海協兩會協商之回顧與評析》，載《臺灣研究》2000年第4期。

[57].邵宗海：《兩岸關係》，五南圖書出版有限公司2006年版，第307頁。

[58].許世銓：《1992年共識：海基海協兩會協商之回顧與評析》，載《臺灣研究》2000年第4期。

[59].許世銓：《1992年共識：海基海協兩會協商之回顧與評析》，載《臺灣研究》2000年第4期。

[60].大陸的五個版本與1992年3月由中共中央提出，授權海協會適時公布採用，而臺灣的五個版本則由1992年4月提出，授權海基會酌情採用。但兩會都於1992年10月的會議上提出。根據鄭安國：《「一個中國，各自表述」的歷史真相》一文整理。參見鄭安國：《「一個中國，各自表述」的歷史真相》，載蘇起、鄭安國編：《「一個中國、各自表述」共識的史實》，翰蘆圖書出版有限公司2003年版，第9頁至第13頁。

[61].參見鄭安國：《「一個中國，各自表述」的歷史真相》，載蘇起、鄭安國編：《「一個中國、各自表述」共識的史實》，翰蘆圖書出版有限公司2003年版，第13頁至第15頁。

[62].《胡錦濤總書記在美國夏威夷會見連戰》，資料來源：http://news.xinhuanet.com/video/2011-11/12/c_122270294.htm，最後訪問日期：2011年11月16日。

[63].邵宗海：《兩岸關係》，五南圖書出版有限公司2006年版，第307頁。

[64].《學者評陳水扁所謂「九二年精神」實質是否定一中原則》，資料來源：http://www.china.com.cn/zhuanti2005/txt/2000-08/08/content_5002698.htm，最後訪問日期：2012年9月12日。

[65].將議題化、階段化和共識化作為基本思路的「要素」，而不是方法，主要

考慮避免因「方法」導致對議題化、階段化和共識化的工具性理解，而未將其作為兩岸政治關係定位所需遵循的模式和思維。

[66].初國華：《不對稱權力結構下的兩岸談判：辜汪會談個案分析》，臺灣政治大學中山人文社會科學研究所博士論文，2007年9月，第262頁。

[67].江澤民：《加快改革開放和現代化建設步伐　奪取有中國特色社會主義事業的更大勝利》（1997年）。

[68].國台辦、國新辦：《臺灣問題與中國的統一》白皮書（1993年）。

[69].轉引自臺灣當局「國統會」：「台海兩岸關係說明書」（1994年）。

[70].馬英九：《就職典禮上的講話》，2008年5月20日。

[71].馬英九：《就職典禮上的講話》，2012年5月20日。

[72].邵宗海：《兩岸關係》，五南圖書出版有限公司2006年版，第344頁至第345頁。

[73].邵宗海：《兩岸關係》，五南圖書出版有限公司2006年版，第345頁。

[74].汪道涵：《汪道涵會見辜振甫談話提綱》，資料來源：http://www.gwytb.gov.cn/lasht/lasht0.asp? last_m_id=236，1998年10月，最後訪問日期：2009年1月5日。

[75].胡錦濤：《攜手推動兩岸關係和平發展　同心實現中華民族偉大復興——在紀念〈告臺灣同胞書〉發表30週年座談會上的講話》（2008年）。

[76].臺灣當局「國統會」：「國家統一綱領」（1991年）。

[77].邵宗海：《兩岸關係》，五南圖書出版有限公司2006年版，第654頁。

[78].邵宗海：《兩岸關係》，五南圖書出版有限公司2006年版，第654頁。

[79].《唐樹備：兩岸政治談判不可迴避》，載《中國時報》1999年2月10日。

[80].《連戰：兩岸互訪比隔空喊話好》，載《聯合報》1999年1月23日。

[81].蘇宏達：《以「憲政主權建造」概念解釋歐洲統合之發展》，載《歐美研究》第31卷第4期，2001年12月。

[82].蘇宏達：《以「憲政主權建造」概念解釋歐洲統合之發展》，載《歐美研究》第31卷第4期，2001年12月。

[83].王泰詮：《歐洲聯盟之本質及其形式》，載施正峰編：《歐洲統合與臺灣》，前衛出版社2003年版，第46頁。

[84].對於不能、不會、不願、不敢四個詞的界定分別是：不能是指主觀上願意，並且具備出台新兩岸政策的能力，但由於客觀條件不允許，而無法出台該兩岸政策；不會是指主觀上願意，客觀上亦允許，但由於不具備出台新兩岸政策的能力，而無法出台該兩岸政策；不願是指主觀上不願出台新的兩岸政策，但在實踐中已經有了出台該兩岸政策的需要；不敢是指主觀上願意，並具備出台新兩岸政策的能力，客觀條件亦允許，但由於擔心該兩岸政策可能觸及兩岸敏感問題，而不出台該兩岸政策。本研究後文均是在上述意義上使用此四個詞。

[85].張亞中：《〈東西德關係基礎條約〉侷限與啟示》，系張亞中在「兩岸和平合作論壇」（中國評論通訊社、《中國評論》月刊主辦）上的發言稿，載《中國評論》2008年第11期。

[86].張亞中：《〈東西德關係基礎條約〉侷限與啟示》，系張亞中在「兩岸和平合作論壇」（中國評論通訊社、《中國評論》月刊主辦）上的發言稿，載《中國評論》2008年第11期。

第四章 「兩岸」模式及其與其他定位模式的比較

在兩岸仍然因「承認爭議」產生歧見的情況下，「議題化」、「階段化」和「共識化」等定位要素的運用，為目前大陸和臺灣在政治關係定位上提供了最具可能性的選項。對現階段而言，儘管透過「兩會框架」的兩岸事務性交流仍是兩岸關係的主流，但隨著兩岸事務性交流的日益深化，政治性交流亦將提上議事日程。兩岸政治性交流需要大陸和臺灣以合適的名義參加，這就要求大陸和臺灣形成初步的政治關係定位，為政治性交流創造有利環境。考慮到兩岸關係的歷史和現實，本研究認為，作為地理概念的「兩岸」可以作為現階段大陸和臺灣政治關係定位的模式。本章將對「兩岸」模式作為大陸和臺灣政治關係定位的模式進行論證，同時從歷時性、共時性和國際性三個面向，對兩岸政治關係定位以及國際社會解決分裂國家中政治關係的安排進行比較研究。

一、「兩岸」模式的提出及其涵義

（一）兩岸動力系統及其對政治關係定位的影響

1.「兩岸動力系統」及其功能

臺灣學者蘇宏達在分析歐盟形成的原因時指出，中世紀晚期以來，歐洲人在分裂征戰中，形成了追求在歐洲大陸建立統一的「歐洲」的夢想，而1950年開始的歐洲整合運動是歐洲人最後的希望，此即所謂歐洲人的「歐洲夢」。經過600餘年的發展，尤其是經過20世紀兩次世界大戰的洗禮，「歐洲夢」逐漸成為一個信仰系統。但是，歐洲各國基於自利原則都不願意為了歐洲整合而讓渡主權，之所以最後會同

意,是因為除了參與歐盟的建造外,沒有別的路徑可以保證歐洲長久和平。[1] 換言之,歐洲整合的動力來自於整個歐盟的結構性制約和導引,本身就具有抗壓的頑固性,迫使建造工程雖可能停滯或暫時退卻但終會再向前,而這個支撐力和抗壓性則來自歐洲整合最為核心的信仰系統,即「歐洲夢」。[2]

據此,蘇宏達提出一個有意義的結論:歐洲整合的動力在於它的「不可瓦解性」,這個「不可瓦解性」植基於歐盟已經符號化為歐洲「和平、和解和合作繁榮」的象徵,在歐洲整合面臨「共同體既有成果」受到威脅時,對歐盟結構可能被動搖甚至瓦解的恐懼時,可以進一步刺激整合的深化,[3]

此即歐洲動力系統。

　　蘇宏達運用上述結論,對歐盟的形成過程進行瞭解釋,並形成了一系列通則,其中第一項通則對兩岸共識的形成最具啟發意義。根據蘇宏達的解釋,歐洲整合具有累積性,整合進程與時間成正比,整合進程愈久、程度愈高,則歐盟的抗壓線就愈高,因此,整合時間愈久,愈能主導整合運動,其他因素影響力就愈低,其路徑不是直線或循環,而是呈現黑格爾式的「正-反-合」曲線,類似於歐盟動力系統。大陸和臺灣在歷史、血緣、親情、利益、和平等諸多因素的促進下,亦形成了兩岸動力系統。兩岸動力系統的動力主要來自於以下兩個方面:其一,中國傳統文化中的大一統觀念,以及由此形成的對中國統一的追求,構成兩岸動力系統的歷史動力;其二,維護台海地區穩定、維護兩岸人民福祉構成了兩岸動力系統的現實動力。

　　雖然大陸和臺灣在政治關係定位時都試圖按照自己的意願,作出對自己有利的定位,但是,考慮到對方的可接受度,都不得不調整各自的定位,使之能夠為對方所接受。大陸和臺灣在政治關係定位上受兩岸動力系統的影響。1949年10月後,大陸和臺灣在政治關係定位上共經歷了五個比較重要的定位時刻(location moment),[4]
分別是1955年至1963年、1979年至1982年、1987年至1992年、1995年至2002年以及2005年至今。為表述方便,以下將大陸對兩岸關係的定位稱為「正相」,將臺灣對兩岸關係的定位稱為「反相」,而將兩岸經由兩岸動力系統形成的結果稱為

「合相」。

2.兩岸政治關係定位的「定位時刻」

1955年至1963年是政治關係定位的第一個「定位時刻」。當時，大陸在對台政策上已經釋出「不排除和平統一」（正）的善意，臺灣方面則仍堅持以「反攻大陸」（反）為主軸。在正相與反相的相互作用下，兩岸高層分別在不同場合宣稱不排除和平解決臺灣問題的可能性，大陸形成了「一綱四目」的新對台政策，而臺灣亦從「軍事反攻」向「政治光復」調整，從而使大陸和臺灣的政治關係定位從以直接軍事對峙為特徵的、比較激烈的內戰模式，轉變為以政治對峙為主、比較溫和的內戰模式（合）。

1979年至1987年為政治定位的第二個「定位時刻」。其時，大陸釋出善意，提出「一國兩制」解決臺灣問題的設想（正），但臺灣仍堅持「三不政策」（反），主張以「三民主義統一中國」。在正相與反相的相互作用下，兩岸之間的對立氣氛有所緩解。1982年，臺灣「行政院長」孫運璿首次未將大陸稱為「匪區」，代表著臺灣當局對大陸的定位有所鬆動。此後，臺灣當局逐步鬆綁「三不政策」，開始恢復與大陸的接觸。以1987年臺灣當局開放大陸探親為標誌，兩岸之間結束內戰狀態，並且不再互相敵視，開始恢復正常的經貿往來和人員交流（合）。

1987年至1992年為政治關係定位的第三個「定位時刻」。1987年後，大陸仍堅持「一國（中華人民共和國）兩制」的政策（正），而臺灣則主張「一國兩府」、「一國兩區」和「一國兩體」（反）。為了開展正常的事務性交流，兩岸於1992年達成「九二共識」，都至少主張堅持一個中國原則，從而形成了兩岸在國家層次的共同認同（合）。

1999年至2002年為政治關係定位的第四個「定位時刻」。1999年7月，李登輝拋出所謂「兩國論」，將大陸和臺灣的政治關係定位為「特殊的國與國關係」（反）。針對這一局面，大陸堅持一個中國原則（正），但本著務實的態度，不斷發展「一個中國」的內涵。2002年11月，中共十六大報告提出「一個中國三段論」（Ⅲ），從而在否定「兩國論」的前提下，緩和了臺灣對大陸的從屬性（合）。

2005年至今是政治關係定位的第五個「定位時刻」。2002年後，陳水扁當局將兩岸定位為「一邊一國」，制定「公投法」，並於2005年推動「公投入憲」（反）。[5]

2005年，大陸透過《反分裂國家法》，按照「一個中國三段論」（Ⅲ）定位兩岸關係，並在堅持一個中國原則的前提開展與臺灣主要政黨的黨際交流。2005年4月開始，胡錦濤在與臺灣政黨領導人和有關人士會談時，多次將「兩岸」作為一個政治概念使用，並於2007年10月正式提出構建「兩岸關係和平發展框架」的戰略構想。2008年12月，胡錦濤又在「胡六點」中將大陸和臺灣政治關係的實質明確為政治對立關係，更加強化了兩岸關係的「兩岸」本質。「兩岸」作為一個政治概念的運用也獲得臺灣有關人士的肯定，因而成為現階段代替「一國」的最佳方式。2013年2月，連戰在與習近平的交談中提出：「臺灣固然是中國的一部分，大陸也是中國的一部分，從而形成『一中架構』下的兩岸關係，而不是國與國的關係。」[6]

這是兩岸政治領導人首次在公開場合提出「兩岸」模式的主張。由此，大陸和臺灣在政治關係定位上形成了「兩岸」的共識（合）。

以上五個「定位時刻」，都是出現在兩岸關係的重要轉折點。歷史證明，在「正」、「反」相互作用下形成的「合」，不僅有效地使兩岸渡過關鍵的轉折點，促進了兩岸關係的發展，而且都形成了新的大陸和臺灣政治關係定位。參見表4-1所示：

表4-1「兩岸」作為大陸和臺灣政治關係定位的形成

「定位時刻」	正向	反向	合	效果
1955 - 1963	和平方式解放台灣	「反攻大陸」	溫和的內戰模式	兩岸長達15年的相對穩定期
1979 - 1987	「一國（中華人民共和國）兩制」	「三不政策、三民主義統一中國」	兩岸結束不接觸狀態	台灣當局開放大陸探親、兩岸經貿關係持續升溫。
1987 - 1992	「一國（中華人民共和國）兩制」	「一國（中華民國）兩府」、「一國（中華民國）兩區」、「一國（中華民國）兩體」	「九二共識」	兩岸經貿關係持續升溫，人員往來等事務性交流日益活絡，形成了一批兩岸事務性協議。

續表

「定位時刻」	正向	反向	合	效果
1999－2002	「一個中國三段論」（Ⅱ）	「兩國論」	「一個中國三段論」（Ⅲ）	兩岸關係不至於突破底線，維護了台海地區的和平，並促進了兩岸經貿關係的進一步發展。
2005－今	「一個中國三段論」（Ⅲ）	「一邊一國」	「兩岸」	海協、海基兩會復談，實現大陸居民赴臺旅遊和三通。

（本表為作者自制）

表4-1描述了大陸和臺灣政治關係定位的「正-反-合」曲線。從兩岸動力系統的角度，「兩岸」的釋出可以作如下解讀：其一，從整個兩岸動力系統的形成來看，「兩岸」範疇的釋出是政治關係定位在兩岸動力系統驅動下，不斷「正-反-合」的結果；其二，從兩岸動力系統的現實狀況來看，「兩岸」範疇的釋出，是「一中」（正）與「兩中」或「一中一台」（反）相互作用的結果。由於「兩岸」範疇能夠彌合政治關係定位的正相與反相之間的落差，並且能為大陸和臺灣所共同接受，因而也是兩岸關係在現階段最為現實的選擇。從此意義上而言，「兩岸」範疇的釋出並不是理論的貢獻，而是政治力作用的結果。因此，理論毋寧是為政治力釋出「兩岸」範疇所進行了詮釋而已。

（二）兩岸：從地理概念向政治概念的轉變

著名的歐洲學者法布里斯·拉哈（Fabrice Larat）描述「歐洲」一詞時，曾指出：「語言的演變就像一面鏡子，透過它，我們可以洞察政治秩序的變化。」[7]「兩岸」的形成，同「歐洲」含義的變遷一樣，也為拉哈的觀點提供了註解。在過去幾十年間，「兩岸」一詞在語義上的變化，折射著大陸和臺灣政治關係定位的發展。

「兩岸」一詞的出現，本身就表徵著兩岸關係從不接觸狀態向接觸狀態的轉變。1987年前，在大陸和臺灣因政治對立而互不接觸的情況下，臺灣問題的論域內只有「兩黨」、「雙方」而沒有「兩岸」。這時的「兩岸」甚至不是一個地理概

念，大陸和臺灣的重要文告和領導人講話中都沒有出現「兩岸」一詞。這是因為，「大陸」與臺灣在兩岸互不接觸的狀態下，已經被高度意識形態化，政治性極強的「兩黨」、「雙方」等詞語，已經足以概括大陸和臺灣的關係，「兩岸」自然也沒有出現的必要和可能。直到1987年兩岸恢復接觸後，大陸和臺灣在交流中需要一個合適的名義，以達到既為兩岸交流提供方便，又不涉及任何政治事務的目的。這時，「兩岸」才作為一個地理概念出現，成為大陸和臺灣的代稱。

隨著兩岸關係的深入發展，「兩岸」一詞逐漸從一個地理概念，向政治概念和法律概念轉變。從形成上而言，「兩岸」是一個地理概念，用於描述分處臺灣海峽兩邊的大陸和臺灣。但是，人們在使用「兩岸」時，往往又不是將其作為地理概念使用，而是多用於指涉一種政治現實，其意不僅僅表明地理上的兩岸，而且也表明暫時尚未統一、但同屬於「一個中國」的「大陸」和臺灣。這時，「兩岸」轉變為一個政治概念。作為政治概念的「兩岸」通常有兩種用法：其一，人們將「兩岸」作為政治概念使用時，並不是嚴格地指稱地理上的「臺灣海峽兩岸」，因為臺灣並非僅包括臺灣海峽一側的臺灣島，還包括澎湖、金門和馬祖三個島嶼，而這三個島嶼雖在地理上屬於大陸一側，但在政治上是屬於臺灣一側的；其二，人們使用「兩岸」的場合，往往是那些不便表達「一國」的場合，地理上的「兩岸」儼然是政治上的「一國」的替代品。

「兩岸」亦被載入大陸和臺灣的有關法律，成為一個法律概念。當然，作為法律概念的「兩岸」顯然只能按照政治概念的「兩岸」來理解。但是，作為法律概念的「兩岸」又與作為政治概念的「兩岸」有所不同。法律雖然是政策的規範表述，但法律本身具有相對穩定性，因而作為法律概念的「兩岸」在含義上通常落後於作為政治概念的「兩岸」。根據大陸和臺灣都認可的法治原則，只有法律上對「兩岸」的規定，才是兩岸公權力機關對「兩岸」正式認可的含義。因此，作為法律概念的「兩岸」對於大陸和臺灣的政治關係定位更加具有參考意義。根據大陸和臺灣的有關法律，「兩岸」是指兩個依據不同根本法（暫不考慮該根本法的合法性）所產生的公權力機關進行有效管轄的區域。

由此可見，「兩岸」在臺灣問題的論域內，已逐漸成為一個具有特殊意涵的概念：作為一個地理概念，「兩岸」承載著人們對兩岸關係過去的認知；作為一個政治概念和法律概念，「兩岸」體現了人們對兩岸關係現狀的無奈和對未來的期許。

在這看似矛盾的話語背後，體現了兩岸關係在過去60年的深刻變化。在這個意義上，有大陸學者曾提出兩岸關係最可行的定位其實就是「兩岸」關係的觀點。該學者認為，「兩岸」是一個雙方都已習慣和認同的概念，也是一個頗具彈性和符合保留「灰色地帶」規則的概念，而且堅持這一定位，是確保兩岸民間、經貿交往平穩發展的最後機會。[8]

而臺灣學者邵宗海在回應該學者的觀點時，亦認為「兩岸」的確是個中性而且抽象、甚至具有「對等」意味的名詞，台北接受的程度也高。[9]

當然，邵宗海將「兩岸」理解為「兩岸對等」有其偏頗之處，但這也進一步地證明了「兩岸」在兩岸之間可解釋的空間之大、包容性之高。[10]

（三）「兩岸」作為現階段政治關係定位模式的可行性

將「兩岸」作為現階段政治關係定位的模式，亦即將大陸和臺灣的政治關係定位為「兩岸」關係，進而將「兩岸」作為大陸和臺灣開展政治交流的主體，並不是本文的臆想，而是對大陸和臺灣交往實踐的總結。大陸和臺灣恢復接觸後，「兩岸」常被用於不便表達「一國」或「雙方」的場合，大陸和臺灣在簽訂有關協議時，也多用「兩岸」的名義。大陸和臺灣的第一個事務性協議《金門協議》在序言中有「海峽兩岸紅十字組織代表，……經充分交換意見後，達成協議」。[11]
其後，有的事務性協議甚至直接在其協議名稱前冠以「兩岸」或「海峽兩岸」，如《兩岸公證書使用查證協議》（1993年）、《海峽兩岸海運協議》（2008年）、《海峽兩岸經濟合作框架協議》（2010年）、《海峽兩岸投資保護協議》（2012年）等。大陸和臺灣的一些活動，也以「兩岸」或「海峽兩岸」冠名。如「兩岸經貿文化論壇」、[12]

「兩岸和平發展法學論壇」等。[13]

大陸和臺灣的有關法律也將「兩岸」作為大陸和臺灣進行談判的名義。《反分裂國家法》第7條規定：「國家主張透過臺灣海峽兩岸平等的協商和談判，實現和平統一……臺灣海峽兩岸可以就下列事項進行協商和談判，……」；臺灣的「兩岸人民

關係條例」第4-2條亦有「統籌辦理兩岸訂定協議事項機關及程序」的規定。雖然「兩岸」的上述用法，並非將「兩岸」作為大陸和臺灣的政治關係定位，而是一種「稱謂」，但在大陸和臺灣因「國家」和主權爭議，無法就政治關係定位達成共識的情況下，將這一「稱謂」上升為「定位」，未嘗不是一種可行的選擇。將「兩岸」作為現階段大陸和臺灣政治關係定位的可行性，主要可從以下兩方面分析：

第一，「兩岸」準確地概括了兩岸關係發展的現狀，是大陸和臺灣在政治關係定位上不斷「去政治化」的結果，因而能夠為兩岸所共同接受。政治關係定位「議題化」的精髓在於，透過「議題化」，將具有高度政治敏感性的政治關係定位「去政治化」，以使大陸和臺灣能夠在沒有政治負擔的情況下，坐下來談政治關係定位問題。儘管大陸和臺灣的政治關係定位最終必須透過政治的方式解決，但根據「議題化」的解決方式，在大陸和臺灣就政治關係定位進行談判前，用「去政治化」的「兩岸」作為大陸和臺灣的政治關係定位，消除政治關係定位中「國家」、「政府」、「實體」等政治概念的干擾，也是務實和可行的。

第二，「兩岸」作為大陸和臺灣在現階段的政治關係定位模式，為大陸和臺灣進行兩岸協商談判，以及大陸和臺灣就政治關係定位進行深入談判提供了對話條件。將「兩岸」作為大陸和臺灣的政治關係定位，體現了對政治關係定位「階段性」的解決方式。在大陸和臺灣尚存在「國家」、主權等政治爭議的前提下，用「兩岸」作為政治關係定位，可以使大陸和臺灣暫不考慮對方是否為一個政治實體，其公權力機關是否具有「合法性」等敏感問題，避免因觸動政治關係定位的敏感神經而激化業已存在的政治對立。因此，「兩岸」的定位模式比「中央對地方」、「兩黨」、「兩區」、「兩府」和「兩體」等模式，更加具有現實性和可操作性。「兩岸」也是一個具有足夠解釋空間的定位模式。將「兩岸」作為大陸和臺灣政治關係定位模式，可以給大陸和臺灣各自表述的空間，從而將當前對「一個中國」的「各自表述」，策略性地轉換為對「兩岸」的「各自表述」，更進一步地降低政治關係定位的敏感性。

當然，將「兩岸」作為現階段大陸和臺灣政治關係定位模式的主張，並非意味著大陸和臺灣的政治關係定位，將永遠保持在「兩岸」模式上。前文已述，「兩岸」是大陸和臺灣政治關係在現階段的選擇，目的是使大陸和臺灣在「兩岸」的定位下，就包括政治關係定位在內的政治問題「先談起來」。至於「兩岸」作為政治

關係定位模式後的發展，大陸和臺灣應本著「兩岸」的關係定位，逐漸從彼此的政治對立中走出，透過「兩會框架」或公權力機關，進行更加深入的對話和商談。

二、「兩岸」模式的論證：基於主權理論的思考

「兩岸」的形成是政治力作用的結果，「兩岸」從地理概念向政治概念的轉變，也是政治現實的反映。從此意義而言，「兩岸」作為對兩岸政治關係的一種描述，已經成為某種政治決斷的產物。[14]
兩岸各類協議中頻繁出現「兩岸」的現象，也充分說明了「兩岸」作為兩岸政治關係一種的有效性。[15]

但是，這並不意味著「兩岸」可以自然成為兩岸政治關係定位的描述，更不意味著「兩岸模式」已經不再需要理論論證。政治力的作用或言政治決斷，只能在實踐層面為「兩岸模式」提供支撐，而無法在理論上對該命題進行充分的論證。

「兩岸」是對「一國」「去政治化」處理的結果，而在大陸和臺灣之間，「去政治化」的關鍵是如何「去主權化」。按此思路，可以運用「去主權化」的方法，構建一個能讓大陸和臺灣共同接受的政治概念，從而從理論上解決大陸和臺灣政治關係定位上的困境。由此可見，「去主權化」是對大陸和臺灣政治關係定位「去偽存真」的重要方法。因此，「兩岸」的形成，代表著大陸和臺灣政治關係定位出現了「兩岸」的新模式。立基於此認識，對「兩岸」作為和平協議主體的論證，也就轉化為對「兩岸」是如何「去主權化」這一問題的回答。

（一）主權概念的產生與主權的國內法化

大多數研究兩岸關係的學者認為，主權問題是兩岸之間的癥結所在，大陸和臺灣在主權問題上的互不讓步，也是兩岸關係難以深入發展的根源。為瞭解決主權問題，學者們提出了林林總總的學說，但都收效甚微。究其原因，除了兩岸的政治現

實尚難以接受學者們提出的各種理論外，[16]
理論自身的偏頗也是原因之一。本研究發現，無論是臺灣學者的「主權五論」，還是大多數大陸學者堅持的「主權是國家的構成要件」說，甚或是在大陸學界比較新穎的「主權構成研究」，其實都是在國際法意義上運用主權，試圖透過在國際法中解構主權概念，達到各自的理論目的。從國際法的意義上理解主權概念，在一定程度上封鎖了兩岸關係的深入發展，也造成了大陸和臺灣政治關係定位的困難。

從詞源上而言，主權（sovereign）的拉丁語是superanus，其意指「高高在上的事物」，在基督教教義中，這個詞是用來表達「上帝的全知全能」。[17]顯然，近現代意義的主權理論，在相當程度上沿用了本原意義上的丰權的詞義。通說認為，近現代意義的主權概念由法國思想家博丹首創。博丹提出主權概念的直接原因，是為了滿足法國建構強大的世俗政權的需要。[18]

這裡的「需要」包括國際和國內兩個層次。在國際層次上，主權概念的提出，是要將教權從政權中剝離出來，防止羅馬教廷透過干預宗教事務而對各國國內的政治事務加以干預，並使教權依附於政權。1517年馬丁・路德展開宗教改革後，新教與傳統的天主教在國家的宗教信仰選擇權方面發生激烈的衝突，並由此導致了宗教戰爭。1555年9月，西歐國家簽訂《奧古斯堡宗教和平條約》，初步確定了國家在選擇宗教信仰方面的自由。[19]

由此可見，主權觀念的產生，與國家在宗教信仰選擇上的獨立，有著直接的聯繫。從宗教信仰出發，國家的內政和外交等各個方面，亦具有對外的獨立性，任何外部勢力，即便是羅馬教廷亦不能幹涉一國的內部事務。在法國國內層次上，主權概念的提出，是為了建立強大的封建王權，以結束法國事實上的分裂狀態。由於宗教分裂，法國在1562年處於事實分裂狀態。為了結束這一事實上的分裂狀態，博丹透過主權概念的建構，將主權描述為一個至高無上的概念，從而為樹立起法國君主的最高權威提供了理論支持。[20]

1577年，博丹在《國家論六論》中正式提出主權的概念，認為一個國家也必須具有至高無上的主權，並且將主權看做國家最本質的特徵，從而在人類思想史上第一次

確定了「國家」和主權兩個概念之間的聯繫。[21]

根據博丹的定義，主權是指「超乎公民和臣民之上，不受法律限制的最高權力」。[22]

在主權的歸屬上，博丹主張君主是主權者，因此，博丹的主權論又被稱作「君主主權論」。由此可見，從產生的根源而言，主權既是一個國際法概念，也是一個國內法概念，從而在國際法層次和國內法層次為建立近現代意義上的「民族國家」進行理論準備。[23]

　　格老秀斯、霍布斯、洛克和盧梭等人繼續發展了博丹的主權論。格老秀斯除了重申主權的最高性和不受限制性外，還提出了主權自身和主權占有的問題。格老秀斯類比所有權和用益權的關係，論述了主權所有權和行使權分離的問題。格老秀斯認為，政治體或者國家是主權的一般擁有者（相當於主權的所有者），組成政府的人們是主權的特殊擁有者（相當於主權的行使者）。[24]
如果說格老秀斯的主權理論，尚帶有一些國際法的痕跡，那麼，霍布斯、洛克和盧梭則主要在國內法意義上使用主權一詞。霍布斯則認為主權是絕對的、統一的、不可讓渡的、建立在一個自願但不可撤銷的契約之上。按照霍布斯的主權理論，主權者不僅須作為理知與道德方面整套秩序的頒布者，並且由於他所頒布的秩序必須獨立於一個客觀的妥當性考慮，不接受任何理知、功效、與道德標準的詰疑，故他的權力乃是絕對的。但是，這並不意味著霍布斯的主權理論是一套認識論，而毋寧是霍布斯借助主權者的絕對性，賦予政治意志一個獨立的「界定者」角色，將主權者的意志作為正當性的標準。[25]

霍布斯對主權的最高性進行了最為周密的論證，使主權的最高性上升到了頂峰。[26]

　　洛克強化了國內法意義上的主權概念，並且提出了主權所有者與行使者相分離的主權分割論。傳統觀點認為，洛克從鞏固資產階級在反封建鬥爭中獲得的政治權力出發，提出議會主權，是議會主權論者。[27]
這實在是對洛克思想的一個重大誤解。如果沿著洛克對主權的思考軌跡可以發現，

洛克實際上已經是一位人民主權論者了,之所以會出現將他誤解為是議會主權論者,乃是因為洛克比較系統地提出了一個對於主權理論有著劃時代意義的命題,即主權分割論。洛克認為,國家主權可以劃分為三個部分,立法權、行政權和聯盟權,但是這三權並不是平行關係。立法權在三權中具有優位性,由議會掌握,行政權和聯盟全從屬於立法權。[28]

但是,洛克並不認為立法權的優位性等同於終局性。洛克認為,立法權是一個國家中的最高權力,但是亦有諸多限制:其一,立法權對於人民的生命、財產不是、並且不可能是絕對地專斷;其二,立法或最高權力機關不能攬有權力,以臨時的專斷命令來進行統治;其三,最高權力,未經本人或他們選出來的大多數代表的同意,不能取去任何人的財產的任何部分;其四,立法機關不能把制定法律的權力轉讓給任何他人;其五,人民享有和保留罷免議會的權力。[29]

可見,洛克雖然沒有明白地指出人民是主權者,但建構了邏輯上的人民主權論。[30]

意義不僅於此,洛克將立法權的優位性與人民主權的終局性並列,提出了主權所有者和主權行使者可以分離的觀點。在洛克看來,立法權以及從屬於立法權的行政權和聯盟權是在實際上行使國家最高權力,而人民則保留了「作為使國家行使的強制性權力合法化的規範性」權力。[31]

由於洛克提出並論證了主權所有者和主權行使者的分離,主權的本質和實現形式也出現了分離。總體而言,洛克對主權的歸屬、主權的行使等問題進行了深入的討論,其主權概念主要是國內法意義上的。

盧梭作為人民主權理論的集大成者,繼續鞏固了洛克的理論成果,提出國家主權屬於人民,主權不可轉讓、不可分割和不可侵犯等三原則。從此三原則可見,盧梭對主權概念的運用,也主要是國內法意義上的。但是,盧梭所主張的主權不可分割,並不意味著他對洛克主權分割論的徹底否定。盧梭雖然認為代表和議員不過是人民的辦事員,但他並沒有否定這些「辦事員」存在的必要性,[32]
只不過是認為政府的權力來自於人民,因而應該服從於人民(主權者),且應受人

民委託並應接受人民的監督。可見，盧梭毋寧是強化主權者對主權行使者的監督，而非否定這種委託關係。

（二）兩岸「主權爭議」的理論根源：主權概念的國際法化

從主權理論的發展階段來看，洛克和盧梭的主權理論是比較符合現代社會的主權理論，而格老秀斯和霍布斯的主權理論，由於歷史環境的變遷，已經退出了歷史舞台。總結洛克和盧梭兩位思想家對主權理論的論述，可以發現，兩人在主權的認識上有著三大特徵：其一，兩人所稱的主權，主要是國內法意義上的主權，係指一國內的最高權力；其二，根據人民主權的理論，主權的所有者是人民，而不是國家，也不是君主或政府；其三，主權理論並不排斥對主權所有者和主權行使者以及主權行使者內部的分割，亦不反對政府在人民的委託或監督下行使主權。可以說，在此後數百年，這些關於主權的觀點在國內法意義上幾乎沒有再發生過變化，後世學者對主權理論的發展如果不是在國際法意義上，就不過是對洛克和盧梭的主權理論進行註釋而已，亦即幾乎所有關於主權含義的變化以及新興的主權理論，都是在國際法領域發生的。[33]

國際法意義上的主權，遠不如國內法意義上的主權那樣穩定。從本原意義上而言，國際法上將主權概念用作抗衡外部力量干涉的理論工具。從國際政治的實踐來看，主權概念也確實為民族國家的建立奠定了理論基礎，並為國家爭取獨立地位提供了理論依據。但是，在現代國際關係的背景下，堅持絕對獨立性的主權概念，是不利於國際法和國際組織的正常運行和發展的，也是不適當的。[34] 雖然國家往往被稱為主權國家，但是，這只是說明它們在國內憲法地位的，而不是說明它們在國際上的法律地位的。[35]

立基於上述考慮，有國際法學者有意拋棄主權理論，但無奈於主權理論已經在國際法理論中根深蒂固，而且在強調國家獨立性和自主性等方面仍有可利用的理論資源，學者們在不能放棄主權理論的前提下，只能透過不斷修正主權理論，以適應國際社會現實的需要。所謂「主權相對論」、「主權有限論」、「主權讓渡論」等都是在此背景下提出來的。在這些主權理論中，主權的所有者並不是人民，而是國家，因此，國際法意義上的主權理論被可稱為「國家主權」論。而所謂「主權相對

論」、「主權有限論」、「主權讓渡論」也都只發生在國家與國家之間,而與國內法意義上的「人民主權」無涉。不僅如此,在新主權理論的衝擊下,主權概念在國際法上的含義也「並不意味它是高於其他國家的法律權威,而是表示它不依附於任何世上的其他權威。」[36]

隨著國際法對主權理論的修正,國際法意義的主權理論已經從根本上偏離了主權概念的本原意義。國際法意義上的主權在修正後,有如下兩個方面的特點。

第一,主權的主體在國際法上是國家。在國際法意義上,主權的主體是國家,即「國家主權」,所謂主權讓渡、主權分割和主權限制等理論都是以國家為描述對象。從比較法的角度而言,凡歐美規定主權可以讓渡或限制的國家,其憲法都是在「國家主權」的立場上使用主權一詞,如希臘1975年憲法第28條第3款規定:「根據重大國家利益的需要,……,希臘可以自由地限制國家主權的行使。」義大利1947年憲法第11條規定:「在與其他國家平等的條件下,義大利同意……對主權作必要的限制。」由於在國際社會中,都是政府代表國家,因此,國家主權又常表現為政府權力,主權的讓渡、分割和限制等,實際上都是指對政府權力的「讓渡、分割與限制」,而與主權無關。但由於理論上的含糊,實踐過程中,政府權力的「讓渡、分割與限制」,又多以主權的外觀表現出來。

第二,國家主權變成一個認識論上的概念。有臺灣學者認為,主權並非與生俱來,亦非實際存在的物質或事實,而是一個相互的概念,也就是說,國家主權只有在被接受、承認時,才存在,所以,主權可說是一個相對政治性的國際法概念,它的意義往往是發生在與「邦交國」的互動上。[37]
與此相類似,有學者認為以「人民主權」或「民主主權」作為檢定一個國家或政府是否擁有主權的正當性,在政治學與國際法是無絕對標準的,並根據施丁伯克的觀點,主張「正當性是有權者(pow-erholder)之間的相互認可」。[38]

按照該學者的觀點,「人民主權」或許在道德層面上是有可取之處,但在現實政治中則不具多大意義。[39]

按照上述兩位學者的論述,主權蛻變為一個認識論上的概念,主權不再是絕對的、固有的,而是依賴於「有權者」的承認。

於是，主權理論之所以會封鎖兩岸關係的原因已經逐漸清晰了：由於後世學者將主權引離了它原來的位置，導致了大陸和臺灣不是在同一個語境中使用主權一詞。大陸方面在國際法意義上運用主權，認為主權是國家的構成要件，因而基於一個中國原則，絕不承認臺灣的所謂主權，也不允許別的國家承認臺灣的所謂主權，更不允許臺灣加入只有主權國家才能加入的國際組織；臺灣方面在政策面上則將主權作為一個國內法的概念運用，認為臺灣當局已經在臺灣獲得了足夠的「內部代表性」，從而具備一個「國家」的要件，在此基礎上，臺灣當局才開始積極謀求國際法意義上的主權。[40]

（三）主權概念的回歸：「兩岸」「去主權化」的理論推演

臺灣當局對主權概念的理解，是在國內法意義上理解主權概念。按照主權與正當性聯結的一般理論，主權可以透過委託的形式，交由其他主體行使，但是此種委託必須獲得主權者的認可。根據人民主權理論，主權的委託需要獲得人民的同意。國內法上主權與正當性的上述聯結只是對主權行使者有意義，而對主權者沒有任何意義。但基於現實主義的立場，上述主權與正當性的聯結就變得異常重要了，並且直接導致主權轉變為一個認識論上的概念。上文已述，有學者將國際法上主權與正當性的聯結變成了「有權者之間的相互認可」。[41]

對於臺灣而言，這一轉變是具有實證意義的。國民黨當局在退逃臺灣後，曾長期堅持對「中國」的「法統」。為此，國民黨當局在臺灣採取在大陸產生的「中央」民意代表不改選的方法，以延續其對大陸的所謂「法統」；在島外透過竊據聯合國席位、拉住美國、日本等主要國家的「外交關係」，試圖證明其獲得國際上「有權者」承認的「事實」。其中，後者的意義顯然是要大於前者的，也就是說國民黨當局在退逃臺灣後的相當一段時期內，其「正當性」主要來源於外部「有權者」的承認，而忽略了臺灣「內部正當性」的構建。這一局面在1971年後出現了巨變。隨著中美關係正常化、中華人民共和國恢復聯合國合法席位、「台美斷交」等一系列重大外交事件的發生，在臺灣的國民黨當局已經無法從島外「有權者」那裡汲取足夠的「正當性」，只能將「正當性」來源轉向臺灣，因而才有在臺灣選舉「增額中央民意代表」的事情發生。這種趨勢在1990年後變得更加明顯，臺灣當局在當時已經

接受了沒有「外部正當性」來源的事實，雖仍不遺餘力地進行所謂「務實外交」，但更加重視透過「憲政改革」建構「內部正當性」，即便是「面臨中國統一壓力的憲政危機與對外代表性強化」時，也是透過加強總統權威來樹立一個「臺灣主權象徵」。[42]

由此可見，臺灣在「正當性」的轉變與理論脈絡相反，其對「正當性」的尋求，首先是所謂「有權者的認可」，在「有權者的認可」失效或不足的情況下，才轉而尋求「主權者的認可」。臺灣當局將「正當性」從「有權者」向「主權者」的轉變代表著臺灣當局將其「正當性」或曰「法統」，已經從「全中國」轉移到了臺灣。在臺灣當局看來，主權的概念、範圍以及「主權者」亦隨之改變。臺灣當局利用主權在國內法和國際法意義上的落差，「論證」了「臺灣的主權」，並試圖將該主權從國內法意義，再向國際法意義上擴展。可以說，臺灣當局以主權理論（尤其是國際法意義上的主權和國內法意義上的主權之間的落差）為工具，形成了「臺灣主權」的一個辯證法意義上的循環。

毋庸諱言，大陸方面雖然在國際法層次上使用主權一詞，但卻並沒有按照國際法意義去理解主權概念，而是按照國內法意義上去理解主權概念。主權概念在國際法意義和國內法意義上落差，不僅沒有成為大陸方面促進兩岸關係發展的工具，反而成為封鎖兩岸關係的枷鎖。面對主權爭議，大陸方面只能透過「擱置爭議」、「各自表述」的方法去迴避，造成了對台工作中的相對被動局面。

主權理論不應成為封鎖兩岸關係發展的枷鎖，主權理論應成為兩岸關係深入發展的工具。能夠解釋兩岸關係的主權理論，不是對主權的各種創新性理論，比如臺灣學者主張的所謂「主權五論」以及大陸學者提出的「主權構成研究」等，而是本原意義上的主權概念，以及主權概念在國際法意義和國內法意義上的落差。立基於此認識，兩岸範圍內的主權含義亦因而釐清：國際法意義上的主權，是國家主權，國內法意義的主權，是人民主權。立基於「政治對立論」的認識論基礎和「九二共識」，兩岸關係是國內關係，而與國際法無涉。因此，對於「兩岸」而言，在主權問題上應立足於人民主權的立場。按照人民主權的有關理論，主權者只能是人民，而人民透過委託，由政府或公權力機關行使主權。由此可以推導出下列事實：在兩岸間的所謂「主權歸屬爭議」中，主權一詞是國內法意義上的，因而對於兩岸而

言，國內法意義上的主權屬於「人民」。確認這一事實在兩岸之間當不存在異議。由此得出的結論是，目前兩岸雖然尚未統一，但不影響人民是主權者這一事實。至此，主權屬於全體中國人民，而不是一個政治體。兩岸的「主權爭議」透過本原意義上的主權概念得到了理論上的解釋。「兩岸」不僅在實踐層面經由政治力的作用和政治決斷擱置了與主權的關係，而且在理論上也成為被剝離了主權要素的政治實體，從而實現了「去主權化」。

需要指出的是，對「兩岸」「去主權化」的過程並非真實地發生，兩岸也斷不會因為理論上的論述而放棄「主權爭議」。本研究所做的，也僅僅是為論證「兩岸」作為大陸和臺灣政治關係定位模式所進行的理論推演。然而，立基於兩岸現狀的考慮，也只有透過對「兩岸」「去主權化」的理論推演，才能在兩岸「主權爭議」難以解決的背景下，使「兩岸」作為大陸和臺灣政治關係定位模式觀點更加具有說服力，從而為解決兩岸政治關係定位的問題提供有效的選項。

（四）「兩岸」作為政治關係定位模式的證成：基於對「不完全分裂國家」理論的批判

「兩岸」範疇「去主權化」的完成，是證成「兩岸」作為大陸和臺灣政治關係定位的關鍵步驟。在此，本文用「兩岸」「去主權化」的觀點，對「不完全分裂國家」理論進行批判，以在理論上最終論證「兩岸」作為大陸和臺灣政治關係定位模式的成立。

王英津博士基於「主權構成研究」所形成的「不完全分裂國家」理論，對於批判臺灣學者所主張的「分裂國家」理論具有一定意義。根據前文的論述，王英津博士的論證路徑是：首先預設大陸方面所主張的主權和臺灣方面所主張的主權是一個主權的前提，繼而推導出中國的「主權所有者」是統一的，但主權行使權處於被動分離的狀態，分別由大陸和臺灣行使。[43]
從表面上看，這一論證邏輯並無不當之處，而且對兩岸現狀有一定解釋力，還可以迴避「分裂國家」理論的挑戰。但是，王英津博士在作上述論證時，犯了一個邏輯上的錯誤，即預設了大陸方面所主張的主權和臺灣方面所主張的主權是一個主權的前提。根據兩岸政治的現實，這一前提是不成立的。如果說大陸方面所主張的「中

國主權」,是傳統意義上的、基於歷史、領土、人民和現實所形成的主權,那麼,臺灣當前的主權觀則主要是一種「憲政主權觀」,即立基於憲法上的主權。有臺灣有學者認為,按照臺灣現行憲法,可以推出中華民國在臺灣的主權,也可以推出中華民國在「全中國」(包括大陸和臺灣)的主權,但是絕對「推不出」中華人民共和國在臺灣的主權,也「推不出」中華人民共和國在「全中國」(包括大陸和臺灣)的主權。[44]

由此可見,即便是在臺灣方面亦依據臺灣現行憲法,主張其對「全中國」的主權,也不過是主張中華民國的主權,與大陸所主張的「中國的主權」不是同一個主權。因此,王英津博士所提出的「主權所有權統一」在其「主權構成研究」的框架內是不成立的,立基於「主權所有權統一、主權行使權被動分離」之上的「不完全分裂國家」亦在理論上是難以成立的。目前,大陸和臺灣都已經承認兩岸尚未統一的事實,雖然尚未統一不等於分裂,但兩岸事實上的分治狀態,亦可運用「分裂國家」理論加以解釋。本研究認為,如果能對「分裂國家」理論略加修正,借助其有效的解釋力和預測力,「分裂國家」理論並非不可作為大陸和臺灣政治關係定位的理論。

　　如果對比「分裂國家」理論與兩岸關係現狀,可以發現,兩者所不同之處僅在於「分裂國家」理論要求相互承認對方的主權和「獨立」地位,在平等基礎上共同參與國際事務等幾個與主權、「國家」等問題有關聯的地方,而在相互關係正常化、開展經貿交流和人員往來等問題上,兩者並無區別。因此,可以運用「兩岸」範疇「去主權化」的觀點,將主權、「國家」和「外交」等內容從「分裂國家」理論中剝離,而無必要再造一套理論。由於剝離了主權、「國家」和「外交」等內容,「分裂國家」理論不再具有國際法上的意義,「分裂國家」理論亦因此「去國家化」,從而轉變為「兩岸」理論。「兩岸」作為大陸和臺灣政治關係定位的模式亦隨之證成。

　　綜上所述,按照政治關係定位的「兩岸」理論,大陸和臺灣的政治關係定位不是「(一國)兩制」、「(國共)兩黨」、「(一國)兩區」、「(一國)兩府」和「(一國)兩體」,更不是所謂「兩國」關係,而是具有特定意義的「兩岸」關係。透過「兩岸」關係的建構,大陸和臺灣以「兩岸」為主體簽訂和平協議有了足

夠的實踐基礎和理論支撐。按照「兩岸」理論的觀點，在「兩岸」關係中，大陸和臺灣分處臺灣海峽兩岸，是兩個被「去主權化」的主體，在「兩岸模式」的定位之下建立比較穩定的狀態，從而為兩岸關係和平發展以及完全統一奠定基礎。

「兩岸」雖然在兩岸關係的相關論述中已經成為復現率最高的表述，但「兩岸模式」是大陸和臺灣政治關係定位的創新性模式。「兩岸模式」的最大優勢，在於其用地理上的概念，替代了政治上的概念，從而使得這一定位模式具有較高的可接受度，便於兩岸形成初步的共識，以為「議題化」和「階段化」兩大要素的運用提供前提性的條件。對此，大陸學者沈衛平認為，「『兩岸』是一個雙方都已習慣和認同的概念，也是一個頗具彈性和符合保留『灰色地帶』規則的概念。」[45]臺灣學者邵宗海也認為，「兩岸」的確是個中性而且抽象、甚至具有「對等」意味的名詞，台北接受的程度也高。[46]

（五）「兩岸」與「一國兩制」的關係

胡錦濤提出「構建兩岸關係和平發展框架」的戰略思考以後，有些臺灣人士曾認為大陸方面試圖以「一國兩岸」代替「一國兩制」。因此，有必要對「兩岸」與「一國」、「兩制」等相關範疇的關係進行說明。儘管「兩岸」有著足夠的解釋空間，但這毋寧是一種策略性選擇。我們提出「兩岸」的目的，並不是以「兩岸」代替「一國」。

第一，「一國」是正確解釋「兩岸」的框架，「兩岸」是對一國內政治對立關係的事實描述。對大陸和臺灣的政治關係定位進行「議題化」和「階段性」處理，並且在現階段將大陸和臺灣的政治關係定位為「兩岸」模式，並不意味著包括「兩國」在內的其他模式，都可能成為大陸和臺灣未來的政治關係定位。我們所稱的「兩岸」，是「一國」框架內的「兩岸」；對「兩岸」的正確解釋，應是在「一國」框架內的解釋。用「兩岸」來定位現階段大陸和臺灣的政治關係，就是利用了「兩岸」在含義上的模糊性，從事實角度，而僅僅從事實角度對大陸和臺灣間的政治對立關係進行描述，迴避可能激化兩岸政治對立關係的其他模式，因而只是一種策略上的考慮，並非是用「兩岸」代替「一國」。

第二，「兩岸」與「兩制」解釋兩岸關係的角度不同，但「兩岸」本身包含了

「兩制」的含義。「兩制」是指大陸和臺灣統一後,臺灣可以實行與大陸社會主義制度不同的資本主義制度,側重點是從社會制度和意識形態角度,對大陸和臺灣的關係進行說明,可見,「兩制」以「統一」為前提。「兩岸」是現階段大陸和臺灣政治關係的定位模式,重在從事實角度描述大陸和臺灣尚未統一時的「政治對立」關係。「兩岸」和「兩制」解釋兩岸關係的角度不同,但兩者有著密切的聯繫:其一,從現實角度看,「兩岸」描述了大陸和臺灣不屬於同一個公權力機關有效管轄的事實,而這一事實是大陸和臺灣和平統一後實行「兩制」的原因;其二,從發展的角度看,「一國兩制」是解決臺灣問題的最佳方式,「兩岸」的政治定位模式,可以緩解大陸和臺灣進行政治性談判的負擔,從而創造有利於實現「一國兩制」的條件。可以說,「兩岸」本身就包含了「兩制」的含義,兩者並不矛盾。

綜上所述,將「兩岸」作為大陸和臺灣政治關係定位,是兩岸在當前局勢下的務實選擇。透過「兩岸」模式,與「國家」、「政府」、「實體」等有關的政治問題都被「議題化」,由大陸和臺灣透過談判和協商的方式分階段加以解決,並在兩岸交往中逐漸形成有關兩岸政治關係定位的共識。可以說,「兩岸」模式為大陸和臺灣當前的政治關係破冰提供了一種新的思路,也將為結束大陸和臺灣的政治對立創造有利的政治環境。

三、「兩岸」模式的歷時性比較

兩岸在歷史上和現實中,並不缺乏對兩岸政治關係定位模式的創造和想像。在國際社會,大陸和臺灣的關係也並非是特例,一些「分裂國家」或存在地方分離主義的國家,在解決國家統一問題上有著諸多的制度安排。從比較的角度,對「兩岸」模式進行歷時性、共時性和國際性的比較,對於深化認識「兩岸」模式的特點及其優勢,繼而更進一步地論證「兩岸」模式的必要性,具有重要的理論意義和實踐意義。

歷時性比較,是指將「兩岸」模式與兩岸在歷史上曾經出現過的兩岸政治關係定位模式進行比較。需要說明的是,由於兩岸在歷史上的糾葛,這些歷史上曾經出現的兩岸政治關係定位都是基於兩岸各自的政策獨白提出來的,體現了大陸和臺灣

在提出時對於政治關係定位的思考和期待。正是因為這個原因，大陸和臺灣的政治關係定位並未成為兩岸所共同接受的模式，因而也並未真正地在兩岸間實施。本研究將主要比較「兩岸模式」與「合法政府對叛亂團體」模式、「中央對地方」模式以及「兩黨」模式的差異。

（一）「兩岸」模式與「合法政府對叛亂團體」模式

1979年前，大陸和臺灣的政治關係定位模式都是「合法政府對叛亂團體」，只不過由於大陸和臺灣各自所處立場不同，因而對該模式含義的界定有所區別。大陸方面認為，1949年10月中華人民共和國成立後，中華人民共和國中央人民政府已取代中華民國「國民政府」，成為代表中國的唯一合法政府，而退據臺灣的中華民國「政府」則是叛亂團體。大陸方面的主張得到了絕大多數中國人民和國際社會的普遍認同。聯合國2758號決議在指代臺灣當局派駐聯合國的「代表時」，沒有用「臺灣政府代表」或中華民國政府，而是代之以「蔣介石的代表」。至於臺灣方面，早在國民黨當局還未退逃至臺灣之前的1948年5月10日，國民黨當局公布「動員戡亂時期臨時條款」認定中共是一「叛亂團體」。退逃至臺灣後，臺灣方面在相當長的一段歷史時期內，認為大陸是所謂「淪陷區」、「匪戰區」，中國共產黨領導的人民政權是「叛亂團體」。1954年3月11日，第一屆「國民大會」第二次會議決定延長「動員時期臨時條款」的效力，追認了中華人民共和國在1949年之後，在臺灣的「法統」上仍然被視為「叛亂團體」。[47]
在1979年之前，臺灣當局名義上對包括大陸和臺灣在內的「全中國」實行所謂「動員戡亂」，在國際上聲稱代表中國，並延長在大陸產生的「中央」民意代表任期，以彰顯其對「全中國」的「法統」。

大陸方面在1979年後就改變了「合法政府對叛亂團體」的定位模式，而是代之以「中央對地方」的模式。但是，臺灣方面基於其對於「中華民國法統」的堅持，在1987年前依然採取「合法政府對叛亂團體」的定位模式。在臺灣「法理」上的體現，就是由臺灣司法院大法官作成的「釋字第31號解釋」所構建的「萬年國大」「法統」並未被消解，所謂「動員戡亂臨時條款」雖經多次修改以因應臺灣的實際情況所需，但畢竟未被廢止。直到1987年臺灣解除「戒嚴」以及1991年廢止「動員

戡亂時期臨時條款」後，臺灣方面才正式放棄了「合法政府對叛亂團體」的模式。

「兩岸」模式與「合法政府對叛亂團體」的模式有著根本的不同。首先，「合法政府對叛亂團體」模式是以戰爭為導向，而「兩岸」模式的目的是維繫兩岸關係和平發展。「合法政府對叛亂團體」的模式，是兩岸內戰思維的延續，是「承認爭議」比較極端的表現形式。在「合法政府對叛亂團體」的模式下，解決兩岸政治關係定位的唯一方法，就是透過武力將對方除掉。大陸方面的「解放臺灣」以及臺灣方面的「反攻大陸」等口號，都是在「合法政府對叛亂團體」的定位模式下由兩岸各自提出的問題解決方式。「兩岸」模式則是以兩岸關係和平發展為導向的政治關係定位模式，是兩岸在新時期「和平發展」的思維在兩岸政治關係定位上的體現。所以，在「兩岸」的模式下，大陸和臺灣以「兩岸」為最大公約數，放下意識形態之爭，擱置政治爭議，為兩岸透過「議題化」、「階段化」和「共識化」的路徑進行符合兩岸關係和平發展需要的政治關係定位提供空間。

其次，「合法政府對叛亂團體」模式是兩岸關係中對立性價值觀的體現，而「兩岸」模式則體現了寬容、開放的價值觀。在「合法政府對叛亂團體」的模式中，無論是大陸還是臺灣，都認為自己是「中國的唯一合法代表」，是「合法政權」，因而將對方斥之為「叛亂團體」。這一定位模式將兩岸直接對立起來，用「敵我」的觀點來看待對方和定性兩岸關係，體現了對立性的價值觀。儘管基於特定的意識形態和具體的歷史環境，以「敵我」劃界的價值觀在兩岸之間不能說沒有合理性，但就客觀而言，對於兩岸關係和平發展顯然並不是一個積極的因素。「兩岸」模式的精髓，就在於「擱置」兩岸所存在的價值對立，用地理上的概念「兩岸」取代諸如「合法政府」、「叛亂團體」之類的政治概念，堅持中立、開放和寬容的價值觀，為兩岸政治關係定位提供所有的可能。

最後，「合法政府對叛亂團體」模式進一步地加深了兩岸之間的「政治對立」，而「兩岸」模式以解決兩岸間的政治對立為目的。前文已述，能否消除以及在多大程度上有助於消除「政治對立」，是評價兩岸政治關係定位是否合理的重要標準。顯然，「合法政府對叛亂團體」的模式，直接而明白地否定了對方存在的「正當性」，而且將對方視為與己對立的實體，一方面，將「政治對立」用「敵我對立」這種最為極端的形式予以固定，另一方面，又加深了兩岸之間的不信任和敵對情緒。因此，「合法政府對叛亂團體」對於解決或弱化兩岸的「政治對立」並無

幫助。相反，「兩岸」模式是以解決兩岸間的政治對立為目的的，也是在兩岸尚未展開政治性談判的時期，儘可能淡化政治對立的一種方案，與「合法政府對叛亂團體」模式在預期效果上有著明顯的不同。

（二）「兩岸」模式與「中央對地方」模式

「中央對地方」的模式，是大陸在1979年《告臺灣同胞書》至1983年鄧小平提出「鄧六條」之間所持的一種兩岸政治關係定位模式。1979年1月1日，大陸人大常委會發布《告臺灣同胞書》，提出「中國政府和臺灣當局商談」的呼籲，這代表著大陸正式改變臺灣當局是「叛亂團體」的定位，並已隱然將臺灣當局視為一個地方政府。1981年9月30日，葉劍英提出「葉九條」。其中第3條是大陸和臺灣統一後，臺灣可作為「特別行政區」、享有「高度自治權」，而無論是「特別行政區」還是「高度自治權」，都是典型的地方制度；第5條提出臺灣當局及各界代表人士，可擔任「全國性政治機構」的領導職務，顯然是將臺灣視為「全國」的一部分，臺灣當局是比「全國性政治機構」要低一層次的實體；第6條又提出中央可以補貼臺灣的「地方財政」，從財政的角度暗示了臺灣的「地方性」。根據「葉九條」，臺灣被定位為中華人民共和國的一個地方，而臺灣當局是中華人民共和國的一個地方政府。雖然「葉九條」中並沒有正式出現「地方政府」的概念，但是用「中央對地方」的模式定位大陸和臺灣的政治關係的意圖已經非常清晰。1983年6月，鄧小平在會見美國客人楊力宇時，明確將臺灣當局定位為「地方政府」。鄧小平指出：「中央承認臺灣地方政府對內政策上可以搞自己一套。」臺灣回歸後「作為特別行政區，雖是地方政府，但同時可以享有其他省市自治區所沒有，而為自己所獨有的某些權力」。[48]

但是，鄧小平考慮到臺灣當局有關「中央對地方」模式的可接受度，又在同一場合指出：「要實現統一，就要有個適當方式……建議舉行兩黨平等會談，實行國共第三次合作，而不提中央與地方談判。」[49]

在鄧小平作出上述表態後，除在個別場合外，大陸方面一般都不再用「中央對地方」模式來定位政治關係。1998年1月，時任國台辦主任的陳雲林撰文提出「兩岸談判是在一個中國的原則基礎上的平等談判，不用中央對地方的名義，……不存在

什麼陷阱」，明確地表示不再使用「中央對地方」的定位模式。[50]

事實上，「中央對地方」的模式儘管在「鄧六條」之後，就不再是大陸官方的兩岸政治關係定位模式，但「中央對地方」的思維存在了相當長的一段時間。典型例證就是「一個中國三段論」（Ⅰ）和「一個中國三段論」（Ⅱ），兩者都有臺灣是中華人民共和國或中國的表述，暗示了在大陸和臺灣的關係中，臺灣是從屬的一方。2000年，中國政府發布的《一個中國的原則與臺灣問題白皮書》仍稱臺灣當局為「中國領土上的一個地方當局」。[51]

2002年，中共十六大提出「一個中國三段論」（Ⅲ）將「臺灣是中國的一部分」改為「大陸和臺灣同屬一個中國」，並在2005年之後將其作為大陸官方對兩岸現狀的描述，在2012年進一步地抽象為「大陸和臺灣同屬一個國家」，「中央對地方」無論是作為兩岸政治關係定位的模式，還是作為大陸處理臺灣問題的政策思維，都不再為大陸所主張和堅持。

臺灣方面對於大陸的「中央和地方」模式當然是極力地反對。在1970年代末期到1980年代中後期，臺灣方面甚至為此將兩岸政治關係定位的政策重心，從為大陸（「中共」）定位逐漸走向抗衡大陸所帶來「地方政府」定位的壓力。[52]

1980年9月，時任臺灣當局「行政院院長」孫運璿提出：「中共政權的和平建議，有一個連帶條件，即是承認他們，自命他們的政權是中央政府，如果我們開始和他們談判，就表示被認為是一個地方政府。」當時的臺灣領導人蔣經國也認為，「鄧六條」是「妄圖將中華民國地方化的陰謀」。曾任臺灣當局「行政院院長」的俞國華甚至認為「中共所有建議均置中華民國政府於地方政府的不平等地位」。[53]

臺灣方面在1990年後至今天，在所有的兩岸談判及政治關係定位的表述中，都特意地強調「對等」，其意圖正在於避免「被矮化」。

「兩岸」模式與「中央對地方」的模式最大的區別在於：「兩岸」模式所強調的是兩岸之間的「平等關係」，而「中央對地方」的模式將大陸置於高於臺灣的位置。「中央對地方」模式，營造了一個「中華人民共和國是中央政府，臺灣當局是地方政府」的氛圍，用「中央」的姿態向臺灣釋出各項善意。「葉九條」中提出臺

灣可以「成立特別行政區」、臺灣人士擔任「全國性政治機構」的職務以及補貼臺灣「地方財政」，都是在這一立意的基礎上提出的。臺灣當局不接受甚至抵制「中央對地方」模式的原因，也在於該模式將臺灣「矮化」為「地方行政單位」，即便是在「享有高度自治權」的情況下。在臺灣當局標榜其所具有的中華民國對於「全中國」擁有「法統」的情況下，臺灣當局自詡為中華民國的「中央政府」（「國民政府」），甚至不惜用無限期延長在大陸選舉產生的「國民大會」的方式來證成其「法統」的「正當性」，根本不可能接受「地方政府」的定位。同時，「中央對地方」模式在法理的邏輯上也存在著缺陷：如果大陸方面將臺灣當局定位為「地方政府」，是否意味著大陸方面在「地方政府」的定位下，承認臺灣當局的「正當性」？至少從表述本身來看，這種「正當性」是能夠被讀出來的。那麼，由此產生的法理詰問是：成立這個「地方政府」並規範其運轉的「中華民國憲法」是否就意味著是具有「正當性」的憲法呢？否則，無法理解一個被斥之為「偽憲」的憲法，能夠撐起一個「合法」的「地方政府」。由此可見，「中央對地方」的模式基於兩岸關係的歷史與現實不可能為臺灣所接受，而且沒有關照到一系列重大而複雜的法理問題，因而必然不可能成為兩岸所共同接受的政治關係定位模式。

此外，「中央對地方」的模式同「合法政府對叛亂團體」的模式一樣，也有著體現對立性價值觀和加深兩岸政治對立等特點，因而與「兩岸」模式亦有較大不同。本文不再贅述。

（三）「兩岸」模式與「兩黨」模式

「兩黨」模式是大陸在1950年代開始主張的兩岸政治關係定位模式，直到現在仍為大陸政界和民間的一些人士所主張，甚至在「政治對立論」中仍然能夠尋到蹤跡。早在1956年，毛澤東就曾提出透過「國共第三次合作」解決臺灣問題的設想。[54]
1981年9月，葉劍英在「葉九條」中建議「舉行中國共產黨和中國國民黨兩黨對等談判，實行第三次合作，共同完成祖國統一大業」。1983年6月，鄧小平在「鄧六條」中提出「建議舉行兩黨平等會談，實行國共第三次合作，而不提中央與地方談判」等設想，[55]

正式地將「兩黨」模式替代「中央對地方」模式，作為大陸對政治關係定位的新主張。1991年6月7日，國台辦就臺灣當局廢止「動員戡亂時期臨時條款」、結束「動員戡亂時期」發表談話。在談話中，國台辦負責人再次提出「中國共產黨和中國國民黨派出代表進行接觸，以便創造條件，就正式結束兩岸敵對狀態，逐步實現和平統一進行談判」。[56]

1991年7月1日，江澤民在紀念中國共產黨成立70週年的大會上指出：「中國共產黨和中國國民黨對國家統一負有重大歷史責任。兩黨應本著對國家對民族負責的態度，派出代表進行直接接觸商談，逐步達到實現祖國統一的原則協議。」[57]

在這個講話中，江澤民也提出：「商談中，邀請其他政黨、團體的代表參加。臺灣當局、各黨派團體和各界人士關心的問題，都可以提出來商談。」[58]

如果從大陸方面的政策表述來看，「兩黨」模式，主要是大陸為解決兩岸政治性談判的主體問題而提出的模式。但是，考慮到「兩黨」模式提出時，國共兩黨在大陸和臺灣的特殊地位，「兩黨」模式實際上也構成了兩岸政治關係定位模式的一個選項。以「兩黨」模式定位大陸和臺灣的政治關係，須以共產黨和國民黨分別在大陸和臺灣長期、穩定執政為前提。1986年至1987年間，臺灣當局開放「黨禁」、解除「戒嚴」，又於1991年透過修改憲法，在臺灣實行西方式的「政黨政治」。1991年，臺灣當局發布的「國統綱領」中就提出：「中國的統一，應以全民的福祉為依歸，而不是黨派之爭。」[59]
1993年，臺灣當局曾在一份文件中認為：「在過去多年中，政府基於國內政黨政治發展已具基礎，面對中共一再提出『黨對黨談判』的要求，均表反對，或未予理會……政府以前的態度是如此，以後也不會改變。」[60]

臺灣當局在該文件中的說詞表明，臺灣方面基於臺灣政治情勢的變化，已經明確地拒絕了「兩黨」模式。2000年臺灣發生「政黨輪替」，在臺灣執政長達51年的國民黨失去了執政黨的地位而淪為在野黨，「兩黨」模式必需的「國共」條件已不具備。2008年，臺灣發生第二次「政黨輪替」，國民黨雖然再次獲得執政地位，並在2012年成功穩固了這一執政地位。但兩次「政黨輪替」更加表明臺灣「政黨輪替」

將在未來呈現出「常態化」的樣態，一個政黨「永續執政」的局面將不復存在，同樣不復存在的，是「兩黨」模式作為兩岸政治關係定位的可能性。

與此同時，大陸方面仍然並未完全放棄「兩黨」思維。自2005年4月開始，國共兩黨高層領導人頻繁見面，已經形成了機制化兩黨領導人會晤框架。胡錦濤在「胡六點」中將臺灣問題的起源從歷史的角度定性為「國共兩黨」因內戰而導致的政治對立，再次凸顯了「國共兩黨」在處理兩岸關係和解決臺灣問題上的主導性地位。目前，國共兩黨透過領導人的機制化會晤框架所形成的黨際共識，已經成為多樣化的兩岸共識的組成部分。[61]
當然，大陸方面對於「兩黨」思維的保持，並不意味著回到倡導「國共第三次合作」的年代。相反，大陸因應臺灣政黨政治的發展，對於「兩黨」思維有所發展，其核心就是開放了臺灣其他政黨參與兩岸事務的空間。「胡六點」中專門對民進黨喊話：「希望民進黨認清時勢，停止『台獨』分裂活動，不要再與全民族的共同意願背道而馳。只要民進黨改變『台獨』分裂立場，我們願意作出正面回應。」[62]

由此可見，大陸方面的「兩黨」思維越來越向著兩岸「黨際」交往的務實方向發展。對此發展的方向，臺灣方面亦能接受。事實上，借助兩岸「黨際」交往的平台，一些臺灣的政黨都曾與大陸方面產生接觸。與大陸方面透過「黨際」交往平台接觸的政黨，既包括親民黨、新黨等屬於泛藍陣營的政黨，也包括民進黨的部分人士，可以說，「黨際」交往平台有效地促進了兩岸各層次和各方面的交往。

「兩岸」模式與「兩黨」模式有同也有異。在相同的一面，「兩黨」模式和「兩岸」模式都強調大陸和臺灣以合適的名義平等對話，同時也可以迴避「大陸臺灣」是否對等問題。這也是鄧小平在「鄧六條」中提出以「兩黨」模式替代「中央對地方」模式的初衷。在不同的一面，兩種模式所依賴的認同基礎和現實基礎不同，因而在實施效果上有所差異。從當前的兩岸關係現狀來看，兩岸模式的現實基礎更加牢固，不僅如此，大陸對於兩岸認同的著力點開始向「國家認同」（甚至不是「中國」）和「中華民族認同」轉變，臺灣的認同也逐漸向「中華民族認同」演變。在此背景下，強調政治符號尚未「外部化」的「兩岸」模式，也符合兩岸認同情況。至於「兩黨」模式，由於臺灣政治局勢的變化，其存在的現實基礎已經發生

變化。同時,「兩黨」模式強調對於國共兩黨意識形態的依賴,而兩岸之間的認同早已走過了意識形態認同的階段,[63]
因此「兩黨」模式作為一種政治關係定位的模式已經過時。

四、「兩岸」模式的共時性比較

共時性比較,是指將「兩岸」模式與兩岸在當前所提出的政治關係定位及其他模式進行比較。對「兩岸」模式進行共時性比較,可以發現「兩岸」模式對於其他模式的包容性,因而對於論證「兩岸」模式在當前兩岸關係下的可行性具有重要的價值。當前兩岸所提出的政治關係定位,有的是在兩岸交往的實踐中形成的框架,儘管尚未上升為模式,但也是兩岸定位當前關係的一種選項,如「兩會」模式;有的則是兩岸仍以政策獨白形式提出的觀點和期待,如「一國兩區」模式、「主權-治權」模式等。

(一)「兩岸」模式與「兩會」模式

「兩會」,是指民間團體海峽兩岸交流協會(海協會)和財團法人海峽交流基金會(海基會)。1990年11月,臺灣當局成立海基會,「以協調處理臺灣與大陸地區人民往來有關事務」。[64]
臺灣當局在「兩岸人民關係條例」中,對海基會與大陸方面開展事務性商談進行了授權。1991年12月,大陸方面成立海峽兩岸交流協會。根據《海協會章程》第4條之規定,海協會可以接受有關方面委託,與臺灣有關部門和授權團體、人士商談海峽兩岸交往中的有關問題,並可簽訂協議性文件。至此,大陸和臺灣以海協會和海基會為主軸的「兩會框架」初步構成。

海協會和海基會所構成的「兩會框架」已經比較成熟,並為實踐證明是兩岸談判行之有效的方式。在兩會的談判史上,兩會已經簽訂了影響兩岸關係發展的重要協議,並形成了包括最高負責人會談在內的各個層級的會談和聯繫機制。在兩岸公

權力機關無法進行直接對話時，「兩會框架」為兩岸談判提供了通道。由於「兩會框架」所取得的顯著成效，在兩岸談判中逐漸具有了不可替代性。因此，儘管大陸和臺灣已經形成了包括黨際交流、其他民間團體交流在內的交流信道，但這些信道只能為兩岸關係發展提出建設性的意見，或只能成為兩岸公權力機關互相宣示政策的平台，至於兩岸之間進行正式協商，並達成協議，則必須透過「兩會框架」。這一點，大陸和臺灣領導人以及有關部門已經有多次表態。[65]

由於兩會在兩岸事務性商談中的有效性，以「兩會」模式作為兩岸政治關係定位備選項的觀點，也隨之提出。事實上，兩會雖託名「民間團體」，但其官方屬性是非常明顯的。無論是大陸的臺灣事務管理體制，還是臺灣的大陸事務管理體制，海協會和海基會都是作為窗口而存在。在大陸，臺灣事務管理體制包括中共中央對台工作領導小組、中央台辦/國務院台辦和海協會，上述三個機構分別作為對台事務的決策機構、執行機構和窗口機構。[66]
海協會不僅接受中共中央對台工作領導小組和國台辦的領導，而且在人員上也與國台辦具有高度的一致性。以2008年6月產生的第二屆海協會會長和副會長為例，會長陳雲林是前任國台辦主任，7名副會長中有5人同時兼任或曾經擔任過國台辦副主任，1人為國務院其他部門（商務部）負責涉台事務的副職，1人曾任國台辦重要職務，[67]

而海協會幾乎所有的活動，都由中共中央直接指揮，由國台辦具體聯繫。因此，臺灣學者認為，「海協會根本就是國台辦為了因應兩岸協商，以民間對民間的模式而給予另一種『民間團體』的面目」，「實際上它仍是『政府組織』的本質」。[68]

雖然臺灣學者的觀點有所偏頗，但也說明了海協會和國台辦之間的密切關係。臺灣方面亦是如此。在臺灣，大陸事務管理體制包括總統府（原在總統府下設「國統會」，後為陳水扁撤銷，因而由總統府直接進行大陸事務決策）、「行政院陸委會」、海基會等。從組織序列上而言，海基會就是陸委會下設的團體，所有工作人員依「兩岸人民關係條例」，均具有公務員身分，並且服從公務員的有關法律和職業紀律。「兩岸人民關係條例」還規定，臺灣方面「派員赴大陸地區或其他地區處理受託事務或相關重要業務」，應報請委託機構或相關機關的同意，並受其指揮，還要「隨時報告處理情形」，即便是在這種情況下籤訂的協議，還要經過嚴格的接

受程序。[69]

由此可見，兩會實質上是兩岸在公權力機關無法接觸的情況下，為開展兩岸談判而設立的、具有民間團體身分的半官方團體。立基於上述事實，從「兩會」的角度思考兩岸政治關係定位，有其一定的合理性。

但是，「兩會」模式可以作為兩岸關係交往和談判的模式，但作為兩岸政治關係定位模式有著嚴重的不足。將「兩會」模式作為兩岸政治關係定位，顯然是將兩岸在談判中的相互地位與政治關係定位相混淆。根據《海協會章程》和《海基會章程》，兩會是受兩岸有關部門的委託就兩岸交流中的有關事務進行商談。因此，在兩岸事務性商談中，兩會也不是真正意義上的主體，而是受有關部門委託的商談主體。在未來的兩岸交往中，兩會或許能受兩岸的委託，代表兩岸繼續進行事務性商談乃至於成為政治性談判的主體，但這與政治層面的兩岸政治關係定位相去甚遠。

綜上所述，「兩岸」和「兩會」是大陸和臺灣在不同層次的定位模式：「兩岸」是大陸和臺灣的政治關係定位，而「兩會」是大陸和臺灣在兩岸事務性交往和未來政治性談判中的關係定位。當然，「兩會」模式已經被證明是兩岸行之有效的交流渠道，因此，在「兩岸」模式下，「兩會」亦可作為大陸和臺灣政治交流的渠道。前文已述，大陸和臺灣在政治關係定位層面採取暫時擱置的態度，而是透過海協會和海基會兩個授權團體進行事務性交流，從而形成兩岸事務性交流中的「兩會」關係。由此可見，由於大陸和臺灣在事務性交流中有著不涉及政治問題的默契，因此，將「兩岸」作為現階段政治關係的定位模式，並不影響大陸和臺灣在事務性交流中已經比較成熟的「兩會」模式。同時，「兩岸」迴避了「政府」、「實體」等政治性內容，大陸和臺灣以「兩岸」模式進行政治性交流時，如果由公權力機關直接接觸，將出現兩岸是否承認對方公權力機關合法性的敏感議題。在此情況下，可以借用「兩會」框架，由兩會作為「兩岸」模式下大陸和臺灣政治交流的渠道，而將大陸和臺灣在不同階段的「政治關係定位」作為兩會「可以談」的一項議題，由兩會在談判和協商的過程中解決。

（二）「兩岸」模式與「一國兩區」模式

「一國兩區」模式是臺灣當局所主張的一系列兩岸政治關係定位——「一國兩府」、「一國兩體」、「一國兩區」——中具有代表性且為臺灣現行憲法所肯認的兩岸政治關係定位模式。「一國兩府」、「一國兩體」和「一國兩區」是三個相互關聯但各有側重的表述。「一國兩府」是臺灣政治人物所提出的兩岸政治關係定位模式。

　　1989年3月，臺灣立法委員林鈺祥在向立法院提出的質詢案中，提出了「一國兩府」的主張。其後，時任臺灣法務部部長的蕭天贊提出了基本相同的看法。「一國兩府」的內容，是指在「一個中國」有兩個「對等政府」，即在大陸的中華人民共和國政府和臺灣的中華民國政府。由於「一國兩府」存在臺灣是否承認「中華人民共和國政府」的爭議，即「承認爭議」，因此，「一國兩府」在臺灣並未進入官方的正式文件。[70]

　　「一國兩體」是臺灣當局因應解除「戒嚴」和結束「動員戡亂時期」所提出的主張。在「國統綱領」中，臺灣當局提出「在互惠中不否定對方為政治實體，以建立良性互動關係」的主張，將兩岸視為兩個「政治實體」。[71] 1991年4月30日，臺灣當局宣告結束「動員戡亂」，大陸在臺灣方面看來不再是「叛亂團體」，如何定位大陸就成為臺灣方面所面對的問題。李登輝在當天舉行的記者招待會上提出：「今後將視中共為控制大陸地區的政治實體，我們稱它為大陸當局或中共當局。」由於臺灣當局在當時仍然否定「中華人民共和國」，而是以「中共」代替之，因此，李登輝在這裡所說的「政治實體」應當是指由中共執政的中華人民共和國，而非作為政黨的中共。由此可見，所謂「一國兩體」是指「一個中國」有兩個「對等」的「政治實體」，即中華人民共和國和中華民國。

　　「一國兩區」是時任臺灣行政院院長郝柏村提出的主張。所謂「一國兩區」是指「一個中國」有兩個地區，即「自由地區」（臺灣）和大陸地區。相比較「一國兩府」和「一國兩體」，「一國兩區」是用地理上的「地區」，代替了存在「承認爭議」的「政府」和涵義含糊的「政治實體」。由於「一國兩區」在語義上的低敏感性，臺灣對於「一國兩區」有著較高的共識。1990年臺灣當局所透過的七個「憲法增修條文」均以「一國兩區」作為兩岸政治關係定位。「一國兩府」、「一國兩體」和「一國兩區」事實上是對一個主題的同義反覆：所謂「一國」都是指「中國」或中華民國，在現階段更多地是指中華民國；所謂「兩府」、「兩體」和「兩

區」所描述的對象相同,側重點在強調「兩府」、「兩體」和「兩區」的「對等」。由於「一國兩區」是臺灣當局在法制面上政治關係定位,因而本研究將其作為與「兩岸」模式比較的重點。

「一國兩區」模式與「兩岸」模式在「各自表述」的空間內,都能堅持「一個中國」的原則,這是「一國兩區」模式與「兩岸」模式最大的共同點。對於「一國兩區」,大陸方面至今未作出積極和正面的回應。在1990年代初期和中期,亦即「一國兩區」剛剛提出的歷史時期,「一國兩區」曾經被認為是一種「台獨」理論。2012年3月23日,國民黨榮譽主席吳伯雄在與胡錦濤的會談中,重新提出「一國兩區」的主張,在臺灣外引起爭論。大陸對於在新的歷史時期如何評價「一國兩區」模式採取了迴避的態度。新華社撰寫的新聞報導中,吳伯雄有關「一國兩區」的言論也被刪除。[72]
可見,大陸對於「一國兩區」的認識,仍持不主動和不回應的態度。但是,就「一國兩區」中能夠堅持「一國」的方面而言,與大陸最新的「兩岸一國」的觀點暗合,因而可以成為大陸和臺灣尋找在政治關係定位上尋求默契的切入點。更進一步,「兩岸」模式中的「兩岸」是一個地理概念,而「一國兩區」中的「兩區」也是一個地理概念,兩者具有一定的共通性。同時,「地區」除了具有地理性的意涵外,還可以作為政治概念使用,因而在表述上比「兩岸」更加接近政治關係定位的需求。不可否認,「兩區」可以成為大陸和臺灣在「兩岸」模式基礎上,透過「議題化」、「階段化」和「共識化」要素的作用下,成為「兩岸」模式的一個可能的選項。

儘管如此,「一國兩區」模式與「兩岸」模式的區別也是明顯的。首先,「一國兩區」模式和「兩岸」模式在兩岸認同上的定位有所不同。臺灣當局「陸委會主委」賴幸媛在回應吳伯雄提出的「一國兩區」時,專門提及:「『一國兩區』就是『一個中華民國,兩個地區』,完全按照中華民國憲法和兩岸人民關係條例對兩岸現狀的描述。」[73]
臺灣總統府發言人也提出:「(臺灣方面)有關兩岸關係的定位,完整的說法是『一個中華民國,兩個地區』,所以『一國』就是『中華民國』,兩個地區就是『臺灣』與『大陸地區』,臺灣的定義就是『台、澎、金、馬及政府統治權所及之

其他地區』，而大陸地區則是『臺灣以外的中華民國領土』。」[74]

馬英九在2012年5月20日的就職典禮講話中，對「一國兩區」的闡述也是「一個中華民國，兩個地區」。[75]

由此可見，臺灣方面所稱的「一國兩區」，並不是「一個國家、兩個地區」，而是「一個中華民國、兩個地區」。「一國兩區」因而並不是建築在國家認同基礎上，而是建築在對中華民國政權認同的基礎上。大陸方面的國台辦發言人楊毅在對「吳胡會」的點評中，提出「兩岸都堅持一個中國，在此基礎上求同存異，同的是『兩岸同屬一中』，對於異的部分擱置爭議」，[76]

在相當程度上表達了大陸願意在「各自表述」的框架下，認同「一國兩區」中「一國」部分的態度。但是，這種對於「一國」的認同，能否導致對「一國兩區」的認同？亦即，兩岸之間「擱置爭議」的空間究竟有多大，尚值得疑問。相反，「兩岸」比「一國兩區」更加務實，其兩岸認同的基礎建築在國家認同之上，甚至具有「中華民族認同」的成分，因而更加符合兩岸現狀，也更易於凝聚兩岸的共識。

其次，「一國兩區」所強調的是臺灣和大陸地區的「對等」，而「兩岸」模式所注重的是大陸和臺灣的「平等」。前文已述，臺灣提出「一國兩區」主張的目的，是對抗當時大陸提出的「中央對地方」模式，因而「一國兩區」從一開始，就具有「對等」的意涵。「兩岸」模式則用議題化的方式，將大陸和臺灣是否「對等」作為兩岸有關政治關係定位的一項議題，而在「兩岸」的框架下，對此問題不作實質性的回應，以留待大陸和臺灣在談判的過程中解決。「兩岸」所強調的，是大陸和臺灣之間的平等關係。這種「平等」，是指兩岸在法律上權利義務關係的平等，而不具有任何的政治內涵。從此意義而言，「兩岸」模式比之「一國兩區」模式在對於兩岸相互關係上的描述更加務實。

（三）「兩岸」模式與「主權-治權」模式

「主權-治權」模式，是臺灣用於兩岸政治關係定位的一種模式，隨著馬英九有

關「互不承認主權、互不否認治權」言論的發酵,「主權-治權」的定位模式在未來可能會越來越受到臺灣的重視。

從直接來源上,「主權-治權」模式最早來自於孫中山的「權能區分」思想。孫中山認為,實行民權,必須解決萬能政府的問題,而解決這個問題的關鍵方法就是權與能要分開。[77]
孫中山先生將「權」稱為「政權」,認為這個大權要交到人民手裡,要人民有充分的政權,可以直接管理國事;將「能」稱為「治權」,認為這個大權要完全交到政府的機關內,要政府有很大的力量,治理國家事務。[78]

在「權能區分」的基礎上,孫中山先生進一步討論了「政權」與「治權」的內容和行使方式。關於「政權」的內容,他認為,「政權」包括選舉權、罷免權、創製權和復決權。在《建國大綱》中,孫中山先生進一步指出,中央統治權由國民大會行使,國民大會對於中央政府官員有選舉權,有罷免權,對於中央法律有創製權,有復決權。與「政權」相對的是「治權」,包括立法、行政、司法、考試、監察五權,分別設五院掌理以上五權。在現代政治學理論的包裝下,「政權」被替換為主權,而孫中山所稱的「治權」被保留下來,其含義大致相當於西方法政理論的「管轄權」和「法律適用的地域範圍」。

臺灣對於主權的主張,除在李登輝的「兩國論」時期和陳水扁執政時期外,均認為主權及於「全中國」。較早的如臺灣在1980年代初期的一份文告中表示:「唯有中國全國人民選舉所產生的中華民國政府光復大陸,統一全國,……」[79]用1948年的「國民大會」選舉來標榜對「全中國」的主權。結合「國民大會」是主權代表機構的理論設計,臺灣當時的主張是其所謂主權及於「全中國」。在李登輝執政的初期,臺灣對於主權及於「全中國」的認識也無改變。1988年12月25日,李登輝在「行憲紀念日」的講話中,提出:「今日政府雖立足於臺灣,但是我們必須確認,中國只有一個,而必須統一於自由民主的制度之下,中華民國憲法是結合全國國民的意願所制訂的,政府的一切作為,都是胸懷大陸,以全中國長遠的未來為著眼。」[80]

但是,臺灣在「憲政改革」的過程中,在主權是否及於「全中國」的問題上,發生

了動搖。儘管從總體而言,「憲政改革」的效果是在法理上確認了臺灣的治權限縮至「台澎金馬」,但為配合「治權限縮」,「憲政改革」也無意或是有意地將主權也予以了限縮,其典型例證,就是規定主權代表機構「國民大會」的代表僅在臺灣選舉產生。李登輝在1999年所提出的「兩國論」只不過是明白地用政策語言將上述事實再次複數而已。根據李登輝接受「德國之聲」採訪的新聞稿,李登輝認為,經過「憲政改革」,臺灣現行憲法所建構出來的「國家機關」只代表臺灣人民,「國家」權力的正當性也只來自於臺灣人民的授權,與大陸人民無關。[81]

民進黨方面早在1987年4月17日就透過的「臺灣主權獨立決議文」(即「四一七決議文」),宣稱「臺灣國際主權獨立」。隨後的所謂「臺灣事實主權獨立決議文」(即「一零零七決議文」)宣稱「(臺灣)事實主權不及於中國大陸及外蒙古」。1999年5月作成的「臺灣前途決議文」又提出:「臺灣主權獨立,與中華人民共和國互不隸屬,既是歷史事實,也是現實狀態。」陳水扁當選為臺灣領導人後,將民進黨的觀點變成臺灣的主張,一再宣稱「臺灣是一個主權獨立的國家」,不僅治權,而且主權也只及於「台澎金馬」。[82]

2008年5月馬英九擔任臺灣領導人後,臺灣在主權是否及於「全中國」的態度上又發生了變化。馬英九多次引據臺灣現行憲法,認為大陸是中華民國的「領土」,顯示出再次將中華民國主權及於「全中國」的思想。在詮釋「一國兩區」時,馬英九又提出:「大陸地區是中華民國以外的領土」,直接肯認了中華民國對大陸只是沒有治權,並非沒有主權。

相對於臺灣對於主權的認識多有變化,其對於「治權」的認識則相對穩定:自兩蔣時代開始,就認為其治權僅及於臺灣。較早的文獻,如1986年3月29日蔣經國在國民黨十二屆三中全會上提出「政治上把中華民國憲法帶回大陸」的觀點,事實上承認了「中華民國憲法」並不施行於大陸,相當於限縮了「中華民國憲法」的適用範圍。臺灣「憲政改革」從法理上肯定了中華民國「治權」限縮至「台澎金馬」的主張。李登輝、陳水扁在主張主權僅及於「台澎金馬」的同時,不忘重申治權也及於「台澎金馬」的主張。[83]
馬英九當選為臺灣領導人後,也多次表示了中華民國「治權」在「台澎金馬」的主

張。馬英九的言論前文已經多有論述，此處不再贅述。

較早提出「主權-治權」模式的，是 1992年臺灣「國統會」透過的「『一個中國』意涵定位結論」的說帖。該說帖明確地提出「（中華民國）主權及於整個中國，但目前之治權，則僅及於台澎金馬」。[84]
在臺灣的規範層面上，明確「主權-治權」模式的，是「兩岸人民關係條例」。馬英九在2009年2月22日臺灣「中華民國憲法學會」上的講話，對於「兩岸人民關係條例」在「主權-治權」模式上的作用，進行專門的說明。馬英九提出：「『兩岸人民關係條例』，全名為『臺灣與大陸地區人民關係條例』，很清楚區分主權與統治權，臺灣的定義是『臺灣、澎湖、金門、馬祖及中華民國統治權所及的其他地區』，大陸地區的定義是『臺灣以外的中華民國領土』。」[85]

馬英九的觀點已經表明了臺灣對於「兩岸人民關係條例」在釋出「主權-治權」模式上的主流觀點。由此可見，臺灣一直將主權和「治權」做分開處理。在絕大多數時候，認為中華民國的主權及於「全中國」，而認為中華民國的「治權」僅及於「台澎金馬」，而大陸是中華民國治權之外的其他中華民國領土。因此，「主權-治權」模式的功能，是在不放棄中華民國符號的前提下，描述兩岸隔海分治的事實。

「主權-治權」模式是一個較好地解釋中華民國地位的模式，但其作為兩岸政治關係定位尚存在著諸多問題。第一，「主權-治權」模式的主權是在國際法意義上的，所以才會有「中華民國主權」的概念，而兩岸問題是一國內的問題，這一點與臺灣所主張的主權及於「全中國」的觀點也是相符的。因此，「主權-治權」模式是用國際法的主權描述國內法的問題，本身就是自相矛盾的。第二，按照孫中山的觀點，雖然「權能」可以「區分」，「能」也能按功能劃分為「五權」，但「治權」（「能」）是否能夠按地域劃分？這種按地域劃分的治權、又怎能與主權相吻合？臺灣在提出「主權-治權」模式時，並未對這一問題進行細緻的論證。第三，一個可供選擇的政治關係定位模式（暫且不論其實踐中的合理性和政治上的正當性），應當同時包括對大陸和臺灣的政治地位及其相互關係的描述，而「主權-治權」模式只有對臺灣地位的描述，因而並不足以為兩岸政治關係定位的模式。綜上所述，「主權-治權」模式在理論上是一個自相矛盾、漏洞百出的模式。就其本質而言，「主

權-治權」模式實在稱不上是一種政治關係定位的模式，而毋寧是論證「一國兩府」、「一國兩體」和「一國兩區」的步驟。僅就這一點而言，「主權-治權」模式與經過嚴密理論論證的「兩岸」模式有著相當的差距。

除理論上的差距外，「主權-治權」模式和「兩岸」模式在價值取向上亦有較大區別。主權-治權」模式看似符合兩岸主權統一但由不同公權力機關管轄的現狀，然而，「主權-治權」模式的重心在後者。亦即：「主權-治權」模式，企圖用主權和治權分離的方式，把主權高高掛起以換取兩岸對於「治權」分離的承認。從此意義而言，「主權-治權」模式試圖固化甚至加深兩岸之間的「政治對立」，而不是消除或緩解這種「政治對立」。

五、「兩岸」模式的國際性比較

國際性比較，是指將「兩岸」模式與其他國家解決國家統一和處理地方分離主義的模式進行比較。儘管兩岸關係不是「國與國」關係，兩岸關係最終要靠符合「一個中國」的方式解決。但是，兩岸關係的「一國性」並不排斥借鑑國際社會比較成熟和合理的經驗。與大陸學者執著於透過對於主權、「國家」等概念進行不斷翻新解釋兩岸關係的不同，臺灣學者較早開始運用國際關係的相關理論對兩岸關係進行分析。如果去除外國經驗和國際關係理論中的「國際」因素，而是提取其中對於兩岸關係具有啟發性的因素，外國經驗和國際關係理論對於兩岸關係的理論和實踐也是有益的。立基於以上認識，本研究將比較「兩岸」模式與歐洲一體化、兩德模式、韓朝模式以及英國、加拿大、比利時等國處理地方分離主義的制度安排進行比較研究，以期從國際社會的視角，觀察「兩岸」模式的特徵。同時，透過國際性的比較，對「兩岸」模式加以豐富。

（一）「兩岸」模式與歐洲一體化

歐洲一體化，[86] 是指歐洲各民族國家透過政治、經濟、文化和社會方面的合作以及相應的制度安

排，逐漸融合成一個有機整體（結構）的過程和結果。[87]

歐洲一體化是當前世界範圍內一體化程度最高的區域，也是區域一體化理論的源頭和典範。目前，有關區域一體化的理論大多數來自於歐洲一體化的實踐，而歐洲一體化為生成和檢驗區域一體化的理論提供了場所。

從歷史淵源而言，歐洲一體化的動力來自於歐洲人對「歐洲夢」的追尋，[88]而歐洲一體化的近因，則是二戰結束後歐洲的重建問題。從1950年的「讓-莫內方案」和「舒曼宣言」開始，歐洲一體化開始啟動。從1951年4月8日開始，法國、德國、荷蘭、義大利、比利時和盧森堡六個國家先後組成了歐洲煤鋼共同體、歐洲原子能共同體和歐洲經濟共同體三大功能性組織，並於1957年實現了三大共同體機構的合併。1968年7月1日，歐共體成員國建立共同市場，決定完全取消關稅和非關稅措施，並對外實施統一的關稅制度。1979年開始，歐共體各成員國開始協調經濟和貨幣政策。1986年2月17日，歐共體各成員國簽署《單一歐洲文件》，首次以法律文件的形式向歐洲一體化注入了政治的要素。[89]

1992年2月7日，歐共體各成員國簽署《馬斯特里赫特條約》，宣布成立歐洲聯盟，使得歐洲一體化進入了一個全新的階段。歐盟成立後，歐洲一體化一方面進一步提高經濟一體化的程度，如統一貨幣，另一方面透過制憲的方式，推動歐洲向著更高層次的一體化和更加緊密的關係發展。第三階段在理論層面上體現出聯邦主義的特點，歐盟各國試圖透過制憲，塑造歐盟集體身分和歐洲公民的身分認同，以推動歐盟從國際組織向著超國家組織轉變。

本研究的作者曾運用歐洲一體化中所形成的知識框架，對兩岸關係和平發展框架的內涵進行過研究，其結論是：兩岸關係和平發展框架是中國共產黨在新世紀新階段，把握兩岸關係的主題，立足兩岸關係的現狀所提出的新的兩岸整合模式。[90]「兩岸」模式是兩岸關係和平發展框架在兩岸政治關係定位上的反映。不可否認的是，無論從整合的深度還是廣度而言，「兩岸」模式與歐洲一體化相比，都有著相當的差距，但有著自身的特點。兩者之間的區別主要有三點。其一，歐洲一體化是民族國家之間的一體化，因而存在著主權移轉與主權限制的問題，「兩岸」模式是

大陸和臺灣的政治關係定位模式，是一國內消除政治對立的問題，與主權無涉。其二，歐洲一體化包括歐洲各國在政治、安全、經濟和社會等各方面事務一體化的過程，因而是一個綜合性的範疇，而「兩岸」模式主要是政治性的範疇，「兩岸」模式的提出也是儘量避免政治因素在兩岸交往中的消極作用，而推動兩岸在政治、經濟和社會方面的合作。「兩岸」模式毋寧是兩岸在政治、經濟和社會方面合作的基礎，而不是合作本身。其三，歐洲一體化包括構建超國家的管制機構，而「兩岸」模式並不包括此方面的內容。在歐洲一體化的進程中，歐盟透過政府間談判使得各個成員國之間保持政策一致和溝通，而且還建立了類似於主權國家的管制結構。歐盟的管制結構不同於其他國際組織的機構（如聯合國的組織機構），後者的本質仍為政府間的談判機制，而歐盟管制結構已經具有了超國家的性質。[91]

目前，歐盟管制結構已經獨立於各成員國，成為歐盟獨立法律主體資格的物質載體。歐盟管制結構包括兩個部分：其一是類似於主權國家政府的管制機構，包括歐盟理事會、歐盟委員會、歐洲議會、歐洲法院等；其二是以治理為特徵的歐盟新管制結構，意圖形成「沒有政府的治理體系」，即「歐盟治理」。[92]

與歐盟管制結構相比，大陸和臺灣之間尚不存在「超兩岸」的管制結構，在「兩岸」模式的政治關係定位下，「超兩岸」的管制結構也不作為目標的定位。大陸和臺灣的協商機制，在「兩岸」模式之下，仍然以兩會事務性商談、黨際交往等為主。

　　對於歐洲一體化對兩岸關係的借鑑問題，臺灣常有學者撰文呼籲用歐洲一體化中所形成的理論工具分析兩岸關係，一些臺灣的政治人物甚至仿照歐洲一體化提出「兩岸統合」之類的主張。陳水扁在2001年的「新年獻詞」中提出所謂「統合論」，表示要「從經貿與文化的『統合』開始，逐步建立雙方的信任，進而共同尋求兩岸永久和平、政治統合的新架構。」[93]
大陸學者對臺灣學者和政治人物所提的「統合論」多持批判態度，其中一種比較具有代表性的觀點是：「統合論」是一個動態和模糊的概念，強調統合的過程，迴避了統合的結果，其實質是在統合的名義下行「台獨」之實。[94]

本研究認為，如果是針對以「統合」為名、行「台獨」之實的偽「統合論」，上述批評自然成立，但這並非意味著歐洲一體化對於兩岸關係沒有啟示意義。相反，歐洲一體化及其所形成的一體化相關理論在兩岸關係的研究以及「兩岸」模式的論證、建構、完善過程中，自有其可資利用之處，不能因其首先被運用於「台獨」理論，而否定其理論價值。總體而言，歐洲一體化對於「兩岸」模式至少有著三點啟示意義。

第一，重視對身分認同的建構。建構歐洲的集體身分和歐洲公民的身分認同是歐洲一體化有別於其他一體化現象的重要區別，對於歐洲一體化的深入發展起著關鍵作用。早在1951年的《巴黎條約》中，歐洲的集體身分就得以確認。[95]在隨後的一體化進程中，「歐洲」、「歐洲公民」等重要概念得以建構，並逐漸獲得歐洲各民族國家和民眾的認同。身分認同的建立，緩解了各民族國家因主權限制與讓與而造成的民族主義困境，也提高了歐洲一體化的民眾認同度。應當說，由於時間的推移和「台獨」分子的「去中國化」運動，臺灣民眾對於「中國人」的身分認同正在逐漸消退。2012年3月的一份臺灣機構所作的民調顯示，已經有74%的臺灣民眾認同自己是「臺灣人」，而僅有13%的臺灣民眾認同自己是「中國人」，而且年齡越輕的臺灣民眾對於「中國人」的認同越低。應當說，兩岸同族同源，在建構身分認同方面的條件和基礎比歐洲一體化更加優越。如何利用身分認同方面的有利條件，透過共同的身分認同強化「兩岸」模式，進而強化臺灣民眾對於「一個中國」的認同，是目前值得思考的一個重要課題。

第二，重視框架性、根本性法律在一體化過程中的作用。歐洲一體化是建築在法律基礎上的共同體，框架性、根本性法律[96]在歐洲一體化過程中起著重要的作用。其一，這些框架性、根本性的法律及時地將歐洲一體化的成果以憲法性法律的形式固定下來，不斷提高一體化的水平。其二，制定、透過框架性、根本性法律的過程，也成為凝聚歐洲共識、檢驗一體化成果的民眾可接受度的過程，可以有效地建構歐洲各國民眾對歐洲一體化的認同。其三，框架性、根本性法律從憲法意義上為歐洲一體化提供了法律依據，使得歐洲一體化成為一個具有法意義的過程，一體化的規範化、制度化程度也隨之得以提高。儘管當前兩岸之間已經達成20餘項協議，而且也形成了具有框架性質的ECFA，但大多數

屬於事務性合作方面的協議，ECFA的框架作用也僅僅體現在經濟方面，而不具有框架性、根本性法律的色彩。借鑑歐洲一體化的有益經驗，宜制定具有規範意義的框架性法律，為兩岸關係和平發展框架提供規範、指引和保障。在此方面，中共十七大報告所提出的「和平協議」可以作為構建兩岸關係和平發展的基礎性規範。[97]

第三，重視一體化過程中的組織機構建設。從機構設置的角度而言，歐盟理事會、歐盟委員會、歐洲議會和歐洲法院等歐盟管制機構的設計相當精巧和細緻：既有體現不同權力分支特性，符合歐洲各國權力分立的傳統，又透過制度設計，使各機關分別代表歐洲整體利益、各成員國利益和歐洲民眾利益，從而為歐洲一體化提供了有力的組織保障。相形之下，兩岸關係和平發展框架的組織機構建設仍停留在借助兩岸透過「兩會」框架的溝通和協商的層面。根據ECFA成立的「兩岸經濟合作委員會」在機構作用和制度建設方面，距離一個成熟而獨立的組織機構仍有相當的距離，而毋寧是兩岸在經濟事務方面合作的另一窗口。從兩岸關係和平發展的長遠來看，有必要加強相關的組織機構建設，尋找適合於「兩岸」模式的兩岸權力結構，為兩岸關係和平發展提供必要的組織保障。

（二）「兩岸」模式與「分裂國家」

前文已經介紹，「分裂國家」是研究國際政治的學者用於原本是統一的國家，後因政治原因分裂成兩個互不統屬的「地區」或「實體」的政治現象。聯邦德國和前民主德國、韓國和朝鮮、南北越南是國際學術界公認的「分裂國家」。當前，聯邦德國和前民主德國已經透過和平方式實現統一，南北越南以北越（越南社會主義共和國）以武力解放南越，這兩個「分裂國家」已經實現了國家統一。在「分裂國家」中，兩德在統一前40年所形成的政治關係定位模式和處理相互關係的措施，對於德國的最終統一和世界範圍內解決國家統一問題具有重大意義，而韓國與朝鮮作為當前主要的「分裂國家」，其處理相互之間關係的模式也值得借鑑。因此，儘管從「政治對立」的觀點而言，兩岸關係並不是「分裂國家」的關係，但是，從典型的「分裂國家」中吸取有益的經驗與做法，對於「兩岸」模式的完善亦有助益。本研究擬將「兩岸」模式與兩德模式、韓朝模式進行對比。

1.「兩岸」模式與兩德模式的比較

聯邦德國和民主德國是最為典型的「分裂國家」，絕大多數「分裂國家」的理論就是以兩德為分析的背景。德國作為二戰的發起國，在戰敗後根據戰勝國的協定實行「分區占領」。冷戰開始後，由不同陣營的國家所占據的占領區各自組成了一個獨立的國家：由美國、英國和法國所占領的西占區在1948年9月20日組成一個名為「德意志聯邦共和國」的國家，而蘇占區則在1949年10月7日組成一個名為「德意志民主共和國」的國家，統一的德國就此分裂為兩個國家。分裂後，聯邦德國政府一直沒有放棄對國家統一的訴求，並在基本法中明確宣示了堅持國家統一的立場和實現國家統一的方式。[98]

相形之下，民主德國對於德國復歸統一則經歷了從堅持統一到持分離主義立場的轉變。1967年，民主德國修改《國籍法》，用「民主德國國民」取代了「德國國民」的提法。1968年又用「民主德國人民」取代1949年憲法的「全德人民」作為制憲權主體。為爭取國際承認，民主德國政府逐漸放棄「一個德意志民族」的立場，公開宣稱「兩個德意志民族」，並將根據這一立場對1968年憲法進行了修改。在1974年憲法中，民主德國政府構造了一個「社會主義的德意志民族」，從而在民族層次將兩個德國徹底分開。

1970年勃蘭特政府上台，聯邦德國開始實施新東方政策，注重改善與民主德國之間的關係，逐漸實現兩德關係正常化，有效地促進了兩德在經濟、政治、文化和社會等各方面的交流和融合，為兩德復歸統一奠定了現實基礎。「新東方政策」有關兩德關係的主要內容是透過兩個德國之間的相互接近和關係正常化，結束兩德政治對立，為最終統一奠定基礎。新東方政策的舉措之一是對民主德國的承認，但是，這種承認並不是法律意義上的承認，也並非意味著將兩德關係視為兩國關係，而是承認民主德國在事實上的存在，兩德關係仍然是「德意志民族內部的特殊關係」。[99]

《兩德基礎關係條約》是新東方政策的主要成果之一，其主要內容包括：其一，兩德實現關係正常化，並在平等的基礎上發展友好關係；其二，兩德互相承認主權、領土完整和獨立；其三，兩德在國際上互不代表，並得尊重對方在內政和外交上的獨立自主；其四，兩德在對方首都設置「常駐代表機構」。《兩德基礎關係條約》的結果，是兩德在政治、經濟、社會和文化等各方面的交流與合作日益活絡。兩個德國於1973年同時加入聯合國，成為聯合國正式成員國。兩個德國與外國建交時，

不以是否與另一個德國斷交為前提，允許外國與兩個德國同時建立外交關係。兩個德國互相尊重主權和領土完整，還建立了官方關係，實現了領導人的互訪。從外觀上看，兩個德國已經是兩個主權獨立的國家。

但是，根據「分裂國家」理論的觀點，一個「分裂國家」中的兩個實體（如聯邦德國和民主德國）仍能被稱為「分裂國家」，而不是「兩個國家」的主要原因，是其中至少一個實體對統一目標的堅持。[100]
儘管兩個德國簽署了《兩德基礎關係條約》，民主德國的分離主義趨勢也越來越明顯，但聯邦德國並未放棄追求德國復歸統一的目標。德國聯邦憲法法院在審查《兩德基礎關係條約》是否合憲時，明確肯定了《兩德基礎關係條約》並不影響聯邦德國基本法所規定的「國家統一義務」。聯邦德國事實上，也從未放棄對於國家統一的追求，甚至並未將民主德國看作外國。

「兩德」模式是目前國際社會解決「分裂國家」問題最為成功的模式，其與「兩岸」模式既有相同之處、也有諸多的不同。在相同的一面，兩德的關係及其雙方對於國家統一的立場，與兩岸極為類似。大陸方面從未放棄過國家復歸統一的追求，而臺灣方面在在1990年後表現出越來越強的分離主義立場。「兩德」模式和「兩岸」模式都以實現雙方關係正常化、推動雙方關係和平發展為目的。這是「兩德」模式與「兩岸」模式的契合之處，也是「兩德」模式值得「兩岸」模式借鑑的地方。但是，「兩德」模式畢竟不同於「兩岸」模式，兩德問題與兩岸問題也迥然有異。中國政府《一個中國原則與臺灣問題白皮書》中明確提出：「兩德」模式不能用於解決臺灣問題。[101]
兩者之間的不同點主要有三點。其一，「兩德」模式已經確認了兩個德國明確的政治關係定位，即國與國關係，而「兩岸」模式是用地理概念替代政治概念，試圖將政治關係定位模糊化和「去政治化」，在當前情勢下避免引發兩岸抽象的概念之爭，而在一個中國原則的約束下，「兩岸」關係未來的發展方向不可能是兩國關係。其二，「兩德」模式要求兩個德國相互承認主權和領土完整，允許對方在國際社會作為一個主權國家的存在。由此，「兩德」模式的成功，是德國國家主權的融合與再造。然而，兩岸關係是「一個中國」內的「政治對立」關係，中國的主權從未分裂，因而也不存在所謂「主權復歸統一」的問題。胡錦濤在「胡六點」中對此

問題已經作出了明確的論述。基於此,在「兩岸」模式的定位之下,兩岸關係並不存在「是否允許臺灣作為一個主權國家在國際社會存在」的問題。其三,「兩德」模式說到底受到國外政治力量的干涉較多,是冷戰時期東西方對峙在德國國內問題上的體現,美蘇等大國意志在「兩德」模式形成過程中造成了重要的作用。兩岸關係是中國的內政,中國政府一再強調兩岸中國人自己解決國家統一問題,拒絕外國干涉中國內政,「兩岸」模式因而不具有任何介入外國干預的內涵。立基於以上認識,「兩岸」模式不妨從「兩德」模式中吸取一些有益的具體經驗與措施,但就「兩德」模式在兩岸關係中的適用性而言,「兩岸」模式與「兩德」模式有著根本的不同。

2.「韓朝」模式與「兩岸」模式

韓國和朝鮮是至今仍存的「分裂國家」。二戰結束後,美蘇兩國基於對日作戰的需求,對朝鮮半島實行分區占領。冷戰開始後,美蘇兩國基於各自的占領區成立了意識形態對立的兩個朝鮮民族國家。1948年7月,國號為「大韓民國」的國家在朝鮮半島南部成立,而兩個月後,國號為「朝鮮民主主義人民共和國」的國家在朝鮮半島北部成立。1950年6月,朝鮮半島陷入戰爭,參戰的雙方以北緯38度線為停戰的分界線,而這條分界線也成為韓朝分裂的標誌線。

韓國和朝鮮至今都未放棄對於朝鮮民族重新統一成一個國家的追求,但是在統一的方式上存在不同的觀點。韓國方面經歷從「北進統一」的武力統一方式,到在國家綜合實力的競爭中壓倒朝鮮的「競爭統一」階段,再到透過對話、談判方式實現統一的「對話統一」階段。目前,韓國方面實行所謂「漸進統一」的策略,透過南北雙方和解、消除緊張局勢和合作交流,以謀求國家的統一。[102]
1993年,時任韓國總統的金泳三提出了「三階段」統一方案,在政治關係定位方面的論述包括:在第一階段,雙方組成「南北聯合體」,保持兩個獨立的政府;第二階段,組建邦聯,實行一種體制、一個聯邦政府和兩個地方政府,具有事實上統一的形式;第三階段,實行統一的政府,建立完全統一的國家。[103]

朝鮮方面對於統一的訴求並不亞於韓國。在經歷朝鮮戰爭之後的「革命統一」階段後,朝鮮方面開始思考和平方式實現統一的路徑。1963年,金日成首次提出「聯邦制」的統一模式。1973年,金日成又提出了「高麗聯邦共和國」的事項,並在1980

年以「高麗民主聯邦共和國」的名稱予以體系化和具體化。根據金日成提出的「高麗民主聯邦共和國」方案，朝韓雙方相互承認容許對方指導思想和社會制度的存在，雙方以同等資格組建聯邦制的統一國家，雙方各自保留政府，但以同等數目組成「最高民族聯邦會議」，由該會議領導雙方的政府。在「高麗民主聯邦共和國」內，任何一方不得將自己的意識形態和社會制度強加於對方，在相當長時期內尊重各自的制度選擇。[104]

韓國的統一模式可以概括為「一國一制一府」，而朝鮮的模式可以概括為「一國兩制兩府」，兩者之間的共同點是雙方開展對話和合作的基礎。朝韓最高領導人在2000年曾簽署了一份《南北共同宣言》（即6·15宣言），其中專門提出：南方和北方認為旨在實現統一的南方聯合之統一方案與北方初級階段的聯邦制方案互有共同點，雙方將朝著這一方向推進統一進程。

　　韓朝模式在雙方共識的層面，體現為偏向邦聯的聯邦制，就此而言，韓朝模式與「兩岸」模式有著較大的區別。其一，韓朝模式承認對方為一國際法主體，兩個朝鮮民族的國家都參加了聯合國等國際組織。「兩岸」模式則是在大陸和臺灣存在「承認爭議」的情況下所提出的政治關係定位模式。至少大陸並不認同臺灣是一個「國際法主體」，也拒絕臺灣以各種名義參加聯合國。其二，韓朝模式有著明確的目標定位和走向，雖然韓朝雙方都提出了為實現階段劃分的主張，但並不存在將韓朝政治關係定位作為議題的主張。「兩岸」模式除了體現階段化的特徵外，還具有議題化的特徵，並無最終的目標設定，而是有賴於兩岸之間對於議題的共識。

（三）「兩岸」模式與西方國家中央政府處理地方分離主義做法的比較研究

　　由於民族問題、宗教問題等原因，世界一些國家存在著主張分離主義的團體或者地區，而處理分離主義問題是各國中央政府的重要事務。一些西方國家中央政府在處理地方分離主義問題上，形成了一系列具有特色富有成效的模式和經驗，有的國家還在其憲法中將處理地方分離主義的做法以及中央政府與地方當局的協議予以憲法化。兩岸關係在一定程度上，也體現了分離主義團體意圖從統一的國家中分離

出去的特徵。《反分裂國家法》將反「台獨」鬥爭在法律上定性為「反分裂」，已經說明了分離主義在兩岸關係中的關鍵性角色。儘管大陸和臺灣在「政治對立論」之下難以再用「中央對地方」的模式加以定位，但是，研究西方國家中央政府處理地方分離主義的做法，並將之與「兩岸」模式進行對比，以期更加進一步地完善「兩岸」模式。由於存在地方分離主義的國家較多，本研究主要選取英國的北愛爾蘭問題、加拿大的魁北克問題和比利時的弗拉芒問題作為分析對象。

北愛爾蘭問題是英國政府最為頭疼的地方分離主義問題。北愛爾蘭與已經獨立愛爾蘭共和國原均為英國的殖民地，英國國王長期兼任愛爾蘭國王。20世紀初，愛爾蘭出現民族獨立運動，經過武裝起義和合法的選舉活動後，愛爾蘭民族獨立運動逐漸為愛爾蘭民眾所接受。1918年，在英國議會選舉中獲勝的愛爾蘭籍議員拒絕赴倫敦參加議會，而是選擇在愛爾蘭本土組織愛爾蘭議會。1920年，英國允許愛爾蘭南部26個郡成立「自治領」，但北部的6個郡仍屬於英國的殖民地。1948年，愛爾蘭脫離英聯邦，宣告獨立。英國政府於1949年承認了愛爾蘭的獨立地位，但透過《愛爾蘭法案》，重申對北愛爾蘭的主權。由於來自英國的新教移民構成北愛爾蘭絕大多數人口，而愛爾蘭傳統的天主教徒在北愛爾蘭並不占多數，因此，北愛爾蘭在1973年透過公民投票的方式否決了脫離英國的提案。但是，1973年的公投結果並未使得北愛爾蘭的局勢獲得好轉。北愛爾蘭的主要分離主義勢力，選擇以武裝鬥爭乃至於恐怖襲擊的方式實現自己的政治目的，在北愛爾蘭引發了一系列暴力事件。1998年4月10日，英國政府、愛爾蘭政府和北愛爾蘭主要政治派別簽署旨在結束暴力衝突的和平協議。在和平協議中，英國政府和愛爾蘭政府對於北愛的前途及其地位進行了規定：其一，英國政府廢止《愛爾蘭法案》，而愛爾蘭政府也廢止憲法中有關北愛爾蘭主權的規定，承認北愛爾蘭以公民投票的方式與愛爾蘭合併成一個國家的可能性；其二，北愛爾蘭可以成立一個自治政府，英國政府向北愛爾蘭地方自治政府移交地方事務管理權。英國政府在處理北愛爾蘭問題上，首先引入愛爾蘭政府參加北愛爾蘭問題的解決；其次承認北愛爾蘭透過公民投票分離的可能性；再次尊重北愛爾蘭地方自治政府的地方事務管理權。就此兩點而言，英國政府事實上採取「中央對地方」的模式來解決北愛問題，與「兩岸」模式階段化、議題化的定位思路存在較大的不同。不僅如此，「兩岸」模式將大陸和臺灣的關係定位為內政問題，拒絕外國勢力的干涉，也否定臺灣以所謂「公投」改變兩岸關係的現狀，因

此，「兩岸」模式與英國處理北愛事務的模式有著根本的不同。

　　魁北克省是加拿大的一個法國後裔為主的省份，在歷史上曾經是法國在北美的殖民地。1763年後，英國從法國手中獲得了魁北克城，並逼迫法國將幾乎所有的北美殖民地割讓給英國，後者遂成立了魁北克省。1867年，魁北克省隨加拿大從英國殖民統治中獨立，成為獨立的加拿大的一個省。由於魁北克省與加拿大其他省之間在民族、文化、語言方面存在著明顯的區別，因而謀求在加拿大內部更加特殊的地位。但是，魁北克省的目的沒有獲得其餘加拿大省份的同意，由此導致了魁北克省更加強烈的民族主義情緒，進而演化成了魁北克省的分離主義運動。[105]
1960年，魁北克省利用加拿大政府的「省權擴大」計劃，獲取了較多的權力，增加了魁北克省在加拿大諸省中的獨立性。[106]

1968年10月，主張獨立的魁北克人黨成立，該黨主張以漸進的方式實現魁北克在政治上的獨立，但主張魁北克透過共同市場的機制與加拿大保持經濟上的聯繫。1976年後，主張魁北克獨立的魁北克人黨成為魁北克省的執政黨，使得魁北克的分離主義運動進一步高漲。1980年和1995年，魁北克曾在魁北克人黨的主導下，兩次就是否應當獨立舉行了公民投票，但均被否決。由於魁北克在加拿大的人口、領地面積、資源和經濟方面均是不可或缺的部分，因而加拿大政府不會輕易放棄魁北克，而是採取了一系列的措施以應對魁北克的分離主義勢力。1969年，加拿大政府透過《官方語言法》，以立法形式確認了法語的官方語言地位，回應了魁北克人對於提高法語文化地位的訴求。1984年，加拿大政府試圖承認魁北克為「特殊社會」，以換取其對於統一憲法的支持，但因其他各省的反對而作罷。1996年，針對魁北克透過公投謀求獨立的做法，加拿大政府在維護國家統一方面採取了新的解釋。當時的克雷蒂安政府向加拿大最高法院提出一項憲法解釋的請求，要求加拿大最高法院就魁北克政府是否有權單方面宣布脫離加拿大和魁北克是否具有自決權等問題進行解釋。加拿大最高法院於1996年8月做成了具有歷史意義的解釋：一個省無權單方面決定從加拿大聯邦分裂出去，無論是加拿大聯邦憲法還是國籍法中所說的人民自決權，都不允許一個省單方面決定獨立。但是，加拿大政府仍承認魁北克的特殊地位。2000年，加拿大政府出台了旨在限制魁北克獨立的《明晰法案》，明確規定：「任何省都沒有單方面宣布脫離聯邦的權利。」據此，魁北克在1980年和1995年舉

行的兩次公民投票均被認定為無效。[107]

魁北克省所採取的以公民投票謀求「獨立」的做法，與前民進黨當局在2000年至2008年間所謂「公投」的主張非常類似，而加拿大最高法院判決的意旨與大陸方面對於臺灣「公投」的觀點也極為類似。加拿大政府對於魁北克的態度，是將其定義為一個「特殊社會」，但從本質上而言仍然是透過賦予其更多的自治權來維繫國家的統一。可以說，加拿大政府是用「中央對地方」的模式來處理與魁北克的關係，因而與「兩岸」模式有著顯著的區別。但是，加拿大政府善於運用法律，透過最高法院的憲法解釋來回應魁北克的分離主義問題，值得大陸方面在應對兩岸關係時借鑑。

弗拉芒位於比利時北部，其語言以荷蘭語為主，因而與位於南部說法語的瓦隆存在著明顯的差異。弗拉芒和瓦隆在民族以及語言上的差異，對於弗拉芒而言，產生了分離主義的傾向。在19世紀之前，瓦隆的經濟全面壓倒弗拉芒，法語是比利時唯一的官方語言，瓦隆人在政治、經濟和文化上享有全面的優勢，弗拉芒人備受歧視。但是，這一情況在19世紀後發生了逆轉，弗拉芒逐漸在經濟上占據了優勢，並在政治上獲得了越來越大的發言權，弗拉芒語也取得了與法語平等的地位。由於弗拉芒對於比利時經濟的貢獻超過瓦隆，但所享受的社會福利卻少於後者，加上歷史上兩族之間的隔閡，弗拉芒地區的部分人士由此產生了分離主義的思潮，要求弗拉芒與瓦隆分離。[108]

為了緩解兩個地區之間的矛盾，比利時政府在1994年實施了政治改革，將比利時變為一個聯邦制國家，弗拉芒、瓦隆和布魯塞爾各自作為一個聯邦組成單位加入聯邦，弗拉芒政府、瓦隆政府和布魯塞爾大區政府在比利時的行政體制中三權分立。但是，比利時的聯邦制與以美國為代表的典型聯邦制又有所不同。以美國為代表的典型聯邦制雖承認各聯邦組成單位與聯邦政府的相對獨立性和自治地位，但並不承認各聯邦組成單位的國際法主體地位，也不承認聯邦組成單位參加國際組織的資格。然而，弗拉芒和瓦隆有著獨立於比利時的發言權，在包括歐盟在內的各種國際組織中也有著獨立於比利時的代表，任何國際條約的生效需經比利時政府和地方政府的同意。因此，比利時的中央政府事實上採取了一種接近邦聯的聯邦制來解決弗拉芒的分離問題，「兩岸」模式也由此與之有著明顯的不同：其一，「兩岸」模式

雖承認臺灣解決內部事務的權力，但並未表明可以允許臺灣以獨立的身分參加國際空間，哪怕這種獨立的身分並不意味著「臺灣獨立」；其二，「兩岸」模式既不是聯邦，也不是邦聯，而是在「政治對立」的情況下，採取議題化、階段化和共識化解決大陸和臺灣政治關係定位問題的一種措施；其三，儘管弗拉芒具有較高的自治地位和較多的自治權，但比利時政府與弗拉芒政府的關係仍是「中央對地方」的模式，而「兩岸」模式則無此意涵。

註釋

[1].蘇宏達：《以「憲政主權建造」概念解釋歐洲統合之發展》，載《歐美研究》第31卷第4期，2001年12月。

[2].蘇宏達：《以「憲政主權建造」概念解釋歐洲統合之發展》，載《歐美研究》第31卷第4期，2001年12月。

[3].蘇宏達：《以「憲政主權建造」概念解釋歐洲統合之發展》，載《歐美研究》第31卷第4期，2001年12月。

[4].「定位時刻」是本文仿照美國憲法學者阿克曼之「憲法時刻」（constitutional moment）所提出的一個概念，其意指兩岸在兩岸關係定位上的關鍵歷史時期。

[5].周葉中、祝捷：《臺灣「憲政改革」研究》，香港社會科學出版社2007年版，第49頁。

[6].《台海網訊》第157輯，2013年2月28日。

[7].[德]法布拉斯·拉哈：《歐洲一體化如何運作？——分析框架之設想》，載《歐洲研究》2003年第3期。

[8].沈衛平：《兩岸關係應該如何定位——兼評「一邊一國論」》，載《中國評論》2003年第3期。

[9].邵宗海：《兩岸關係》，五南圖書出版有限公司2006年版，第374頁。

[10].至於本文所指的「兩岸」是否包括了「兩岸對等」的含義，參見本文第四章。

[11].《金門協議》，即《海峽兩岸紅十字會組織在金門商談達成有關海上遣返協議》（1990年）。本文所引兩岸協議的文本均以國務院臺灣事務辦公室網站所載文本為準。

[12].「兩岸經貿文化論壇」是根據2005年國共兩黨領導胡錦濤和連戰所達成共識舉行的兩岸高級別經貿文化活動，2006年4月在北京舉行第一次論壇。目前，兩岸經貿文化論壇已經成為兩岸高層相互見面和釋出互惠政策的平台。

[13].「兩岸和平發展法學論壇」是由中國法學會和海峽兩岸關係法學研究會舉辦的兩岸法學界高層次論壇，2012年8月在北京舉行第一次論壇。

[14].這裡的「政治決斷」借用了德國公法學家施米特的觀點，是指在政治過程中一種純意志力的作用。參見［德］卡爾·施米特：《憲法學說》，劉鋒譯，世紀出版集團、上海人民出版社2005年，第28頁。但要理解政治決斷是一種純意志力作用的結果，請參見［德］卡爾·施米特：《政治的概念》，劉宗坤等譯，上海人民出版社2004年版，第106頁以下。關於「決斷」的含義，可參見張旺山：《史米特的決斷論》，載《人文及社會科學集刊》第15卷第2期，2003年6月。

[15].僅以2008年11月海協會和海基會簽訂的《海峽兩岸食品安全協議》（簡稱「協議」）為例說明。在該協議中，兩岸已經成為描述兩岸關係定位的政治概念，如「協議」序言第1自然段有「為增進海峽兩岸食品安全溝通與互信，保障兩岸人民安全與健康，……」；第2條「協處機制」有「雙方同意建立兩岸重大食品安全事件協處機制」；第3條「業務交流」有「雙方同意建立兩岸業務主管部門專家定期會商及互訪制度」等，尤其是第3條中在「兩岸」一詞後，還跟隨著「業務主管部門」的字樣，兩岸儼然成為對「業務主管部門」的限定語，與後者一道構成一個偏正短語結構，其代替中華民國、臺灣、「大陸」等難以言明的政治概念的意圖得到了清晰的體現。

[16].比如臺灣學者張亞中提出的「主權共儲共享論」，其設想過於大膽和激進，幾乎不存在兩岸共同接受的可能性。

[17].蔡英文：《霍布斯主權理論的當代詮釋》，載《公法學與政治理論——吳庚大法官榮退論文集》，元照出版社2004年版。

[18].江國華：《主權價值論》，載《政治學研究》2004年第2期。

[19].張洋培：《國家主權與歐洲統合》，載《新世紀智庫論壇》第13期，2001

年3月。

[20].江國華：《主權價值論》，載《政治學研究》2004年第2期。

[21].徐大同主編：《西方政治思想史》，天津教育出版社2002年版，第111頁。

[22].徐大同主編：《西方政治思想史》，天津教育出版社2002年版，第111頁。

[23].《奧本海國際法》認為主權概念是從國內法向國際法轉移，從主權概念的產生來看，國際法意義上的主權概念和國內法意義上的主權概念是同時產生的，因而《奧本海國際法》的觀點並不正確。參見［英］詹寧斯、瓦茨修訂：《奧本海國際法》，王鐵崖等譯，中國大百科全書出版社1995年版，第94頁。

[24].［美］小查爾斯·愛德華·梅里亞姆：《盧梭以來的主權學說史》，畢洪海譯，法律出版社2006年版，第10頁至第11頁。

[25].錢永祥：《偉大的界定者：霍布斯絕對主權論的一個新解釋》，載《人文及社會科學集刊》第5卷第1期，1992年11月。

[26].［美］小查爾斯·愛德華·梅里亞姆：《盧梭以來的主權學說史》，畢洪海譯，法律出版社2006年版，第15頁；蔡英文：《霍布斯主權理論的當代詮釋》，載《公法學與政治理論——吳庚大法官榮退論文集》，元照出版社2004年版。

[27].周葉中主編：《憲法》（第二版），北京大學出版社、高等教育出版社2005年版，第99頁。

[28].［英］洛克：《政府論》（下），葉啟芳、瞿菊農譯，商務印書館1996年版，第92頁。

[29].［英］洛克：《政府論》（下），葉啟芳、瞿菊農譯，商務印書館1996年版，第88頁至第92頁。

[30].錢福臣：《洛克與盧梭人民主權學說比較研究》，載《法治論叢》2005年第4期。

[31].［美］戈登：《控制國家——西方憲政的歷史》，應奇等譯，江蘇人民出版社2001年版，第35頁。

[32].［法］盧梭：《社會契約論》，何兆武譯，商務印書館1980年版，第125頁。

[33].德國公法學者拉班德、耶令內克以黑格爾的「國家人格化」理論為基礎，透過「國家有機體」的塑造，提出「國家主權」論，主張主權的主體是國家。但本

文認為，上述「國家主權論」只是從發生學意義上對主權的一種解釋，其意在強化國家對主權的絕對性。在本文看來，德國公法學所主張的此種「國家主權」論，更加貼近於霍布斯的主權理論，而後者也的確創造了一個國家有機體，即利維坦。無論對德國公法學上的「國家主權」論作何解，它與國際法意義上的「國家主權」都不是同一個概念。參見〔美〕小查爾斯‧愛德華‧梅里亞姆：《盧梭以來的主權學說史》，畢洪海譯，法律出版社2006年版，第69頁以下，第99頁以下。尤其是該書第76頁指出，從對內的觀點來看，國家主權與此前學說中的政府主權有著密切的聯繫，因而清晰地說明了國家有機體理論建構的所謂「國家主權」論並沒有在根本上削弱或修正洛克、盧梭等人的主權理論。亦可參見蔡英文：《霍布斯主權理論的當代詮釋》，載《公法學與政治理論——吳庚大法官榮退論文集》，元照出版社2004年版。

[34].〔英〕詹寧斯、瓦茨修訂：《奧本海國際法》，王鐵崖等譯，中國大百科全書出版社1995年版，第94頁。

[35].〔英〕詹寧斯、瓦茨修訂：《奧本海國際法》，王鐵崖等譯，中國大百科全書出版社1995年版，第94頁。

[36].〔英〕詹寧斯、瓦茨修訂：《奧本海國際法》，王鐵崖等譯，中國大百科全書出版社1995年版，第92頁。

[37].江啟臣：《WTO下兩岸政治互動之發展與意涵》，載《東吳政治學報》第19期，2004年9月。

[38].張亞中：《兩岸主權論》，生智文化事業有限公司1998年版，第23頁。

[39].張亞中：《兩岸主權論》，生智文化事業有限公司1998年版，第23頁。

[40].這一點可以在臺灣謀求加入聯合國的態度上窺見一斑。臺灣在1987年後，就沒有以「全中國」的代表為名要求加入聯合國，而是將這一訴求轉化為「人民權利」，多次聲稱：「參與聯合國係在尋求臺灣兩千一百三十萬人民之權利在聯合國內有適當之代表，其目的並非尋求代表全中國。」臺灣「行政院外交部」：「重新檢視一九七一年聯合國二七五八號決議」（1996年）。轉引自鄭樟雄：《國家主權評析兩岸統合模式》，臺灣南華大學公共行政與政策研究所碩士論文，2003年，第114頁。

[41].張亞中：《兩岸主權論》，生智文化事業有限公司1998年版，第23頁。

[42].葉俊榮：《憲法的上升與沉淪：六度修憲後的定位與走向》，載《政大法學評論》第69期，2002年；亦可參見參見周葉中、祝捷：《臺灣「憲政改革」研究》，香港社會科學出版社2007年版，第65頁至第68頁。

[43].王英津：《分裂國家模式之探討》，載《國際論壇》2005年第2期。

[44].王泰升：《臺灣近代憲政文化的形成：以文本分析為中心》，載《台大法學論叢》第36卷第3期，2007年9月。

[45].沈衛平：《兩岸關係應該如何定位——兼評「一邊一國論」》，載《中國評論》2003年第3期。

[46].邵宗海：《兩岸關係》，五南圖書出版有限公司2006年版，第374頁。

[47].邵宗海：《兩岸關係》，五南圖書出版有限公司2006年版，第346頁。

[48].《鄧小平文選》（第三卷），人民出版社1993年，第30頁。

[49].《鄧小平文選》（第三卷），人民出版社1993年版，第31頁

[50].陳雲林：《發展兩岸關係是我們共同的願望》，載《兩岸關係》第7期，1998年1月。

[51].《一個中國的原則與臺灣問題》白皮書（2000年）。

[52].邵宗海：《兩岸關係》，五南圖書出版有限公司2006年版，第349頁。

[53].邵宗海：《兩岸關係》，五南圖書出版有限公司2006年版，第349頁至第350頁。

[54].胡繼堂等主編：《現代中國國家統一思想研究》，武漢出版社2007年版，第165頁。

[55].《鄧小平文選》（第三卷），人民出版社1993年版，第31頁。

[56].邵宗海：《兩岸關係》，五南圖書出版有限公司2006年版，第628頁。

[57].《江澤民在中國共產黨成立七十週年大會上的講話》，載《人民日報》1991年7月2日。

[58].《江澤民在中國共產黨成立七十週年大會上的講話》，載《人民日報》1991年7月2日。

[59].臺灣「國統會」：「國家統一綱領」（1991年）。

[60].邵宗海：《兩岸關係》，五南圖書出版有限公司2006年版，第631頁。

[61].祝捷：《海峽兩岸和平協議研究》，香港社會科學出版社2010年版，第82

頁。

[62].胡錦濤：《攜手推動兩岸關係和平發展、同心實現中華民族偉大復興——在紀念告臺灣同胞書發表20週年座談會上的講話》，載《人民日報》2009年1月1日。

[63].祝捷：《海峽兩岸和平協議研究》，香港社會科學出版社2010年版，第41頁至第42頁。

[64].《財團法人海峽交流基金會章程》（1990年）第1條。

[65].在2008年12月進行的第四屆兩岸經貿文化論壇上，國台辦主任王毅專門提出簽訂協議必須透過「兩會框架」，國共論壇只提建議。

[66].楊開煌：《中共「對台政策」解釋與評估——決策人物取向之研究》，載《東吳政治學報》1997年第7期。

[67].以上訊息系根據國台辦、商務部網站、中國臺灣網和廈門大學網站提供的資料整理。最後訪問日期：2008年12月27日。

[68].邵宗海：《兩岸關係》，五南圖書出版有限公司2006年版，第286頁。

[69].「兩岸人民關係條例」（2003年）第4條至第5條。

[70].2011年6月23日，臺灣《聯合報》報導，大陸學者楚樹龍在美撰文，再提「一國兩府」的主張，引發兩岸關注。馬英九在接受臺灣媒體採訪時，也認為「有大陸學者提出來本身就有意義，以前不可能出現」。事後，楚樹龍否認其所提出的觀點是「一國兩府」，認為所謂「一國兩府」系媒體誤讀。本研究將這一事件列入腳註，僅供讀者參考，不予置評。

[71].臺灣「國統會」：「國家統一綱領」（1991年）。

[72].《胡錦濤會見中國國民黨榮譽主席吳伯雄》，載《臺灣民調》（第87輯），2012年3月21日至3月25日。

[73].《吳胡會/賴幸媛：一國兩區未變政府立場》，載《臺灣民調》第88輯，2012年3月26日至3月31日。

[74].《吳胡會/府：兩岸一個中華民國兩個地區》，載《臺灣民調》第88輯，2012年3月26日至3月31日。

[75].馬英九：《在2012年就職典禮上的講話》（2012年）。

[76].《國台辦：胡錦濤與吳伯雄會見具有重要意義》，載《臺灣民調》第88

輯，2012年3月26日至3月31日。

[77].傅肅良：《中國憲法論》，三民書局1989年版，第206頁。

[78].傅肅良：《中國憲法論》，三民書局1989年版，第206頁。

[79].蔡政文、林嘉誠：《台海兩岸政治關係》，「國家」政策研究中心1989年，第133頁。

[80].鄭樟雄：《國家主權評析兩岸統合模式》，臺灣南華大學公共行政與政策研究所碩士論文，2003年，第107頁。

[81].《德國之聲採訪李登輝答問全文》，資料來源：http://www.cass.net.cn/zhuanti/taiwan 1/com-ments/german.htm，最後訪問日期：2012年9月20日。

[82].鄭樟雄：《國家主權評析兩岸統合模式》，臺灣南華大學公共行政與政策研究所碩士論文，2003年，第116頁至第118頁。

[83].鄭樟雄：《國家主權評析兩岸統合模式》，臺灣南華大學公共行政與政策研究所碩士論文，2003年，第116頁至第118頁。

[84].臺灣「國統會」：「『一個中國』意涵定位結論」（1992年）。

[85].馬英九：「在憲法學會上的講話」（2009年）。

[86].又作「歐洲整合」。對於「integration」一詞，大陸學者多譯為「一體化」，而臺灣學者多譯為「整合」或「統合」。本研究從大陸學界的通行譯法，但在不便表述「一體化」的時候，也使用「整合」的譯法。如「兩岸一體化」的提法，顯然容易引發誤解，因此，本研究將採取「兩岸整合」的表述。

[87].祝捷主編：《外國憲法》，武漢大學出版社2010年版，第250頁。

[88].「歐洲夢」，是指自中世紀以來，歐洲人在分裂征戰的大陸追求和平共存的夢想。參見蘇宏達：《以「憲政主權建造」概念解釋歐洲統合之發展》，載《歐美研究》第31卷第4期，2002年12月，第651頁。

[89].韓秀義：《發展中的歐盟憲政》，中國政法大學出版社2002年版，第187頁。

[90].祝捷：《海峽兩岸和平協議研究》，香港社會科學出版社2010年版，第235頁。

[91].葛勇平、孫珺：《歐洲法析論》，法律出版社2008年版，第33頁。

[92].黃偉峰：《剖析歐洲聯盟正在成型的治理體系》，載《歐美研究》第33卷第2期，2003年6月，第296頁。

[93].《統合論：兩岸新關係的最大變數》，載《聯合報》2001年1月15日。

[94].李鵬：《「統合」掩飾不了「台獨」的陰謀——評陳水扁「統合論」的理論誤區、現實困境和政策實質》，載《廣東省社會主義學院學報》2001年第4期。

[95].姚勤華：《歐洲聯盟集體身分的構建》，上海社會科學出版社2003年版，第32頁。

[96].框架性、根本性的法律是指歐洲一體化過程中具有憲法性質的條約、協定等法律淵源形式，這些法律不一定具有憲法的名稱，但在作用上與一個主權國家的憲法具有共通之處。如《巴黎公約》（1951年）、《關於設立歐洲各大共同體共同機構的協定》（1957年）、《馬斯特里赫特條約》（1992年）、《阿姆斯特丹條約》（1997年）、《尼斯條約》（2003年）和《里斯本條約》（2007年）等。

[97].周葉中：《論構建兩岸關係和平發展框架的法律機制》，載《法學評論》2008年第3期。

[98].祝捷：《聯邦德國基本法與德國的統一》，載《武漢大學學報》（哲學社會科學版）2010年第5期。

[99].黃正柏：《德國統一前兩德關係發展述評》，載《華中師範大學學報》（哲學社會科學版），1993年第6期。

[100].張五岳：《分裂國家模式之探討》，載包宗和、吳玉山主編：《爭辯中的兩岸關係理論》，台北：五南圖書出版有限公司1999年版。

[101].《一個中國原則與臺灣問題》白皮書（2000年）。

[102].陳雲林主編：《當代國家統一與分裂問題研究》，九州出版社2009年版，第126頁至第128頁。

[103].陳雲林主編：《當代國家統一與分裂問題研究》，九州出版社2009年版，第133頁。

[104].王英津：《朝韓復歸統一模式探析》，載《國際論壇》2003年第6期。

[105].陳雲林主編：《當代國家統一與分裂問題研究》，九州出版社2009年版，第256頁。

[106].陳雲林主編：《當代國家統一與分裂問題研究》，九州出版社2009年版，

第257頁。

[107].陳雲林主編：《當代國家統一與分裂問題研究》，九州出版社2009年版，第261頁至第262頁。

[108].陳雲林主編：《當代國家統一與分裂問題研究》，九州出版社2009年版，第252頁至第254頁。

第五章 兩岸政治關係定位與臺灣參加國際活動的關係

在兩岸關係的定位上，大陸方面一再強調兩岸關係是一國內的「政治對立」關係，而臺灣問題是中國的內政問題，在理論上否認兩岸政治關係定位的國際屬性。臺灣方面則試圖將兩岸事務「國際化」，逐漸地將兩岸問題引向國際問題。臺灣方面的行為，一方面是為了透過兩岸關係「國際化」的操作，引入國外勢力制衡大陸，增加與大陸「討價還價」的政治資本，反過來影響兩岸關係的互動情勢。[1] 另一方面，臺灣試圖透過對於國際空間的參與和增加在國際空間的曝光率，彰顯兩岸關係的國際屬性。在東方政治文化中，能否參加國際空間，已經不僅僅是謀取國際利益的活動，而具有了「國家承認」或「政府承認」的效果。[2]

因此，妥善解決臺灣參加國際空間問題，是大陸方面的重要關切所在。基於「承認爭議」，大陸方面一直否認臺灣參加政治性國際空間的資格，而只允許其在不影響一個中國原則的基礎上，與外國發展非官方關係和參加非政府間國際組織。臺灣方面則一再借助對於「國際空間」的突破來彰顯其「國家」和主權。因此，臺灣能否參加國際空間、以何名義參加國際空間以及在何種程度上參加國際空間，成為兩岸攻防的一個重點議題。

通常的文獻研究，兩岸政治關係定位與臺灣參加國際空間問題是兩個不同的條目，較少有學者將兩個問題結合起來思考。事實上，兩岸政治關係定位對於臺灣參加國際空間問題影響甚，在相當程度上決定了臺灣參加國際空間的可能性和具體的形式。同時，符合兩岸關係現狀的政治關係定位，對於解決臺灣參加國際空間問題也頗有助益。立基於此認識，臺灣參加國際空間問題已經成為兩岸政治關係定位的思路和模式適用於兩岸關係具體領域的一個典範。本研究將兩者結合起來，運用兩岸政治關係定位的思路，提出解決臺灣參加國際空間問題的若干主張和建議。

一、從「外交鏖戰」到「外交休兵」：臺灣參加國際空間中的兩岸攻防

　　兩岸的「外交鏖戰」是大陸和臺灣政治對立關係在國際空間的體現。對於兩岸的「外交鏖戰」，大陸的文獻大多分為兩股。其一是透過歷史的描述，對兩岸「外交鏖戰」的整體歷史進行整理與回顧，如劉國深教授主編的《臺灣政治概論》第七章曰「對外政策」即屬此類。其二是截取歷史的一個片段進行描述，如多有學者圍繞中國恢復聯合國合法席位過程中的兩岸關係進行過論述。臺灣的相關文獻也大體如此，但由於臺灣領導人迭次提出有關臺灣處理國際空間事務的政策，臺灣因而有文獻對兩岸「外交鏖戰」背景下臺灣領導人的具體政策進行研究。但是，總體來說，兩岸有關「外交鏖戰」的文獻，多數是對歷史事實的複數，而缺乏從理論的高度對歷史事實進行解釋。本研究鑒於相關文獻對於兩岸「外交鏖戰」的歷史回顧已經相當完整與充分，本研究的主要任務並不是重新整理這一段歷史，因而不擬對兩岸「外交鏖戰」的歷史進行贅述。但是，本研究從探析兩岸政治關係定位與臺灣參加國際空間的聯繫出發，有必要對兩岸在「外交鏖戰」中的互動關係進行必要的討論。為此，本研究提出「攻防」範式，用以分析兩岸在「外交鏖戰」中的互動關係。同時，考慮到馬英九在2008年5月20日後提出「兩岸外交休兵」的主張，大陸方面給予了積極的回應，因而本研究對於兩岸在國際空間「攻防」的研究，不僅包括兩岸的「外交鏖戰」，也包括「外交休兵」。

　　「攻防」，是對兩岸在國際空間互動關係的一種形象描述。所謂「攻」，是指兩岸關係中一方積極拓展國際空間的行為，而所謂「防」，是指兩岸關係中非「攻」的一方應對另一方面積極拓展國際空間的行為。用「攻」和「防」來描述兩岸互動關係，能夠比較形象和客觀地概括與界定兩岸在國際空間互動的關係，也與所謂「鏖戰」、「休兵」等用語能夠較好地結合。「攻防」範式是將兩岸在國際空間的互動，描述成為一方積極擴展國際空間，而另一方則應對對方積極擴展國際空間，儘量封閉其參加國際空間的關係。這一範式突破了用政策言說和歷史事實的回顧來描述兩岸「外交鏖戰」的侷限，而是將其鑲嵌在兩岸關係的大背景下，更加清晰地描述兩岸的互動關係。

　　在兩岸「外交鏖戰」中，「攻」和「防」並不是固定的，大陸和臺灣基於其各

自在國際社會的實際地位和對方參加國際空間的情況，調整著「攻」與「防」。大體而言，在1971年中國恢復在聯合國的合法席位前，大陸方面以攻為主，而臺灣方面則以防為主；1971年之後，世界各國和各國際組織已經公認中華人民共和國是代表中國的唯一合法政府，兩岸在「外交鏖戰」中的攻防關係亦因而發生轉換，臺灣方面以攻為主，而大陸方面則轉為以防為主。考慮到臺灣參加國際空間的政策經常隨領導人的變化而變化，而大陸方面則一直保持相對的穩定，因此，在描述兩岸在臺灣參加國際空間的攻防關係時，以臺灣方面所提出的對外政策為主線，依次分為「漢賊不兩立」時期、「總體外交」時期、「務實外交」時期、「後務實外交」時期和2008年至今的「外交休兵」時期。

（一）「漢賊不兩立」時期的兩岸攻防

1949年國民黨退至臺灣後，依然保持在中華民國的「法統」、「國號」。由於當時世界上絕大多數國家並未接受中華人民共和國成立的事實，加之美國對於中華人民共和國的不承認態度，中華民國依舊維繫著與世界上絕大多數國家的「外交關係」，也占據著包括聯合國安理會常任理事國席位的絕大多數國際組織的「中國席位」。臺灣當時維持在國際空間的地位，有著三點考量：其一，國民黨集團已經喪失了在中國大陸的實際統治地位，但同時又要標榜其對於中國的「正統」，必須借助「外部有權者」的承認，維持與世界上絕大多數國家的「外交關係」，尤其是與美國等大國的「外交」關係，占據世界上主要國際組織的席位，顯然是體現「外部有權者」承認的重要標誌；其二，從實力對比而言，臺灣相對於大陸明顯處於劣勢，維持在國際空間的存在，對於借助外部勢力抵禦大陸對於臺灣的政治、軍事壓力，有著重大意義，事實上，正是由於在1950年代美國對於臺灣海峽的軍事介入，才導致中國完成國家統一的目標未能完全實現；其三，臺灣是一個地域狹窄的海島，資源匱乏，國民黨集團帶來了數百萬的公務人員、軍隊及其家屬，更加導致臺灣資源分配的緊張關係，為解決這一問題，恢復臺灣經濟，臺灣也必須依靠外部勢力的援助。

在另一方面，中國大陸對於擴展其國際空間方面表現出謹慎的態度。新成立的中華人民共和國採取了「一邊倒」、「另起爐灶」、「打掃干淨屋子再請客」的外交方針，不承認也不繼承中華民國與外國的外交關係，在外交政策的導向上偏向蘇

聯等社會主義陣營的國家和新興民族獨立國家。1949年造成臨時憲法作用的《中國人民政治協商會議共同綱領》第56條規定：「凡與國民黨反動派斷絕關係、並對中華人民共和國採取友好態度的外國政府，中華人民共和國中央人民政府可在平等、互利及互相尊重領土主權的基礎上，與之談判，建立外交關係。」主導中國外交事務的周恩來曾說過：「任何國際組織、國際會議和國際活動中，如果出現『兩個中國』，即在中華人民共和國之外出現其他『中國』，無論是用『中華民國』、『臺灣中國』還是『臺灣政府』、『臺灣』或其他名義出現，我們寧可不參加。」[3]

但是，大陸方面的謹慎並不能理解為「消極」。大陸方面對於擴展國際空間，標榜新政權在國際社會的存在，亦不遺餘力。早在中華人民共和國成立之初的1949年11月15日，周恩來就致函當時的聯合國秘書長賴伊，提出：「只有中華人民共和國中央人民政府才是代表中華人民共和國全體人民的合法政府」；「我謹代表中華人民共和國中央人民政府正式要求聯合國，根據聯合國憲章的原則和精神，立即取消『中華國民政府代表團』繼續代表中國人民參加聯合國的一切權利，以符合中國人民的願望。」[4]
大陸方面還積極與包括西方國家在內的世界各國謀求建立外交關係。與中華人民共和國建立外交關係的國家，從1949年至1950年代初期的10餘個，以社會主義陣營的國家為主，逐步發展到1970年之前的50餘個，其中還包括了瑞典（1950年）、丹麥（1950年）、挪威（1954年）、法國（1964年）、義大利（1970年）、加拿大（1970年）等西方國家。與此同時，中華人民共和國還積極參加國際組織的活動，如1952年，中國紅十字會恢復在國際紅十字會的合法席位，彰顯了新中國在國際社會的存在。

面對大陸方面的外交攻勢，臺灣方面則採取了守勢。一方面，臺灣透過冷戰時期特殊的地緣政治環境，拉攏美國、英國、日本等西方大國，占據聯合國安理會常任理事國的席位。可以說，在冷戰特殊的政治背景下，臺灣的這一策略是奏效的。直到1971年，臺灣依然占據著聯合國常任理事國的席位以及絕大多數政府間國際組織的「中國席位」，與絕大多數歐美國家保持著「外交關係」。另一方面，積極地向國際社會遊說，試圖維持期在國際空間的「地位」，避免因「事實地位」而導致在國際社會的「被降格」。1960年代臺灣在國際奧委會（IOC）的所謂「正名事件」，是這一舉動的具體表現。1956年11月，大陸方面的中國奧委會因IOC企圖維

持臺灣在IOC的地位、蓄意製造「兩個中國」而正式宣布不參加第16屆奧運會，從而中斷了剛剛恢復的與IOC的關係。臺灣在中國奧委會宣布退出IOC後，決定重返IOC。但是，由於IOC憲章規定參加國家奧林匹克運動的單位是「實際控制的體育領域」。據此，IOC認為，在台北的「中國奧林匹克委員會」因未控制中國之體育，不能以該名義繼續接受承認，其名稱將自正式名單中剔除。對此，臺灣方面以「中華民國奧委會」重新申請入會，但是仍以「中國的唯一合法代表」自居，要求在IOC中獲得正名。1964年東京奧運會上，臺灣的代表團以「中華民國（TAIWAN）」的名義參加，代表團可以使用「ROC」的縮寫，從而以折衷的方式實現了所謂「正名」。[5]

總之，在「漢賊不兩立」時期，大陸為獲取國際承認而處於攻勢，而臺灣為維持國際空間而處於守勢，雙方雖互不承認，但仍能堅持「一個中國」的原則。因此，在此階段，兩岸雖互有攻防，卻沒有在國際社會造成「兩個中國」的後果。然而，「漢賊不兩立」是兩岸間「外交鏖戰」的零和博弈，在此過程中，中華民族的整體利益成為冷戰中地緣政治的工具乃至於犧牲品，對於維護中華民族整體利益顯然是不利的。

（二）「總體外交」時期的兩岸攻防

1970年後，由於國際政治形勢的發展和變化，中國和美國的關係出現了緩和，臺灣的國際空間開始大幅度地萎縮。1971年10月25日，中華人民共和國恢復在聯合國的合法席位。根據聯合國2758號決議，臺灣被以「蔣介石集團」的名義，從它在聯合國組織及其所屬一切機構中所非法占據的席位上被驅逐出去。1972年2月，美國總統尼克松訪問中國，兩國發表聯合公報，確認「從臺灣撤出全部美國的武裝力量和軍事設施的最終目標」。中華人民共和國恢復在聯合國的合法席位和美國對於臺灣的態度，導致臺灣出現了因「外交問題」而出現的「法統危機」。在此階段，臺灣被從絕大多數政府間國際組織驅逐，世界上大部分國家，包括大多數西方發達國家與之斷絕「外交關係」。大陸方面在兩岸「外交鏖戰」中，逐漸從守勢轉為攻勢，開始恢復在國際社會的合法存在。為應對大陸方面的攻勢，臺灣提出「總體外交」的政策與之相對抗，試圖透過「總體外交」的安排，守住僅存的國際空間，緩

解「外交危機」。

　　1972年6月，蔣經國就任臺灣「行政院院長」，提出了「總體外交」的對外政策。蔣經國提出，臺灣對外政策的基本方嚮應該「本著獨立自主與平等互惠原則，謀取總體外交的全面開展」。按照蔣經國的論述，「總體外交」的目的是「以內政為後盾，發揮總體外交的能力，加強對外友好關係，對抗大陸的國際統戰」。[6]「總體外交」是對「漢賊不兩立」在繼承基礎上的修補。從繼承的一面而言，「總體外交」仍能堅持「一個中國」的原則，避免在國際社會造成「兩個中國」或「一中一台」的局面。即便是在1980年代後期，臺灣在「總體外交」的政策指導下，採取「不退出、不出席、不接受」作為應對大陸參加國際空間的措施。從修補的一面而言，「總體外交」主要體現在三個方面。其一，由於中美建交，臺灣以美台關係為主軸的「對外政策」宣告破產，臺灣亟需在美台關係之外尋找新的支撐。為此，臺灣在維持與美「實質關係」的同時，轉向主張依靠自己的力量進行「多方位外交」，發展儘可能多的國家與之建立「邦交」，以維護其國際生存的空間。在此方面，臺灣將發展「邦交」的重點從大國轉向小國，尤其是在南太平洋南非洲的新獨立國家和欠發達國家。其二，臺灣開始關注民間團體在臺灣參加國際空間中的重要作用，鼓勵民間團體和民眾以「中國台北」的名稱或以個人名義參加各種國際活動。[7]

時任臺灣「財政部部長」的郭婉容甚至曾以民間身分參加了1989年5月在北京舉行的亞洲開發銀行年會。其三，臺灣與各大國之間開始謀求所謂的「實質關係」，希望透過「實質關係」的維持，為臺灣參加國際空間保留可能性。事實上，一些大國在台的原「外交」機構和「領事」機構都改天換面為「代表處」或「交流協會」等名義保留下來，美國還專門透過了《與臺灣關係法》以維持與台的「官方聯繫」。1986年，臺灣曾提出美台「雙邊關係」「制度化」、「合法化」的要求，聲稱「實質關係」的最終目的是「建立或重建雙邊的政治關係，設立辦事機構則以官方或半官方的地位為優先」。[8]

　　「總體外交」是兩岸在「外交鏖戰」中攻防轉換的開始。大陸方面以恢復聯合國的合法席位、中美關係的緩和與正式建交為契機，大力拓展國際空間，同時謹防臺灣為維持國際空間而採取有違「一個中國」的做法。臺灣方面一方面極力維護自

身的國際空間，思慮如何應對大陸的「外交攻勢」，但同時又在「總體外交」的旗號下，積極拓展新的國際空間或用新方式維繫現有的國際空間。可以說，在「總體外交」的時期，雙方都處於攻防並存相互轉換的時期。「亞行模式」可以說是兩岸在「總體外交」的時期，體現攻防關係的一個實例。「亞行模式」中大陸和臺灣的各種行為和觀點用「攻防」範式整理如下：[9]

表5-1 兩岸在「亞行模式」中的攻防

	攻	防
大陸	1986年，時任外交部長的吳學謙致信亞銀行長，要求參加亞洲開發銀行。	經歷了：1)要求驅逐台灣當局；2)同意台灣地區可以更名為"中國台北"並降格為"準會員"；。3)同意不降格，但必須更名為"中國台北"，同時要求亞洲開發銀行作出相應的調整。
台灣	在無法改變大陸成為亞行成員和被更名為「中國台北」的現實後，採取不退出、不出席的策略，同時以民間身份或通過民間人士參加亞銀活動，維繫在亞銀的實際存在	堅決不退讓，並利用亞銀「不開除會員」的規則和大股東美國的作用，對大陸方面的加入行為進行阻撓。在大陸加入後，對亞銀的更名行為實行「不接受」。

（本表為作者自制）

（三）「務實外交」時期的兩岸攻防

　　1988年臺灣領導人發生更迭，來自臺灣本土的李登輝成為臺灣領導人，臺灣當時的國際空間已經岌岌可危。首先，世界上絕大多數國家已經承認中華人民共和國是代表中國的唯一合法政府，而與臺灣斷絕「邦交」，在此基礎上與中華人民共和國建立外交關係。1988年，與臺灣保持「邦交」的僅22個國家，而基本上是在國際社會影響力較小的國家。其次，絕大多數政府間國際組織遵循聯合國2758號決議的精神，取消臺灣的席位。為改變「外交鏖戰」中的頹勢，李登輝提出了所謂「務實外交」的新「對外政策」，以便突破大陸封鎖臺灣「國際生存空間的作法」，來達成臺灣發展及維繫在國際上地位的目的。[10]

　　1988年2月，李登輝在剛上台的記者招待會上，其就提出了「務實外交」的說辭，強調用「更靈活、更富彈性的態度處理對外關係」的「新觀念、新做法」。在「重

返國際社會」的具體方式上，李登輝提出，應當「決不劃地自限」，「全面出擊」、「重點突破」，「升高並突破目前以實質關係為主的外交關係」，「對於第一線的國際組織，我們能維持國家利益的話，我們可以參加」。[11]

1990年，臺灣明確宣布「漢賊不兩立」的時代已經過去，今後在國際上要與大陸「和平競爭、平等共處」。同年6月，李登輝正式提出「全方位務實外交」的主張。[12]

根據臺灣學者的概括，「務實外交」主要包括六個方面的內容。其一，以漸進原則，突破「外交困境」：不談「高層次、理想化的彈性外交，而是走一步、講一步」；其二，承認「中國分裂」的「事實」：「兩岸分裂分治」的「事實」一向不為兩岸當局所承認，李登輝認為應該「務實的承認」這種「現狀」，才能在一個中國的前提下，開拓對外關係；其三，放棄「零和遊戲」規則：臺灣不再採取排斥中共的立場，而希望與大陸彼此尊重，共同參加國際組織與活動，因此，任何國家與臺灣發展關係，臺灣方面將不問與中共的關係；其四，「出席即存在」的策略：只要能參與國際活動，又能維持與各國相同的權利與尊嚴，臺灣可不必計較名稱；其五，不再堅持意識形態，發展與各國關係：任何願與臺灣發展「平等、互惠、互利關係」的國家，都可接受，只要無敵意即可；其六，促進合作，共謀國際社會的繁榮與和平：臺灣應本著「獨立自主」的精神與「平等互惠」原則，拓展對外關係，並進而協助友好的發展中國家，共同為促進國際和平與繁榮而努力。[13]

「務實外交」是臺灣在兩岸「外交鏖戰」中由「攻」轉「守」的關鍵政策。就目的方面而言，「務實外交」與「漢賊不兩立」、「總體外交」相比，並無根本區別，都是為了維護臺灣在國際社會的生存，但兩者在手段上有所不同，其毋寧是突出對外政策的模糊性，以便在國際社會中，透過彈性手段的運用來維護及爭取利益，並保障安全。「務實外交」有著非常強的「去意識形態」化操作，以避免在「漢賊不兩立」時代以意識形態畫線的對外政策復現。[14]

「務實外交」不能說沒有效果。臺灣在1989年後，與20餘個國家建立或恢復「邦交」關係。考慮到一些原與臺灣具有「邦交」關係的國家與中華人民共和國建立外交關係，目前與臺灣保持「邦交關係」的國家有25個。邵宗海認為，這一數字的增加能夠看出「務實外交」「努力的痕跡」。[15]

此外，臺灣還以各種名義參加了一些國際組織。更加具有指標意義的，是臺灣開始謀求參加或恢復參加聯合國。1993年，臺灣的「外交報告」將「重返聯合國」列為「外交」政策首要目標。也正是從1993年開始，臺灣的「邦交國」開始用聯署的方式向聯合國大會提出涉台提案。1994年和1996年，臺灣兩次發表「參與聯合國說帖」，闡述了其意圖參加聯合國的相關主張和觀點。儘管臺灣的這些主張都未獲得實現，但由於其「邦交國」的作為，臺灣顯然增加了在聯合國和國際社會的曝光率，而此結果雖無實際意義，但未必不是「務實外交」所追求的效果。

面對臺灣以「務實外交」的「攻勢」，大陸方面相對採取了「守勢」。大陸方面的主要目標，是壓縮臺灣以「主權國家」身分所占據的國際空間，避免在國際社會造成「兩個中國」或「一中一台」的狀況。為此，大陸方面在《臺灣問題與中國統一白皮書》中，辟專章對國際事務中涉及臺灣的幾個問題進行闡述，其中專門表明了對於「務實外交」的堅決反對態度。根據《臺灣問題與中國統一白皮書》，大陸方面提出凡與中華人民共和國建交的國家，應當承諾不與臺灣建立任何官方關係；臺灣不能參加聯合國系統的所有機構，原則上不能參加其他政府間國際組織；即便是民間性質的國際組織，臺灣也必須在中華人民共和國的相應組織與有關方面達成協議或諒解、中華人民共和國的全國性組織參加該國際組織後，才能以合適名義參加。[16]

此後，「江八點」和《一個中國的原則與臺灣問題白皮書》中也反覆重申了上述觀點，一再將「務實外交」定性為「製造『兩個中國』、『一中一台』」的行徑。

為遏制臺灣的「攻勢」，大陸一方面與臺灣爭奪「邦交國」，另一方面也利用自身大的國際影響力阻止政府間國際組織接受臺灣作為其會員，或要求國際組織按照大陸方面的安排。對於前者，一些國家成為兩岸爭奪的焦點，有的國家在數年內甚至反覆與大陸和臺灣建立「邦交」。以利比亞為例，該國在1977年與中華人民共和國建立外交關係後，曾在1989年、1997年兩次與臺灣建立「邦交」關係，又分別在1993年和2003年與中華人民共和國建立外交關係而與臺灣「斷交」。如此的反覆情形在賴索托、幾內亞比紹、尼日、中非、尼加拉瓜等國也曾出現，[17] 表現了兩岸在「外交鏖戰」中的慘烈攻防。至於後者，大陸連年挫敗臺灣部分「邦交國」提出的涉台提案，又接連否決臺灣試圖參加世界衛生組織的有關提案，並在

國際社會形成了以「中華台北」為代表的臺灣參加國際組織的模式。

但是，大陸方面並未完全否定臺灣參加國際空間的可能性。與在「漢賊不兩立」時期周恩來提出臺灣不得以任何名義參加國際空間不同，「江八點」肯定了臺灣方面以「中國台北」名義參加亞洲開發銀行和亞太經合組織的模式，而也強調對於臺灣同外國發展民間性經濟文化關係，大陸方面不持異議。因此，在「務實外交」時期，大陸的「守勢」毋寧是一種「務實的守勢」。

（四）「後務實外交」時期的兩岸攻防

2000年5月，臺灣發生「政黨輪替」，以「台獨」為志業的民進黨籍候選人陳水扁當選為臺灣領導人。陳水扁的對外政策，是在「務實外交」政策的基礎上所進行的修正。比之「務實外交」尚以「一個中國」為遮羞布不同，陳水扁的對外政策，直接以彰顯臺灣的「主權獨立」和「國際存在」為目的，李登輝時期「追求一個中國」等口號性語言也不復存在。早在競選時期，陳水扁就提出「跨世紀外交政策白皮書」，提出了三條對外政策的原則：以「新國際主義」為主軸的臺灣「國際新角色」；以「主權獨立」為優先、「國家安全與經濟安全」為共同核心的正常化「外交關係」；以「多元外交」為全面參與國際社會的起點。陳水扁當選為臺灣領導人後，在「中華民國是一個主權獨立的國家」的前提下，將「維護中華民國的主權與尊嚴，確保國家的生存與發展，保障國人在國際社會應享有之安全與福祉」作為其對外政策目標，表示臺灣「不能作外交孤島，苦守中華民國的世界，而必須走出去，作世界的中華民國」，認為憑藉臺灣的「政治民主」和「經濟發展」，「理應在國際社會與其他國家建立正常的外交關係，加入各類國際組織，廣泛參與各項國際活動」。[18]

從表面上看，民進黨當局所提出的對外政策與李登輝的「務實外交」同出一轍——事實上，兩者的確在拓展臺灣的國際空間、不計較參加國際空間的名稱、重視「民間外交」等問題上具有共通性——但，民進黨畢竟是街頭政治出身的政黨，其在街頭政治中形成的攻擊特質也影響了民進黨的對外政策。與「務實外交」相比，民進黨當局時期的對外政策更加具有攻擊性，在「攻勢」方面的特徵更加明顯。2002年7月，時任臺灣「總統府秘書長」的邱義仁直接提出了「攻擊性外交」的表

達,作為民進黨新「外交政策」的概括性表述。[19]

在「攻擊性外交」的策動下,臺灣在兩岸「外交鏖戰」中的攻勢再次升級,主要體現在「外交新思路」迭出、重點維持與美日的實質關係、謀求對國際組織的實質性參與等方面。其一,陳水扁提出「外交要有新思路」的主張,利用各種名義開拓國際空間,進行「外交活動」。被臺灣用作「外交」名義的有諸如「人道外交」、「反恐外交」、「民主外交」、「國會外交」、「政黨外交」、「私人外交」、「過境外交」、「經援外交」等名目,臺灣各路人馬藉著形形色色地名義,頻繁出訪「邦交國」或以民間身分出訪與臺灣沒有「邦交」關係的國家,以增加在國際社會的曝光率,體現其在國際社會的存在。其二,在陳水扁任內,臺灣「台獨」氣氛高漲,因而增加了台海地區的不穩定局勢,為此,臺灣非常注重拉攏與臺灣有著傳統關係的美國和日本,進一步發展與美日之間的實質關係,甚至企圖將此種實質關係「升格」。多位臺灣高層人士以各種名義和各種途徑訪問美國、日本,美國和日本的多位高官也出席和參加與臺灣合作開展的相關活動。2001年,陳水扁曾希望美國能夠將臺灣納入美國的戰區導彈防禦系統。[20]
2002年,一些美國、日本與臺灣所謂「民間團體」聯合發起「美日台戰略對話機制」,臺灣希望以此推動美日台之間的軍事交流和安全合作。[21]

其三,同李登輝一樣,陳水扁也謀求參加國際組織。為實現這一目標,臺灣逐漸謀求「實質性參與」,而不是以「政府」名義參加。如為實現參加WHO／WHA的目標,臺灣提出「觀察員」案而不是「會員」案,在2003年還創造出一個WHO／WHA憲制性文件中並不存在的「衛生實體」（health authority,或譯為「衛生當局」）的概念。[22]

除此以外,臺灣在此階段的「民間外交」也是比較活躍的。臺灣鼓勵民間團體參加非政府組織,以至於專門成立一些「民間團體」,目的就是在於參加非政府間國際組織。陳水扁當政時期的臺灣對外政策,處於全面的「攻勢」。雖然在大陸方面的抵制以及對臺灣並非有利的國際政治格局之下,所謂「後務實外交」時期的各種手段並未造成多少效果,但其「攻勢」至少在增加臺灣在國際空間的曝光率還是有所助益的。

面對臺灣在「後務實外交」時期的「攻勢」，大陸方面在「守勢」上依舊保持了一定的穩定性。大陸方面在此階段，對於臺灣參加國際空間的態度可以分為三個部分。其一，繼續堅持一個中國原則，堅決否認臺灣以「主權國家」名義參加國際空間，這也是大陸處理臺灣參加國際空間問題的底線。以民進黨當局策動「入聯」為例，大陸方面一再否定臺灣參加聯合國組織的資格，並發動在國際社會的影響力，竭力阻止在聯合國大會透過涉台提案。同樣，在兩岸加入WTO的問題上，大陸方面也堅持臺灣必須在大陸之後加入WTO，不得違反一個中國原則。其二，將臺灣參加國際空間的問題部分地議題化為「可以談」的議題。為應對臺灣的「攻擊性外交」，大陸方面採取了比較柔性的處理方式，即將臺灣參加國際空間的問題轉化為兩岸之間的一項議題。中共十六大所列三個「可以談」的議題中，包括「可以談臺灣在國際上與其身分相適應的經濟文化社會活動空間問題」。2005年3月，胡錦濤發表「胡四點」，提到只要臺灣承認「九二共識」，兩岸可以談「臺灣在國際上與其身分相適應的活動空間」等議題。同年3月，同月透過的《反分裂國家法》第7條第5項規定，兩岸可以談「臺灣在國際上與其地位相適應的活動空間。」議題化的方法，表明大陸試圖透過兩岸協商與談判的方式，共同參與這一問題的解決，而避免臺灣單方面的舉動。當然，大陸的議題化策略毋寧是對於臺灣方面的一種表態，實際效果在陳水扁執政的「後務實外交」時期，難以獲得實現。其三，在國際組織規則允許範圍內，透過合情合理的安排，開放臺灣參加國際空間的可能性。在對臺灣的「攻勢」採取「守勢」的同時，大陸方面並不是完全封鎖臺灣參加國際空間的可能性。由於臺灣民眾對於臺灣參加國際空間問題比較重視，將其作為大陸對臺灣態度和誠意的重要指標，因而大陸方面對於臺灣參加國際空間問題在堅持一個中國原則的前提下，採取了相對務實的策略。對於不破壞一個中國原則相關國際組織的規則允許的前提下，大陸方面開放了臺灣參加國際空間的可能性。如在2001年，臺灣以WTO規則所允許的「單獨關稅區」名義與大陸一道成為WTO的正式成員，是大陸務實策略的具體表現。

　　總之，兩岸在陳水扁擔任臺灣領導人期間，關係降至冰點，臺灣參加國際空間成為兩岸博奕的主戰場。顯而易見的是，在兩岸的「外交鏖戰」中，大陸方面「守」的成效明顯大於臺灣方面「攻」的效果。但是，兩岸為「外交鏖戰」付出了過大的代價，嚴重傷害了中華民族的整體利益，也降低了兩岸之間本來就非常脆弱

的信任感和親近感。根據臺灣司法機關的調查結果，在臺灣所開展的所謂「經援外交」中，相當一部分「經援」款項流入臺灣領導人和高級官員的囊中。由此可見，兩岸「外交鏖戰」不論「攻」、「守」如何，歸根到底，傷害的是兩岸民眾的利益。因此，兩岸需要改變「外交鏖戰」的現狀。但是，由於陳水扁的「台獨」立場，所以在其執政時期，這一現狀不可能也事實上沒有任何改變。

（五）「外交休兵」與「攻防」範式的修正

兩岸「外交鏖戰」給兩岸帶來了諸多負面影響，中華民族整體利益因此受到極大損害。首先，兩岸「外交鏖戰」導致「金元外交」橫行，兩岸人民為此付出沉重代價。一些經濟欠發達的小國，以與兩岸中的某一方建立關係為名，向兩岸索要額經濟援助。在未經證實的事例中，1989年7月，臺灣以1.5億至2億美元貸款為代價，與利比亞建立「邦交」；同月建交的貝里斯也獲取了臺灣1000萬美元的援助。[23] 2005年發生的塞內加爾「斷交」案，更是直接暴露了臺灣為維持「邦交」關係所付出的金錢代價。由於塞內加爾在2005年與中華人民共和國建立外交關係，隨之與臺灣「斷交」，陳水扁因怨在一次競選活動中透露為維持與塞內加爾的「邦交」，竟花費50億新台幣。[24]

其次，兩岸因臺灣參加政府間國際組織的問題，在一些國際組織上進行冗長的辯論和發言，導致相關國際組織不勝其煩，嚴重影響中國在國際社會的形象。政府間國際組織是兩岸「攻守」的主戰場，臺灣為參加政府間國際組織，每次都會策動一些「邦交國」提出涉台提案，而導致大會為是否審議或接受涉台提案進行冗長的辯論和發言。這些辯論或發言未必有實質意義，而所謂「涉台提案」大多數沒有列入正式議程，但增加了臺灣的曝光機會，為臺灣所熱衷。但是，對於涉台提案的討論，耗費了一些國際組織大量的時間和精力，甚至影響到國際組織的正常運作。有臺灣學者統計，自臺灣謀求加入世界衛生組織以來，WHO／WHA每年都將耗費大量的時間用於處理涉台提案，占用了WHO／WHA的正式議題。[25]

如此做法，在國際社會造成相當消極的影響，嚴重損害的中華民族的國際形象。再次，兩岸因「外交鏖戰」，在對外事務上互不信任，導致在國際事務中不能通力合

作，共同維護中華民族整體利益。由於兩岸「外交鏖戰」，中國的和平崛起與民族復興受到嚴重干擾，中國不得不在國際政治中為堅持和維護「一個中國」而付出額外的代價。再如兩岸至今尚未在南海問題、釣魚島問題等涉及中華民族整體海洋利益的問題上形成有效合作，不能不說是兩岸長期「外交鏖戰」的後果之一。「鷸蚌相爭，漁翁得利」，兩岸「外交鏖戰」，導致兩岸共同受損。中華民族「兄弟鬩於牆，外禦其侮」的品格在「外交鏖戰」的歷史時期沒有獲得良好的展現。

兩岸有識之士對於兩岸「外交鏖戰」提出批評。2008年5月20日，臺灣領導人馬英九在其就職演說中，提出兩岸「外交休兵」的主張，獲得兩岸一致的積極評價。馬英九提出：「兩岸不論在臺灣海峽或國際社會，都應該和解休兵，並在國際組織及活動中相互協助、彼此尊重。兩岸人民同屬中華民族，本應各盡所能、齊頭並進，共同貢獻國際社會，而非惡性競爭、虛耗資源。我深信，以世界之大、中華民族智慧之高，臺灣與大陸一定可以找到和平共榮之道。」[26]
2012年，馬英九結合2008年至2012年臺灣對外政策成就，將其「外交政策」命名為「活路外交」、「正派外交」，以與陳水扁提出的「烽火外交」針鋒相對。

馬英九的「外交休兵」主張可以分為三個方面加以認識。其一，馬英九的「外交休兵」，目的仍然是推動臺灣參加國際空間。馬英九提出「外交休兵」，自然有其積極意義，但並不能認為馬英九提出「外交休兵」是減緩或者取消臺灣在參加國際空間問題上的「攻勢」。相反，在同一篇講話中，馬英九還提出：「臺灣要安全、要繁榮、更要尊嚴」，「唯有臺灣在國際上不被孤立，兩岸關係才能夠向前發展」。[27]
由此可見，馬英九提出「外交休兵」，目的仍然是要推動臺灣參加國際空間。其二，馬英九是從中華民族整體利益的高度論述「外交休兵」，因而在此議題上，迴避了「國家認同」的問題。馬英九提出「兩岸人民同屬一個中華民族」，而不是「兩岸同屬一個中國」，用「中華民族」替代了「中國」，試圖將臺灣參加國際空間的問題建築在民族認同基礎上。其後諸如「各盡所能，齊頭並進」，「而非惡性競爭、虛耗資源」等言論又表明馬英九試圖透過「外交休兵」維護中華民族整體利益，因而並不是臺灣在國際空間的自我退卻。其三，馬英九提出兩岸合作解決兩岸共存國際空間的問題，這也是馬英九「外交休兵」主張中最具積極價值的觀點。馬

英九提出，運用中華民族智慧找到兩岸「和平共榮之道」，開放了兩岸合作的空間，為兩岸就臺灣參加國際空間開展協商提供了必要的政策條件。

馬英九提出的「外交休兵」，導致兩岸有關「外交鏖戰」的「攻防」範式隨之發生修正：亦即從單方面、外向型的「攻防」，向著雙方面、內向型的「攻防」轉變。所謂「單方面、外向型」的「攻防」，是指兩岸在以往「外交鏖戰」中的「攻防」，都是單方面的政策獨白或舉動，兩岸所採取的「攻防」措施，也主要是在「兩岸外」的國際空間運用。大陸方面雖提出將臺灣參加國際空間予以「議題化」，但是，兩岸事實上沒有也不可能就此問題展開真正意義上的溝通與協商。「外交休兵」的提出，此種以「零和博奕」為特徵的「攻防範式」發生了變化。兩岸越來越多透過事先的溝通與協商解決臺灣參加國際空間的問題，即所謂「雙方面、內向型」的新「攻防」範式。所謂「雙方面、內向型」的「攻防」，是指兩岸在臺灣參加國際空間的事務中，注重透過雙方面的溝通與協商來解決相關問題，兩岸的觀點主要在兩岸間表達。「雙方面、內向型」的「攻防」並不是沒有「攻防」，只不過將此種「攻防」從兩岸外轉移至兩岸間，將「零和博奕」轉化為「議題溝通」的過程。

兩岸在「外交休兵」後，在兩岸就臺灣參加國際空間事務的攻防上，出現了一系列的變化。首先，大陸方面積極回應「外交休兵」，胡錦濤在「胡六點」中再次提出用「議題化」解決此問題的主張。胡錦濤提出：「對於臺灣參與國際組織活動問題，在不造成『兩個中國』、『一中一台』的前提下，可以透過兩岸務實協商作出合情合理安排。」[28]
胡錦濤的主張，並未如「江八點」、中共十六大報告、「胡四點」和《反分裂國家法》將臺灣的國際空間限於「經濟文化領域」或與其身分「相適應」的領域，而是模糊了具體的領域限制，只提「合情合理的安排」，因而進一步地開放了臺灣參加國際空間的可能性。其次，兩岸在爭奪「邦交」國和臺灣與外國發展關係的問題上，不再針鋒相對、互相拆台。如馬英九在接受《經濟學人》雜誌採訪時，他透露：「有臺灣『邦交國』提出了轉向與大陸建交的請求，但大陸卻婉拒了這一請求。」[29]

此外，大陸對於臺灣與新加坡在WTO框架下簽署自由貿易區協定（FTA）的問題

上，採取了務實的處理方式。[30]

再次，有意識地透過協商，在符合國際法規則的前提下，滿足臺灣參加國際空間的一些要求。最為典型的，是WHA邀請臺灣衛生部門作為觀察員的方式參與WHO／WHA的活動，使得臺灣爭取參加WHO／WHA的目標終於實現。這一問題的解決，是大陸與臺灣方面根據WHO／WHA規則，透過協商完成的。

儘管兩岸在2008年後，依然在國際空間中摩擦不斷，但總體而言，兩岸嚴重「對立」的時代隨著「外交休兵」的深化已經結束。兩岸對於在國際空間的摩擦，也大多採取低調處理、在國際規則框架內處理等方法，避免提升到政治高度和反覆炒作。可以預見，「外交休兵」如假以時日，再透過兩岸談判機制加以制度化，兩岸在臺灣參加國際空間事務上的「攻防」能夠真正為「合作」所取代。

二、臺灣在國際空間的存在方式

臺灣在國際空間的存在方式，是在兩對矛盾擠壓下的產物。第一對矛盾即上文所提及的「攻防」矛盾。一方面是臺灣對於國際空間的拓展，而另一方面是大陸對於臺灣國際空間及其拓展行為的限制，因而導致臺灣無法以「國家」名義參加絕大多數國際空間的活動，只能另尋他徑。第二對矛盾是臺灣的所謂「國家尊嚴」和「務實外交」之間的矛盾。從臺灣的本意出發，以「國家」名義參加國際空間，是符合「國家尊嚴」的理想方式，但在現實中，臺灣又不得不採取「務實外交」的辦法，用各種名義以謀求在國際社會的存在，藉以「彰顯」「國家尊嚴」。因此，臺灣在國際空間中，並未如世界上絕大多數主權國家，以「國家」為單位出現，而是體現出多元樣態。

本研究的筆者曾經撰文總結了臺灣在國際空間的六種存在方式，如表5-2所示：[31]

但是，以上對於臺灣在國際空間存在方式的描述是相當粗淺的，毋寧是以參與對象為基準的簡單劃分，對於臺灣在國際空間中的多元化存在方式揭示得遠遠不

夠。因此，本研究接續上述研究的成果，對臺灣在國際空間中的存在方式做更加精細化的研究。

（一）作為「國家」的存在方式

臺灣在臺灣仍然保持中華民國的「國號」與「法統」，因而在國際社會也意欲以「國家」名義存在。儘管自「總體外交」時期開始，臺灣就逐步放棄堅持以「國家」方式在國際社會存在的政策，但以「國家」名義存在，仍然是臺灣在國際空間存在的最佳選項。根據臺灣領導人的論述，臺灣參加國際空間事關臺灣的「尊嚴」，尤其是在兩岸「外交鏖戰」的時代，是否以「國家」形式存在，在相當程度上是衡判臺灣是否被「矮化」的重要指標。以「國家」的形式存在於國際空間，不僅是臺灣所謀求的一種國際空間存在方式，也是臺灣的一種認識。臺灣在大陸採取「守勢」的情況下，只能以多元名義在國際空間存在。但是，不論以何名義存在於國際空間，在臺灣的認識中，臺灣都是以「國家」的名義參加國際空間。以「國家」名義存在於國際空間，有著兩種形式。

表5-2 臺灣在國際空間「存在」的主要方式

名義	存在場所
「中華民國」（"Republic of China, ROC"）	「邦交國」、亞洲生產力組織(APO)、亞非農村復興組織(AARRO)、中美洲銀行(CABEI)
「台灣」（Taiwan）	國際種子檢查協會(ISTA)、「艾格蒙聯盟」國際防治洗錢組織(Egnnont Group)
「中華台北」（Chinese Taipei）	國際奧委會(IOC)、亞太經濟合作組織(APEC)、亞太防止洗錢組織(APGML)、世界動物衛生組織(OIE)
「台北，中國」（Taipei, China）	亞洲銀行、國際醫院協會(IHF)、世界經濟論壇(WEF)、亞洲科技合作協會(ASCA)、國際刑警組織(ICPO)
「台灣、澎湖、金門、馬祖單獨關稅區」（The Separate Customs Territory of Taiwan, Penghu, Kinmen, Matsu）	世界貿易組織(WTO)
「捕魚實體」（Fishing Entity）	大西洋鮪類資源保育委員會(ICCAT)、中西太平洋漁業委員會(WCPFC)等

（本表為作者自制）

註釋：

①林文程：《中國參與國際組織的困境與對策》，載《新世紀智庫論壇》第10期，2000年6月。

②關於臺灣在ICPO中的地位，參見林正義、葉國興、張瑞猛：《臺灣加入國際經濟組織策略分析》，聯經出版事業股份有限公司1990年版，第18頁。

③黃異：《國際法在國內法領域的效力》，元照出版公司2006年版，第111頁。

第一，以中華民國的形式存在。中華民國是臺灣現行憲法所規定的「國號」，也是臺灣民眾最為認同的「國家」符號。用中華民國的符號存在於國際空間，既是臺灣現行憲法的規定，為臺灣所遵循，也比較符合臺灣民眾的一般心理。目前，以中華民國形式存在的國際空間，主要有三類：其一為「邦交國」，與臺灣有著「邦交」關係的國家，既認為「臺灣是一個主權獨立的國家」，必然也承認臺灣現行憲法上所稱的中華民國的符號；其二為臺灣以中華民國加入的一些國際組織，主要

有：亞洲生產力組織（APO）、亞洲農村復興組織（AARRO）、亞太糧食肥料技術中心（FFTCAPR）、亞太蔬菜研究發展中心（AVRDC）等，其中後兩者的秘書處還設在臺灣；[35]

其三為臺灣的公權力機構以中華民國為名參加的國際組織，如臺灣「中央銀行」以「中華民國中央銀行」的名義參加「中美洲銀行」等。[36]

第二，以臺灣的形式存在。臺灣是臺灣部分人士所認同的「國家」符號。主張「台獨」的學者陳隆志提出，臺灣之所以在過去數十年無法參加國際空間，就是因為自「兩蔣時代」開始的臺灣死守中華民國的「國家符號」，因而在國際社會紛紛承認中華人民共和國是代表中國的唯一合法政府後，中華民國喪失了「國際的合法性」。而在1990年代，臺灣又「自我貶抑」為「中國的一個政治實體」，導致臺灣民眾的「國家意識」無法凝聚。因此，陳隆志建議，以臺灣為「國號」，使臺灣成為「名實合一」的「正常化國家」，在國際社會積極參與作為。[37]

陳隆志的觀點在臺灣頗有市場，臺灣的一些政治人物也接受或認同上述觀點。因此，以臺灣作為「國家」名號參加國際空間，也是臺灣以「國家」名義在國際空間的存在方式之一。首先，臺灣以臺灣為名，參加了國際種子檢查協會（ISTA）和「艾格蒙聯盟」國際防治洗錢組織（Egmont Group）等國際組織。其次，臺灣有時會以臺灣為名申請參加比較重要的國際組織，雖然從未成功，但也增加了臺灣的曝光率。如在2007年，民進黨當局曾以臺灣為名，申請參加成為WHO／WHA的正式成員，但未成功。在2007年底到2008年初，民進黨當局又策動所謂「入聯公投」，其所稱的「入聯」主體就是臺灣。再次，臺灣會在一些表徵個人「國籍屬性」的證件上使用臺灣字樣。如2002年1月13日，陳水扁宣布在臺灣「護照」封面上加注英文的「TAIWAN」（臺灣）字樣，後雖暫時擱置，但在2003年9月啟用的新版「護照」中，仍加注了「TAIWAN」字樣。儘管時任臺灣「外交部長」的簡又新強調此舉並無政治考量，但其將臺灣作為「國家」符號的用心昭然若揭。[38]

當然，由於世界上絕大多數國家和政府間國際組織並不承認臺灣的「國家」屬性，因而臺灣雖以「國家」的存在為追求，但並未為國際社會所公認，大陸方面也是對此持堅決否定和抵制的態度。因此，臺灣以「國家」的存在方式在國際空間僅僅是極個別的現象。

（二）符合國際組織規則的存在方式

　　一些政府間國際組織事實上未完全關閉臺灣參加的大門，臺灣根據一些國際組織的規則的規定和運作，以符合國際組織規則的名義參加了一些國際組織，其中也包括政府間國際組織。在透過符合國際組織規則的方式參加國際組織的過程中，臺灣參加的「名號」，都經過了不損害一個中國原則的處理。這一方面是大陸方面面對臺灣「攻勢」的「守勢」的體現，另一方面也是國際組織為避免臺灣的「會籍」問題影響本國際組織的功能性運作，而在規則中所明定的。臺灣以符合國際組織規則的方式存在於國際空間，主要有三種類別。

　　第一，對中華民國、臺灣等有損「一個中國」的名稱進行變化，用大陸方面可以接受的名稱，在相關國際組織規則範圍內，透過與大陸的協商參加國際組織，是臺灣以符合國際組織規則方式存在於國際空間最為常見的形式。

　　「奧運模式」是臺灣較早採取此種模式加入的重要國際組織。「奧運模式」也締造了一個「中華台北」（Chinese Taipei）的經典名稱。1954年，國際奧委會接受中華人民共和國奧林匹克運動委員會入會，但同時保留的「中華全國體育協進會奧林匹克委員會」作為臺灣的「會籍」，在國際奧委會形成「兩個中國」的局面。儘管國際奧委會一再宣稱其接受代表並不關注政治問題，而只是關注「實際控制的體育領域」，但中華人民共和國仍無法接受國際奧委會的安排，因而在1954年退出國際奧委會，臺灣在1960年遂以「中華民國奧委會」的名義重返國際奧委會。[39]
1975年，中華人民共和國重新申請加入國際奧委會並要求驅逐臺灣的代表，但未獲國際奧委會的同意。為重返國際奧林匹克運動，中華人民共和國在1979年改變策略，不再要求驅逐臺灣的代表。同年在日本名古屋舉行的國際奧委會執委會恢復了中華人民共和國「中國奧林匹克委員會」的會員資格，將當時代表臺灣的「中華民國奧委會」改為「中華台北奧林匹克委員會」（Chinese Taipei OC）。1980年，國際奧委會修改《奧林匹克憲章》，將國家定義為「領土或領土的一部分」，並將「國旗」、「國歌」等具有「國家」意涵的標誌均改稱為「隊旗」、「隊歌」。1981年，臺灣接受國際奧委會在名古屋透過的協議，並在1984年與大陸一道參加洛杉磯奧運會。1989年，兩岸奧委會負責人在香港簽署協議，正式確認將「Chinese Taipei」在奧林匹克運動及各項國際體育賽事中，都翻譯為「中華台北」。[40]

此後，兩岸在各自的隊旗下，組成不同的兩個代表隊參加已經舉行的各屆奧運會。儘管兩岸因臺灣體育團隊的譯名、旗幟等問題也屢起爭議，但總體而言，兩岸能夠以「中華台北」為名，允許臺灣在國際奧林匹克運動中存在。

與「奧運模式」相同的還有「亞行模式」和「APEC模式」，兩者都是根據其規則，在與大陸方面經過反覆磋商後，允許臺灣以「中華台北」的名義參加的國際組織。由於APEC是政治屬性較強的國際組織，因而APEC將臺灣的身分限定為「地區經濟體」，與香港相同，並形成「諒解備忘錄」以納入該國際組織的正式法淵源。以往的文獻大多將「奧運模式」、「亞行模式」和「APEC模式」列為三種不同的模式，但是，這三個模式毋寧只是所參加國際組織的不同，在本質上仍是相通的：都是使用了大陸方面可以接受的名稱（「中華台北」），並在國際組織規則允許的範圍內，參與到相應國際組織中，目的是體現臺灣在國際空間的存在。儘管大陸方面曾提出，「亞行模式」只是個案處理特殊安排，不能被認為是可以普通適用於其他政府間國際組織的模式，[41]
但事實上，以「奧運模式」、「亞行模式」和「APEC模式」為代表的模式，已經成為臺灣在國際組織中存在的重要形式。

第二，由於臺灣在世界上的經濟地位以及在一些功能領域的特殊重要性，一些功能性國際組織為了將臺灣納入其體系，創設了一些功能性的名稱，使得臺灣參加這些國際組織有了規則依據。臺灣以「捕魚實體」的名義加入一些國際漁業組織和以「單獨關稅區」名義加入WTO，是這一類別的典型代表。

臺灣是一個海島社會，臺灣的居民多有以捕魚為生者，臺灣的遠洋捕魚能力在世界上居於前列。臺灣於1971年退出聯合國後，自然無法參加聯合國主導的《聯合國海洋法公約》，因而在面對與海洋漁業相關的議題時，無法與其他是《聯合國海洋公約》的締約國處於同一法理框架內。但是，由於臺灣在世界海洋漁業上的實際地位，一些國際漁業組織創設了「捕魚實體」（Fishing Entity）一詞，為地位敏感的臺灣「解套」。臺灣借由「捕魚實體」與其他國家的產生關聯。「捕魚實體」一詞，由《執行1982年12月10日聯合國海洋法公約有關養護和管理跨界魚類種群和高度洄游魚類種群規定的協定》所創設，享有和履行相應的權利和義務。[42]
臺灣以「捕魚實體」的名義參加了一些國際漁業組織，「捕魚實體」因而成為臺灣

在國際空間的存在形式。但是,「捕魚實體」是一個寬泛的概念,它毋寧是一種身分的表徵。臺灣以「捕魚實體」參加的國際漁業組織,並非將臺灣都納入正式會員,而是有著不同的處理方式。臺灣參加的國際漁業組織及其身分,如表5-3所示:[43]

表5-3 臺灣參加國際漁業組織概況

組織名稱	參與身份	參與地位	參加時間
南方黑鮪養護委員會(CCSBT)	捕魚實體	延伸委員會會員	1993
中西太平洋漁業委員會(WCPFC)	捕魚實體	委員會會員	1996
美洲國家熱帶鮪魚養護委員會(IATTC)	捕魚實體	觀察員	1998
大西洋鮪魚養護委員會(ICCAT)	合作非締約方	觀察員	1972
印度洋鮪魚養護委員會(IOTC)	受邀專家	受邀專家	2001

據下表所示,臺灣只有在中西太平洋漁業委員會中,才算是正式會員。但即便如此,臺灣作為「捕魚實體」的地位,與締約國也有著較大的差距:其一,捕魚實體不適用成立本組織公約有關爭端解決機制的部分;其二,捕魚實體必須主動放棄對前述公約草案的表決權。[44]
除正式會員外,臺灣在南方黑鮪養護委員會中,只處在「延伸委員會會員」的地位。所謂「延伸委員會」事實上是南方黑鮪養護委員會為解決臺灣的會籍問題而創設的功能與該國際組織功能相同的機構。臺灣作為「延伸委員會會員」,事實上只是以間接方式參加該國際漁業組織的運作。根據南方黑鮪養護委員會的有關規則,「延伸委員會」並不是正式的委員會,因此,該國際漁業組織作成的決議並不當然拘束於臺灣,而必須再經過延伸委員會一道手續。但如果該國際漁業組織作成對臺灣不利的決議,延伸委員會並無權更改,臺灣因而在事實上無法透過該國際組織的規則保護自己的漁業利益。[45]

與臺灣在國際海洋漁業中的重要地位相仿,臺灣在世界經濟舞台上同樣扮演著重要的角色,是國際貿易相當活躍的經濟體。為接納類似於臺灣的經濟體成為WTO的成員,WTO在其規則中專門創設了一種名為「單獨關稅區」的經濟體,以此作為參加WTO的憑據。在GATT時代,GATT就允許國家和單獨關稅區加入GATT。

GATT第33條規定：「非本協定當事國之政府，或該政府得代表其對外商務關係，或對本協定所規定之其他事務，均享有充分自主關稅領域之政府，得就該國本身或該關稅領域，……加入本協定。」WTO延續了GATT的相關規定。根據WTO的相關規則，WTO的入會資格有二：其一是原關貿總協定（GATT）締約成員及歐盟，而接受成立世界貿易組織的協定與多邊貿易協定，其相關減讓與承諾表已提交給GATT，並其特定承諾表亦附於GATS者，應成為WTO之創始會員；其二，根據成立WTO的協定第12條第1款規定，任何一國家或就對外商務關係及本協定與各項多邊貿易協定所規定之其他事務擁有充分自主權之個別關稅領域，得依其與WTO同意之條件，加入WTO。[46]

據此，臺灣於1990年以「台澎金馬單獨關稅區」的名義申請加入GATT，但未成功。2001年11月12日，臺灣以「台澎金馬單獨關稅區」名義繼大陸後加入WTO，成為WTO的正式成員。以「單獨關稅區」加入WTO並成為正式成員，是WTO的特殊安排。與「捕魚實體」幾乎是為臺灣專設的做法不同，以「單獨關稅區」名義參加WTO的經濟體較多，中國的香港特別行政區亦是其中之一。因此，對於臺灣以「單獨關稅區」名義成為WTO正式成員無必要在「國家」和主權的層次上作過度解讀，其毋寧是臺灣在國際經濟格局中地位的一種具體體現。當然，對於臺灣而言，以「單獨關稅區」成為WTO這一重要國際組織的正式成員，也是其在國際空間的重要存在方式之一。

第三，有的國際組織設立了觀察員、副會員、受邀專家等制度，以解決不是國家的政治實體的參加問題，以這些名義參加國際組織因而成為臺灣的選項之一。

「觀察員」是國際組織中常見的一類非正式成員的參加方式，主要是解決尚未正式參加某一國際組織但有必要或意欲參加該國際組織活動的團體或地區，如一些尚未完全獨立的殖民地、民族解放組織乃至於與該國際組織具有同等國際法主體地位的另一相關國際組織等。由於觀察員在國際組織中並不享有完整的會員權利，因而其地位較正式會員低，但並不影響出席會議和參加活動的權利。臺灣正是基於這一點，通常從現實層面考量，意欲透過觀察員的形式參加特定的國際組織，以彰顯在國際空間的存在。臺灣自1997年開始，在大部分時間裡謀求以「觀察員」參加WHO／WHA，並在2008年終於成功，是臺灣以「觀察員」存在於國際空間的最佳範例。在WHO／WHA的憲制性文件中並無「觀察員」的規定，但在WHO／WHA

的實際運作中,「觀察員」是存在的,主要有三種情況:其一是主權國家,已經申請為WHO／WHA的正式會員,但還沒有得到核準者,如梵蒂岡和列支敦士登;其二是形成中的國家,如巴勒斯坦解放組織和馬耳他騎士團;其三是與WHO／WHA業務相關的國際組織,如國際紅十字會、國際紅十字及紅新月會等。[47]
1997年,臺灣首次以「中華民國(臺灣)」的名義申請成為WHO／WHA的觀察員,未獲成功。隨後,臺灣又在1998年至2006年連續9年不斷變化名稱,分別以「中華民國(臺灣)」、臺灣、「衛生實體」等申請成為WHO／WHA的觀察員,也未獲成功。2005年5月,世界衛生大會修改《國際衛生條例》,在第3條第3項規定:「本條例的執行應以其廣泛適用以保護世界上所有人民不受疾病國際傳播之害的目標為指導。」臺灣稱該條款為「普世適用」條款,並認為「普世適用」條款可以作為臺灣「參與」《國際衛生條例》以及國際衛生體系的初步法理基礎。事實上,美國等國力推「普世適用」條款進入《國際衛生條例》,本身就有透過該條款將臺灣納入世界衛生體系的想法。當然,這些工作由於中國大陸有效的「守勢」,均未獲成功。2008年,臺灣政治局勢發生有利於兩岸關係的變化後,大陸方面有意識地開放了臺灣參加WHO／WHA的空間。在尋找合適的參加方式時,「觀察員」制度被再次祭出,成為解決臺灣參加WHO／WHA活動的制度方式。儘管解決臺灣參加WHO／WHA的根本原因是政治力的作用,但若無「觀察員」制度,則這一過程則會更加曲折和艱難。

與「觀察員」畢竟是臺灣作為一個整體存在於國際空間不同,「受邀專家」是以專家個人名義參加國際組織。如表5-3,印度洋鮪魚養護委員會是臺灣以「受邀專家」名義存在的典型代表,受邀專家個人的名字就是臺灣在該國際組織的名稱。作為「受邀專家」,臺灣在印度洋鮪魚養護委員會並無締約權和決議權,也無權參與爭端解決機制,而僅有出席權和建議權。[48]
至於「副會員」,基本上未成為臺灣在國際社會的存在方式。根據林文程的論述,「副會員」制度是為讓殖民地參與這些組織之設計,臺灣作為「主權國家」不應尋求此一途徑來參與國際組織。[49]

當然,以「觀察員」、「受邀專家」的名義參加國際組織,必須由國際組織的相關規則或習慣作為配套。如臺灣曾在2003年仿照「捕魚實體」一詞,提出了「衛

生實體」的概念，試圖以此概念為名，參加WHO／WHA。但是，「捕魚實體」在國際漁業組織的相關規則中可以尋到依據，而「衛生實體」是臺灣生造的一個概念，既在WHO／WHA的憲制性文件中找不到根據，又不存於WHO／WHA的運作實踐，當然不可能為WHO／WHA所接受，臺灣此次以「衛生實體」謀求成為WHO／WHA觀察員的努力當然也以失敗告終。本事例表明，臺灣不論以何名義在國際組織中存在，都必須以該國際組織的規則為前提，如無相應的規則支撐，臺灣即便在政治力允許的情況下，亦無參加該國際組織之可能。

（三）保持「實質關係」的存在方式

　　美國、日本以及歐洲雖與臺灣斷絕「外交關係」，但由於這些國家和地區與臺灣有著傳統友好關係，臺灣在國際政治和經濟領域的特殊地位，其都在斷絕「外交關係」的前提下，保持著與臺灣的「實質關係」。對此，中華人民共和國也並不持反對態度。如在《中美建交聯合公報》中，美方明確宣布「美利堅合眾國承認中華人民共和國是代表中國的唯一合法政府」，「在此範圍內，美國人民將同臺灣人民保持文化、商務和其他非官方關係」。江澤民在「江八點」中明確表示，對於臺灣同外國發展民間性經濟文化關係，大陸方面不持異議。胡錦濤在「胡六點」中也強調：「對於臺灣同外國開展民間性經濟文化往來的前景，可以視需要進一步協商。」大陸的態度，一是為貫徹「寄希望於臺灣人民」的方針，尊重臺灣人民與外國人民開展經貿文化交流的權利；二是在國際政治大背景下所為的必要讓步，以換取美國、日本及歐洲與中華人民共和國發展官方關係。因此，臺灣得以在實質上保留了與一些大國的傳統關係，臺灣稱之為「實質關係」。「實質關係」是臺灣在國際空間存在的重要方式，其雖然不及「外交」關係正式，但「實質關係」是臺灣與大國保持聯繫的形式和紐帶，因而就重要性而言絕不亞於「外交關係」。儘管美國已經斷絕與臺灣的「邦交」，但臺灣「實質關係」的核心仍是與美國的關係，而美國從國際戰略的需要，也十分重視與臺灣的實質關係，臺灣與美國的關係，因而也成為臺灣以「實質關係」的方式存在於國際空間的最佳事例。

　　1979年中美建交後，美國在相當快的時間內透過了《與臺灣關係法》，明確規定「武裝臺灣」和「武裝保衛臺灣」的美國國家義務。以《與臺灣關係法》為紐帶和依據，美國與臺灣保持著相當親密的實質關係。第一，美國與臺灣在安全問題和

軍事合作上保持著相當親密的合作、乃至於聯盟的關係。美國向臺灣大量售賣先進武器裝備，以維持大陸和臺灣武裝力量的「平衡」。中美在1982年簽署的《八一七公報》規定，美國應當逐步減少並最終解決對台軍售問題，但美國並未打算嚴格遵循公報的規定，而是不斷地向臺灣出售先進武器裝備，並與臺灣軍方保持著密切的往來，甚至將臺灣全島納入其反導彈體系。[50]
美國與臺灣的軍事部門負責人經常性往來，兩軍也有著密切的合作機制。[51]

中美雙方常常為美國與臺灣的軍事合作進行外交博奕，導致中國的地緣政治利益嚴重受損。

　　第二，美國與臺灣互設具有官方性質的代表機構。臺灣在美設立「北美事務協調委員會」（CCNAA），作為在美的代表機構。「北美事務協調委員會」是直屬於臺灣行政院的機構，級別相當之高，非臺灣領導人的心腹不得為其主管。如李登輝推行「務實外交」時，就將「北美事務協調委員會」的「主委」換為其心腹丁懋時，而馬英九在2012年調整行政院時，將其「大管家」，有馬英九「分身」之稱的金溥聰任命為「北美事務協調委員會」的「主委」。[52]
「北美事務協調委員會」及其背後的「台美關係」在臺灣心目中的地位由此可見一斑。「北美事務協調委員會」在美的地位也相當特殊，幾乎接近於主權國家大使館在美國的地位：「北美事務協調委員會」可以根據《與臺灣關係法》的規定，代表臺灣與美國進行相互行文；臺灣在美國作為訴訟的當事人，必須以「北美事務協調委員會」的名義；臺灣可以以「北美事務協調委員會」的名義在美購買不動產或為契約當事人；美國的一些州甚至給予「北美事務協調委員會」的車輛、人員特殊優待，等等。[53]

美國在台也設立了專門的代表機構，名稱為「美國在台協會」（AIT）。根據《與臺灣關係法》，「美國在台協會」雖為非營利的民間機構，但被授權處理美國與臺灣的事務，其職能與主權國家駐外大使館基本類似，可以簽發赴美國的簽證和為在台美國公民提供領事服務，其官員和車輛在台享受「外交特權」。「美國在台協會」的理事主席是臺灣和各政黨的座上客，其言論甚至對臺灣的政治局勢都能產生一定影響。

243

第三，美國與臺灣（中華民國）可以簽訂行政協定，而中美建交前美國與臺灣（中華民國）簽署的條約繼續有效。在1979年後，臺灣（中華民國）仍能與美國簽署諸如「電力合作協定」（1983年）、「環境科學合作計劃綱領」（1987年）等。傅崑成認為，臺灣與美國簽署「行政協定」，純係政治上未免過度刺激中共而採取之措施，而不是否定臺灣與美國的「締約權」。[54]
在數個司法案件中，美國的聯邦地區法院都宣告適用1979年之前臺灣（中華民國）與美國簽署的「外交條約」。如在1987年的一個案件中，原告宣稱1946年中華民國與美國簽署的「中美友好通商航海條約」仍然有效，其所享有的臺灣華語電視錄影帶版權應受美國《聯邦版權法》的保護。該主張獲得了聯邦地區法院紐約南區分院的支持。同樣，在1980年的一起案件中，伊利諾伊州的聯邦地區法院也認為「中美友好通商航海條約」有效。[55]

第四，臺灣與美國實際上也保持著一定程度的官方聯繫。1994年，克林頓政府提高對台關係的級別，同意雙方主管經濟事務的副部長級高級官員定期互訪。對於臺灣領導人或重要政治人物以私人名義赴美的活動，美國方面也一般準許。李登輝、陳水扁、呂秀蓮等曾任臺灣正副領導人的政治人物，都曾以「私人身分」、「過境」、「停留」等方式訪問美國，並在美國進行演講、訪問、參觀等活動。美國國會中存在著部分對中國有偏見的議員，臺灣也非常重視與這部分議員開展所謂「國會外交」。臺灣方面斥資與美國國會議員保持良好關係。美國部分國會議員成立了「臺灣連線」，其成員經常性來往於美國與臺灣之間，充當臺灣在美的說客。包括「李登輝訪美」和一些重大軍售案的背後，都有美國國會議員的作用。在這群人的操控下，美國國會也經常透過對臺灣有利的法案或聲明，對美國政府的對華政策形成牽制。

臺灣非常重視與美國的關係。李登輝、馬英九等臺灣領導人都有著留美的背景。馬英九在2008年和2012年兩次就職典禮上的講話中，對於美國與臺灣的關係都作出了高度的評價：在2008年，馬英九將美國稱之為「一位安全盟友及貿易夥伴」，而在2012年，馬英九將臺灣與美國的關係稱之為「三十年來最堅實的『安全與經濟夥伴關係』」，云云。不獨美國，臺灣與日本、歐洲的關係同樣非常親密，臺灣也透過與在國際舞台上具有重要影響力的國家開展非「邦交」的「實質關係」以彰顯其存在。更進一步，除重視與大國的「實質關係」外，臺灣也非常重視在世

界各國的「實質性地位」。馬英九一再津津樂道全世界有近130個國家（包括美國）給予持臺灣頒發的「護照」「落地簽」或「免簽」待遇，並將之與僅有30餘個國家給予持中華人民共和國護照「落地簽」或「免簽」對比，認為前者才是「國家受到肯定，人民才有尊嚴」。[56]

不可否認，臺灣以「實質關係」面目的存在，是其在國際空間存在的重要方式，也是臺灣迂迴地與國際社會保持聯繫的方式。儘管從國際政治的大背景而言，「實質關係」在可見的歷史時空內無法轉化為「正式關係」，但是對於顯示臺灣的「尊嚴」、「地位」以及給臺灣帶來的實際利益而言，都是其他存在形式難以替代的。

（四）司法的存在方式

以上三種模式，是臺灣在國際空間的主要存在方式，也是比較容易觀察到的存在方式，本研究將其稱之為臺灣在國際空間的「顯性存在」。除「顯性存在」外，臺灣部分人群，尤其是法學學者，從西方國家的司法案例中尋找這些國家司法機關承認臺灣或中華民國為一「主權國家」的依據，臺灣在一些司法個案中，也經常運用只有主權國家才能享有的「國家豁免」等權利以彰顯其所自認的「國家屬性」。本研究將此種情況稱為臺灣在國際空間的司法存在。由於絕大多數大陸學者和民眾對臺灣在國際空間的司法存在並不敏感，甚至沒有關注到這一問題的存在，因而不妨將其稱為「隱性存在」，已與前文所述的「顯性存在」相對應。

臺灣在國際空間的司法存在是大陸方面容易忽視的。其一，大陸研究臺灣問題的學者以研究政治學和國際關係的為主，專門從事涉台法律研究的學者較少，相關成果也不多，對於涉台司法個案進行精細研究的更少，因而在學理層面缺乏發現臺灣在國際空間「司法存在」的必要理論準備。其二，大陸官方對於司法在處理國家統一、國家認同和彰顯國家存在方面的認識並不充分，也缺乏運用司法手段解決此方面問題的實踐，即便是涉台司法審判比較發達的地區，對於涉台案例的處理仍是非常小心，更遑論對其在統一問題上的運用。其三，大陸民眾習慣於透過領導人的講話和政策文件的宣示來瞭解臺灣的相關政策，而缺乏對於司法個案的敏感度，相關的專業知識也並不具備。其四，一些涉及臺灣在國際空間中地位的案件都比較隱

諱，臺灣學者對此的解讀也充滿了法學的學術話語，法律知識不足的研究人員、政策制定者和民眾在客觀上存在著理解的困難。

　　但是，臺灣在國際空間的司法存在又是一種極為危險的存在方式，其實際影響並不亞於前三種顯性存在的方式。其一，司法權在西方國家是極為重要的權力分支，不僅獨立於立法與行政，而對於立法、行政有著實際影響力。西方國家強調立法、行政、司法的三權分立，並強調對於司法獨立的保障。因此，司法權事實上不受立法和行政的影響。儘管司法權在某些時候會以「政治問題不審查」為由，將一些不適宜透過司法解決的案件交由立法和行政決定，但「政治問題不審查」在多數時候毋寧是司法權推卸責任的一種託辭。在絕大多數時候，司法權的審判並不受立法和行政觀點的影響，因而西方國家立法機關和行政機關對於「一個中國」原則的體認，對司法權並不構成實際拘束力。其二，司法權具有貴族特性，法官可以據此繞開所在國的主流民意。托克維爾在檢討了美國的民主後，提出制止「多數人暴政」的最佳途徑是介入貴族制政體的因素，而他認為法院是民主國家中最具有貴族政體因素的政治部門，以此為基礎，他提出了以司法權規制民主盲動的思想。[57]同時，司法權的中立性和法官待遇的制度性保障又使法官蛻變為與民眾保持一定距離的「貴族化群體」。[58]

司法和法官的貴族特性，導致司法與主流民眾的意志保持相對的獨立性，司法也可以罔顧所在國的主流民意作成相關的判決。其三，在國際社會多有有關「國家統一」的司法案件，透過司法途徑處理國家統一問題，在國際社會並不罕見。以德國為典型代表，德國聯邦憲法法院在兩德統一過程中起了重要的作用。在兩德並存的時期內，聯邦憲法法院曾三次作出關於統一問題的重要判決。1956年，聯邦憲法法院在「解散共產黨」的判決中從基本法前言中導出統一義務。[59]

1972年，兩德簽訂《基礎關係條約》，基本法第二十三條[60]

是否繼續適用成為各方關注的焦點。德國聯邦憲法法院認為，兩德《基礎關係條約》雖然改變了德國的國家狀態，但統一的憲法義務並不受《基礎關係條約》影響。[61]

1990年，原東德與西德簽訂《統一條約》，對兩德合併後的政治法律進行了安排。從表面上看，東德是自行解散，然後以六個邦共同加入的方式完成合併，符合基本法第二十三條的要求，但《統一條約》對基本法有多達六處的直接修改，有西德國會議員就《統一條約》與「基本法」是否相牴觸提起憲法訴訟。德國聯邦憲法法院最終判決《統一條約》合憲，為兩德統一掃清了最後一個法律障礙。[62]

加拿大解決魁北克問題時，加拿大的最高法院亦有相關的判決。當然，德國和加拿大的例子是統一的例證，但這些仍具有重要的啟示意義：高度政治性的「國家存在」問題可以包裝在司法案件中，透過法律辭藻予以表達。就此意義而言，對於臺灣透過司法方式在國際空間的存在，有必要給予高度的重視。

絕大多數臺灣力圖表明其在國際空間存在的案件，都與臺灣的地位、臺灣與大陸的關係、臺灣駐外機構的地位等有關。在日本發生延續至今的「光華寮」案是有關臺灣地位的重要案件。光華寮是位於日本京都市的一座五層樓房，1950年由臺灣以「中國政府駐日代表團」名義買下作為在日臺灣籍留學生的公寓。1961年，臺灣在日本將該寮登記為自己的「國家財產」。1966年，居住在該寮並傾向於大陸的留學生於炳寰等人宣布接管該寮。臺灣駐日機構於1967年向京都地方法院提起訴訟，要求驅逐於炳寰等人。[63]

訴訟期間，日本與中華人民共和國建立外交關係，日本斷絕與臺灣的官方聯繫，因此，本案中臺灣的駐日機構是否仍有訴訟能力、本案所涉及的財產是否應當轉讓給中華人民共和國、臺灣是否有權主張對財產的所有權等問題，成為案件的焦點。日本著名法學家安藤仁介曾經擔任過1974年日本京都地方法院審理本案的專家證人，其認為本案的爭點主要有三：其一，日本與中華人民共和國建交時發布的聯合聲明，是否賦予日本否認中華民國之義務；其二，日本法院如承認中華民國之訴訟當事人能力，是否違反聯合聲明之內容；其三，光華寮之所有權是否因聯合聲明而移轉至中華人民共和國。[64]

以上三個爭點雖均以法律語言表達，但其內涵都指向在中日建交後，中華民國是否仍得是一個「國際法主體」，具有「國家屬性」。為此，兩岸圍繞日本法院的審判展開了長時間的論戰。大陸方面認為，1972年日本與中華人民共和國建交後，對於

日本而言，中華民國已經不復存在，中華人民共和國是中國唯一合法政府，而光華寮屬中國國家財產，根據中日聯合聲明的要求，理應屬於中華人民共和國。臺灣方面則認為，中華民國在日本與中華人民共和國建交前即已經為光華寮的「所有人」，中華人民共和國從未實際統治過臺灣，因而該財產並不隨日本與中華人民共和國建交而產生所有權轉移。

日本對於光華寮案共形成五個判決：其一，1977年9月，京都地方法院認為中華民國雖有訴訟能力但光華寮屬「國家財產」，因而其所有權因日本與中華人民共和國建交而轉移給中華人民共和國；其二，1982年4月，大阪高等法院針對臺灣的上訴作成判決，繼續肯定中華民國的訴訟能力，並認為光華寮並不隨日本與中華人民共和國建交而產生轉移；其三，1986年2月，京都地方法院作成新判決，主張日本政府雖然改變對中國「正統政府」的承認，但整個客觀狀態並未改變，中華民國政府實質上並未消滅，屬於國際法上的「不完全繼承」，故光華寮仍屬中華民國所有；其四，1987年2月，大阪高等法院維持1986年2月京都地方法院作成的判決；其五，2007年3月，日本最高法院作成判決，認為中華民國作為中國的「國名」自1972年後在日本即不復存在，對日本政府而言，中國的國名已經轉變為「中華人民共和國」，中華民國已經喪失了中國這個國家的代表權，而本案的原告應該是「中國」這個國家，因而中華民國並不能成為本案的當事人，以上事實屬於「眾所公知之事實」，[65]
遂據此將本案發回重審。在以上五個判決中，前四個雖最終結果不同，但都承認中華民國作為訴訟當事人的能力，因而對於臺灣而言，都屬於中華民國在國際空間的「司法存在」。其中，尤以第三個判決最為直白，明確聲言中華民國實質上並未消滅，被認為是中華民國在國際空間「司法存在」的直接表達。但日本最高法院的終審判決推翻了前述四個判決對於中華民國地位的描述，從而否定了中華民國在日本司法判決中的「存在」。

與此相同的司法案例還有很多。如在 Millen Industries, Inc.v.Coordination Council一案中，原告獲被告（臺灣在美國設立的「北美事務協調委員會」）鼓勵，去臺灣投資，但臺灣事後取消了相關免稅政策，原告遂向華盛頓地方法院起訴，地方法院認定臺灣的行為屬「國家行為」，依「國家行為法則」享有豁免。據此，有

臺灣學者推斷出臺灣或中華民國在此份判決中作為一個「獨立的主權國家」存在。無論法院的判決，還是一些臺灣學者推斷，都與「一個中國」原則相違背。但是，就司法判決本身而言，容易給人造成錯覺，即中華民國或臺灣在國際空間是作為一個具有「國家屬性」的「政治實體」而存在的。因此，對於臺灣在國際空間中的司法存在，有必要給予高度的重視與關注。

（五）民間團體的存在方式

由於臺灣不能以官方性質和身分參加國際空間，因而特別重視民間團體在國際空間的存在，希圖借此推動臺灣與國際社會的互動。一方面，在對外關係上，臺灣謀求參加國際社會，至少是增加在國際社會的曝光機會，而傳統的以公權力機關為核心的對外關係運作模式難以奏效，因而謀求透過不具有公權力屬性的民間團體參加國際空間，以期「凸顯臺灣為國際社會不可磨滅成員的事實」。[66]
另一方面，臺灣在1990年推行「憲政改革」後，不論是官方還是民間，都比較重視構建公民社會，而作為公民社會重要指標的民間團體，亦成為官方和民間都極為重視的公民社會建設成果。因此，透過民間團體在國際空間的存在，以彰顯臺灣公民社會建設的成就，進而使得臺灣民間社會與國際接軌互動。同時，臺灣部分人士也希望能夠借助於非政府組織引進國際社會同步的理念與制度，使得臺灣與全球能夠同步發展，因而希望將民間團體參加國際空間作為深化臺灣民主制度與社會發展的重要管道。[67]

臺灣當前主要推動民間組織參加國際空間的公權力機關是臺灣行政院所屬的「青年輔導委員會」（以下簡稱「青輔會」）和「外交部」。「青輔會」的工作主要是推動青年民間團體參加國際空間，以「策進社會經濟發展及推展國際青年交流」、「促進非營利組織國際化、海外……青年交流」。為實現上述部門目標，推動臺灣青年民間團體參加國際空間，「青輔會」採取了以下五個方面的措施：[68]
其一，與重要國際組織保持密切聯繫與合作，鼓勵臺灣民間團體參與國際非政府組織舉辦之區域會議、年會等活動；其二，鼓勵臺灣民間團體主動加入重要國際性非政府組織為會員，有計劃推派優秀幹部參加國際性活動，學習外國運作方法並分享資源；其三，推動國際性非政府組織在臺灣設立分會，促進與臺灣民間團體橫向聯

繫，整合其資源，有系統、有計劃推動國際交流；其四，為臺灣民間團體參與國際相關活動提供補助；其五，與臺灣外知名非政府組織合作，彙集與引進最新非政府組織管理知識，並予推廣應用，提升服務品質。「外交部」作為臺灣主管對外事務的公權力機關，在推動民間團體參與國際空間是其職能之一。2000年10月，「外交部」專門成立「非政府組織國際事務委員會」，由「政務次長」任主任委員，並邀請包括主要民間團體代表在內的10 餘人擔任委員，專責推動民間團體參加國際空間。所謂「非政府組織國際事務委員會」的業務宗旨主要是：[69]

其一，協助臺灣民間團體與國際非政府組織之聯繫與增進關係事項；其二，審核「外交部」輔助或輔導臺灣民間團體參與國際組織與活動事項；其三，加強「外交部」與臺灣民間團體合作，共同拓展與國際非政府組織之關係事項。

臺灣學者陳隆志曾對臺灣十八個從事國際參與活動並具有代表性的民間團體進行過深度訪談，並根據各組織參與國際活動的目的及性質將其分為倡議型組織和服務型組織，除此兩大類外，臺灣尚有其他民間團體參加國際空間。以下根據陳隆志向臺灣「研究發展考核委員會」提供的報告，對三類民間團體及其典型代表參加國際空間的情況作一簡要介紹。[70]

第一，倡議型組織，係指以倡議某類理念或主張為目的的民間組織，這類民間組織大多以人權、公益、慈善等為主張，與國際社會的各類人權組織和公益組織開展合作。「臺灣人權促進會」是倡議型組織的典型代表。該組織成立於1984年的人權紀念日，其工作宗旨為倡導、散播和提升人權標準，並建立、維繫和加強人權保護機制，主要依靠社會捐款運作。「臺灣人權促進會」目前的國際參與以連署、聲援、出席國際會議，加入國際人權組織成為會員，以及與國際人權組織交流合作為主。「臺灣人權促進會」一方面注重透過國際社會和國際人權組織的運作，參與臺灣的人權保護工作；另一方面，也參加聲援一些國際人權事件，如曾經聲援過緬甸知名人士昂山素季、支持韓國「反國安法」的行動，等等。「臺灣人權促進會」多次參加國際上與人權有關的會議，如「亞洲人權委員會」、聯合國教科文組織舉辦的「教育研討會」等。臺灣的倡議型組織雖所「倡議」之對象各有不同，但在運作方式上與「臺灣人權促進會」大同小異。類似的組織還有「中國人權協會」、「綠色公民行動聯盟」、「臺灣醫界聯盟基金會」等。

第二，服務型組織，係指為目標人群提供特定服務的民間團體。大多數服務型組織具有公益服務的功能，多以為社會弱勢群體提供服務為宗旨。「社團法人知風草文教服務協會」（以下簡稱「知風草協會」）是典型的服務型組織。「知風草協會」成立於1996年，本著「教育可以改變孩子一生命運」的理念，「知風草協會」主要開展柬埔寨人道救助工作，服務對像是柬埔寨弱勢、急待援助群體，如街童、孤兒、貧困兒童、無醫療地區人民。「知風草協會」的經費來源主要是民間贊助和內部會員籌款。「知風草協會」以柬埔寨為主要服務場所，其人員直接到當地與政府接洽，開展談判和項目合作並設立工作據點。「知風草協會」與柬埔寨外交部和社會服務部分別訂有契約，其在柬埔寨的機構由柬埔寨政府工作人員、臺灣到柬埔寨當地的工作人員和所僱傭的柬埔寨方面勞工組成。「知風草協會」與多個國際組織開展項目合作，這些國際組織大多是具有服務性質的國際組織，如世界糧食組織、聯合國兒童基金會、國際移民組織等。「知風草協會」還經常性地參加柬埔寨政府舉辦的各類國際會議，與在柬埔寨從事類似工作的國際組織做資訊及工作經驗的交流。服務型組織是臺灣在國際社會存在的民間團體中數量較大的一支，多數服務型組織在國際社會的活動方式「知風草協會」相同。除「知風草協會」外，臺灣比較典型的服務型組織還有「羅慧夫顱顏基金會」、「臺灣路竹會」等。

除以上兩大類民間團體參加國際組織外，臺灣尚有一些特殊的民間團體參加國際空間。這些民間團體雖目的不同，但共同的特徵是都具有一定的公權力機關背景，與臺灣公權力機關有著千絲萬縷的聯繫。這類民間團體多以基金會的形式存在，當然也有其他的存在形式。此類民間團體數量眾多，以下僅以臺灣紅十字會和「國際合作發展基金會」簡要介紹之。臺灣的紅十字會最早可以溯源至1904年在上海成立的「萬國紅十字會上海支會」，目前並非是國際紅十字組織的正式成員。但國際紅十字組織與臺灣的紅十字會並非沒有聯繫。在臺灣遭受的重大自然災害中，國際紅十字組織都能與臺灣的紅十字會取得聯繫並開展募捐、醫療救助等方面的合作。臺灣的紅十字會也成為臺灣接受國外人道主義援助和醫療救助的接口單位之一。臺灣紅十字會有著較深的公權力背景，臺灣定有專門的「紅十字會法」，臺灣領導人為當然的紅十字會名譽領導人。「國際合作發展基金會」（「國合會」）是臺灣為其所謂「友好國家」提供經濟援助而組建的民間團體。臺灣立法院專門訂定「財團法人國際合作發展基金會設置條例」，規定「國合會」的組織、活動範圍及

運行方式。「國合會」的經費來源主要是公權力機關的撥款、利息收入、民間捐贈等。「國合會」的主要工作是運用既有資金,配合臺灣的政策,與臺灣「邦交國」進行具有經濟效益的融資計劃,以協助受援國家的經濟發展。可以說,「國合會」的本質實際上是臺灣對外開展經援的窗口單位和執行單位。

當然,值得說明的是,以上一些民間團體本身並非政治團體,相反具有明顯的慈善團體性質,其行為也集中於對人權、人道和公益有關的慈善活動,是臺灣社會良知的體現。但是,它們在國際社會的活動,未必不會受到臺灣和主張「台獨」人物的利用乃至於操控,因而大陸方面也需加以關注。

以上總結了臺灣在國際空間存在的五種主要方式。這些方式的存在,其根源都在於兩岸沒有形成為兩岸所共同認同的政治關係定位模式,因而只能對臺灣參加國際空間問題採取個案處理的方式。對於這些方式的理解及對其內涵的挖掘,對於從兩岸政治關係定位的角度,分析兩岸透過合理的政治關係定位模式,應對和處理臺灣參加國際空間問題,頗有裨益。

三、兩岸政治關係定位的思路在臺灣參加國際空間問題中的運用

兩岸政治關係定位和臺灣參加國際空間問題經常被分開討論,亦即並非被認為處於一個問題域內。對於此種理論上的缺憾,本研究認為原因主要有二:其一,兩者所涉及的因素有所不同,兩岸政治關係定位問題被認為主要是兩岸之間的關係問題,而臺灣參加國際空間問題除了關涉兩岸之間的互動外,還與諸多兩岸之外的因素有關;其二,兩岸政治關係定位問題更多的需要兩岸之間的妥協、寬容與智慧,而臺灣參加國際空間問題則是大陸透過運用主權話語即可解決的問題,故兩者在主要的方法論和解決思路上有所不同。由於以上兩點不同,兩岸政治關係定位和臺灣參加國際空間問題很少被緊密地聯結起來,在理論研究中常處於各說各話的狀態。

然而,兩岸政治關係定位和臺灣參加國際空間問題事實上具有高度的關聯性。首先,兩個問題的癥結都在於本研究所揭示的「承認爭議」,無論是兩岸政治關係

定位的難題，還是臺灣參加國際空間的困局，都因「承認爭議」產生，在本質上是「承認爭議」在不同問題域的表現形式，因而解決這兩個問題的方法雖各有側重，但總體而言都需以克服或規避「承認爭議」為切入點。其次，兩岸政治關係定位固然需要妥協、寬容與智慧，兩岸共同解決臺灣參加國際空間的問題未必就不需要妥協、寬容與智慧。相反，後一問題還有著前一問題所不具備的如何共同應對兩岸外因素干擾、如何共同維護中華民族整體利益等問題，因而可能需要較之前者更大的智慧。再次，臺灣參加國際空間問題涉及用何名義參加、以何身分參加、在何種程度上參加等重大問題，這些問題歸結起來就是兩岸如何定位政治關係的問題。立基於上述考量，本研究將兩岸政治關係定位和臺灣參加國際空間問題結合起來，將兩岸政治關係定位的思路，運用到解決臺灣參加國際空間的問題中去，以尋求對臺灣參加國際空間問題在符合兩岸關係現狀基礎上的合適解決。

（一）臺灣參加國際空間的主要問題

臺灣參加國際空間至少涉及以下三個方面的重大關切：第一，在東方政治傳統下，臺灣參加國際空間可以被解讀為臺灣的「國際存在」，涉及臺灣的「主體性」問題，因而是界定大陸與臺灣「名分秩序」的核心問題；[71]
第二，臺灣問題涉及與中國有關的國際地緣政治，關涉中國與多個世界大國的關係，因此，從中國廣泛的國際利益而言，臺灣參加國際空間都涉及中國的核心利益；第三，臺灣參加國際空間，一方面是臺灣民眾的真實需求，並不獨為「台獨」分子所主張，另一方面又涉及大陸民眾的「統一」心理，因而其妥善解決應當考慮到兩岸民眾所能共同接受的程度。因此，如果說兩岸政治關係定位是兩岸關係論域內最為艱難的議題，那麼，臺灣參加國際空間問題構成兩岸關係中最為敏感的議題。同兩岸政治關係定位一樣，臺灣參加國際空間問題亦是「承認爭議」的產物，正是由於大陸方面不承認臺灣的「國家」地位，因而產生了臺灣參加國際空間的棘手問題。此一觀點對照兩德關係可以獲得印證：兩德在簽署《兩德基礎關係條約》，相互承認主權後，兩德的國際空間較之簽署條約前，都有了極大的擴展。由此可見，臺灣參加國際空間問題，是主權和「國家」這個根本的「結」在國際空間領域的體現。在這個根本的結的作用下，臺灣參加國際空間的問題主要體現在以下

三個方面。

第一，臺灣「以何名義」參加國際空間。臺灣「以何名義」參加國際空間的問題，是指臺灣是以中華民國、臺灣、「中華台北」抑或是其他名義參加國際空間的問題。「名義」問題是臺灣參加國際空間最為敏感和棘手的問題。臺灣無論是根據其「法統」，還是現行憲法，有著名為中華民國的「正式國號」。儘管中華民國的含義已經不再與「中國」等同，也為一些「台獨」分子解釋為「臺灣在憲法上的國號」，但中華民國在臺灣民眾心中仍有相當的地位，高於「中國」和臺灣的表述。以中華民國參加國際空間，當然是臺灣方面認為的最佳選擇：其一，中華民國為臺灣現行憲法上的「正式國號」，以中華民國參加國際空間最符合臺灣的政治體制，也與臺灣現行憲法相合；其二，中華民國是政權名稱，可以表現對於「臺灣」「政府承認」的效果，是臺灣從外部證明其「合法性」的最佳標誌；其三，臺灣民眾對於中華民國的接受度也最高。然而，事實卻是：中華民國是為大陸所徹底否定的符號，國際社會也大多不承認中華民國的存在，中華民國因而不可能成為臺灣參加國際空間的「名義」。因此，臺灣必須要尋求另一個可以替代中華民國的名義參加國際空間。根據大陸方面的有關政策表述，大陸方面雖然不可接受中華民國，但對於其他名義，未必不能接受。因此，臺灣「以何名義」參加國際空間的問題，轉化為尋找可以為大陸和臺灣所共同接受的名稱參加國際空間。這裡的共同接受可以從兩個方面加以理解：其一，從大陸的角度，臺灣參加國際空間的名義，必須不能造成「兩個中國」、「一中一台」的局面及聯想，亦即不得與一個中國原則相牴觸；其二，從臺灣的角度，臺灣參加國際空間的名稱，又不能被「矮化」為中國的一部分，而必須表現出一定程度的「區分」。考量以上兩個條件，目前在臺灣參加國際空間中比較常用的「中華台北」、「台澎金馬」、「台北，中國」等，都可以說是符合條件的選項。

第二，臺灣「以何身分」參加國際空間。臺灣「以何身分」參加國際空間的問題，是指臺灣是以「地區」、「國家」、「中國之一省」還是其他身分參加國際空間的問題。臺灣參加國際空間的目的之一，是希圖透過對於國際空間的參與，尤其是爭取美國、日本等大國的承認和參加類似於聯合國、世界貿易組織和世界衛生組織等大型國際空間，獲得所謂「國家承認」和「政府承認」的目的，彰顯其主體性。因此，臺灣比較理想的身分，是以「國家」參加。而從大陸的角度考量，在

1983年起逐漸放棄「中央對地方」的政治關係定位後，大陸就不再謀求將臺灣定位為「中國之地方政府」（如「省」、「特別行政區」），因此，要求臺灣以「省」、「特別行政區」之名義參加國際空間，亦不為大陸方面所奢求。大陸方面對於臺灣參加國際空間的身分，在政策語言和法律語言上都表述為「與其地位相適應」，所謂「相適應」可以作兩點理解：其一，這裡的「相適應」必須與一個中國原則結合起來思考，亦即臺灣的「身分」不得有違一個中國原則，「國家」的身分顯然不是一個「相適應」的身分；其二，有必要在一定程度上承認臺灣在一些事務上的自主權，如臺灣具有自主管理對外貿易和稅收的自主權、具有捕撈海洋魚類的自主權、有組織運動員參加國際各類運動會的自主權、等等，這些自主權產生了臺灣在事務性領域（或功能性領域）參加國際空間的必要性，因而產生了臺灣與這些事務性領域相對應的身分。立基於上述理解，臺灣「以何身分」參加國際空間的問題，轉化為在參加特定事務性領域或功能性領域時，如何界定其「身分」的問題。當然，解決這一問題並不存在一個固定的、可以適用於全部領域的模式，而是需要根據不同事務領域的國際空間的要求（主要是相關國際組織的規則）等因素決定。

　　第三，臺灣「在何程度」參加國際空間。臺灣「在何程度」參加國際空間的問題，是指臺灣參加國際空間的程度，是以正式成員參加，還是以諸如「觀察員」、「副會員」、「聯繫會員」等名號參加，甚至於是以民間團體的方式參加，等等。在何種程度上參加國際空間，是考察一個政治實體為國際社會承認程度的重要指標。如巴勒斯坦在1974年成為聯合國觀察員實體，2012年11月29日成為聯合國觀察員國，地位的提高表明了國際社會對於巴勒斯坦的承認更加深入。巴勒斯坦的代表甚至認為，聯合國給予巴勒斯坦觀察員國的地位，是「為巴勒斯坦國的實際存在頒發準生證」。[72]

臺灣未嘗不是想透過以正式成員參加聯合國等大型國際組織，取得「準生證」。除以正式成員參加國際組織外，以「國家」身分與他國建立「正式外交關係」，也具有「國家承認」或「政府承認」的效果。由此可見，以「正式成員」參加國際組織或與他國建立「正式外交關係」，是臺灣參加國際空間時，所設想的理想程度。然而，對於臺灣的設想，大陸方面基於「承認爭議」是不可能接受的。因此，臺灣參加國際空間的程度，與其「名義」、「身分」一樣，都存在著兩岸共同接受的問題。在實踐中，臺灣以「觀察員」、「聯繫會員」、「捕魚實體」、「單獨關稅

區」等參加國際組織，又與美國、日本等大國保持「實質關係」，同時鼓勵其民間團體參加非政府國際組織，都在較之「正式成員」或「正是關係」的次一級程度保持了其國際存在。

以上三個問題構成了臺灣參加國際空間的主要問題線索，這三個問題在臺灣參加國際空間的個案中，也獲得了充分的展現。解決臺灣參加國際空間的問題，最終要歸結為解決上述三個問題。

（二）本體論上的關係：階段化

如前所述，解決臺灣參加國際空間問題常常作為兩岸論域內一個獨立的問題域進行思考，而沒有將其鑲嵌在兩岸關係的大背景下，更未注意到兩岸政治關係定位與臺灣參加國際空間問題的關係。考察臺灣參加國際空間的歷史及其存在形式，可以發現，臺灣參加國際空間的問題，只不過是兩岸政治關係定位在國際空間的摹寫。以聯合國2758號決議為例，當時兩岸政治關係尚處於「合法政府對叛亂團體」的狀態，因而在2758號決議中，連臺灣等字樣都未出現，而是將臺灣方面的代表稱之為「蔣介石的代表」。兩岸政治關係定位決定了臺灣參加國際空間的名義、身分和程度，解決臺灣參加國際空間的難題，也需要將其與兩岸政治關係定位結合起來。此種結合有著兩個方面的意涵：第一，在本體論意義上，臺灣參加國際空間的步伐，應當與兩岸政治關係定位的節奏相適應，在不同的階段，有著不同的樣態；第二，在方法論意義上，臺灣參加國際空間問題的解決，也可以借鑑兩岸政治關係定位的方法，亦即透過議題化的方法來解決。以下兩節將圍繞以上兩點分述之。

階段化作為兩岸政治關係定位的方法，是指大陸和臺灣可以採取分階段、分步驟的方式，根據兩岸關係發展狀況，在不同階段確定不同的政治關係定位，使政治關係定位始終與兩岸關係發展狀況相適應。事實上，階段化體現了務實解決兩岸關係的特點，也可以用於解決臺灣參加國際空間問題。在本體論上，臺灣參加國際空間問題實為兩岸政治關係定位在國際空間的體現。這一體系有著兩個層面的理解：其一，臺灣參加國際空間與兩岸政治關係定位有著關聯性，解決臺灣參加國際空間問題必須與兩岸政治關係定位結合起來，根據兩岸政治關係定位的結果，來確定臺灣參加國際空間的名義、身分和程度；其二，臺灣參加國際空間問題又必須和兩岸

政治關係定位的發展和變化相適應，亦即臺灣參加國際空間的名義、身分和程度，隨兩岸政治關係定位的變化而變化。

「關聯性」保證了臺灣參加國際空間問題的解決始終與兩岸關係和平發展框架相適應，不至於踰越兩岸關係和平發展的界限。當前，兩岸政治關係定位是在「政治對立論」的基礎上形成的，因而決定了臺灣參加國際空間中的一些重大問題，只能按照「政治對立論」的觀點獲得解決或擱置。根據「政治對立論」，兩岸之間的「承認爭議」是「政治對立」的產物，只要「政治對立」沒有消除，「承認爭議」就會存在。因此，臺灣並不能以「國家」的名義和身分參加國際空間，而只能以不具有「國家」意涵的其他名義或身分，在相當有限的範圍內參加國際空間。這一現象既是理論邏輯和政策邏輯的產物，也與當前臺灣參加國際空間的現狀是相符的，在實踐邏輯上亦成立。「適應性」保證了對臺灣參加國際空間問題的因應，始終與兩岸政治關係定位保持「關聯性」。由此可見，「適應性」在本質上是「關聯性」的動態反映，也是「關聯性」的必然邏輯。

由於兩岸政治關係定位在共識化、議題化和階段化的思路之下，呈現出不斷發展和變化的特徵。因此，「關聯性」和「適應性」相結合，產生了臺灣參加國際空間問題和兩岸政治關係定位的「階段化」特徵，亦即在不同的階段，根據不同的兩岸政治關係定位，決定臺灣參加國際空間的名義、身分和程度。「階段化」的特點，決定瞭解決臺灣參加國際空間的問題，不可能存在一個固定的模式，而呈現多元的樣態。中共十六大報告和《反分裂國家法》所提出的臺灣可以透過「與其地位相適應」的方式參加國際空間，本身就包含著透過兩岸政治關係定位的結果來確定臺灣參加國際空間的名義、身分和程度等問題的意涵在內。因此，兩岸政治關係定位和臺灣參加國際空間之間所存在的「階段化」特徵，不僅可以透過理論和實踐獲得證立，在政策面上也得到了驗證。

儘管臺灣參加國際空間問題主要受到兩岸政治關係定位的影響，但後者也受到前者反作用的影響。亦即：如果臺灣參加國際空間問題解決得不理想，會反過來制約兩岸政治關係定位的良性開展。1971年後，中華人民共和國恢復在聯合國的合法席位後，臺灣方面從依賴「外部正當性」，轉向構建「內部正當性」。中華民國「法統」的消解、臺灣「主體性」的「勃興」等多與此有著密切的關聯。1990年之後，由「台獨」分子所掌握的臺灣也透過大肆宣揚大陸對臺灣參加國際空間的「打

壓」而推動其「台獨」步驟。1993年，臺灣要求聯合國「按照分裂國家在聯合國已建立的平行代表權模式」解決其「入聯問題」，從而將兩岸政治關係由1990年代之前的「合法政府對叛亂團體」改為「分裂國家」的關係。1994年，臺灣在「台海關係說明書」中聲稱：臺灣參加聯合國「不挑戰中國在聯合國的代表權」，並提出兩岸如兩德一樣，「都參加聯合國」，並聲稱「一個中國是歷史上、地理上、文化上、血緣上的中國」，而不是政治上的中國。1994年的說帖提出：「在中國之領域內愛存在有在臺灣之中華民國與在大陸之中華人民共和國兩個對等無隸屬關係之政治實體，迄今已有半世紀之久……推動參與聯合國案系基於下列三項原則及認知：繼續追求中國未來的統一；不挑戰中共在聯合國席位及接受兩岸分裂分治之現實；尋求臺灣二千一百萬人民之基本權利在聯合國中獲得合法之維護，並得有適切之代表，此舉與代表中國之主權爭議無涉。」[73]

1995年，臺灣在謀求參加聯合國的一份說帖中，再次重申了上述對「一個中國」的理解，其提出：「中國為一歷史、文化及地理之中性名詞。」可以說，臺灣在此階段對中國的虛化的理解，與其謀求參加聯合國有著密切的關聯。2007年至2008年間，「台獨」分子更是將「入聯」與臺灣的命運聯結在一起，極力營造臺灣「入聯受挫」的形象，以最大限度地實現其「台獨」圖謀。

因此，採取「階段化」的方式，分散臺灣參加國際空間的壓力，使得臺灣參加國際空間的步伐和幅度，始終與兩岸政治關係定位相適應，始終在兩岸關係和平發展框架的界限內，使其不至於對兩岸關係和平發展和政治關係定位造成消極影響。

（三）方法論上的關係：議題化

「議題化」，是兩岸政治關係定位思路作為解決臺灣參加國際空間問題之方法論的體現。兩岸政治關係定位中的「議題化」，係指將兩岸政治關係定位作為一項議題，由兩岸透過談判協商加以解決。議題化是解決兩岸政治關係定位的主要方法，因而是兩岸政治關係定位基本思路中的方法要素。同樣，臺灣參加國際空間的問題，也可以透過「議題化」的思路加以解決。

「議題化」，是與臺灣以「自主性」作為其參加國際空間的理由相對出現的思路。「自主性」既可以從主權的邏輯中導出，也可以從權利的邏輯中導出。臺灣在

主權話語經由聯合國2578號決議封鎖後，不再謀求從主權的邏輯中導出其所謂「自主性」，而是一再主張參加國際空間是「中華民國政府和人民」的「基本權利」，用「基本權利」所蘊含的「自主性」意涵，作為參加國際空間的主要理由。如前兩份臺灣有關參加聯合國的說帖，都提到其意圖並非是「挑戰中共地位」，或「尋求代表全中國」，而是提出參加聯合國的目的，是「尋求臺灣二千一百三十萬人民之權利在聯合國內有適當之代表」。[74]
這些說帖都明確地表示，臺灣參加聯合國等國際組織，「與中國之主權爭議無涉」。[75]

臺灣透過「權利」所導出的「主體性」，其所包含的邏輯是：臺灣參加國際空間的問題，落在「自主性」的範圍內，臺灣可以憑藉其「自主權」申請加入國際組織或與他國建立「正式外交關係」。「議題化」的邏輯則與臺灣的「自主性」邏輯完全不同。前者將臺灣參加國際空間問題作為兩岸可以談的一項議題，而不在臺灣「自主性」範圍內，必須在兩岸協商並取得共識的基礎上方可解決。因此，「議題化」實際上是否定了臺灣單方面參加國際空間的資格。當然，大陸方面早期解決臺灣參加國際空間問題亦未採取「議題化」的方法。從「葉九條」開始，直到「江八點」，大陸方面都試圖將臺灣參加國際空間問題的範圍，限制在民間交往領域。「江八點」是這一主張的典型代表，其中第二點提出「對於臺灣同外國發展民間性經濟文化關係，不持異議」。[76]

2002年11月，中共十六大報告提出「可以談臺灣在國際上與其身分相適應的經濟文化社會活動空間問題」，首次在官方重要的公開文件中，將臺灣參加國際空間作為一項議題提了出來。《反分裂國家法》第7條，又明確地將臺灣參加國際空間作為一項議題的思想予以了法制化。「議題化」的方法，包括四個方面的內容。

　　第一，「議題化」是在一個中國原則下設定的議題，亦即是有前提的議題，並不意味著所有問題都可以作為議題在兩岸有關臺灣參加國際空間的議題協商中提出並討論。「議題化」的界限是一個中國原則，任何有違一個中國原則的問題，如臺灣是否可以以中華民國的名義、或以「國家」身分、或與外國建立「正式外交關係」以及其他涉及「國家」、主權的問題，都不能作為兩岸有關臺灣參加國際空間

問題協商的議題。只有那些不涉「國家」、主權,也不會在國際社會造成「兩個中國」、「一中一台」聯想的問題,方可成為「議題」。

第二,「議題化」同「階段化」一樣,也否定存在一種解決臺灣參加國際空間問題的模式,而是承認多樣態解決方案的存在。因此,「議題化」事實上是與「階段化」相配合的方法論,其目的與「階段化」的目的也基本相同,都是希望將兩岸在一個有限的時期內難以解決的問題,分解為難易不同的議題,先解決比較容易的問題,並在此基礎上解決相對困難的議題,亦即「先易後難」的思路。「階段化」是對這一過程的結果的描述,而「議題化」則是對這一過程本身的概括。

第三,「議題化」是追求「共識化」的途徑,解決臺灣參加國際空間。「議題化」的本質是兩岸透過協商方式解決臺灣參加國際空間問題,因而是兩岸從「政策獨白」向著「共識」發展的產物。前文已述,臺灣方面論證其參加國際空間資格的主要方式是透過其所主張的「自主性」展開,因而以協商謀求共識的「議題化」,很容易被理解為臺灣參加國際空間的名義、身分和程度,需要大陸方面的同意,甚至將協商的過程理解為「臺灣申請」和「大陸批准」的過程。如果出現上述的理解,則表明提出這些見解的人士對於「議題化」存在著誤解。前文已述,臺灣參加國際空間的問題與兩岸政治關係定位有著高度關聯性和適應性,臺灣參加國際空間問題涉及兩岸各自的核心利益,是兩岸間最為棘手的問題之一,因而不可能透過臺灣的「獨白」完成,而只能由兩岸在達成充分共識的基礎上解決。這既是維護一個中國原則所需,也是兩岸關係和平發展的大勢所需。立基於此認識,「議題化」並不是為臺灣參加國際空間設置前提條件,更不是以大陸意志左右臺灣參加國際空間問題的託辭,而是從維護兩岸關係和平發展的大局出發而形成的務實選項。要解決臺灣參加國際空間問題,歸根到底,還是要靠兩岸的共識,而「議題化」正是達成共識的必要方法。

第四,「議題化」方法在適用時,可以將臺灣參加國際空間的問題作為一個整體在兩岸談判中提出,也可以根據臺灣所謀求參加國際組織或國際空間的不同,採取個案處理的方式。由於臺灣參加國際空間問題是一系列複雜問題的集合,因而可以考慮將臺灣參加國際空間的問題,分割為若干個議題組成的議題群。將一些適合在兩岸事務性商談中討論的子議題,透過兩岸事務性商談「先談起來」,進而逐步地解決「議題群」中的其他各項議題,不斷累積對相關議題的互信和共識。另一方

面，將臺灣參加國際空間的議題予以分割，根據商談的具體情況和所涉具體問題，將這一敏感的政治議題轉化為法律性和技術性的問題，從而降低在實際討論中的敏感度，避免因該議題太過敏感而導致兩岸互不信任或產生齟齬。

註釋

[1].初國華：《不對稱權力結構下的兩岸談判：辜汪會談個案分析》，臺灣政治大學中山人文社會科學研究所博士論文，2007年9月，第232頁。

[2].張啟雄、鄭家慶：《中華民國（臺灣）參與WHO／WHA會籍的「國際名分」認定》，載《近代史研究所集刊》第66期，2009年12月。

[3].劉國深主編：《臺灣政治概論》，九州出版社2006年版，第230頁。

[4].轉自李洪梅：《海峽兩岸在聯合國問題上的鬥爭研究》，首都師範大學碩士學位論文，2012年，第7頁。

[5].張啟雄：《「法理論述」vs「事實論述」》，《臺灣史研究》第17卷第2期，2010年6月。

[6].轉自劉國深主編：《臺灣政治概論》，九州出版社2006年版，第233頁。

[7].範西周：《1979年以來臺灣「總體外交」政策分析》，載朱天順主編：《當代臺灣政治研究》，廈門大學出版社1990年版，第270頁。

[8].劉國深主編：《臺灣政治概論》，九州出版社2006年版，第234頁。

[9].根據王建民的《臺灣參與政府間國際組織的現狀及兩岸較量》一文整理。參見王建民：《臺灣參與政府間國際組織的現狀及兩岸較量》，載《亞非縱橫》2007年第4期。

[10].蔡政文：《務實外交的理念、實踐及評估》，載《政治科學論叢》第6期，1995年5月。

[11].範希周：《現階段臺灣對外政策的基本特徵及發展趨勢》，載朱天順主編：《當代臺灣政治研究》，廈門大學出版社1990年版，第281頁。

[12].劉國深主編：《臺灣政治概論》，九州出版社2006年版，第235頁。

[13].蔡政文：《務實外交的理念、實踐及評估》，載《政治科學論叢》第6期，1995年5月。

[14].蔡政文：《務實外交的理念、實踐及評估》，載《政治科學論叢》第6期，1995年5月。

[15].邵宗海：《兩岸關係》，五南圖書出版有限公司2006年版，第454頁。

[16].《臺灣問題與中國的統一》白皮書（1993年版）。

[17].邵宗海：《兩岸關係》，五南圖書出版有限公司2006年版，第477頁。

[18].劉國深主編：《臺灣政治概論》，九州出版社2006年版，第238頁。

[19].李建濤、季亞軍：《淺析臺灣近期「攻勢外交」的若干特點》，載《世界經濟與政治論壇》2003年第6期。

[20].劉國深主編：《臺灣政治概論》，九州出版社2006年版，第240頁。

[21].李建濤、季亞軍：《淺析臺灣近期「攻勢外交」的若干特點》，載《世界經濟與政治論壇》2003年第6期。

[22].裘兆琳：《中國參與世界衛生組織之策略演變與美國角色分析》，載《歐美研究》第40卷第2期，2010年6月。

[23].邵宗海：《兩岸關係》，五南圖書出版有限公司2006年版，第463頁。

[24].邵宗海：《兩岸關係》，五南圖書出版有限公司2006年版，第464頁。

[25].裘兆琳：《中國參與世界衛生組織之策略演變與美國角色分析》，載《歐美研究》第40卷第2期，2010年6月。

[26].馬英九：《在2008年就職典禮上的講話》（2008年）。

[27].馬英九：《在2008年就職典禮上的講話》（2008年）。

[28].胡錦濤：《攜手推動兩岸關係和平發展、同心實現中華民族偉大復興——在紀念告臺灣同胞書發表20週年座談會上的講話》，載《人民日報》2009年1月1日。

[29].《馬英九：臺灣「邦交國」欲跟大陸建交遭婉拒》，資料來源：http：//news.163.com/09/0628/10/5CSVE5H8000120GR.html，最後訪問日期：2012年9月30日。

[30].參見《大陸務實處理臺灣新加坡簽FTA馬英九表肯定》，資料來源：http：//news.stnn.cc/hk　taiwan/201008/t20100806　1389350.html，最後訪問日期：2012年9月30日。

[31].祝捷：《海峽兩岸和平協議研究》，香港社會科學出版社2010年版，第448

頁至第449頁。

[35].林文程：《中國參與國際組織的困境與對策》，載《新世紀智庫論壇》第10期，2000年6月。

[36].劉國深主編：《臺灣政治概論》，九州出版社2006年版，第271頁。

[37].陳隆志：《新世紀臺灣的國際角色》，載《新世紀智庫論壇》第10期，2000年6月。

[38].葉鵬飛：《台9月起護照加注TAIWAN》，資料來源：http：//www.zaobao.com/special/china/tai-wan/pages5/taiwan130603.html，最後訪問日期：2012年9月30日。

[39].張啟雄：《「法理論述」vs「事實論述」》，《臺灣史研究》第17卷第2期，2010年6月。

[40].《國台辦就奧運會期間臺灣體育團隊稱謂問題發表談話》，資料來源：http：//news.xinhuanet.com/newscenter/2008-07/23/content_8756219.htm，最後訪問日期：2012年9月30日。

[41].王建民：《臺灣參與政府間國際組織的現狀及兩岸較量》，載《亞非縱橫》2007年第4期。

[42].李宗龍：《從各區域性漁業管理組織看捕魚實體在國際漁業法上的法律地位》，東吳大學碩士論文2007年，第14頁。

[43].李宗龍：《從各區域性漁業管理組織看捕魚實體在國際漁業法上的法律地位》，東吳大學碩士論文2007年，第56頁。

[44].這裡的「公約」，是指《中西太平洋高度洄游魚類養護管理公約》。參見姜皇池：《臺灣參與國際漁業組織：國際地位與實際利益之衡量》，載《臺灣國際法季刊》第2卷第1期，2005年3月。

[45].李宗龍：《從各區域性漁業管理組織看捕魚實體在國際漁業法上的法律地位》，東吳大學碩士論文2007年，第63頁。

[46].江啟臣：《WTO下兩岸政治互動之發展與意涵》，載《東吳政治學報》第19期，2004年9月。

[47].裘兆琳：《中國參與世界衛生組織之策略演變與美國角色分析》，載《歐美研究》第40卷第2期，2010年6月。

[48].李宗龍：《從各區域性漁業管理組織看捕魚實體在國際漁業法上的法律地位》，東吳大學碩士論文2007年，第118頁。

[49].林文程：《中國參與國際組織的困境與對策》，載《新世紀智庫論壇》第10期，2000年6月。

[50].《中國堅決反對美國將臺灣納入TMD》，資料來源：http://www.people.com.cn/GB/shizheng/16/20010119/381978.html，最後訪問日期：2012年10月1日。

[51].劉國深主編：《臺灣政治概論》，九州出版社2006年版，第249頁。

[52].《馬黨政改組「近親繁殖」無可厚非》，載《臺灣民調》第124輯，2012年9月21日至9月25日。

[53].傅崑成：《中國政府在英美國內法上的地位》，載《台大法學論叢》第23卷第2期，1994年。

[54].傅崑成：《中國政府在英美國內法上的地位》，載《台大法學論叢》第23卷第2期，1994年。

[55].傅崑成：《中國政府在英美國內法上的地位》，載《台大法學論叢》第23卷第2期，1994年。

[56].馬英九：「做中華文化的引航者」（2011年）。

[57].［法］托克維爾：《論美國的民主》，董果良譯，商務印書館1997年版，第309頁。

[58].黃昭元：《司法違憲審查的正當性爭議》，載《台大法學論叢》第32卷第6期，2003年。

[59].德國基本法前言規定：「全德人民尚須努力，以自由決意完成德國之一統與自由」。大陸地區譯為：「全體德國人民仍應透過自由的自決來實現德國的統一和自由。」參見姜士林、陳瑋主編：《世界憲法大全》（上），中國廣播電視大學出版社1989年版。聯邦憲法法院認為此規定為國家和人民設定了憲法上的統一義務。參見蘇永欽：《兩德統一的憲法問題》，載蘇永欽：《走向憲政主義》，聯經出版事業公司1994年版。

[60].德國基本法規定了兩種統一路徑，其一是第二十三條規定的加入方式，其二是第一百四十六條規定的統一制憲方式。有所實踐的是第二十三條，該條規定，

凡德國其他地區加入德意志聯邦共和國後,「基本法」也將在這些地區生效。1956年,薩爾邦便是根據基本法第二十三條加入德意志聯邦共和國,成為原西德的一個邦。參見姜士林、陳瑋主編:《世界憲法大全》(上),中國廣播電視大學出版社1989年版;蘇永欽:《兩德統一的憲法問題》,載蘇永欽:《走向憲政主義》,聯經出版事業公司1994年版。

[61].蘇永欽:《兩德統一的憲法問題》,載蘇永欽:《走向憲政主義》,聯經出版事業公司1994年版。

[62].祝捷:《聯邦德國基本法與德國的統一》,載《武漢大學學報》(哲學社會科學版)2010年第5期。

[63].李明峻:《政府承認與國內法院的訴訟權——從國際法看光華寮案》,載《臺灣國際法季刊》第3卷第3期,2006年9月。

[64].[日]安藤仁介:《論光華寮案與國際法》,黃居正譯,載《臺灣國際法季刊》第3卷第3期,2006年9月。

[65].李明峻:《政府承認與國內法院的訴訟權——從國際法看光華寮案》,載《臺灣國際法季刊》第3卷第3期,2006年9月。

[66].陳隆志等:《臺灣非政府組織國際參與策略之研究》,臺灣「研究發展考核委員會」研究報告2002年版,第210頁。

[67].陳隆志等:《臺灣非政府組織國際參與策略之研究》,臺灣「研究發展考核委員會」研究報告2002年版,第210頁。

[68].陳隆志等:《臺灣非政府組織國際參與策略之研究》,臺灣「研究發展考核委員會」研究報告2002年版,第158頁至第159頁。

[69].陳隆志等:《臺灣非政府組織國際參與策略之研究》,臺灣「研究發展考核委員會」研究報告2002年版,第162頁至第163頁。

[70].以下內容,如未另加註釋,均自陳隆志等:《臺灣非政府組織國際參與策略之研究》,臺灣「研究發展考核委員會」研究報告2002年版,第63頁以下。

[71].張啟雄、鄭家慶:《中華民國(臺灣)參與WHO／WHA會籍的「國際名分」認定》,載《近代史研究所集刊》第66期,2009年12月。

[72].《巴勒斯坦獲得觀察員國地位》,資料來源:http://politics.people.com.cn/n/2012/1201/c70731-19757048.html,最後訪問日期:

2012年12月17日。

[73].參見臺灣「外交部」：「中華民國參與聯合國說帖」，1994年4月。

[74].臺灣「外交部」：「重新檢視一九七一年聯合國二七五八號決議」，1996年7月。

[75].臺灣「外交部」：「中華民國參與聯合國說帖」，1994年4月。

[76].江澤民：《為促進祖國統一大業的完成而繼續奮鬥》（1995年）。

第六章 臺灣參加國際組織的策略及因應[1]

　　立基於特定的立場（一個中國原則），中國大陸學界對臺灣參加國際組織的文獻主要可以分為兩股：其一是從學理上闡述與論證中國政府對於臺灣參加國際組織的基本觀點和政策；其二是評論、批判臺灣有關其參加國際組織的政策、言論和做法。採取此一「立場定位」（position-oriented）的研究範式，對於從學理上堅持「一個中國」原則自有其重要意義，惟在對臺灣參加國際組織之細部策略的觀察、分析與解釋上尚顯薄弱。本研究擬在堅持「一個中國」原則的基礎上，著重考察臺灣參加國際組織的策略及其轉變，並分析其策略轉變背後的兩岸互動及相關政治考量，嘗試從「策略定位」（strategy-oriented）的面向構建對臺灣參加國際組織的思考範式。

一、不對稱博奕與策略定位範式

　　當前比較重要的國際組織，大多是建立在主權國家體系基礎上的組織體。對於絕大多數國際組織而言，除非其憲制性文件有特別規定，否則均以主權國家為其成員國。據此，是否加入特定的國際組織，已經具有了「國家承認」和「政府承認」的效果。[2]
因此，臺灣、政黨和有關人士將是否加入特定國際組織，作為衡判其主權或「主體性」獲得「國際承認」的標準。與此相應，大陸也將臺灣繼續排除出只能由主權國家加入的國際組織，作為其在國際上否定臺灣主權和「主體性」的標誌。前文所述的「攻守」範式已經對這一點作出了相當詳盡的說明與解釋，不再贅述。大陸和臺灣在後者參加國際組織的問題上，已經形成了博奕關係，其本質已經不是單純的臺灣能否參加國際組織的問題，而構成了兩岸關係的競技場和測試場。

大陸和臺灣在臺灣參加國際組織的博弈中並非處於均勢，而是與兩岸間其他博弈一樣，呈現出不對稱博弈的特點。[3]
不對稱博弈在現實中體現為臺灣難以參加只能由主權國家參加的國際組織。大陸的文獻對此問題大多基於一個中國原則的立場加以闡述，而缺乏對兩岸關係和國際政治的現實面的關照。本研究在堅持一個中國原則的基礎上，嘗試從現實主義的角度，透過分析不對稱博弈的國際政治基礎與法理基礎，以便在更深層次上揭示策略在臺灣參加國際組織中的重要作用。

（一）不對稱博弈和「策略」定位範式的釋出

大陸和臺灣的不對稱博弈，主要植根於兩岸懸殊甚的政治、軍事和經濟實力，但在參加國際組織的博弈中，基於國際法所公認的平等原則，此一在政治、軍事和經濟上的實力差距，只是構成不對稱博弈的背景。如果將兩岸在政治經濟實力上的不對稱理解為不對稱博弈的主要內容，則是偏狹地理解了本研究挖掘兩岸不對稱博弈的目的和價值。立基於上述思考，本研究對於不對稱博弈的觀察，主要從不對稱博弈在國際社會中的體現展開。據此，兩岸在臺灣參加國際組織上的博弈，有著深厚的國際政治基礎和法理基礎。

第一，與中華人民共和國建交的國家數量遠大於與臺灣保持「外交關係」的國家數量，構成了不對稱博弈的國際政治基礎。中國政府將是否承認一個中國原則作為中國同其他國家建立外交關係的一項前提性原則，與中華人民共和國建交的國家，因而都必須與臺灣斷絕「外交」關係。同時，世界各國對一個中國原則所形成的國際共識，進一步強化了中國政府的建交原則，而兩者效果的疊加，形成了與中華人民共和國建立外交關係的國家數量遠大於與臺灣保持「外交關係」的國家數量的格局。在臺灣參加國際組織的問題上，以上格局導致中國政府反對臺灣參加國際組織的主張常常能夠獲得壓倒性多數的支持。以臺灣申請參加世界衛生組織活動的票決情況為例，在1997年、2004年、2007年的三次票決中，大會均以壓倒性多數否決了將臺灣的「會籍」問題列入大會議程的提案，參見下表所示：

表6-1 世界衛生大會票決臺灣「觀察員/會員」案情況一覽表

時間	票決事由	反對國家數	贊成國家數	棄權國家數
1997	「觀察員」案	128	19	5
2004	「觀察員」案	133	25	2
2007	「會員」案	148	7	2

（本表為作者自制）

第二，聯合國2758號決議構成了不對稱博奕的法理基礎。絕大多數國際組織都是建構在以其憲制性文件（憲章）為基礎的法體系之上，其運作也都以其法體係為基本依據。即便是有利的國際政治格局，也必須有著明確、規範的法理依據方能發揮作用。前文所述的國際政治格局雖然能夠在國際政治的現實面支援不對稱博奕的局面，但並不能為不對稱博奕提供法理基礎。因此，從現實主義的角度而言，不對稱博奕必須建築在一定的法理基礎上。在實踐中，1971年聯合國大會的2758號決議為不對稱博奕提供了法理基礎。依據2758號決議，各國際組織大多取消或以其他方式重新議定臺灣的會員資格。如世界衛生組織於1972年的一份決議（WHA25.1）即引用聯合國大會第2758號決議，恢復中華人民共和國在世界衛生組織的合法席位，該決議因而多次為世界衛生組織引用，以拒絕臺灣的「觀察員」或「會員」申請。[4]

不對稱結構的國際政治基礎和法理基礎並不是相互孤立的，兩者結合起來，可以有效地解釋臺灣參加國際組織活動中的某些現象，主要包括兩個方面：第一，對世界各國和有關國際組織在臺灣參加國際組織問題上的政策和角色進行分析與解釋，廓清臺灣參加國際組織所採用策略時所考量的外部環境；第二，對臺灣採取的策略進行適切地分析，以明辨其策略所指向的標的。對於以上兩個方面的問題，本文後續部分將加以詳述。

範式是理論化了的坐標或羅盤，以此坐標為底基，才有可能將某一研究範圍歸類或規範，其決定了研究者的著眼點，決定了哪些問題是允許提出的，同時決定著如何回答所提出的具體問題以及解決這些問題的方法與手段。[5]
「範式」概念對於解決本文所涉問題的意義在於：臺灣參加國際空間所涉之問題，已經形成了一個「現象的集合」，對現象進行觀察點和思考路徑的選擇，決定了對現象及其本質的理解程度，合理的研究方式，將有助於研究者尋找合適的觀察點和思考路徑，進而更加精細和深刻地把握臺灣參加國際空間的本質，並為尋求有效、準確的因應之道提供理論支撐。

立場定位範式將研究者所持的政治立場轉化為分析問題的基本工具和主要論據，其優勢有二：其一，在研究中滲透明確的政治立場，有助於為政策提供足夠的理論支撐，事實上，大陸學者在研究臺灣參加國際組織的問題時，多數以解釋和分析政策為主要內容，使得大陸的有關政策不僅是一種政治上的決斷，而具有了一定的理論根基；其二，立場定位範式反映了國際社會有關「一個中國」的共識和國際組織在處理臺灣「會籍」問題上的共性做法，較好地將不對稱博奕的國際政治基礎和法理基礎融入對預設立場的解釋中，從而有助於從理論上描述不對稱博奕的基本圖景。從方法論的角度而言，研究者很容易從其所持的立場出發，在臺灣參加國際空間的諸多現象中找出切入點，並縷清其間的邏輯脈絡。

然而，立場定位範式的弊端也十分明顯。其一，由於研究者將其所持政治立場作為分析問題的基本工具和主要論據，因此，其結論的正確性植根於政治立場之上，當政治立場遭受到懷疑和否定時，其結論的正確性也一併被懷疑和否定。臺灣學者多有以一個中國原則為對象的批判性文獻，這些文獻均將一個中國原則視為阻礙臺灣參加國際組織的最大障礙，因而也否定了立基於一個中國原則所推演的相關結論。[6]
由此，立基於「一個中國」立場所展開的論述，也同時被臺灣學者所否定。其次，立場定位範式固然可以較好地描述和分析有關臺灣參加國際組織的各類現象，但其往往著眼宏觀，因而在對現象的細節把握上有所不足，難以預測現象的未來走向，其所提出的對策也以「堅持『一個中國』原則」為主軸，操作性和應對性亦有所不足，在方法論上也有「循環論證」之感。

立場定位範式的一個現實背景是大陸與臺灣在政治、軍事和經濟實力上的大落差，不對稱博奕的國際政治基礎和法理基礎無不是這一落差的直觀反映。立場定位範式將這一落差在理論上予以了理想化的操作，即試圖用兩岸實力落差解釋兩岸不對稱博奕的國際政治基礎和法理基礎，同時預設了兩岸實力落差與一個中國原則之間的必然聯繫，以一個中國原則貫穿起不對稱博奕的國際政治基礎和法理基礎，從而用這一邏輯鏈對臺灣參加國際組織的問題加以闡述。以上的邏輯鏈注意到了在現實面中實力與立場之間的聯繫，但其忽略了在大陸與臺灣的不對稱博奕中，政治、軍事和經濟實力上的大落差並不是絕對的和不可迴避的，不對稱博奕的國際政治基礎和法理基礎因而也並不是不可化解的堅冰。

威廉・哈比（William Habeeb）認為，參加博奕的兩造之間在博奕的過程中有著三種權力：其一是總和結構權力，指「某造的總資源以及實際能力」；其二是議題構造權力，指「某造在特殊議題或關係脈絡中的資源與能力」；其三是行為權力，指「某造行使權力資源的能力以達到可欲的目標」。[7]
臺灣學者初國華認為，大陸與臺灣之間的「不對稱」，僅僅指的是「總和結構權力」的不對稱，並不包括「議題構造權力」和「行為權力」在內，臺灣可以透過議題構造權力和行為權力扳回與平衡兩岸在總和構造權力上的不平衡。[8]

在以上論述中，議題構造權力和行為權力並不是由總和結構權力所決定的，相反，如果議題構造權力與行為權力使用得當，可以有效地制約和抵消總和結構權力。如果用以上論述來檢視立場定位範式，可以得出以下兩點結論：其一，兩岸圍繞臺灣參加國際組織的博奕固然有著不對稱性，但其不對稱性僅僅指從兩岸在政治、軍事和經濟實力的角度而言的，並不必然意味著大陸在此博奕中居於絕對的優勢地位，亦即實力上的大落差並不必然體現為博奕中的大落差，或者說博奕中的落差並不如實力上的落差那麼大；其二，如果臺灣採取的策略得當，充分發揮議題構造權力和行為權力，未必不能化解、迴避博奕的不對稱性，甚至可能造成「以小搏大」的效果。[9]

這就意味著不對稱博奕的國際政治基礎和法理基礎如果遭遇到特定的策略，是有被化解可能的。

　　按照哈比對博奕中三種權力的論述，實力與立場之間的聯繫並不如預設的那樣必然和絕對，立場在兩岸的不對稱博奕中，毋寧起著背景和底線的作用，而對不對稱博奕的精細考察，還需關注到策略的作用。為此，本研究將構建起策略定位範式，將「一個中國」原則從分析問題的基本工具和主要論據轉化為背景和底線，用策略勾連起不對稱博奕的國際政治基礎和法理基礎，從而對從更深層次上分析臺灣參加國際空間的問題進行理論上的嘗試。

（二）臺灣學者所總結的「策略」

相對於大陸學者偏愛政策研究，臺灣學者面對不對稱博奕的現實壓力，對於臺灣參加國際空間的策略問題進行了比較深入的研究。本研究擬對其中具有代表性的觀點進行介紹，以其為本研究釋出臺灣參加國際組織的策略提供理論素材。

1.邵宗海：「台北外交突破的策略」

臺灣學者邵宗海對於兩岸「外交角逐」與政治角力中的兩岸「外交策略」進行了分析。邵宗海提出了頗類似於本研究提出的「攻防」範式的分析框架，即將臺灣方面在兩岸「外交角逐」中的作為，稱為「外交突破」。邵宗海認為，臺灣方面在面臨大陸不會放棄杯葛台北進入國際社會的前提下，「外交」上的努力並非是目標全部達成，也有些挫折的痕跡。為此，臺灣方面採取了更務實、更開放的策略。這些策略主要是：[10]

第一，經援或金援尋求「外交」支持。邵宗海認為，為了尋求更多國家願意舍北京而與台北「建交」，臺灣顯然在經援或金援作為一種誘餌的方式上投出了「快速直球」，力求對方熱烈回應，雖然台北否認這種方式是「金錢外交」，但是不可否認地，對方在尋求與台北接觸時，多少會提及一些支援的項目，而台北也樂意提供相關的援助。

第二，「雙重承認」措施爭取「邦交國」。邵宗海認為，台北在與外國建立「邦交」中的一種務實作法，是對已與中華人民共和國建立正式外交關係的國家，不計較它與北京所存在的關係，仍然進行與它建立正式「外交」關係的尋求。這種「雙重承認」的做法，被認為是有助於台北的「外交突破」。

第三，「分裂分治」概念下推動「外交」。邵宗海認為，在追求「一個統一中國」的前提下，台北希望能為目前「分裂的中國」「分治」的兩岸「政治實體」，尋求一個權宜的各自「外交空間」。用「分裂分治」用語的目的，邵宗海認為，就是將臺灣與大陸區分開，用「臺灣與大陸是中國的一部分」、「中共不等於中國」、「中華民國代表臺灣」等話語，置換出臺灣參加國際空間的可能性。

第四，爭取臺灣在國際社會曝光機會。邵宗海認為，對台北來說，爭取「邦交國」或是參與國際組織仍是「外交」政策上重大目標，但是，爭取臺灣在國際社會的曝光機會，突顯中共對臺灣在「外交上打壓的真相」，也稱為台北在與北京「外交對抗」上的另一種策略。尤其是民進黨執政時期，這種策略的運用更為明顯。具體而言，臺灣透過申請參加相關國際組織、領導人或高級官員開展「過境外交」、

政治人物或知名人士在國際重要場合發表演講等。

邵宗海還對大陸方面予以回應的具體策略進行了分析，其認為，大陸方面所採取的策略大致分為四類：其一，運用一個中國原則，來「封殺」許多國際組織與國家本欲接受北京與台北同時存在的企圖；其二，運用經援或金援手法，與臺灣開展對「邦交國」的「爭奪」；其三，運用「以外圍內」措施，亦即北京運用其在國際社會的影響力，希望在「封殺」臺灣國際空間之外，也能斷絕國際社會對台北的支持，徹底孤立台北，進而迫使台北接受北京條件或者走上談判桌；其四，透過談判解決臺灣國際活動空間的問題。

邵宗海的觀點，看似對於兩岸「外交鏖戰」中策略的分析，但其所列舉的策略仍然主要是立基於政策面的，因而並沒有多少微觀性、技術性的策略意涵，毋寧是對兩岸為落實相關政策所採取的措施的一種解讀。

2.林文程：臺灣參加國際組織的對策

林文程在對臺灣參加國際組織的困境進行分析後，提出臺灣參加國際組織的對策。林文程認為，被排除出絕大多數國際組織之外的主要原因有三：其一，「邦交國」少不具國際影響力；其二，大陸方面的強力「打壓」；其三，臺灣的「外交」政策缺乏彈性。

為瞭解決上述困境，林文程提出了十二項建議：第一，對加入困難度高的國際組織，反而應以正式「國名」爭取參與，以凸顯臺灣作為「獨立主權國家」的地位；第二，臺灣參與國際組織之路，需經過美國，因此，臺灣宜運用各種管道爭取美國支持其參與國際組織；第三，鑒於聯合國專門機構或其他政府間國際組織，均規定需國家身分始可申請入會，此一規定授予大陸方面阻擾臺灣入會之「藉口」，臺灣宜推動APEC模式，向美、日等國遊說修改金融貿易方面專門機構的憲制性文件，以「經濟體」取代「會員國」，為臺灣參與這些金融貿易方面專門機構尋找解決辦法；第四，布魯塞爾、巴黎、日內瓦、倫敦、羅馬、紐約及華盛頓是國際組織總部或秘書處群集的城市，因此，臺灣派駐於這些地方的人員，應有人從事與這些國際組織官員互動溝通的工作；第五，大陸是臺灣參加國際組織之最大障礙，近年來大陸一再提出兩岸政治性談判的議題，臺灣宜將參加國際組織列為未來與大陸方面的談判議題之一；第六，對於科學技術方面的聯合國專門機構，臺灣宜充分運用臺灣在這些專業領域學有專精的國際知名人士，或是臺灣聘請之外籍科技顧問在國

際上之影響力,為臺灣向這些組織的代表遊說,營造臺灣參與這些組織之氣氛,而臺灣在爭取參與聯合國專門機構的過程中,宜與民間組織密切合作,一方面結合所有可供利用之資源,另一方面可在策略應用上取得一致性;第七,臺灣在進軍任何一專門機構之前,宜先組成一行動小組,納進有關部門官員、法律及有關之專家,以及民間相關之機構,仔細研析入會之種種規定,詳細規劃申請策略,以從事一長期整體之作戰;第八,根據歐美各國議會對於臺灣參加國際組織的支持態度,臺灣在未來宜著重於對西方國家國會的遊說,及透過歐盟議會爭取歐盟的支持;第九,積極參加非政府間國際組織,尤其是與政府間國際組織有著聯繫的非政府間國際組織,臺灣應扮演協調、輔導、資訊提供及協助的功能,使臺灣的民間組織能夠在有限的資源下,發揮參加非政府間組織的最大功能,以幫助臺灣透過和這些非政府間國際組織建立聯繫,與政府間國際組織的聯繫;第十,邀請有關國家來台討論台海及亞太地區安全有關的議題;第十一,對於已經擁有會籍的政府間國際組織,臺灣應當加以精緻化經營,臺灣應鼓勵學界對國際組織,尤其是臺灣擁有會籍或爭取參與之重點國際組織,進行深入研究,並積極培養行政體系方面的人才;第十二,在臺灣參與國際組織的外在環境已然不利的情況下,內部宜謀求整合,公權力機關各個單位間應協調合作,建立共識,減少各單位因本位主義作祟出現各自為戰的情況。[11]

林文程在另一篇文章中,對於偏向臺灣的華僑(以下簡稱「台僑」)在臺灣參加國際組織中的作用進行論述,並提出運用「台僑」資源協助臺灣參加國際組織中的策略。林文程認為,「台僑」在臺灣爭取參與國際組織的過程中,可以扮演一股重要的力量,「台僑」所能扮演的角色包括在國際組織中捍衛臺灣的權益、在僑居國遊說和宣傳臺灣的立場以及在各種爭取臺灣國際空間的運動中提供後勤支援。林文程提出,為發揮「台僑」在臺灣參加國際組織中的作用,臺灣公權力機關應當推動有助於整合僑社,爭取「台僑」支持臺灣的工作,建立「全僑民主和平聯盟」,強化海外文宣機制,推動僑教,爭取「台僑」回台投資及強化對「台僑」之服務工作。除公權力機關外,學術界及非政府組織都可以共同努力,配合公權力機關的工作。[12]

3.裘兆琳: 臺灣與大陸「打交道」的策略

裘兆琳對臺灣參與WHO/WHA的策略進行了研究,並總結出臺灣與大陸在參

加國際組織問題上「打交道」的策略。裘兆琳認為，1970年代之前，美蘇兩個勢均力敵的對立雙方主宰世界，強國主導一切，小國想要達成目的，可能制勝的方法只有兩種：其一，聯合另一強國來對抗敵人；其二利用以夷制夷的方法，在二強中左右逢源。因此，各國只能在美蘇之間進行選擇，以維護自身在國際社會的存在與地位。但是，1970年代以來，美國在越南戰敗，使得傳統上強者或大國必能主導國際政治的傳統看法受到質疑。學者們意識到，在政治、軍事及經濟力量上都占據優勢的一方，若缺乏強烈的意願與決心，亦可能敵不過弱勢但意志力極強的對手。因此，弱勢者與強勢者「打交道」時，可以運用相應的策略，在談判中強化弱勢一方談判籌碼之道。立基於以上認識，裘兆琳結合臺灣參加WHO／WHA的例子，對兩岸「打交道」時臺灣所運用的策略進行了分析。[13]

第一，弱勢者往往可以全心全力專注一事，以勤補拙。弱勢一方在談判時，往往可以全力以赴，但是強勢一方卻因為諸事纏身，無法全力關注一事。如此，以勤補拙，弱勢一方在談判時，可能會產生較有利的談判結果。如果將兩岸在臺灣參加WHO／WHA中的不對稱博弈也理解為廣義的「談判」，那麼，臺灣從1997年開始執著於以各種名義謀求參加WHO／WHA，並終於在2009年成功，也被認為是「專注一事」、「以勤補拙」的結果。

第二，弱勢一方雖然資源有限，但有時卻可以堅強的意志及決定，求取最後的勝利。因此，裘兆琳建議，臺灣臺灣應當凝聚民心，減少因內鬥而引起的無謂虛耗。

第三，弱勢一方可以先聲奪人，在談判議程上採取主動。弱勢一方原則上有三種權力來源：其一，弱勢一方可以影響議程或提出論點激起對抗；其二，弱勢一方可以提出他們的需求，讓強勢一方受到道德拘束；其三，弱勢一方有權同意，相對的，亦有權拒絕協議，導致談判無果而終。對於第一項，臺灣不斷提出以「中華民國（臺灣）」、臺灣、「衛生實體」等大陸不可能接受的「名號」，成為WHO／WHA的觀察員乃至於「正式會員」，試圖激起大陸的強烈反應，又策動「邦交國」提出涉台提案，處處引領議程的制定，對大陸形成「攻勢」。大陸方面雖是強勢一方，但面對臺灣的「攻勢」，也只能被動的應對。對於第二項，臺灣方面不斷借助公共衛生事件，要求WHO／WHA將臺灣納入世界衛生體系，以保障臺灣民眾的健康權利，使得大陸受到道德面的牽絆，無法正面拒絕臺灣的上述理由。對於第三

項，面對大陸試圖將臺灣衛生事務納入「中華人民共和國」框架的主張，臺灣方面給予了堅決的否定，導致大陸方面的主張無法實現。臺灣另一個在議程設置的策略，就是策動「邦交國」連年提出涉台提案，導致WHO／WHA每年都要開展冗長的發言、辯論、投票等活動，嚴重影響WHO／WHA的正常活動。WHO／WHA的發言人也認為，涉台提案都花了很多時間。用延長議程、打亂正常議程的辦法，臺灣用議題設置的策略，嚴重干擾了WHO／WHA的正常工作，也推動WHO／WHA形成了儘早解決這一問題，以「能聚焦在未來的公共衛生議題」的希望。可以說，臺灣方面雖是弱勢一方，但透過議程的制定和設置，隱然對大陸形成壓力，逼迫大陸不得不回應臺灣的期望。

第四，弱勢一方可以採取不合作的態度，來增加其談判籌碼。弱勢一方想要說服強者，遂行其目的並不容易，但是，強勢一方若要獲得弱勢一方的合作，也不見得十分容易。一些研究談判的學者認為，弱勢者最有利的籌碼，就是說「不」。強勢一方若有求於弱勢一方，弱勢一方如認為條件不理想，大可充耳不聞或明加拒絕，以不合作的方式，使得強勢一方無法達到其目的，亦可能間接地促使對方讓步。弱勢一方如果擁有重要的戰略價值或資源，在談判時亦可以獲得強勢一方較多的讓步，弱勢一方還可以透過國際輿論的壓力，來抵制強勢一方的要求。臺灣對於大陸要求臺灣不要製造「兩個中國」、「一中一台」的警告，採取充耳不聞、我行我素的態度，不予任何正面的回應。同時利用大陸對臺灣「法理獨立」的擔憂，不斷在博奕中占據有利地位。不僅與此，臺灣還聯繫和鼓動美國、歐洲和日本等國家和地區的親台人士，在上述國家的國會透過支持臺灣參加WHO／WHA的提案，對大陸方面形成壓力。

裘兆琳認為，臺灣每一次意圖參加WHO／WHA的舉動背後，都有著策略的背景和深意，而這些策略的運用對於臺灣，造成了至關重要的作用。

4.初國華： 兩岸談判中策略問題研究

初國華在其博士論文《不對稱權力結構下的兩岸談判》中，以辜汪會談為對象，對兩岸在談判中所採取的策略問題進行了研究。儘管初國華的研究對象並不是臺灣參加國際空間的問題，但對於分析臺灣在參加國際空間時所採取的策略亦有參考價值。初國華認為，在兩岸談判的過程中，臺灣共採取了七個方面的策略。[14]

第一，「對等實體」的策略。初國華認為，臺灣採取兩會模式進行兩岸談判，

其目的是欲坐實「對等政治實體」，並落實「國家統一綱領」中對於兩岸關係「近程」採取「民間規劃」的安排。而在接受大陸的「海協會」作為談判對象時，也被視作「外交」政策的策略運用的一部分，其預圖是減輕北京對臺灣「外交打壓」的影響力。

第二，「分裂國家」談判策略。初國華認為，臺灣企欲大陸承認臺灣的「對等政治實體」地位，然而這是兩岸之間內部的理想性地位。在國際間，臺灣則欲借兩岸談判的公開形象，達到「分裂國家」的定位模式。雖然辜汪會談並沒有明顯標識「分裂國家」的概念或舉措，然而辜汪會談所呈現的圖像與意義，對於國際觀感而言，自然是在突顯臺灣的「分裂國家」形象。顯然，在初國華看來，「對等實體」和「分裂國家」是一體兩面的關係，具有內部的勾連性，而「對等實體」主要偏重於對於兩岸內部關係的描述，而「分裂國家」則是臺灣欲給予國際社會對兩岸關係的一種觀感。

第三，臺灣問題國際化策略。初國華認為，從談判地點的選擇上，已經有在國際場合將臺灣問題國際化的考量。正如美國學者所認為的，辜汪會談沒有實質意義只是儀式性的做法。辜振甫也提出，辜汪會談「至少在未上談判桌之前，臺灣已取得國際曝光率及與中國大陸對等談判的態勢」。臺灣問題國際化策略與前述的「對等實體」策略、「分裂國家」策略有著內在的一貫性及相互的支援與強化。亦即：在達成「政治實體」的目標下，在兩岸之間或國際上，交叉運用「分裂國家模式」與「臺灣問題國際化」，後兩者的「成功」也就是臺灣「政治實體」確立與鞏固的時候。

第四，以拖待變策略。初國華認為，在綜合實力不如大陸，而臺灣對大陸政策又缺乏共識的情況下，臺灣真正需要的只是一個談判過程，透過這個談判過程宣傳其自身立場的合理性，並希圖贏得時間以拖待變。在拖的過程中，臺灣方面希望出現對臺灣有利的國際格局和兩岸格局，在未來不僅能夠主導中國統一的發展，也能順利成全臺灣與大陸「分離」的結果。因此，尋求更多時間來換取更大的空間，成為臺灣方面大陸政策的策略與手段。

第五，以「民主化」為軟性攻擊的策略。初國華認為，兩岸互動中，臺灣一向處於被動地位，而將被動化主動的一個方法就是採取「民主化策略」進行主動攻擊。「民主化」策略是利用西方自由主義的民主觀，借社會主義國家政治發展中的

一些特殊之處進行攻擊，以換取在雙方談判中的籌碼。初國華認為，「民主化」策略事實上是西方源遠流長的「民主和平論」理想主義傳統的現代版，事實上無助於兩岸關係的解決，只能徒增兩岸的各說各話，而無任何交集。

第六，環環相扣策略。初國華認為，所謂「環環相扣」策略，是指臺灣以協議或共識的達成必須以某些前提的成就為條件。臺灣方面所採取的「環環相扣」策略包括「總體或戰略層面的連環套」和「談判技術的連環套」。前者如試圖使用「三通」議題換取更大的政治利益，如以「放棄武力攻台」、「臺灣國際空間」、「對等政治實體」等作為開放「三通」的條件，後者主要是體現在對於具體事務性和兩會協議條款的議題操作上。

第七，其他策略。初國華認為，除以上的主要策略外，臺灣方面在兩岸事務和兩岸談判中還採取了其他策略，主要有：增加談判彈性、利用授權謀求談判主動權、議題轉換、故意設置障礙，等等。

二、臺灣參加國際組織策略的展開——以臺灣申請參與WHO／WHA活動為例

自1997年起，臺灣即申請參加世界衛生組織（WHO）和世界衛生大會（WHA）的有關活動，並於2009年以「中華台北」名義與觀察員身分參與世界衛生大會（WHA）。臺灣申請參與WHO／WHA活動已經成為臺灣參加國際組織的典型案例之一，本研究也將以此為例，對臺灣參加國際組織的策略加以分析和驗證。需要界定的是，本章所稱的「國際組織」，均指只能由主權國家加入的政府間國際組織，而不包括可以由非主權國家和非政府組織加入的非政府間國際組織。根據WHO憲制性文件，WHO為聯合國專門機構，因而其成員國需為聯合國成員國，因此，WHO為一只能由主權國家加入的政府間國際組織。

（一）主體策略：從「一國」到「兩體」

「主體」策略所對應的是臺灣參加國際組織的資格問題。以何種外在的「主體」符號和身分參加國際組織，攸關「一個中國」原則的底線，也是大陸方面最為關注的議題。目前，「國家」名號（包括中華民國和臺灣）儘管在臺灣臺灣經常被提起作為參加國際組織的「主體」符號，但其目的更多的是僅具象徵意義的宣示，而不具有實質意義。在政策面和實踐面上，臺灣在主體策略上實現了從「一國」向「兩體」的轉變，並試圖借助大陸的「兩岸」表述，在參加國際組織的活動中尋求突破。

1.「兩體」策略的理論意涵

1971年聯合國透過2758號決議後，不對稱博弈具有了足夠的法理基礎，而配合其國際政治基礎，臺灣已經難以透過「國家」名號參加國際組織。自1980年代後，當時臺灣所堅持的一個中國原則在臺灣亦受到「台獨」政黨和群體的攻擊。在內外雙重壓力下，臺灣在參加國際組織的問題，放棄了「漢賊不兩立」的政策，而改以「兩體」解釋、替代和虛化「一國」，並透過對「兩體」內涵的挖掘，推動「兩體」策略逐漸浮出水面並被付諸實踐。

「兩體」策略肇始於臺灣事實決斷與法理框架之間的矛盾，而「兩體」策略的釋出，也正是事實決斷和法理框架之間折衷的產物。一當臺灣作成放棄「漢賊不兩立」的政策，而決定在國際關係上「代表臺灣」時，[15]由於臺灣現行憲法並未放棄「一中」的表述，因此，臺灣的上述事實決斷不僅無法獲得大陸和國際社會的認可，而在臺灣的法理框架下也有著較大的困難。[16]

為了克服事實決斷與法理框架之間的矛盾，在既有的法理框架下，用「兩體」解釋「一中」，營造「虛化一國、營造兩體」的氛圍，就成為臺灣參加國際組織的必然選擇。

「兩體」的含義可以從兩個方面加以展開。第一，宏觀層面的「兩體」。從歷史淵源上而言，「兩體」策略以「一國兩體」為源頭。「一國兩體」是臺灣於1990年初期對大陸和臺灣政治關係定位的政策描述。[17]
1991年的「國家統一綱領」對「一國兩體」有著如下解釋：其一，大陸與臺灣均是中國的領土；其二，互不否認對方為「政治實體」；其三，建立「對等的官方溝通管道」。[18]

宏觀層面的「兩體」亦為臺灣憲法和有關法律所肯定，是臺灣所正式承認的兩岸政治關係定位模式。第二，微觀層面的「兩體」。宏觀層面的「兩體」在具體情況下，有著多種不同的表現形式，即微觀層面的「兩體」。如臺灣以「中華台北」（Chinese Taipei）名義參加國際奧委會、亞太經合組織、世界動物衛生組織等國際組織，以「單獨關稅區」（The Separate Custom Territory）參加世界貿易組織以及以「捕魚實體」（Fishing Entity）參加的大西洋鮪魚資源保育委員會、中西太平洋漁業委員會等國際漁業組織，等等。[19]

　　上述宏觀與微觀兩個層面的「兩體」概念，在臺灣參加國際空間的策略中有著不同的意義。借由宏觀層面的「兩體」，臺灣正式放棄與大陸競爭「中國代表權」，意圖營造兩岸「分裂分治」的局面，以為臺灣「尋求一個權宜的外交空間」。[20]
可以說，宏觀層面的「兩體」，是臺灣參加國際組織的導向性原則。但從操作的角度而言，宏觀層面的「兩體」概念毋寧體現了臺灣在參加國際組織問題上的政治決心，而未必有多少操作餘地。況，宏觀層面的「兩體」在「一國兩體」本身得不到國際社會承認的情況下，實難撼動不對稱博奕的國際政治基礎和法理基礎。在實踐中有意義的是微觀層面的「兩體」。儘管微觀層面的「兩體」與宏觀層面的「兩體」在本質內涵上基本相同，但前者的外延要大於後者。如果說宏觀層面的「兩體」是臺灣的一種政治表述，那麼，微觀層面的「兩體」，則是一種功能性的話語。微觀層面的「兩體」用「中華台北」、「單獨關稅區」和「捕魚實體」等名稱，將臺灣的「參與名稱」（中華民國）「法理名號」作了切割，[21]

試圖透過主權和「國家」概念的分支化，來為臺灣參加國際組織尋找合適的「主體」符號。微觀層面的「兩體」，在方法論上與米特蘭尼的功能主義相貼合。後者曾主張將各國相同的功能整合起來，交由一個技術化的國際組織去管理，從而實現國家的功能從一個主權國家轉移到一個功能性組織。[22]

微觀層面的「兩體」試圖透過功能主義的思考路徑，在臺灣參加國際組織的問題域內解構「國家」和主權的概念，從而化解或者動搖不對稱博奕的國際政治基礎和法理基礎。

同時，「兩體」策略借由大陸的「兩岸」表述，可以提高大陸對臺灣參加國際組織的容忍度。如果說宏觀層面的「兩體」尚具有「分裂分治」的政治意涵，那麼微觀層面的「兩體」則已經相當功能化。大陸的「兩岸」表述在政治意涵上與「兩體」有著本質的區別，但並非與被功能化的「兩體」格格不入。2002年中共十六大報告正式將「臺灣在國際上與其身分相適應的經濟、文化、社會活動空間」列為兩岸「可以談」的議題。2005年3月透過的《反分裂國家法》更以法律形式將「臺灣在國際上與其地位相適應的活動空間」確定為兩岸談判的議題之一。2008年，胡錦濤在「12・31講話」中再次指出：「對於臺灣參與國際組織活動問題，在不造成『兩個中國』、『一中一台』的前提下，可以透過兩岸務實協商作出合情合理安排。」[23]

大陸的上述重要政策表明，臺灣參加國際組織的問題未必不能得到解決，而解決問題的關鍵是尋找到臺灣參加國際組織的合適名稱和方法。僅就這一點而言，大陸的「兩岸」表述與微觀層面的「兩體」有著暗合之處：兩者都試圖透過迴避「國家」和主權的問題，用敏感度較低的法律問題和技術問題替代敏感度較高的政治問題。儘管「兩體」策略可以提高大陸的容忍度，但其界限也是十分明顯的：其一，政治性界限，即真正奏效的「兩體」策略，只能是在微觀層面上解釋和使用「兩體」，而宏觀層面上的「兩體」則早已被大陸方面認定為有違一個中國原則；其二，法理性界限，即便是在微觀層面上使用「兩體」策略，也必須有一定的法理依據，即臺灣只能在相關國際組織的章程有規定時，方能以功能性名稱參加。

臺灣在主體策略上對「兩體」策略的轉變與選擇，表明臺灣參加國際組織的總體方向已經從「爭正統」向「謀存在」轉變，「兩體」策略也因而影響了議題策略和行為策略的選擇與決斷。可以說，「兩體」策略是臺灣參加國際組織諸策略的基石。

2.主體策略效果的實證分析

若僅從臺灣以各種名義參加的國際組織的數量來看，「兩體」策略有著一定的效果。但此種靜態的觀察，有著三點弊端：其一，無法觀察到主體策略從「一國」策略到「兩體」策略轉變的動態過程；其二，儘管臺灣在操作層面上使用了微觀層面的「兩體」概念，但這並不意味著其不欲達到宏觀層面「兩體」概念的效果，而這一效果無法簡單地從數量上加以判斷；其三，「兩體」策略在特定國際組織上的

效果，並不能掩蓋其乃是一個有著嚴格邊界的策略，而這一點也無法從數量上加以證明。本研究擬對臺灣申請參加WHO／WHA的「主體」選擇過程進行實證分析，以期對「兩體」策略的效果進行更加全面地評估，同時也驗證本文對臺灣主體策略轉變的判斷。

儘管臺灣於1997年第一次申請參加WHO／WHA，但早在此兩年前，臺灣行政部門就對以何種名義參加WHO／WHA進行了評估。1995年4月19日，時任臺灣「衛生署副署長」的石曜堂在一份名為「台北重返世衛組織之展望」的報告中，提出「中華民國在臺灣」是申請入會「較為可行之名稱」，並認為「若以國家名義申請入會，可能遭遇中共方面的阻擾與反對」。[24]
同年9月，臺灣行政部門要求各主管部門「提出功能性較大的國際組織作為加入的優先目標」。[25]

綜合以上兩個政策細節，可以判斷，早在臺灣申請參加WHO／WHA前，迴避「國家」名號而改採功能性名稱的觀念就已經開始影響臺灣行政部門的決策。

1997年3月31日，臺灣「外交部長」蔣孝嚴致函當時的WHO幹事長中島宏，提出以「中華民國（臺灣）」的名義成為WHO／WHA觀察員的意願，蔣氏函件並未提及中華人民共和國代表權的問題，已經透露出將「兩體」策略從紙面的政策討論付諸實踐的趨勢，也體現了臺灣前文所述的政策考量。此後，直到2001年，臺灣均以「中華民國（臺灣）」名義，申請以「觀察員」（observer）身分參與WHO／WHA相關活動，而並不觸及中華人民共和國地位的問題，「兩體」的概念隱然出現在臺灣參與WHO／WHA的策略中。但是，由於中華民國的「國家」名號仍然出現在臺灣的申請文件中，因而「兩體」策略運用得並不充分。

2002年，臺灣放棄中華民國的名號，而徑直以臺灣為名申請成為WHO／WHA的觀察員，將其「兩體」策略首次明晰地展現在世人面前。但是，臺灣是一個地理性和政治性的符號，而功能性則偏弱，因而2002年臺灣以臺灣為名申請成為WHO／WHA的觀察員，雖然運用了「兩體」策略，但也觸及了「兩體」策略的政治性邊界，即試圖賦予宏觀層面的「兩體」以微觀意義，從而實現以微觀博宏觀、以WHO／WHA觀察員彰顯臺灣「主體性」地位的目的。由於觸碰到「兩體」策略的邊界，2002年臺灣以臺灣名義申請參加WHO／WHA的企圖遭遇失敗。

2003年，臺灣仿照「捕魚實體」（Fishing Entity）一詞，創造出「衛生實體」（health authority，或譯為「衛生當局」）的概念，以此作為成為WHO／WHA觀察員的名稱。與「中華民國（臺灣）」、臺灣相比，「衛生實體」是一個完全屬於微觀層面的功能性概念，至少在字面上讀不出任何政治性的意涵，可以說比較清晰地體現了臺灣主體選擇策略向「兩體」策略的轉向。但是，與「捕魚實體」一詞明確出現在有關國際漁業組織的憲制性文件中不同，「衛生實體」在WHO／WHA的憲制性文件中並無依據，純係臺灣的創造，因而臺灣在意圖繞過兩體策略的政治性界限的同時，卻遭遇了兩體策略的法理性邊界。「衛生實體」的這一缺陷，也為大陸方面所捕捉。同年舉行的世界衛生大會上，中國衛生部長張文康指出：「（臺灣）發明了一個所謂『衛生實體』的新名堂，……世界衛生組織是主權國家參加的聯合國機構，不是什麼『實體』組成的機構。」進而否定了臺灣「衛生實體」的名號。

2004年至2006年，臺灣再次祭出臺灣名號，重拾2002年所採用的「兩體」策略，也未獲成功。2007年，臺灣以臺灣政治為考量基準，在陳水扁任期即將屆滿時，不顧國際政治基礎和法理基礎，而提出以臺灣名義成為WHO／WHA正式成員的申請，不僅觸碰了「兩體」策略的法理性邊界，而已經接近於突破「兩體」策略的政治性邊界。美國、加拿大及歐盟等原本支持臺灣成為WHO／WHA觀察員的國家，對此亦投反對票。

2008年WHO／WHA恰逢臺灣「政黨輪替」的過渡期，4月17日，仍由民進黨主導的臺灣致函WHO／WHA秘書處，延續2007年例，提出成為正式會員的申請，另外又於世界衛生大會會議期間策動「邦交國」提出「邀請臺灣成為世界衛生大會觀察員」的提案。[26]
根據臺灣「外交部長」黃志芳的表態，正式成員申請和觀察員提案並舉，保持了政策的延續性和彈性，表明臺灣瞭解成為WHO／WHA正式成員的困難，以及先成為觀察員的意願。「兩案並舉」在一定程度上表明了臺灣「兩體」策略的回歸與折衷。

2009年1月，世界衛生組織致函臺灣衛生部門，要求臺灣推薦一名「台北的聯繫窗口」（Contact Point in Taipei），採取「台北」而不是「中華民國（臺灣）」和臺灣的名號指稱臺灣，獲得臺灣認可。同年4月28日，WHO／WHA幹事長陳馮富珍又致函臺灣衛生部門負責人葉金川，邀請臺灣衛生部門以「中華台北」（Chinese Taipei）的名義與觀察員身分出席世界衛生大會，也獲得臺灣的認可。自此，臺灣

的「兩體」策略在合適的主體符號下終於奏效。

綜觀「兩體」策略在臺灣參與WHO／WHA上的實踐，「兩體」策略的本質是透過名稱符號的甄選與使用，不斷試探和尋找兩岸的最大公約數和平衡點，而「兩體」策略得以奏效的關鍵，也在於透過合適的名稱符號，借助「兩岸」的外殼，使臺灣參加國際組織時，總有一絲與「一個中國」的關聯，從而減低大陸的反感與抵制，在一定程度上化解不對稱博奕的國際政治基礎和法理基礎。同時，「兩體」策略也有著兩條不可踰越的邊界：其一為政治性邊界，即「兩體」策略的運用，不得違反「一個中國」原則，不能造成「一中一台」或「兩個中國」的局面，即便是具有暗示性的名號也不被允許；其二為法理性邊界，即「兩體」策略的運用，必須與國際組織的憲制性文件所設定的參與規則相一致。

（二）議題策略：從「權力」到「權利」

在兩岸有關臺灣參加國際組織的互動中，「主權爭議」是一個核心議題。議題策略所對應的是臺灣參加國際組織的理由問題。以什麼理由參加國際組織，關係到臺灣參加國際組織訴求的「正當性」基礎、臺灣民眾和國際社會支持與認同的程度，以及在應對大陸方面的文宣資源。尤其是大陸頻頻使用主權話語強化不對稱博奕的國際政治基礎和法理基礎時，採取適切的議題策略，對於臺灣參加國際組織而言，有著戰略和策略上的雙重意義。儘管臺灣在應對大陸主權話語時，亦不時以防止臺灣被「矮化」等帶有主權色彩的話語加以回應。如2007年5月14日，時任臺灣「外交部長」的黃志芳對臺灣申請成為WHO／WHA正式成員的原因進行了說明，多次提到防止臺灣被「矮化」、成為「邊緣人」的話語。[27]
但這些話語毋寧是一種政治表態，策略上的意義並不明顯。在議題選擇上，臺灣已經形成了一套借助臺灣民意、化「權力話語」為「權利訴求」的策略，挾臺灣兩千三百萬人民之意願，並透過大陸「寄希望於臺灣人民」的主張，試圖為臺灣參加國際組織背書。

1.「權利」策略的理論意涵

主權是兩岸有關臺灣參加國際組織中的一個「結」。大陸在應對臺灣參加國際組織的訴求時，最經常使用的就是以主權為核心的「權力話語」，其構成一個層層

遞進的三段論闡述：其一，政府間的國際組織只能由主權國家參加；其二，臺灣不是「主權國家」；其三，臺灣無權參加只能由主權國家參加的政府間國際組織。大陸所持的主權話語，既是「一個中國三段論」這一政治決斷的產物，[28]也有著深厚的國際政治基礎和法理基礎，因而與不對稱博弈的基本結構和客觀事實是相貼合的。以主權話語封鎖臺灣參加國際組織，是大陸應對臺灣參加國際組織的基本策略，也是一條不可動搖的底線。臺灣雖然不時有應對之聲，但大多並不具有實質意義。況，在不對稱博弈的國際政治基礎和法理基礎難以動搖的前提下，臺灣事實上也無法透過對抗大陸「主權話語」的方式獲得突破。在此情況下，繞開主權話語，圍繞「權利」構建參加國際組織的新議題，將臺灣參加國際組織的活動從「彰顯國家的主權」變為「主張人民的權利」，成為臺灣在參加國際組織的議題策略上的必然選擇。

　　事實上，「權利」策略仍然是臺灣在臺灣重構「主權認同」的產物之一，因而天然地具有主權的內核。1949年國民黨退據臺灣後，長期堅持對「全中國」的「法統」，延續其在大陸所產生的民意機關，形成所謂「萬年民代」的局面。由於長期不改選「中央」民意代表，臺灣在臺灣實際上並沒有足夠的「正當性」基礎。不過，當時臺灣獲得「主權認同」的方式並不是依賴於臺灣民眾的認同，而更多的是透過獲得「外部有權者的承認」，以營造其「外部正當性」。臺灣占據聯合國席位，拉住美國、日本等主要國家的「外交關係」，試圖證明其獲得國際上「有權者」承認的「事實」。然而，隨著中美關係正常化、中華人民共和國恢復聯合國合法席位、「台美斷交」等一系列重大事件的發生，臺灣已經無法從島外「有權者」那裡汲取足夠的「正當性」，只能將「正當性」來源轉向臺灣。這種趨勢在1990年開始的「憲政改革」後變得更加明顯，臺灣透過「憲政改革」建構「內部正當性」，即便是「面臨中國統一壓力的憲政危機與對外代表性強化」時，也是透過放開「中央」民意代表選舉、加強臺灣領導人權威、精簡臺灣省級建制來樹立一個「臺灣主權象徵」。[29]
在「台獨」理論看來，這一過程是臺灣將「正當性」從「有權者」向「主權者」轉變的過程，代表著臺灣將其「正當性」（或曰「法統」），已經從「全中國」轉移到了臺灣。1996年第一次直選臺灣領導人，被認為是「內部正當性」最為直接的例證。

從「內部」獲證「正當性」的臺灣，開始從「權利」的角度謀求在國際組織的存在。1994年4月，臺灣「外交部」發表「中華民國參與聯合國說帖」，並以「中華民國政府及人民參與聯合國及國際活動之基本權利」為該說帖之副標題，將「權利」策略入參加國際組織的活動中。在該說帖中，臺灣提出「推動參與聯合國案系基於下列三項原則及認知」：「繼續追求中國未來的統一；不挑戰中共在聯合國的席位及接受兩岸分裂分治之現實，尋求臺灣二千一百萬人民基本權利在聯合國中獲得合法之維護，並得有適切之代表，此舉與中國之主權爭議無涉」。[30] 1996年7月，臺灣「外交部」再次提出「重新檢視一九七一年聯合國二七五八號決議」的說帖，主張兩岸以「平行代表權」模式同為聯合國「會員國」，並再次重申「不挑戰中共在聯合國的既有之席位」、「參與聯合國系在尋求臺灣二千一百三十萬人民之權利在聯合國內有適當之代表，其目的並非尋求代表全中國」。[31]

這兩份說帖比較清晰地表達了臺灣運用「權利」策略參加包括聯合國在內的國際組織的意圖，即借助「內部正當性」的強化，將主權話語轉化為權利策略，將參加聯合國等國際組織的意義從「彰顯主權」向「主張權利」轉變，意欲再次實現其「外部正當性」。當然，這一「外部正當性」不再是1970年代之前中華民國對於「全中國」的「外部正當性」，而僅僅是臺灣的「外部正當性」。

以兩份說帖為標誌，臺灣參加國際組織的「權利」策略得以確立。「權利」策略包括以下兩個方面的內容：其一，臺灣參加國際組織並不歸因於主權的行使，而是歸因於臺灣人民權利的實現；其二，臺灣參加國際組織僅僅是臺灣人民權利實現的過程，而與大陸在國際組織的地位無關。由是觀之，「權利」策略對於臺灣參加國際組織而言，至少可以產生以下兩個方面的效應。

一方面，臺灣參加國際組織並不需要論證臺灣是否具備主權的要素，即便在無法證成臺灣主權要素的情況下，臺灣仍可挾「民意」而借助「權利」話語提出參加國際組織的主張，「民意」的產生與匯聚因而替代主權的論證成為臺灣參加國際組織的關鍵要素。民進黨當局在2007開始鼓動的「入聯公投」，就是為「入聯」匯聚和獲取臺灣人民參加聯合國的「民意」的過程。同時，臺灣借助「權利」策略中的「權利」表達，以期徵得主要國家的「同情」，從而化解不對稱博奕的國際政治基礎。

另一方面，按照「權利」策略的說辭，臺灣參加國際組織並不意味著與大陸爭奪「代表權」，而是「使臺灣人民的權利在國際組織有著適合的代表」，從而可以在一定程度上削弱大陸以主權話語封鎖臺灣參加國際組織策略的強度。由於大陸在對台方針上一直有著「寄希望於臺灣人民」的主張，對於臺灣所採取的「權利」策略，大陸亦因而必須給予正面回應。如胡錦濤在「胡六點」中專門提出「我們瞭解臺灣同胞對參與國際活動問題的感受，重視解決與之相關的問題」，[32]表明了大陸亦須重視臺灣人民參加國際組織的權利，而不能概以主權封鎖之，體現了「權利」策略確可透過「寄希望於臺灣人民」的方針，影響大陸在應對臺灣參加國際組織問題上的決策。

2.議題策略效果的實證分析

如果說臺灣參加聯合國的活動，是「權利」策略的緣起，那麼，在臺灣參加WHO／WHA的問題上，「權利」策略得到了淋漓盡致地體現，成為驗證「權利」策略之運用與效果的最佳案例。對於這一過程的觀察，本文擬從兩個方面著手：第一，考察臺灣運用「權利」策略之時機和表達臺灣人民「民意」之方式；第二，觀察大陸因應臺灣「權利」策略的舉措，意圖借助以上兩個方面的分析，證明本文對於「權利」策略及其效果的觀點。

臺灣在參加WHO／WHA的問題上，一般結合階段性公共衛生突發事件，借助「健康權利」或者「健康福祉」等具體的權利表述，運用「權利」策略，而不類在申請「入聯」時所提出的相當抽象的「權利」表述。臺灣「外交部」2002年5月在一份名為「（臺灣）推動參與世界衛生組織（WHO）案說帖」中提出，1998年臺灣爆發腸病毒，導致180萬人受到感染，400人送醫急救治療，其中80人死亡，而「重大損失」的原因之一就是「（臺灣）被排除在世界衛生組織之外，無法即時取得重要的資訊、技術，以及關鍵醫療」。[33]
2002年下半年發生「非典」（SARS）疫情後，臺灣又將未能獲得國際社會指導和產生重大損失的原因，歸咎於被「阻擾遲了六週」，[34]

並不失時機地以「防治SARS」為由，透過臺灣的「邦交國」提出參加WHO／WHA的提案。2006年，臺灣「外交部」負責人在向臺灣立法部門提交的「外交施政報告」中，又以「日益升高之禽流感威脅」為由，提出「全面常態化參與世界衛生組織相

關機制及會議」的主張。[35]

除此以外，臺灣還善用各類民意聚合方式，將參加WHO／WHA上升為臺灣的「主流民意」，進而借「主流民意」的表達，為其加入WHO／WHA背書。2007年5月14日，時任臺灣「外交部長」的黃志芳在「說明今年推動以臺灣名義申請加入WHO案記者會」時，提出了臺灣申請成為世界衛生組織會員的四點主要因素，其中第四點包括兩個部分：其一，根據民調，臺灣有九成四的民眾支持該提案；其二，臺灣立法部門不分「朝野」一致透過決議案，支持申請成為世界衛生組織正式會員。[36]
兩個部分實際上對應了兩層民意表達機制：其一為臺灣民眾之態度，試圖以「九成四」的高支持率表明臺灣申請參加WHO／WHA已經獲得絕大多數臺灣民眾的支持；其二為民意代表機關之態度，試圖以臺灣之唯一民意代表機關的「決議」，表明臺灣已經在此問題上達成「朝野共識」。以上兩點，意在說明臺灣已經形成了參加WHO／WHA的主流民意，無論是WHO／WHA、國際社會還是中國大陸，亦不可忽視臺灣的「主流民意」。臺灣「外交部」在事後向臺灣立法部門提交的一份報告中，更是將「凝聚全民意志」、「順應民意」等排在此次申請WHO「正式成員」之「正面意義」的首位。[37]

大陸方面在2002年前仍採取一個中國原則，用主權話語封鎖臺灣參加WHO／WHA的申請，但在面對「權利」策略時，也採取了應對性的表述。中國常駐聯合國代表王英凡在2001年7月2日致聯合國秘書長的一封函件集中表現了中國大陸在此階段的應對策略。該函件的主旨仍是重申不對稱博奕的國際政治基礎和法理基礎，運用主權話語的三段論闡述，否定臺灣參加WHO／WHA的資格。但在傳統的主權話語下，提出「中華人民共和國在聯合國系統及其所有專門機構，包括世界衛生組織之中自然代表包括臺灣同胞在內的全體中國人民」這一表述，用「臺灣同胞屬於中國人民」的公式，消解臺灣的「權利」策略。但是，「臺灣同胞屬於中國人民」這一公式在政策面和實踐面上仍然存在著誤差，大陸對此亦有體認。[38]
2003年，大陸為應對「非典」所需，同意世界衛生組織派員赴台，實際上已經對2001年函件的某些觀點進行了變通，至少在技術層面上承認世界衛生組織確有派員赴台之必要，而不能以「臺灣同胞屬於中國人民」為由迴避臺灣民眾的「健康權

利」問題，也表達了大陸正視臺灣民眾「健康福祉」的觀點和態度。

儘管在「非典」後，大陸不再用主權話語應對臺灣的「權利」策略，但是，仍然嚴格區分臺灣民眾「健康權利」、「健康福祉」與政治問題的界限，以對臺灣的「權利」策略「去政治化」，消解「權利」策略所產生的效應。在此方面最具代表性的文件，是2003年8月7日中國常駐聯合國代表王光亞致聯合國秘書長的函件。在該函件中，明確表達了上述兩層意思：其一，提出「臺灣人民是我們的骨肉同胞，沒有誰比我們更關心他們的健康安全」，表達了對臺灣人民「健康權利」的關心與尊重，以正面回應臺灣「權利」策略；其二，指出「臺灣指使極少數國家，借SARS作政治文章，完全是別有意圖」，從而點明臺灣的「權利」策略在本質上仍是一項政治性策略，「既不道德，也不明智」，表達了中國大陸要求對臺灣民眾的「健康權利」作「去政治化」處理的主張。[39]

2005年後，大陸在「寄希望於臺灣人民」的方針指導下，客觀認識臺灣的民意，並對臺灣民眾參加WHO／WHA的主流民意作出了正面地回應。當年5月「胡宋會」所發布的新聞公報，從順應臺灣民意的角度，正面論述了對於臺灣參加國際組織的觀點，而專門提出「優先討論參與世界衛生組織活動的問題」。[40] 2009年3月，溫家寶在「兩會」例行新聞發布會上表示，對於臺灣參加涉及臺灣同胞利益的國際組織，大陸願意透過協商作出合情合理的安排，也專門提到了「世界衛生組織」。[41]

大陸領導人的表態，即表明了大陸政策指針的變化。事實上，「權利」策略的運用，也給了大陸為臺灣參加WHO／WHA鬆綁的契機。2009年1月，臺灣被接納參與《國際衛生條例》的運作後，國台辦就將其理解為大陸「在解決臺灣同胞關心的衛生健康問題上」「誠心誠意」的表現。

綜合以上有關臺灣運用「權利」策略以及大陸回應的基本情況，可以發現，「權利」策略的運用，其本質乃是徹底改變不對稱博奕的國際政治基礎和法理基礎的策略。在「權利」策略中，臺灣並不是改變國際政治基礎和法理基礎，而是採取了釜底抽薪的辦法，將構成該兩項基礎的主權要素抽去，而換作更加符合臺灣實際情況和更能為國際社會所接受的「權利」要素，進而借助「人權」、「人道」等具

有普遍意義的價值，強化其參加國際組織的基礎。同時，借助大陸「寄希望於臺灣人民」的方針，「權利」策略倒逼大陸改變運用主權話語封鎖臺灣參加國際空間的傳統策略，而大陸在面對「權利」策略時，也只能作出肯定性的回應，而無法加以直接地反駁，甚至在一定程度上也要借助「權利」話語。從此意義而言，不得不承認「權利」策略在臺灣參加國際組織的議題操作上，的確可以收到一定的預期效果。

（三）行為策略：從「加入」到「參與」

由於不對稱博弈的國際政治基礎和法理基礎，臺灣並無法具有「正式成員」的身分。行為策略所對應的是臺灣如何在無法成為「正式成員」的情況下參加國際組織活動的問題。儘管臺灣也曾謀求成為特定國際組織的正式成員，但這些舉措更多的是一種態度和「決心」的宣示，難說是理性的政治決斷。在以正式成員身分「加入」國際組織較為困難的情況下，臺灣在實踐面上更加傾向於利用國際組織憲章和重要公約的規定，試圖透過選擇合適的身分，實質性地「參與」到國際組織的運作中，至少爭取在國際社會的曝光機會，以體現其在國際社會的「存在」。[42]

1.「參與」策略的理論意涵

國際組織是西方主權國家體系的產物。從原初意義上而言，國際組織存在的目的是主權國家透過國際組織的規則或決策程序，以保障或爭取更多的國家利益。[43]但現代國家之所以積極加入國際空間，並參與國際組織，除了為爭取國家利益外，也在借此確定其主權的完整性。[44]

尤其以非西方體系中的主權國家為代表，如新興民族獨立國家等。對於兩岸而言，爭取外部有權者的承認，成為證成「正當性」的共同策略。不獨臺灣在現時狀況下是如此，1971年前的中國大陸亦是如此。參加國際組織，對於兩岸而言，所爭的不僅是參與制訂國際規則，更重要的是牽涉到國際社會對於雙方在法理名號上的認知。[45]

在此意義上，大陸在臺灣參加國際組織上更加在意的問題，也並不是臺灣參加國際組織後對大陸現實利益的影響，而是臺灣的參加行為是否會產生對臺灣「國際承

認」的效果。而臺灣所關注者，也更多在於臺灣能否透過成為國際組織的「正式成員」，以彰顯其主權，以及外部有權者的「認可」。由於大陸在認識論上將臺灣參加國際組織與臺灣的「國際承認」結合起來，因而借助不對稱博奕的國際政治基礎和法理基礎，不遺餘力地消解臺灣成為國際組織「正式成員」的可能性。因此，臺灣雖然堅持以成為「正式成員」為目標，但也採取了將目標進行階段化分解的策略，即先謀求「參與」國際組織，以實質性參與到國際組織的活動中，進而以量變累積質變、以時間換取空間，待機會合適時即實現成為「正式成員」的目的。

「參與」策略中的「參與」，是指不以「正式成員」身分，而以其他身分或者方式參加國際組織相關活動。其中，所謂「其他身分」，是指「觀察員」、「副會員」等不是正式成員、不具有正式成員才能享有的完整權利，但也能行使一部分權利的身分。「其他身分」並不同於「兩體」策略中所言的「主體名號」，如「中華台北」、「單獨關稅區」、「捕魚實體」等，後者已經是「正式成員」。而「參與」策略中所言及的「方式」，是指技術合作、參加會議、訊息交換與共享等方式，這些方式雖然並不能為臺灣賦予特定的身分符號，但可以使其實質性地參加到國際組織的各類活動中。

「參與」策略並不直接謀求成為國際組織的「正式成員」，對於臺灣而言，有著「自我降格」的意涵，因而體現了臺灣「務實外交」的政策。1950年代至1980年代中期之前，以一個中國原則為基礎，臺灣在對外政策上採取「漢賊不兩立」和「總體外交」，亦即斷絕所有與中華人民共和國建交的國家、退出所有接納中華人民共和國為正式成員的國際組織。「漢賊不兩立」和「總體外交」的政策切合了不對稱博奕的國際政治基礎和法理基礎，造成臺灣幾乎全面退出「國際空間」的局面。對於「漢賊不兩立」和「總體外交」的政策，臺灣學者一般給予相當負面的評價，認為由此造成的臺灣幾乎全面退出國際空間的局面，實際上是使得臺灣更加孤立的一種政策，「裹住了臺灣的手腳、窒息臺灣的活力」。[46]
1980年代中期後，臺灣逐漸改行「彈性外交」的政策，在李登輝時代又將「彈性外交」政策升格為「務實外交」政策。在參加國際組織的問題上，「務實外交」政策提出「採取彈性作法，以謀求實質參與」的觀點，[47]

為「參與」策略的釋出提供了政策基礎。其後，臺灣雖然在具體舉措上有所變化，

但在基本思路上仍然延續著李登輝時期的觀點，「參與」策略因而能夠在臺灣獲得持續的政策動力與支撐。

「參與」策略在一定程度上繞開了不對稱博奕的國際政治基礎和法理基礎，因而也能獲得比「加入」策略更多的國際支持。其一，一些國際組織在設置「觀察員」和「副會員」的目的，部分地在於為特定主體提供參加國際組織活動的機會，因而臺灣若以「觀察員」、「副會員」參與國際組織活動，在一些國家看來並不會造成承認臺灣主權的效果。其二，技術合作、參加會議、訊息交換與共享等大多是技術性活動，而較少具有政治性的意涵，有些國家也可以以「技術性」為由來規避有關主權的議題。其三，支持臺灣「參與」國際組織的風險，顯然要小於支持其「加入」的風險，也不必涉及過多的國際法問題和敏感的主權問題，因而也能夠為部分國家所接受。其四，「參與」策略在具體運用上，常常與「權利」策略並用，以「權利訴求」為臺灣「參與」國際組織背書，也更加強化「參與」策略在此方面的效果。由於不對稱博奕的國際政治基礎和法理基礎主要在於限制臺灣成為國際組織的「正式成員」，而對於臺灣參與國際組織活動在拘束力尚弱，因而為臺灣運用「參與」策略提供了實踐環境。

當然，「參與」策略的運用，須得一定的法理基礎，亦即臺灣所選定的國際組織必須在其憲制性文件、重要公約或慣例中，規定有「觀察員」、「副會員」及非正式會員參與活動的規範依據。從此意義上而言，如果沒有相應的規範依據，「參與」策略並無用武之地。但是，由於臺灣可以借助其在國際上的支持力量推動對國際組織憲制性文件或者重要公約的修改，因此，法理上的限制並不構成對臺灣運用「參與」策略的實質性阻礙因素。

對於臺灣「參與」國際組織活動的主張，大陸方面在2000年前較少給予正面回應，而是借助不對稱博奕的國際政治基礎和法理基礎所形成的一貫話語對之加以封鎖。2000年1月，時任國務院副總理的錢其琛提出兩岸可以談的五項議題，其中包括「談臺灣在國際上與其身分相適應的經濟、文化、社會活動空間問題」。[48] 這一議題在兩年之後，又被作為「三個可以談」的內容之一，載入中共十六大報告，再三年後，又以「臺灣在國際上與其地位相適應的活動空間」的擴大性表述出現在《反分裂國家法》第七條中。[49]

2005年,「胡宋會」新聞公報又對臺灣「參與」國際組織做出了正面肯定和回應。「胡宋會」新聞公報的表態在胡錦濤所提出的「胡六點」中獲得了進一步的肯定和說明,尤其是「胡六點」明確提出「作出合情合理安排」的表述,更加明確了對於臺灣以合適身分和方式「參與」國際組織的肯定態度。藉著大陸對於臺灣「參與」國際組織的包容態度,「參與」策略在臺灣參加國際組織的問題上,有著較大的適用空間。

2.行為策略效果的實證分析

在臺灣參加WHO／WHA的提案中,除1997年使用了「attend」(「加入」),[50] 2007年使用了「membership application in」(「成為會員」)外,均使用了「participatein」(「參與」)的表述,[51]

表明「參與」是臺灣參加WHO／WHA的主導性行為策略。以「觀察員」身分參加世界衛生大會,並被納入《國際衛生條例》框架,因而也是臺灣以「參與」為主軸的行為策略的標誌性案例。對於《國際衛生條例》及其「參與」策略的驗證性分析,可以從以下三個方面展開。

第一,觀察臺灣在營造「參與」氛圍、創造「參與」條件、實施「參與」行為方面的各項具體措施。

與「加入」是主權或「權利」的主張與訴求不同,「參與」常常是功能性的,亦即「參與」特定的國際組織,的確是為實現特定功能之需要,而非主權或者「權利」的伸張。如臺灣衛生部門在通報被納入《國際衛生條例》一事時,用了「正式加入全球疫情通報以及防治體系」的表述,[52]
而沒有使用主權和「權利」的相關話語,體現了「加入」與「參與」在邏輯起點上的不同。因此,臺灣在WHO／WHA問題上運用「參與」策略的前提,是營造有利於「參與」策略的氛圍,論證臺灣確為國際衛生體系之重要一環的態勢。為此,臺灣提出國際衛生體系在臺灣存在漏洞(gap)的觀點,論證臺灣被納入國際衛生體系的必要性,從而為其運用「參與」策略提創造前提性條件。2002年5月,臺灣「外交部」發表說帖,認為1998年的腸病毒事件是「因被排除在世界衛生組織之外,無法

即時取得重要的資訊、技術,以及關鍵醫藥,導致……重大損失」,提出了國際防疫體系在臺灣存在著「漏洞」問題。[53]

在此份說帖和2004年5月發表的說帖中,臺灣詳細說明了臺灣在亞太及全球航運業的中樞地位,提出臺灣島系國際交通樞紐和匯聚地,應當成為世界疾病防疫傳播體系的重要組成部分。[54]

2003年「非典」爆發後,臺灣又以防治「非典」為由,向WHO請求援助,並將WHO延後派遣專家赴台歸咎於臺灣並未被納入國際防疫體系。2005年《國際衛生條例》修正後,臺灣再次提出「積極參與世界衛生組織所建立之全球傳染病防疫機制,以達到世界衛生組織李鍾郁幹事長所稱防疫『無漏洞』(nogap)之目標」。[55]

由於臺灣的上述觀點和言論大多結合了階段性公共衛生突發事件,因而對於WHO／WHA有著較強的說服力,大陸方面亦無法反駁,在一定程度上甚至需要給予正面的因應。

臺灣運用「漏洞」的說辭為「參與」策略的運用提供了前提,但正如前文所言,「參與」策略之運用須得一定法理基礎,即WHO／WHA的憲章和重要公約具有容納臺灣「參與」的規範依據。[56]
WHO／WHA的憲章並未專門規定「觀察員」制度。儘管在實踐中有一些「觀察員」的慣例,但是,這些慣例並未成為規範意義上的制度,針對對象或為具有特殊性的國家(如1953年的梵蒂岡和1963年的馬耳他騎士團),或為形成中的國家(如1974年的巴勒斯坦解放組織),或為國際組織(如國際紅十字會、國際紅十字會及紅新月會聯合會等),顯然不適用於臺灣。因此,修改WHO／WHA的憲章和其他重要公約,納入有利於臺灣「參與」WHO／WHA的規範,是「參與」策略適用的條件。臺灣深諳此理,除積極尋求透過慣例方式受邀成為「觀察員」外,也透過「邦交國」和「友好國」推動有關國際公約的修改。在具體操作中,臺灣所選擇的對像是《國際衛生條例》,並從2004年3月起,多次在修法工作組會議等場合,利用突發公共衛生事件的影響,極力推動該條例納入對台有利的表述。2005年5月,世界衛生大會修改《國際衛生條例》,在第3條第3項規定,「本條例的執行應以其廣泛

適用以保護世界上所有人民不受疾病國際傳播之害的目標為指導」。臺灣稱該款為「普世適用」條款，並認為「普世適用」條款可以作為臺灣「參與」《國際衛生條例》以及國際衛生體系的初步法理基礎，試圖以「普世適用」消解不對稱博奕的法理基礎。

「漏洞」的營造以及「普世適用」條款的納入，為「參與」策略的運用提供了邏輯起點和法理基礎。借助階段性的突發公共衛生事件，臺灣不僅開始「參與」WHO／WHA的活動，而不斷深化「參與」程度，提升「參與」檔次，以「積跬步」的方式，最終成為WHO／WHA的「觀察員」。2003年「非典」期間，臺灣以「防疫」為名，要求WHO／WHA派官員赴台指導。是年5月至7月，WHO／WHA共派出5名官員赴台瞭解情況。2003年6月，臺灣更是派出衛生官員和專家參加在馬來西亞舉行的防止「非典」國際會議，以「非典」為契機，臺灣開始與WHO／WHA進行接觸，並開始頻繁派出衛生官員和專家參與WHO／WHA的技術性活動。但是，臺灣所要求的並不是「技術性參與」，而是「全面常態化參與世界衛生組織相關機制及會議」。[57]

為此，臺灣於2006年1月，策動其「邦交國」向WHO／WHA提交促進臺灣「有意義參與」的提案。2006年5月，臺灣又要求WHO／WHA幹事長能夠安排其參與有關會議，並希望成為「全球疾病疫情警報與反應網絡」的正式成員。2006年5月14日，臺灣更是在並未被納入《國際衛生條例》的情況下，自行宣布提前實施《國際衛生條例》，自動履行該條例所規定的各項義務，試圖透過「提前實施」達到被納入《國際衛生條例》的「既成事實」，也在國際上為其「參與」策略製造輿論氛圍。同時，臺灣衛生部門也主動向WHO／WHA通報有關臺灣的衛生事件。如臺灣衛生部門曾在2008年七次主動向WHO／WHA通報三聚氰胺的調查結果。[58]

這些舉動未見得獲得WHO／WHA的回應，但也為臺灣「參與」WHO／WHA擴大了影響，積累了條件。2009年臺灣以「觀察員」身分參加WHO／WHA，雖然在根本上是兩岸良性互動的產物，但在相當程度上也是臺灣十餘年來不斷針對WHO／WHA進行滲透和積累的自然產物。

第二，比較分析主要國家對於「加入」和「參與」的態度差異，以此觀察「參

與」策略消解不對稱博奕之國際政治基礎的效果。

　　從國際範圍來看，「參與」策略的效果相當明顯。一些囿於不對稱博奕之國際政治基礎和法理基礎而無法支持臺灣「加入」WHO／WHA的國家，在「參與」策略的鼓動下，也繞開不對稱博奕的國際政治基礎和法理基礎，對臺灣的「參與」訴求表達支持。美國、日本、加拿大和歐盟各國一般透過政府宣言、政府首腦講話、議會決議等方式，表達對於臺灣「參與」WHO／WHA的支持。如美國雖堅持不支持臺灣成為WHO／WHA正式成員的立場，但也表態支持臺灣成為WHO／WHA的觀察員。美國國會在2001年正式以立法的形式，要求政府採取積極措施推動臺灣成為WHO／WHA的「觀察員」，並多次延長該法的適用期限。2003年「非典」期間，美國衛生部門負責人多次表示、WHO／WHA應當將所有受到「非典」影響的國家和地區、包括臺灣，納入WHO／WHA的相關計劃與活動。[59] 2004年5月，美國又在臺灣成為WHO／WHA「觀察員」的提案中投下贊成票。[60]

2005年5月，美國支持在《國際衛生條例》中納入對臺灣有利的「普世適用」表述。日本在2003年「非典」期間，以臺灣在地理上與其接近為理由，提出「地方性之問題亦可能迅速蔓延而影響周邊地區，吾人不可能將世界之任何部分排除」，從而要求將臺灣納入WHO／WHA。[61]

值得注意的是，對於臺灣參加WHO／WHA的提案，美國、日本、加拿大和歐盟各國大多數情況下都作出了否定性的投票，但又多在投票的解釋性聲明中，支持臺灣「有意義的參與」WHO／WHA的活動，體現出「參與」策略在爭取各主要國家的支持上，有著明顯的效果。除各主要國家外，「參與」策略對於其他國家也有著明顯的效果。下圖顯示了1997年、2004年和2007年WHO／WHA三次票決臺灣參加WHO／WHA提案的贊成國家數的變化情況，可以發現，在1997年和2004年投票支持「觀察員」案的數量，明顯地多於2007年的「會員」案，這也從一個側面體現了「參與」策略在消解不對稱博奕之國際政治基礎上的效果。

　　第三，觀察大陸對於「參與」策略的態度及其應對，分析「參與」策略在兩岸在臺灣參加WHO／WHA問題上攻防的效果。

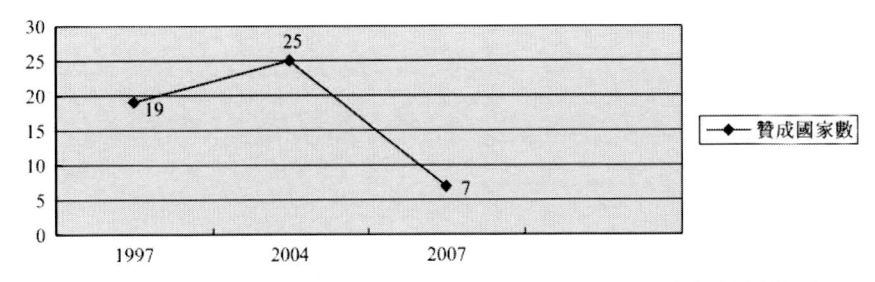

圖6-1 票決臺灣參加WHO／WHA提案的贊成國家數的變化圖

(本圖為作者自制)

由於一系列階段性公共衛生事件的影響，大陸面臨著國際社會要求將臺灣納入國際衛生體系的壓力，因而也逐漸放開了臺灣「參與」WHO／WHA活動的空間，凸顯了「參與」策略對於大陸的決策亦有一定效果。2003年「非典」期間，時任國務院副總理兼衛生部長的吳儀表示，中國政府同意世界衛生組織派專家赴台瞭解情況，又同意臺灣醫療專家出席馬來西亞舉行的國際會議，表現出大陸放開臺灣「技術性參與」空間的因應策略。2004年5月，時任衛生部副部長的高強在世界衛生大會上提出臺灣「參與」世界衛生組織活動的四項基本主張，表明了大陸對於臺灣「參與」策略的態度：[62]

其一，臺灣只能在「一個中國」的框架內，在中國政府同意的情況下「參與」WHO／WHA的活動；其二，即便如此，臺灣也只能「技術性參與」WHO／WHA的活動。2005年4月13日，國台辦發言人透露，大陸將與世界衛生組織秘書處協商，研究臺灣「技術性參與」WHO／WHA活動的具體辦法。[63]

同時，大陸也向臺灣通報一些大陸方面的疾病疫情，如2005年大陸有關方面向臺灣的有關方面通報了安徽省發生的流腦疫情。[64]

大陸的容納與推動臺灣「技術性參與」WHO／WHA活動，一方面是基於兩岸攻防上爭取主動的考量，另一方面，也表明「參與」策略的確造成了一定的效果。

值得一提的是，大陸的主動措施逼出了臺灣對於「參與」策略本質的自白。2007年6月15日，臺灣「外交部」發表說貼，提出「絕不接受世界衛生組織將臺灣實

施國際衛生條例納入中國之下」,「在臺灣任何有關國際衛生條例防疫措施之實施亦僅能由(臺灣)相關部門執行」。[65]

幾乎與此同時,臺灣立法院發表意見,「堅持以獨立地位參與國際衛生條例,絕對不接受世界衛生組織將臺灣執行國際衛生條例納入中國,或經由中國轉介之安排」。[66]

臺灣的上述表態,表明「參與」策略仍是一個名為「功能性」、實為「政治性」的策略。

三、大陸的因應策略

透過以上對於臺灣參加WHO／WHA案例的分析,本研究提出的「兩體」策略、「權利」策略和「參與」策略及其各策略的實踐效果都獲得證成,以不對稱博奕為理論背景的策略定位研究範式也獲得了證成。從策略定位研究範式觀察,臺灣運用各種策略參加國際組織的具體樣態雖然有所不同,但總體的路徑是相同的:首先,將具有高度敏感性的政治語言轉換成敏感度較低的法律語言或技術語言;其次,借助具有替代性的法律語言或技術語言繞開不對稱博奕的國際政治基礎與法理基礎;再次,在大陸的政策空間和表述空間內,尋找與替代性的法律語言或技術語言共通之處,不斷積累和豐富其內涵,最終達到參加國際組織的目的。

當然,大陸在多份公開文件中指出,兩岸在談判中應持「善意溝通」的態度,真誠開展合作。曾任海基會副董事長的許惠佑也曾經提出,兩岸談判要「多一點誠意與信任、少一點權謀策略」。臺灣學者石之瑜更是直截了當的指出:「當前(臺灣)學界對中共談判策略與風格的研究主流,可能無助於未來開展的談判研究,恐怕還會稱為未來談判的絆腳石。」[67]
將權謀、策略用在處理兩岸事務中,試圖透過操縱議題來達到杯葛兩岸開展相關事務的態度,無助於兩岸透過談判達成共識,也無助於兩岸關係和平發展。

但是,策略又是兩岸博奕中不可忽視的環節。必須注意到:臺灣所運用的策略

並不是純粹法律性或者技術性的，其仍然是在特定立場上所採取的具體措施和手段。策略定位範式並不是模糊具體措施和手段背後的政治決斷，相反，比較以一個中國原則為主要話語的立場定位範式，策略定位範式能夠更加準確和有針對性地發現臺灣參加國際組織所運用的方法、手段及其所發表言論的實質，因而能夠為大陸提出因應對策提供理論上的支撐。大陸的因應策略可以按照臺灣所採取的「主體」、「權利」和「參與」策略迭次展開。

（一）因應「主體策略」：定型「中華台北」

為因應「兩體」策略，本研究提出的基本思路是：正確認識臺灣借助國際組織的憲章或重要公約的規範申請參加國際組織中的現象，改變一概以立場否定之的政策，而在國際組織憲章或重要公約中尋找合適的反制依據，對於確無反制依據的，根據臺灣的現實需求和國際社會的認可程度適當開放其以合適名義參加國際組織活動的空間，以「疏」而非「堵」的辦法應對「兩體」策略。在具體操作的層面，不妨將臺灣已經廣泛使用，大陸方面也能接受的「中華台北」名號透過制度的形式予以定型，使之成為臺灣參加國際組織的「法理名號」。

臺灣釋出「兩體」的策略的原初動力，在於稀釋因為不對稱博弈而造成中華民國或臺灣名號被一個中國原則所封鎖的被動局面。由此可見，臺灣的「兩體」策略，是以形成適合於臺灣的合適「名號」為目的。判斷一個「名號」是否合適，從臺灣參加國際組織的角度而言，應當具備兩個要素：其一，所選擇的「名號」不能「矮化臺灣」，亦即不能使用使得臺灣與大陸之間形成依附、附屬關係的「名號」，如臺灣省、「中國臺灣」等；其二，所選擇的「名號」不能違背一個中國原則，造成「兩個中國」或「一中一台」的情形，當然，經過大陸方面對於一個中國原則內涵的多次擴張解釋，這裡的「不能違背」也可以理解為「不直接牴觸」或「不主動違背」。受第二個要素的影響，臺灣、中華民國等「名號」是不適宜的。當然，以上判斷一個「名號」合適與否的要素，亦不能絕對化。如根據第一個要素，「臺灣省」、「中國臺灣」等名號不足以成為合適的「名號」，但臺灣出於現實利益的需要，有時寧願「自我矮化」的「名號」。臺灣在印度洋的鮪釣漁獲量居於該地區首位，因而有著大的漁業利益。為了維護臺灣在該水域的漁業利益，臺灣罕見地降低參與規格，放棄以臺灣或「中華台北」等「名號」，而以「中國臺灣

省」的「名號」參與該組織的活動。[68]

不過,就總體情況以及臺灣在主觀意見和客觀現實的衡平而言,上述兩個要素是具有普遍意義的。

在確定臺灣參加國際組織的合適「名號」時,另一個需要釐清的,是「法理名號」與「事實名號」的關係。用「法理名號」和「事實名號」的區別來研討臺灣參加國際組織的資格與名分,是臺灣學者常用的一種理論工具,其基本觀點是:中華民國是臺灣在憲法上的「國號」,在未「修憲」前,中華民國仍是臺灣的「法理名號」;但是,中華民國既不能解釋中華民國的「治權」限縮於「台澎金馬」的「事實」,也不能因應大陸方面反對和抵制中華民國符號的事實,因而需要用「事實名號」來取代「法理名號」。主張「法理名號」和「事實名號」相疏離的觀點,不僅為一些贊成「台獨」觀點的學者所主張,而持「統一」觀點或「維持現狀」觀點的臺灣學者也認同,尤其是中華民國的「法理符號」,在一定程度上已經成為平衡「中國」與臺灣的關鍵要素,即所謂「憲法一中」的共識。[69]

但是,臺灣學者對於「法理名號」和「事實名號」的主流觀點,僅僅揭示了兩者在中華民國和「中國」之間的疏離關係,意圖營造出中華民國並不等於「中國」的學理氛圍,因而並未完整地解釋兩者的疏離關係。「法理名號」與「事實名號」之間存在著兩個層次的疏離:其一是臺灣學者的主流觀點,即中華民國和「中國」之間的疏離;其二是中華民國與臺灣的疏離。對於臺灣參加國際組織的問題而言,後者可能更有意義。中華民國作為臺灣在其現行憲法上的「名號」,在事實層面上不僅不能和「中國」相等同,更不能和臺灣相等同。根據臺灣現行憲法第4條和增修條文第1條,中華民國「固有疆域」未經臺灣人民經公民投票方式變更,不得變更之。臺灣司法院大法官於1993年作成「釋字第328號解釋」,認為有關「固有疆域」之範圍屬於政治問題,因而未對何為「固有疆域」作進一步地說明。根據馬英九的多個講話,中華民國「固有疆域」及於大陸是臺灣至少當前在官方層面的認識。但是,這一純在法理上的推理,與中華民國並無法覆蓋和代表全中國的事實並不相符。同時,根據臺灣的描述,中華民國僅僅是「治權」限縮於臺灣,而不是「等於臺灣」或「就是臺灣」。而臺灣至今保持臺灣省、福建省的兩省建制,1997年對於臺灣省級建制也僅僅是「精簡」而不是「廢止」,因此,中華民國與臺灣在事實上也不能等同。

釐清中華民國和臺灣的疏離關係，目的在於澄清所謂「法理承認」和「事實承認」的概念。所謂「法理承認」，是指承認一個國家具有國際法上的完整人格，亦即「正式的承認」，而「事實承認」是指承認國對被承認國能否取得國際法的法人資格，多少保留態度，但承認其存在已是事實。[70]
臺灣所意欲謀求的，無疑是對於中華民國的「法理承認」，但在不對稱博奕的背景下，中華民國的「名號」本身並不被接受，甚至無從存在於主流國際社會，因而其只能採取替代性的措施，用其他「名號」參加國際組織，以謀求對臺灣的「事實承認」。在以「事實承認」替代「法理承認」的策略下，臺灣可能並不如一般主權國家那樣，在意自身到底是以何「名號」參加國際組織。立基於以上認識，大陸因應臺灣「兩體」策略的辦法，應當是在維護一個中國原則和臺灣謀求「事實承認」之間尋求平衡，而這個平衡的關鍵點就是能否獲得一個兩岸都能接受的「名號」，使得臺灣能夠借助該「名號」參加國際組織。為此，對應臺灣衡判「名號」是否合適的兩個要素，本研究也嘗試在「兩岸」的政治關係定位背景下，建立衡判一個「名號」是否可以為臺灣運用於參加國際組織的標準。其一，根據「兩岸」模式，所確定的「名號」不必拘泥於對臺灣或臺灣本身的定位，只要這一定位不違背一個中國原則，即可被接受，而這裡的「不違背」應當理解為「不直接牴觸」或「不主動違背」。其二，對於臺灣參加國際組織的「名號」，不僅兩岸要有共識，臺灣內部亦要有共識，國際社會也需有共識。據此，「中華台北」可能是臺灣參加國際組織最為合適的「名號」。

首先，「中華台北」由「中華」和「台北」兩個原本相互獨立的詞構成，包容了大陸和臺灣的各自訴求，同時也符合「兩岸」模式的精神。「中華」雖然不如「中國」能夠直接指明臺灣是中國的一部分，但卻是一個能夠暗示中國國家意涵的文化範疇。在馬英九「兩岸人民同屬一個中華民族」的論述下，「中華」已經是兩岸在「中國」問題上最為現實的公約數。「台北」有著三重含義：其一，「台北」不是臺灣，因而可以迴避以臺灣作為「名號」是否會有違「一個中國」原則的問題；其二，「台北」是臺灣所在地，因而也可以作為臺灣公權力機構的代稱，又能迴避對臺灣的政治定位問題；其三，「台北」並不是臺灣的行政區域名稱（即大陸所稱的「臺灣省」），因而能夠使得臺灣不至於對「名號」產生從屬於中國的聯想，易於為臺灣所接受。可以說，「中華台北」一方面體現了大陸試圖將臺灣參加

國際組織納入中國框架內,以避免造成「兩個中國」、「一中一台」的訴求,又能滿足臺灣以不至於被「矮化」為中國一個部分的名義參加國際組織的期望;另一方面,「中華台北」模糊了臺灣和臺灣的政治定位問題,而是用「台北」這樣一個地理上的名詞表徵政治上含義,與「兩岸」模式的精髓相呼應。

其次,「中華台北」在兩岸之間、臺灣臺灣和國際社會均有共識,臺灣以「中華台北」名義參加國際組織幾成慣例。在兩岸之間,儘管雙方仍有「中國台北」和「中華台北」的爭論,但對於英文「Chinese Taipei」並無爭論,而從總體來看,大陸方面也越來越接受「中華台北」,而將「中國台北」暫時擱置。在實踐中,大陸已經允許臺灣以「中華台北」名義參加多個國際組織並與之共存。由此可見,兩岸對於「中華台北」「Chinese Taipei」的名號已經形成了共識。在臺灣臺灣,以「中華台北」作為中華民國的替代性「名號」,用以換取國際社會的「事實承認」,為臺灣和多數民眾所認可。即便在民進黨執政時期,臺灣在參加國際組織以及某些國際組織的活動時,也接受了「中華台北」的「名號」,如以「台澎金馬單獨關稅區」參加WTO時,在WTO內即冠以「中華台北」的「名號」,又以「中華台北」的「名號」參加了2000年和2004年兩屆奧運會,等等。可以說,臺灣的部分人士雖然對「中華台北」有著諸多非議之詞,但就總體而言,臺灣臺灣對於「中華台北」有著廣泛的共識。不獨兩岸,國際社會對於「中華台北」亦有共識,此觀臺灣以「中華台北」「名號」廣泛參加諸多國際組織即可獲知。[71]
可以說,「中華台北」已經經過了反覆的使用,在心理上為兩岸和國際社會所認同,因而已經成為臺灣參加國際組織的慣例。

目前,「中華台北」雖已構成慣例,但仍未定型化。大陸對於「中華台北」事實上仍為擺脫在「亞行」模式中形成的「個案處理」的傾向,亦即仍將臺灣參加某個國際組織作為個案,試圖透過「個案」的處理來確定臺灣參加國際組織的「名號」。胡錦濤在「胡六點」中已經提出兩岸可以就臺灣參加國際組織問題作出「合情合理的安排」,這裡的「安排」可以理解為「制度安排」,亦即將臺灣參加國際組織的某些問題透過制度的形式予以定型。立基於上述理解,「中華台北」是目前在用制度形式予以定型方面最為成熟的「名號」,也可以對臺灣參加國際組織的其他問題造成良好的示範作用。對此,兩岸不妨透過兩會事務性商談機制,透過協議的方式將「中華台北」作為臺灣參加國際組織的「名號」予以定型,從而達到將其

納入制度軌道以避免臺灣在選擇「名號」上踰越政治底線的可能性。

（二）因應「權利策略」：開放臺灣同胞維護自身利益的制度空間

　　為因應「權利」策略，本研究提出的基本思路是：利用在國際社會的話語優勢和組織資源，主動維護臺灣民眾的各項權利與福祉，尊重臺灣民眾的正當權利訴求，防止因政治原因客觀上妨礙臺灣民眾權利實現的情況出現，消解「權利」策略的社會基礎。為此，可以構建大陸協助保障臺灣民眾利益的機制和兩岸共同維護中華民族整體利益的機制，開放臺灣同胞在國際社會維護自身利益的制度空間。

　　從貫徹落實寄希望於臺灣人民方針的目的出發，大陸方面對於保障臺灣同胞合法權益不可謂不用心，在事實上也積極地為臺灣人民積極地謀求福祉和利益。胡錦濤2005年3月對「貫徹寄希望於臺灣人民的方針決不改變」進行了專門的論述。根據胡錦濤的論述，臺灣同胞被定性為「骨肉兄弟」、「發展兩岸關係的重要力量」、「遏制『台獨』分裂活動的重要力量」，表示對於臺灣同胞的態度是「尊重」、「信賴」和「依靠」，並要「設身處地地為他們著想，千方百計照顧和維護他們的正當權益」。2008年12月，胡錦濤在「胡六點」中再次要以人為本，把寄希望於臺灣人民的方針貫徹到各項對台工作中去，理解、信賴、關心臺灣同胞，為臺灣同胞多辦好事、多辦實事，依法保障臺灣同胞正當權益。在有關臺灣「國際空間」的部分，胡錦濤對於在國際社會維護臺灣同胞權益的問題進行了專門的論述：我們一貫致力維護臺灣同胞在國外的正當權益，我們駐外使領館要加強同臺灣同胞的聯繫，誠心誠意幫助他們解決實際困難。[72]
在實踐中，大陸有關部門和駐外機構保障臺灣同胞合法權益的事件也屢見不鮮。然而，必須承認的是，在客觀上，臺灣民眾對於大陸維護臺灣同胞合法權益的舉措認同度並不高。造成上述現象的原因自有許多，其中之一就是大陸在維護臺灣同胞合法權益方面並未遵循制度化的框架，沒有在國際社會開放臺灣同胞維護自身權益的空間，因而導致大陸對於臺灣同胞合法權益的維護，更容易使人理解為大陸方面的「恩賜」或「施捨」，而不是臺灣民眾自身權益的訴求。

應對臺灣在參加國際空間問題上的「權利」策略，大陸方面缺乏對臺灣民眾在國際空間維護自身權益的因應機制，可能或者已經導致如下問題：其一，大陸方面儘管誠心誠意地維護臺灣同胞在國際社會的合法權益，但容易被誤解為「統戰」策略；其二，由於缺乏制度化的框架，大陸維護臺灣同胞合法權益只能採取個案處理的方式，真正能夠從中獲益的臺灣同胞有限；其三，制度化框架的缺乏，容易給臺灣部分勢力否定大陸方面維護臺灣同胞合法權益的努力，並運用「權利」策略提供藉口。為此，因應臺灣「權利」策略的最佳辦法，不是去駁斥「權利」策略背後的政治意圖，更不是否定臺灣同胞在國際社會所享有的合法權益，而是在解決臺灣參加國際空間的問題上，建立起「權利」思維，開放臺灣同胞在國際社會維護自身權益的機制，構建相應的制度性框架，透過制度展現大陸方面維護臺灣同胞合法權益的誠意，以消除或減弱「權利」策略在臺灣的社會基礎，具體包括：

第一，在國際組織規則允許的範圍內，開放臺灣以合適身分參加有利於維護臺灣同胞權益的國際組織。一些國際組織在維護公民合法權益方面有著很強的功能，因而也是臺灣「權利」策略運用的重點對象。去除臺灣運用「權利」策略背後的政治考量，參加這些國際組織的確能夠有力地推動臺灣同胞合法權益的實現。因此，對於臺灣謀求參加這類國際組織，大陸方面應當採取比較務實的態度：一方面，固然要堅持一個中國原則，對於臺灣和臺灣部分勢力試圖借維護臺灣同胞權益參加相關國際組織的圖謀予以否定，另一方面，又要重視參加這類國際組織對於在國際社會維護臺灣同胞權益的正面功能。立基於上述認識，應對臺灣運用「權利」策略謀求參加國際組織，首先應當考察該國際組織的相關規則，尤其是憲制性規則。如果該國際組織規則允許非主權國家的實體以合適名義參加，則應當根據相關規則，開放臺灣參加該國際組織的空間。當然，如果該國際組織並未對非主權國家的實體設計參加渠道，只允許主權國家參加，則應當在否定臺灣參加資格的基礎上，為臺灣同胞獲取相關訊息、參加具體活動提供必要的渠道。後一種情形，大陸在應對臺灣參加WHO／WHA的過程中已經有所發生，只是大陸方面並未真正地建立制度化框架，導致對於允許臺灣方面借助大陸管道參加WHO／WHA活動只能停留在政策宣示的層面，而無法真正透過制度框架有效運行起來。

第二，開放臺灣同胞參加國際組織相關活動並從國際組織獲取訊息的制度渠道。一些國際組織雖然只允許主權國家的參加，但並未否定來自於非主權國家的政

治實體的人民參加其活動。對於此，大陸方面應當加以妥善利用：其一，允許臺灣的知名人士和專家學者參加國際組織的技術性活動，如允許臺灣的專家學者參加國際組織舉辦的業務類會議，允許臺灣知名人士和專家學者參加國際組織的技術性機構（如專家委員會、技術委員會等）；其二，在條件成熟時，支持、推薦臺灣人士擔任國際組織的高級別職務，至少在臺灣人士謀求擔任國際組織高級別職務時採取不反對的態度，當然，此類職務不應當影響到「一個中國」的原則；其三，允許臺灣在國際組織所在地設立以訊息交換和事務協調為目的的機構，這類機構不能定性為臺灣的代表機構，而僅僅是一個技術性的機構，不代表臺灣在該國際組織的存在，也不意味著臺灣已經參加了該國際組織，其事務範圍僅以保障臺灣人民的相關權益為限。以上措施需要注意到政治性問題和技術性問題之間的平衡，把握好技術性問題的範圍與界限，以及臺灣機構和人士參加國際組織的度，以防止臺灣借上述形式在國際組織乃至於在國際空間的「事實存在」。

第三，建立兩岸共同維護中華民族整體利益的制度框架。胡錦濤提出，兩岸同胞同屬中華民族，是血肉相連的命運共同體；馬英九也曾提出，兩岸人民同屬中華民族。兩岸雖暫時處於政治對立狀態，但民族情感和聯繫並未因政治對立而切斷和削弱，在共同維護中華民族整體利益方面，都有著重大的責任。同時，兩岸人民有著廣泛的共同利益。以海洋為例，海洋是兩岸諸多民眾的生存之本，海洋資源是兩岸實現中華民族永續發展的根本支撐，海洋區域也是中華民族傳統的固有疆域，因此，維護中華民族海洋權益是兩岸人民應當攜手努力的重大事項。由此可見，無論是基於民族情感還是共同利益，兩岸維護中華民族整體利益都有其必要性和緊迫性。然而，當前，兩岸並未建立相應的機制，導致在維護中華民族整體利益方面只能處於各自努力和單打獨鬥的狀態。2012年出現的南海事件和釣魚島事件，都表明了兩岸在共同維護中華民族海洋利益方面的制度缺陷。儘管兩岸未能聯手有著深刻的政治原因，但缺乏相應的制度框架和機制保障，也是其中重要的因素。因此，有必要建立起兩岸共同維護中華民族整體利益的制度框架，發揚「兄弟鬩於牆，外禦其侮」的精神，透過維護中華民族整體利益，推動臺灣同胞在國際社會的權益在中華民族整體利益的維護和增進中不斷提升。

（三）因應「參與策略」：超越參加國際組織的政治目的

為因應「參與」策略，本研究提出的基本思路是：對於臺灣以合適名義已經參加的國際組織，應當更加注重於如何在「兩岸共處一個國際組織」的情況下，維護國家統一與主權，保障國際組織功能實現，防止「參與」策略效果的進一步累積。應對「參與」策略，首要的是改變對於國際組織的基本認識，亦即更多地從功能角度去理解國際組織，而不是單純地將其理解為政治問題，超越對於參加國際組織政治目的的認識。

中華傳統文化中的「名實觀」導致了參加國際組織的功能性意涵遠遜於其政治性意涵。與西方國家參加國際組織主要是為了實現特定的目的不同，東方社會對於參加國際組織的意義，主要偏向於彰顯國際承認。因此，相對於國際組織的功能性而言，臺灣參加國際組織的目的，以及大陸在看待臺灣參加國際組織的問題上，都較多地偏向於政治方面的意涵，這也是造成兩岸在臺灣參加國際空間問題上形成困局的原因之一，更是構成了臺灣運用「參與」策略的認識論基礎。立基於上述認識，為因應臺灣的「參與」策略，有必要改變單一地對國際組織政治目的的認識，而在臺灣參加國際組織的問題上，更加突顯出國際組織的功能性意涵。

對於國際組織功能性意涵的認識，不妨從米特蘭尼對於功能主義的建構作一簡述。羅馬尼亞學者米特蘭尼受到多瑙河管理委員會的啟發，後者是一個為管理多瑙河而成立的功能性和技術性的機構，為與這條河流相鄰的國家管理多瑙河上的交通提供協調與合作的場所。儘管這些國家在國家利益觀念上有著嚴重分歧，但它們可以透過這個委員會在管理河流交通的問題上取得一致。[73]
立基於此，米特蘭尼提出作為功能主義核心理論的「分枝論」（Doctrine of Ramification）。[74]

米特蘭尼認為，國家間為了避免戰爭，有三種可選擇的途徑：其一，實現國家聯合；其二，建立地區性的聯邦體系；其三，透過功能性的合作。[75]

在三種途徑中，米特蘭尼傾向於最後一者。米氏認為：功能性的合作既可以避免國際機構過於鬆散的弊端，同時又能在公共生活中建立廣泛而穩定的權威，[76]

而國家之間在某一領域合作的發展會導致其他領域的合作，「國家間一部門的合作是另一部門合作的結果，也是另一部門合作的動因」。[77]

由此可見，功能主義的實質是迴避高度爭議性的主權問題，將各國中相同的功能整合起來，交由一個技術化的國際組織去管理，而非簡單謀求建立統一的世界政府。功能主義者認為，由於功能之間的高度關聯性，這種基於功能的整合會自動滲透至政治領域，從而引起人民對國家的忠誠度向一個功能性的組織體轉移。功能主義受到了早期歐洲整合運動領袖的青睞，歐洲煤鋼共同體、歐洲原子能共同體等組織都是在此理論指導下建立起來的。儘管功能主義的理論本身並非是完美無缺——相反，功能主義在隨後的實踐中被不斷地昇華和取代——但是，功能主義對於國際組織功能性意涵的挖掘，卻構成了在兩岸背景下認識國際組織功能性意涵的基本工具。

國際組織的功能性意涵，可以從以下三個方面加以理解：其一、國際組織的成立，是為了實現某項功能，而此項功能的實現需要各國或地區的通力合作，或者涉及多個國家或地區的利益；其二、各國或地區參加國際組織的目的，是為了在某項功能實現過程中，爭取本國或本地區的最大利益；其三、未能加入某一為實現功能的國際組織，將有損一國或地區在圍繞此功能事務中的利益。立基於以上的認識，國際組織的功能性意涵，完全有別於國際組織的政治目的，前者是以國家或地區利益為核心的範疇，而後者則主要涉及國家或地區在國際社會的「名分」。[78] 事實上，臺灣在參加國際組織的問題上，已經表現出對於國際組織功能性意涵的認識。如印度洋漁業資源分配對於臺灣而言有著重要的經濟利益，臺灣事實上在該地區水域的鮪魚漁獲量居於該水域的首位。為了維護臺灣在該水域的漁業利益，臺灣罕見地自我「降低」參與規格，放棄以臺灣或「中華台北」的名稱，而是以「中國臺灣省」的名稱按「受邀專家」的地位參加印度洋鮪魚養護委員會的會議或活動。[79]

臺灣在印度洋鮪魚養護委員會的參與實踐，表明了國際組織的功能性意涵在利益足夠大的情況下，能夠超越國際組織的政治目的，導致臺灣放棄對於「承認」和「名分」的追求。事實上，臺灣採取的「參與」策略，在相當程度上也體現了對於國際組織功能性意涵的體認。

以上理論和實踐都要求大陸方面對於國際組織的功能性意涵加以足夠的認識，

在臺灣參加國際組織的問題上,超越參加國際組織的政治目的。具體包括三個方面:

第一,在堅持一個中國原則和國際組織相關規則允許的基礎上,開放臺灣以合適名義和合適方式參加功能性國際組織活動的空間,儘量挖掘國際組織的功能性意涵,避免政治問題的發酵。從「權利」策略和「參與」策略運用的背景來看,臺灣在參加功能性國際組織方面較參加政治性的國際組織成功,其原因在於前者在「國際承認」和「名分」方面的含義偏弱,而實現某種功能的意涵較強,因而易於被臺灣尋找到突破口,臺灣民眾對於參加這些國際組織的意願也較高,需求較政治性國際組織更加強烈。因此,如果大陸持續地封鎖臺灣參加功能性國際組織活動的空間,則容易引發臺灣反彈,進而使得兩岸業已存在的政治對立持續發酵,損害兩岸之間脆弱的互信,從而對兩岸關係造成消極影響。在實踐中,這裡所描述的情況已經在多個功能性國際組織中發生,WHO/WHA也是其中之一。為了避免上述情況的多次發生,有必要重視臺灣參加國際空間中的功能性目的,而非僅僅關注其政治上的目的。在堅持一個中國原則國際組織相關規則允許的基礎上,對於臺灣以合適名義和合適方式參加功能性組織活動的問題,採取相對開放的態度。這一方面是滿足臺灣為實現其自身利益而參加功能性國際組織的需求,另一方面也是為了避免臺灣部分勢力借助「權利」策略和「參與」策略,推動兩岸政治對立的加深與發酵。當然,需要說明的是,開放臺灣參加功能性國際組織活動的空間,並非意味著在臺灣參加國際組織問題上的退讓與放棄,相反,此舉的目的是引導臺灣將參加國際組織的目的設定於功能性意涵,而逐漸褪去政治性目的的色彩,進而將臺灣參加國際組織的問題納入大陸方面可控的框架內。

第二,對於大陸和臺灣共同參加的國際組織,應當探尋「兩岸共處一個國際組織」的方式,並建立制度框架,推動兩岸在同一國際組織內的和諧共處,共同實現國際組織在其功能性意涵方面的作用。兩岸當前已經以國際組織規則允許的方式共同參加了一些國際組織,兩岸在國際空間上的鏖戰在相當程度上也轉移至兩岸共同所參加的一些國際組織中。諸如臺灣辦事機構的名稱、標誌、法律地位、所享有的權利等,都是兩岸所爭議的對象。兩岸在所共處的一個國際組織內的鏖戰,加深了兩岸的政治對立,也阻滯了國際組織功能性意涵的實現。在此方面,因應臺灣「參與」策略的一個可行方法是:在國際組織規則的框架內,透過遵守規則的方式,處

理好大陸和臺灣在同一國際組織內的關係，去除兩岸政治對立對兩岸共處一個國際組織中相互關係的影響，推動兩岸在功能性國際組織中的「休兵」。至於其中的具體問題，本研究將在後文中詳述，此處不再贅述。

第三，臺灣一些民間團體以自己名義參加的非政府間國際組織，大陸方面不妨採取默許的方式，使其在遵循一個中國原則的前提下開展活動。臺灣一些民間團體，以自己名義參加了非政府間國際組織。後者一般不以主權國家為參加單位，而是允許各國各地區的民間團體參加的國際組織。非政府間國際組織與通常意義上只能由主權國家參加的國際組織不同，前者的功能性意涵較之後者更加明顯。一國或地區的民間團體參加非政府間國際組織，一般沒有「國際承認」或「名分」的效果。儘管臺灣有部分人士依然將臺灣民間團體參加非政府間國際組織作為臺灣參加國際空間的途徑，但此種觀點也不過是希冀透過民間團體參加非政府間國際組織及在其中的活動，造成加強臺灣影響和增加曝光率機會等作用，距離謀求「國家承認」或「名分」尚有相當距離。[80]
因此，大陸方面對於臺灣的民間團體參加非政府間國際組織採取更加寬容和務實的態度，亦即：只要這些民間團體在非政府間國際組織中的活動沒有破壞一個中國原則，在國際社會造成「兩個中國」或「一中一台」的情形，則不妨採取默許的方式，允許其開展活動，以使臺灣可以透過此一路徑部分地實現參加國際組織的功能性目的。

當然，以上策略更多的是針對臺灣的策略而提出的相應因應辦法。從根源上而言，臺灣參加國際組織的問題，尚需要兩岸進一步地積累互信，並在一個中國原則的基礎上，透過協商的方式進行合情合理的安排。除此以外，其餘的策略或因應之道，從大道而言，不妨都理解為一種無奈狀態下的權宜之計。

註釋

[1].本章第一部分和第二部分的主要內容發表在《「一國兩制」研究》（澳門）第9捲上，感謝楊允中老師、許昌老師和雜誌編輯的大力支持與鼓勵。感謝廈門大學臺灣研究院彭莉教授對本章提出的寶貴意見。

[2].張啟雄、鄭家慶：《中華民國（臺灣）參與WHO／WHA會籍的「國際名分」認定》，載《近代史研究所集刊》第66期，2009年12月。

[3].初國華：《不對稱權力結構下的兩岸談判：辜汪會談個案分析》，臺灣政治大學中山人文社會科學研究所博士論文，2007年9月，第62頁。

[4].裘兆琳：《中國參與世界衛生組織之策略演變與美國角色分析》，載《歐美研究》第40卷第2期，2010年6月。

[5].［德］漢斯·波塞爾：《科學：什麼是科學》，上海三聯書店2002年版，第118頁至第119頁。

[6].陳隆志：《新世紀臺灣的國際角色》，載《新世紀智庫論壇》第10期，2000年6月；林文程：《中國參與國際組織的困境與對策》，載《新世紀智庫論壇》第10期，2000年6月。

[7].初國華：《不對稱權力結構下的兩岸談判：辜汪會談個案分析》，臺灣政治大學中山人文社會科學研究所博士論文，2007年9月，第29頁。

[8].初國華：《不對稱權力結構下的兩岸談判：辜汪會談個案分析》，臺灣政治大學中山人文社會科學研究所博士論文，2007年9月，第13頁。

[9].裘兆琳：《中國參與世界衛生組織之策略演變與美國角色分析》，載《歐美研究》第40卷第2期，2010年6月。

[10].邵宗海：《兩岸關係》，五南圖書出版有限公司2006年版，第462頁至第473頁。

[11].林文程：《中國參與國際組織的困境與對策》，載《新世紀智庫論壇》第10期，2000年6月。

[12].林文程：《台僑協助中國加入國際組織之角色、功能及挑戰》，資料來源：www.ntnu.edu.tw/deacd/conference/paper/3-1.pdf，最後訪問日期：2012年10月7日。

[13].裘兆琳：《中國參與世界衛生組織之策略演變與美國角色分析》，載《歐美研究》第40卷第2期，2010年6月。

[14].初國華：《不對稱權力結構下的兩岸談判：辜汪會談個案分析》，臺灣政治大學中山人文社會科學研究所博士論文，2007年9月，第227頁至第242頁。

[15].語出蔣孝嚴在1997年歐洲議會上的演講。參見邵宗海：《兩岸關係》，五

南圖書出版有限公司2006年版，第467頁。

[16].周葉中、祝捷：《兩岸關係的法學思考》，香港社會科學出版社2010年版，第64頁至第69頁。

[17].祝捷：《海峽兩岸和平協議研究》，香港社會科學出版社2010年版，第95頁。

[18].邵宗海：《兩岸關係》，五南圖書出版有限公司2006年版，第351頁。

[19].黃異：《國際法在國內法領域的效力》，元照出版有限公司2006年版，第111頁。

[20].邵宗海：《兩岸關係》，五南圖書出版有限公司2006年版，第466頁。

[21].張啟雄、鄭家慶：《中華民國（臺灣）參與WHO／WHA會籍的「國際名分」認定》，載《近代史研究所集刊》第66期，2009年12月。

[22].黃偉峰：《歐盟整合模式與兩岸主權爭議之解析》，載《歐美研究》第31卷第1期，2004年。

[23].胡錦濤：《攜手推動兩岸關係和平發展、同心實現中華民族偉大復興——在紀念〈告臺灣同胞書〉發表30週年座談會上的講話》，載《人民日報》2009年1月1日，第1版。

[24].《重返世衛組織可能性低》，載《民生報》1995年4月20日，第21版。

[25].傅依傑：《高孔廉：台北有較大彈性處理兩岸關係》，載《聯合報》1995年9月11日，第4版。

[26].裘兆琳：《中國參與世界衛生組織之策略演變與美國角色分析》，載《歐美研究》第40卷第2期，2010年6月。

[27].裘兆琳：《中國參與世界衛生組織之策略演變與美國角色分析》，載《歐美研究》第40卷第2期，2010年6月。

[28].祝捷：《海峽兩岸和平協議研究》，香港社會科學出版社2010年版，第34頁。

[29].葉俊榮：《憲法的上升與沉淪：六度修憲後的定位與走向》，載《政大法學評論》第69期，2002年；亦可參見周葉中、祝捷：《臺灣「憲政改革」研究》，香港社會科學出版社2007年版，第65頁至第68頁。

[30].臺灣「外交部」：「中華民國參與聯合國說帖」，1994年4月。

[31].臺灣「外交部」：「重新檢視一九七一年聯合國二七五八號決議」，1996年7月。

[32].胡錦濤：《攜手推動兩岸關係和平發展　同心實現中華民族偉大復興——在紀念〈告臺灣同胞書〉發表30週年座談會上的講話》，載《人民日報》2009年1月1日，第1版。

[33].臺灣「外交部」：「中國推動參與世界衛生組織（WHO）案說帖」，2002年5月。

[34].裘兆琳：《中國參與世界衛生組織之策略演變與美國角色分析》，載《歐美研究》第40卷第2期，2010年6月。

[35].臺灣立法院：「外交部部長黃志芳報告外交施政並備詢」，臺灣「立法院公報」2006年第11期。

[36].參見臺灣「外交部」：「黃（志芳）部長說明我今年推動以臺灣名義申請加入WHO案記者會」，2007年5月14日。

[37].臺灣立法院：「外交部政務次長楊子葆及行政院衛生署主管副署長專題報告『二零零七年中國推動參加世界衛生組織（WHO）之經過、檢討與展望』」，臺灣「立法院公報」2007年第50期。

[38].2001年王英凡函件全文，參見裘兆琳：《中國參與世界衛生組織之策略演變與美國角色分析》，載《歐美研究》第40卷第2期，2010年6月。

[39].2003年王光亞函件全文，參見裘兆琳：《中國參與世界衛生組織之策略演變與美國角色分析》，載《歐美研究》第40卷第2期，2010年6月。

[40].參見《中國共產黨總書記胡錦濤與親民黨主席宋楚瑜會談公報》，資料來源：http://www.chi-nataiwan.org/wxzl/zhgzhywx/200509/t20050903 199004.htm，最後訪問日期：2011年6月22日。

[41].《溫家寶：願意就臺灣加入世界衛生組織進行協商》，資料來源：http://news.sohu.com/20090313/n262779171.shtml，最後訪問日期：2011年6月22日。

[42].邵宗海：《兩岸關係》，五南圖書出版有限公司2006年版，第468頁。

[43].張啟雄、鄭家慶：《中華民國（臺灣）參與WHO／WHA會籍的「國際名分」認定》，載《近代史研究所集刊》第66期，2009年12月。

[44].See Joseph S Nye and John D.Donahue.Governance in a Globalizing World, Brookings Institution Press.pp79-80（2000）.

[45].張啟雄、鄭家慶：《中華民國（臺灣）參與WHO／WHA會籍的「國際名分」認定》，載《近代史研究所集刊》第66期，2009年12月。

[46].蕭全政：《政治民主化與臺灣的對外政策》，載《政治科學論叢》第7期，1996年5月。

[47].林文程：《中國參與國際組織的困境與對策》，載《新世紀智庫論壇》第10期，2000年6月。

[48].《首都隆重紀念江主席對台重要講話發表五週年》，資料來源：http：//www.people.com.cn/GB/channel1/10/20000705/130670.html，最後訪問日期：2011年6月23日。

[49].在錢其琛的「五個可以談」和中共十六大報告中，臺灣的「活動空間」被嚴格限定在經濟、文化和社會領域，而不包括政治領域。但《反分裂國家法》顯然取消了有關領域的限制，擴大了前兩者表述的範圍。對於前兩者的含義分析，參見陳孔立：《台海觀察：臺灣問題專家解讀「三個可以談」》，資料來源：http：//www.people.com.cn/GB/shizheng/18/20/20030107/902353.html，最後訪問日期：2011年6月23日。

[50].1997年提案標題的完整表述為「Inviting the Republic of China（Taiwan）to attend the World Health Assembly in the capacity of observer」，即「attend」（「加入」）的目的，仍為具有「觀察員之能力」，而非如2007年提案所要的「會員資格」（membership）。

[51].葉金川：「行政院衛生署專案報告二零零九年參與世界衛生組織之規劃」，載《社會福利及衛生環境委員會第七屆第三會期專案報告》，臺灣立法院2009年版。

[52].臺灣「衛生署」：「WHO來函同意將我納入《國際衛生條例》運作體系」，2009年1月22日。

[53].臺灣「外交部」：「中國推動世界衛生組織（WHO）案說帖」，2002年5月。

[54].臺灣「外交部」：「中國推動世界衛生組織（WHO）案說帖」，2002年5

月；臺灣「外交部」：「推動WHO案恰助說帖及文宣」，2004年5月。

[55].臺灣「外交部」：「外交部對第五十八屆世界衛生大會透過《國際衛生條例》修正條文暨決議之表示歡迎，並感謝相關國家之協助」，2005年5月23日。

[56].WHO的憲章（constitution）在其官方中文網站上譯為「組織法」，但從其內容來看，屬於WHO的憲制性文件，因而本文將其譯為「憲章」。

[57].臺灣立法院：「外交部部長黃志芳報告外交施政並備詢」，臺灣「立法院公報」2006年第11期。

[58].葉金川：「行政院衛生署專案報告二零零九年參與世界衛生組織之規劃」，載《社會福利及衛生環境委員會第七屆第三會期專案報告》，臺灣立法院2009年版。

[59].臺灣立法院：「邀請外交部高次長英茂及行政院衛生署李副署長龍騰專題報告『中國參加世界衛生組織（WHO）工作之檢討』」，臺灣「立法院公報」2003年第36期。

[60].臺灣立法院：「外交部政務次長高英茂專題報告『二零零四年中國參與世界衛生組織大會（WHA）之經過、檢討與展望』」，臺灣「立法院公報」第34期。

[61].臺灣立法院：「邀請外交部高次長英茂及行政院衛生署李副署長龍騰專題報告『中國參加世界衛生組織（WHO）工作之檢討』」，臺灣「立法院公報」2003年第36期。

[62].關於高強提出的「四項基本主張」，參見《第57屆世界衛生大會第8次否決涉台提案》，資料來源：http://news.sina.com.cn/c/2004-05-18/07252556900s.shtml，最後訪問日期：2011年7月3日。

[63].《國務院台辦新聞發布會實錄》（2005年4月13日），資料來源：http://www.gwytb.gov.cn/xwfbh/201101/t20110106 1679242.htm，最後訪問日期：2011年7月3日。

[64].《國務院台辦新聞發布會實錄》（2005年4月13日），資料來源：http://www.gwytb.gov.cn/xwfbh/201101/t20110106 1679242.htm，最後訪問日期：2011年7月3日。

[65].臺灣「外交部」：「外交部重申絕不接受『世界衛生組織』（WHO）將臺灣實施『國際衛生條例2005』（IHR2005）納入中國之下」，2007年6月15日。

[66].參見臺灣立法院：「外交部政務次長楊子葆及行政院衛生署主管副署長專題報告『二零零七年中國推動參加世界衛生組織（WHO）之經過、檢討與展望』」，臺灣「立法院公報」2007年第50期。

[67].初國華：《不對稱權力結構下的兩岸談判：辜汪會談個案分析》，臺灣政治大學中山人文社會科學研究所博士論文，2007年9月，第262頁。

[68].李宗龍：《從各區域性漁業管理組織看捕魚實體在國際漁業法上的法律地位》，東吳大學碩士論文2007年，第108頁。

[69].曾建元：《一個憲法，各自表述：臺灣憲法秩序中的「一個中國架構」》，載《萬竅：中華通識教育學刊》第4期，2006年。

[70].張啟雄：《「法理論述」vs「事實論述」》，《臺灣史研究》第17卷第2期，2010年6月。

[71].黃志瑾：《中國臺灣「國際空間」法律模式初探——以兩岸法律關係為視角》，載《法學評論》2012年第4期。

[72].胡錦濤：《攜手推動兩岸關係和平發展 同心實現中華民族偉大復興——在紀念〈告臺灣同胞書〉發表30週年座談會上的講話》（2008年）。

[73].汪波、吳儀：《新-新功能主義：對功能主義理論的重新審視》，載《武漢大學學報》（哲學社會科學版）2004年第3期。

[74].Doctrine of Ramification，有學者譯為「衍生論」、「擴展說」，本研究採比較通俗、直觀的「分枝論」譯法。關於「衍生論」的譯法，參見黃偉峰：《歐盟整合模式與兩岸主權爭議之解析》，載《歐美研究》第31卷第1期，2004年；關於「擴展說」的譯法，參見房樂憲：《歐洲一體化理論中的功能主義》，載《教學與研究》2000年第10期。

[75].See David Mitrany: The Function Theory of Politics, London School of Economics and Political Science, pp124（1975）.

[76].王英津：《歐洲統合模式與兩岸統一》，載《太平洋學報》2003年第3期。

[77].See David Mitrany: A working Peace System, An Argument for the Functional Development of International Organization, Quadrangle Books, pp97（1966）.

[78].張啟雄、鄭家慶：《中華民國（臺灣）參與WHO／WHA會籍的「國際名分」認定》，載《近代史研究所集刊》第66期，2009年12月。

[79].李宗龍：《從各區域性漁業管理組織看捕魚實體在國際漁業法上的法律地位》，東吳大學碩士論文2007年，第107頁。

[80].陳隆志：《臺灣非政府組織國際參與策略之研究》，臺灣「研究發展考核委員會」研究報告2002年版，第210頁。

第七章 「兩岸」模式下臺灣有序參加國際空間的問題

「兩岸」模式可能是在現階段大陸和臺灣政治關係定位最具可行性的模式。儘管兩岸對「兩岸模式」尚無明確的表態和說明，但從兩岸交往的實踐來看，「兩岸模式」至少目前處於為大陸和臺灣共同「默許」的狀態。在「兩岸模式」下，解決和處理臺灣參加國際空間的具體問題，較之沒有明確的兩岸政治關係定位，顯然要更具針對性和方向性。目前，兩岸在臺灣參加國際空間的問題上，仍然處於「個案處理」的階段，亦即大陸方面針對臺灣參加國際空間的願望、要求與行動，根據具體情況，謹慎地採取應對策略。「個案處理」的方式，或許是目前兩岸政治關係定位尚未明朗化，兩岸政治互信累積不夠狀態下的最佳選擇。但是，兩岸關係和平發展的持續深化及其相關框架的構建，「個案處理」的方式由於缺乏制度性保障，因而在可靠性和穩定性上有所不足，一定條件下甚至可能會受到一些政治因素和國際因素的干擾。因此，有必要在「兩岸模式」下，導和推動臺灣有序參加國際空間，構建臺灣參加國際空間的機制，把握臺灣參加國際空間的幅度、速率和規模，使得臺灣參加國際空間始終與兩岸關係和平發展的步驟與階段相適應。為此，本研究擬對「兩岸模式」下，臺灣有序參加國際空間的幾個重要問題做一討論和分析。

當然，臺灣有序參加國際空間的問題較多，因而不可能一一論及。本研究的工作主要集中在以下四個方面：其一，臺灣有序參加國際空間處於兩岸關係和平發展框架內，因而有必要對如何將構建兩岸關係和平發展框架與臺灣有序參加國際空間問題結合起來，釐清兩者之間的有機聯繫，以期將臺灣有序參加國際空間問題的解決，鑲嵌在兩岸關係和平發展的總體框架中；其二，臺灣有序參加國際空間在一定程度上，要受到國際法的規範與制約，因而本研究將對涉及臺灣的國際法律文件進行整理和分析，以期在國際法上明確臺灣有序參加國際空間的規範及限制；其三，臺灣有序參加國際空間的本質，是建構臺灣有序參加國際空間的機制，用具有明確

性、一致性和穩定性的制度來規範臺灣參加國際空間的行為，因而本研究擬對構建一個什麼樣的臺灣有序參加國際空間機制，以及如何構建臺灣有序參加國際空間機制進行討論；其四，兩岸目前已經共同參加了一些國際組織，如何在這些國際組織中共處，是兩岸發揮參加國際組織之功能、在國際空間積累互信以及共同維護中華民族整體利益的重大問題，本研究將基於功能主義和規範主義的立場，對兩岸共處一個國際組織的問題及其相關解決辦法進行研究。

一、構建兩岸關係和平發展框架與臺灣有序參加國際空間問題

構建兩岸關係和平發展框架，是大陸方面在2005年後提出的戰略思考，已經上升為大陸官方現階段處理臺灣問題的指導性方針之一。兩岸關係和平發展框架是由經濟框架、政治框架、文化框架、社會框架和對外事務框架所組成的框架體系，集中體現為上述框架的各項規範、體制、機制的總和。[1]
臺灣有序參加國際空間，涉及構建兩岸關係和平發展框架的方方面面，是兩岸關係和平發展中的重大問題之一。構建兩岸關係和平發展框架，將有助於兩岸政治關係定位以及臺灣有序參加國際空間問題的推進與合理解決。

（一）兩岸關係和平發展框架的內涵

中共十七大報告提出了「構建兩岸關係和平發展框架」的戰略構想，為大陸對台工作提供了明確而系統的指。2008年3月以來，兩岸局勢出現了有利於兩岸關係和平發展的變化。但是，兩岸關係和平發展框架的內涵仍是一個有待解決的理論問題。國台辦主任王毅在2008年度兩岸關係研討會上指出，兩岸關係和平發展框架的內涵等一系列重大問題，需要我們從理論、政策和實務操作等方面，深入思考、積極探索，以凝聚擴大兩岸同胞的共識，共同致力於促進兩岸關係和平發展的實踐。[2]

對此，臺灣領導人和臺灣有關政黨也給予了積極回應。

　　從整合理論的角度出發，兩岸關係和平發展框架是中國共產黨在新世紀新階段，把握兩岸關係的主題，立足兩岸關係的現狀，堅持並發展「一國兩制」思想，所提出的新的兩岸整合模式。對兩岸關係和平發展框架內涵的理解，可以從整合的四個要素，即實體、措施、限制和結構四個方面來把握：[3]
其一，「兩岸」是兩岸關係和平發展框架的實體，作為一個地理概念，「兩岸」可以替代其他難以言明的政治概念，至於「兩岸」具體所指為何、其間關係如何，雙方都可以採用「沉默」的方式而不作進一步說明；其二，兩岸關係和平發是展框架的措施以經濟、文化和社會為先導，帶動政治層面的整合，其中實現「三通」、促進兩岸經貿關係正常化是兩岸關係和平發展的關鍵步驟；其三，缺乏互信、缺乏協商機制，是目前兩岸關係和平發展的限制，尤其是在高度爭議的「國家」、主權和臺灣的「國際生存空間」上，兩岸幾乎不可能達成一致，而這些衝突和對立在「台獨」分裂勢力的挑動下，成為兩岸關係的主要限制，除此以外，兩岸在制度上的區隔、觀念上的隔膜等也是兩岸關係發展的限制因素；其四，兩岸關係和平發展框架所形成的結構是兩岸間的協商機制以及由此形成的正常化的兩岸關係，從而為兩岸關係和平發展奠定製度框架和良好的外部環境。

　　由此可見，兩岸關係和平發展框架遵循的是一條類似於新功能主義的路徑，亦即先在經濟、文化和社會等方面推動功能性整合，再透過兩岸領導人和政治精英的協商，使經濟、文化和社會等領域的整合向「國家」、「安全」和主權等政治領域「外溢」，從而促進兩岸在政治層面的交流與對話，累積兩岸的共識與信任，為兩岸最終統一奠定基礎。

　　兩岸關係和平發展框架的基本原則，是構建和運行兩岸關係和平發展框架的過程中必須遵循的最基本的準則，是貫穿構建和運行兩岸關係和平發展框架基本精神。確定兩岸關係和平發展框架的基本原則，實際上是對兩岸關係的一種「總梳理」，其要點主要有三：其一，界定兩岸關係和平發展框架的主體，明確大陸和臺灣階段性的政治關係定位，為兩岸構建和平發展框架奠定政治基礎；其二，明確兩岸關係和平發展框架的重心，強化兩岸關係和平發展框架的發展路徑；其三，明確兩岸關係和平發展框架應當包括的主要內容，為兩岸在兩岸關係和平發展框架之內

發展兩岸關係提供載體和渠道。基於以上三點的考慮，本研究認為，[4]兩岸關係和平發展框架的基本原則主要有兩岸原則、功能原則和制度原則：兩岸原則用「兩岸」這樣一個地理概念替代「兩國」、「兩府」、「兩區」、「兩制」、「兩黨」等政治概念，為大陸和臺灣的政治關係定位提供最大、最廣義、最具發展可能性和最易接受的表述；功能原則延續兩岸事務性商談的傳統，緩和兩岸從事務性商談向政治性商談的壓力；制度原則解決了兩岸關係和平發展的外在政治壓力，使得兩岸關係和平發展得以納入到制度和法治的軌道內，借助法律的確定性、規範性克服兩岸關係發展中的種種困境，運用制度的力量推動兩岸關係和平發展。

（二）兩岸原則：「中華民族認同」的邏輯結果

大陸雖然一再透過對「一個中國」政治含義的擴充，來包容其兩岸政策的發展與變化，但由於兩岸在主權、「國家」上的根本性爭議，大陸方面對「一個中國」政治含義的不斷擴充反而被認為是大陸對臺灣的一種「統戰策略」。為了消除這種不必要的誤解，形成兩岸都能接受的兩岸關係和平發展框架，促進構建兩岸關係和平發展框架，可以超越國家層次的認同，在「中華民族」層次建構兩岸的認同基礎。[5]

按照「中華民族認同」的要求，意識形態、政權和國家等各個層次的議題都應暫時予以擱置，因此，用「兩岸」這一從地理概念轉化而來的政治概念來指稱大陸和臺灣，成為構建兩岸關係和平發展框架的必然選擇。「兩岸原則」的確立，體現了「中華民族認同」，反映了兩岸關係和平發展框架對大陸和臺灣政治關係定位的基本態度，構成兩岸關係和平發展框架的基礎。

「兩岸」模式，也是本研究所提出的現階段的兩岸政治關係定位模式，其緣由、意涵、特點和功能前文已經多有詳述，不再贅述。可以說，兩岸原則是兩岸關係和平發展框架的基礎原則，也是兩岸關係和平發展框架對政治關係定位的基本態度。中共十七大報告提出「兩岸關係和平發展框架」的構想，將政治上的「一國」置換為地理上的「兩岸」，既在原則上堅持了「一國」，又在實踐中對「一國」作了策略性的迴避，體現了大陸推動兩岸關係和平發展的誠意。在此背景下，兩岸原則將承擔起歷史的重要。作為兩岸關係和平發展框架的基本原則，兩岸原則的含義

主要有：「兩岸」最為策略地描述了大陸和臺灣當前的政治關係，是「中華民族共識」下最為合適的選擇。確立兩岸原則是「中華民族認同」的邏輯結果。作為兩岸關係和平發展框架的基本原則，兩岸原則的含義主要有：

第一，兩岸原則提出的前提是大陸和臺灣對「一個中國」政治含義的認知不同。目前，兩岸（至少在形式上）都堅持一個中國原則，但是，大陸和臺灣對「一個中國」政治含義的認識有所不同。這種不同是兩岸關係現狀的反映，也為「九二共識」所包容。然而，問題不僅僅在於兩岸對「一個中國」政治含義理解有所不同，在臺灣內部，各群體間對中華民國的認知也是各不相同。臺灣相當一部分人持這樣一種觀點：「我們」（或者直接說臺灣）是一個「國家」，依據憲法，它的名字是中華民國。[6]

持這一被稱為「B型台獨」觀點的人，未必都是「台獨」分子，這其中也包括一部分支持統一的民眾。之所以會出現同一句式為統「獨」兩方面所共同使用的情況，是因為這裡的中華民國，已經不再是「中國」的一個政權符號，而是已經淪為臺灣作為一個「國家」的生存策略。存在於臺灣現行憲法上的中華民國透過憲法的建構作用，成為臺灣作為「國家」的一種「存在方式」。有臺灣學者更為透徹地指出，中華民國已死，只有「中華民國憲法」一息尚存。[7]

考慮到兩岸在「國家」層次認同的現狀，在構建兩岸關係和平發展框架的過程中，應當暫時將「一國」置換為「兩岸」，用地理上的概念模糊淡化政治上的「國家」概念。從此意義而言，兩岸原則是用於轉化一個中國原則表現形式的策略性原則。

第二，兩岸原則的基礎是兩岸承認當前的狀態，尊重對方在其管轄領域的管轄權。由於歷史原因，兩岸尚未統一的狀態具體表現為：其一，兩岸均依據至少自認為具有「正當性」的根本法成立，並組成公權力機關；其二，兩岸的公權力僅及於各自管轄的領域，而無法對對方實際控制的範圍行使管轄權；其三，兩岸各自管轄領域內的民眾，絕大多數對各自的根本法及其由此產生的公權力機關在心理上、情感上和文化上產生認同。對於此情況，兩岸原則要求兩岸承認當前的尚未統一狀態，並尊重對方在其管轄領域的管轄權。惟其如此，兩岸原則方有存在的根基。否則，兩岸必將陷入政治議題的紛爭，徒增彼此間的不信任感，並因此阻滯兩岸關係和平發展。

第三，兩岸原則的實質是大陸和臺灣在兩岸關係和平發展框架內，暫時擱置「國家」、主權等爭議，甚至暫時不談一個中國原則，只要不出現將臺灣從祖國分離出去的事實，對兩岸現狀應保持尊重。「中華民族認同」決定了意識形態、政權和國家等層次的議題要麼被擱置，要麼被轉化為一項「可以談」的議題。因此，在現階段條件不成熟的情況下，不宜對兩岸關係的實體性問題作出判斷，而應在現狀的基礎上，為兩岸關係的實體發展提供相應的制度平台。為此，構建兩岸關係和平發展框架應暫時擱置「國家」、主權等爭議，在具體構建和實施的過程中，為了爭取更多臺灣民眾的認同和支持，甚至可以暫時不出現「一個中國」的表述。但是，兩岸原則不同於「一國兩府/一國兩體/一國兩區」，更不是「兩國論」、「一邊一國」，它毋寧是對現狀的摹寫，而不是對未來的承諾。因此，兩岸原則的底線是尊重兩岸現狀，如果出現將臺灣從祖國分離出去的事實，既破壞了兩岸均認可的兩岸結構，也是為構建兩岸關係和平發展框架的過程中所不容許的行為。反之，只要不出現上述事實，大陸和臺灣基於兩岸原則，都應對現狀予以尊重。

「兩岸原則」是一個事實性原則，也是一項策略性原則。兩岸原則的確立，可以使兩岸迴避無謂的「概念之爭」，從而將為大陸和臺灣共同構建兩岸關係和平發展框架提供寬鬆的政治環境。

（三）功能原則：兩岸關係和平發展框架的必然要求

兩岸關係和平發展框架遵循的是一條「先經後政、先易後難、循序漸進」的路徑，其實質是透過經濟、文化、社會等事務性議題的推動，實現政治性議題的突破。透過推動事務性議題，兩岸可以培養信任、積累共識，從而透過事務性議題的帶動作用，使兩岸間的信任和共識從事務性領域向政治性領域「外溢」。這種新功能主義的思路，決定了功能原則。

在整合理論（或一體化理論）的框架中，兩岸關係和平發展框架遵循的是新功能主義的整合模式。新功能主義脫胎於功能主義，兩者均認為整合應以經濟利益和社會需要為基礎，從各方共同利益出發，透過積極合作建立共同的認知，並透過國家間經濟資源和社會資源的自由流動來實現。[8]

功能主義認為國家間的整合應迴避高度爭議性的主權問題，將各國中相同的功能整

合起來，交由一個技術化的國際組織去管理，而非簡單謀求建立統一的世界政府。功能主義者認為，由於功能之間的高度關聯性，這種基於功能的整合會自動滲透至政治領域，從而起人民對國家的忠誠度向一個功能性的組織體轉移，功能主義所期待的整合即可實現。功能主義的社會基礎是各國在科技發展和經濟高度互聯背景下的合作壓力，試圖透過「從經到政」的路徑，將國家的功能從一個主權國家轉移到一個功能性組織，從而實現各國之間的整合。曾有學者質疑功能主義將經濟與政治嚴格區分的理論前提，認為大多數功能化的服務最終將會涉及資源的配置，而對這些資源配置的決定必然是政治性的。[9]

這一質疑也是新功能主義的出發點之一。在思考路徑上，新功能主義沿襲功能主義，認為整合一旦發動便會自動維持。但是，新功能主義認為，整合的擴展並不是一個自發的過程，而是一個自覺的過程，因而需要政治領導人和社會精英在其中扮演積極的角色。新功能主義的核心概念是「外溢」（Spillover），包括功能性溢出（Functional Spillover）和政治性外溢（Political Spillover）。前者是指整合不可能侷限在特定的經濟部門，一定領域的合作活動會「外溢」到其他部門；後者是指由於政治領導人和社會精英將注意力轉向超國家的層面，從而使整合從經濟領域外溢到政治、社會領域。[10]

由此可見，新功能主義的實質仍是迴避主權等高度爭議性問題，而在政治性較弱的領域作功能性整合，在面對由此類功能性整合產生的政治性壓力時，充分發揮政治領導人和社會精英的作用，透過超國家的制度安排，引導「外溢」的方向。

功能主義與新功能主義是歐洲整合過程中出現的理論，儘管兩岸關係不能與歐洲整合類比，但是去除掉理論的「國家」因素，功能主義和新功能主義可以被運用到對兩岸關係的分析中。兩岸因長期的對立和隔絕，缺乏最基本的互信，在主權、「國家」和「國際空間」等問題上幾乎沒有對話的空間。兩岸關係和平發展框架對此問題的解決思路是透過推動經濟、文化和社會等事務性議題，使兩岸有積累互信和共識的實踐渠道，進而透過兩岸領導人和政治精英的推動，實現兩岸在政治性議題上的突破。因此，按照整合理論的解讀，「兩岸關係和平發展框架」基本上遵循著新功能主義的思路，亦即先在經濟、文化和社會等方面推動功能性整合，再透過

兩岸領導人和政治精英的推動，使經濟、文化和社會等領域的整合向「國家」、「安全」和主權等政治領域「外溢」，從而促進兩岸在政治層面的交流與對話，累積兩岸的共識與信任，為兩岸最終統一奠定基礎。按照新功能主義的思路，兩岸關係和平發展框架，既保證了「一國兩制」的精髓，即在臺灣高度自治的條件下實現祖國完全統一，又從現實主義立場，確保「一國兩制」可以透過兩岸關係和平發展框架，在兩岸充分交流和融合的基礎上得以實現。[11]

推動事務性議題的深入發展，對於兩岸關係政治性議題的破局有著極為重要的意義。基於新功能主義思路下的兩岸關係和平發展框架，功能原則得以成為其核心原則，按照兩岸關係和平發展框架的要求，兩岸關係和平發展是沿著新功能主義的路徑，透過經濟、文化、社會等事務性關係的發展與推動，實現政治性關係的突破。功能原則正是循著這一思路提出來的。對於功能原則，可以從以下幾個方面加以理解：

第一，功能原則的主要內容是加強兩岸在經濟、文化和社會等事務性議題的合作。功能原則的確定，一方面是吸取了兩岸20年交流史的經驗與教訓，透過迴避敏感的政治議題，只談兩岸事務性議題，從而使兩岸交流能夠得以初步建立和正常開展，另一方面，也是借鑑了包括兩德模式、中美洲共同市場和東南亞國家聯盟等整合模式的有益經驗，在傳統政治模式無法適用時，以經濟、社會、文化、科技、環保為優先議題，暫不以敏感的政治、軍事為議題，從而在功能層面實現整合。[12]根據新功能主義的思路，功能原則切合了新功能主義中事務性議題向政治性議題「外溢」的特徵，因而可以促進兩岸在經濟、文化和社會等事務性議題的合作，從而為兩岸在政治性議題上的對話和協商，創造了有利的氛圍和條件。

第二，功能原則的實質是緩解政治性議題對事務性議題的壓力。功能原則的提出，是為了消解兩岸政治與經濟的矛盾。根據米特蘭尼的觀點，只要討論主權與領土同時存在，事務性議題和政治性議題之間的矛盾就不會得到解決。[13]兩岸的現實是對米特蘭尼觀點的最佳註釋。眾所周知，大陸和臺灣恢復協商後，政治議題對經濟議題的壓迫一直是兩岸關係得不到深入發展的癥結所在。儘管大陸和臺灣都刻意將政治議題與經濟議題分開，但是，由於政治對經濟的滲透以及政治局勢不穩所造成的經濟恐慌，仍是困擾兩岸的重大問題之一。對於此，米特蘭尼開出

的藥方是將主權從地域單位轉移到功能單位，以功能性的國際組織代替主權國家。如果拋開米特蘭尼觀點中比較激烈的成分，我們不妨認為，米特蘭尼的觀點實際上是透過功能的轉移來緩解主權的壓力，從而貼合「由經到政」的思考路徑。從此意義而言，功能原則既是一項原則，也是一種處理兩岸關係的策略，它透過將兩岸經濟、文化和社會等事務性議題的功能化，在兩岸關係和平發展框架內將其與政治性議題的聯繫切斷、虛化或擱置，從而緩解政治性議題對事務性議題的壓力。因此，在功能原則的作用下，兩岸經濟、文化和社會等議題，可以實現全面開放，而暫時不考慮政治議題對其可能產生的影響。

第三，功能原則同時是兩岸關係和平發展議題的重要分析工具。借助功能主義的分析工具，可以將兩岸關係和平發展的議題功能化，分別形成經濟議題、政治議題、文化議題和社會議題，其中又以經濟議題和政治議題為主。功能原則對經濟議題和政治議題的採取不同的處理方法。對於經濟議題，由於各項經濟議題之間的高度關聯性和低政治敏感性，功能原則的處理方式是整體功能化，即將經濟議題作為一個功能整體進行考量，促進兩岸經濟層面的率先整合。對於政治議題，功能原則的處理方法則是再功能化，即將政治議題再次分解為次政治議題，形成次功能整體，並以功能隔離的方式對之進行安排，使一個次政治議題的解決，在沒有政治精英引導的情況下，不產生外溢效果。

（四）制度原則：法理共識的外在形態

兩岸關係和平發展框架可以理解為兩岸在某種共同認同基礎（即「中華民族認同」）上形成的制度安排。[14]
根據「法理共識」的特徵，兩岸關係和平發展框架除確認兩岸關係中某些具有優先性的內容外，應主要體現為制度。因此，制度原則得以作為法理共識的外在形態，而成為兩岸關係和平發展框架的基本原則之一。制度原則的目的是透過兩岸關係和平發展框架的制度安排，為兩岸關係和平發展提供製度化、常態化的管道，同時克服新功能主義思路所帶來的「環溢」和「溢回」等弊端，從而使兩岸對兩岸關係和平發展框架產生制度依賴。

羅爾斯在《政治自由主義》中認為，各種關於自由主義的完備性理論（comprehensive doctrines）之間都存在對立或衝突，因而相互之間無法完全認可，「在這樣的社會裡，一種合乎理性的完備性學說無法確保社會統一的基礎，也無法提供有關根本政治問題的公共理性內容」。[15]
為此，羅爾斯提出了「各種合乎理性的完備性學說達成重疊共識（overlapping consensus）的理念」，[16]

並提出了實現重疊共識的兩個步驟：第一步是從臨時協議（modus vivendi）到憲法共識（constitutional consensus），第二步是從憲法共識到重疊共識。羅爾斯的理論是為瞭解決各種完備性理論之間的對立與衝突，由此可類比兩岸關係中大陸和臺灣所持的各種觀點和政策之間的對立與衝突。在類比過程中，羅爾斯所謂「憲法共識」概念為「法理共識」，以迴避憲法一詞可能引起的政治誤解。[17]

參考羅爾斯對憲法共識的論述，法理共識「既不深刻，也不廣泛，它範圍狹窄，不包括基本結構，而只包括制度和程序」，[18]
因此，法理共識主要是兩岸在某種共同認同基礎上形成的制度安排。大陸和臺灣形成法理共識的目的是為了在兩岸間形成常態化、制度化的穩定狀態，並為兩岸達成重疊共識進行制度上的準備。兩岸關係和平發展框架就是兩岸間所形成的一項法理共識。法理共識的特徵決定了兩岸關係和平發展框架在內容上的特徵，因而也就確立了兩岸關係和平發展框架上的制度原則。

除體現法理共識的特徵外，在兩岸關係和平發展框架中確立制度原則，還有利於兩岸經由制度安排克服新功能主義的弊端。歐洲問題學者施密特在修正新功能主義時，提出了四個值得借鑑的概念：其一，環溢（spill-around），是指增加整合過程的功能範圍，但不增加其相對的權力；其二，強化（build-up），是指整合組織決策的自治性及權威加強，但並不擴張整合的領域；其三，緊縮（retreenchment），是指整合組織的權威減少；其四，溢回（spill-back），是指整合組織的功能範圍及權力收縮到外溢前的狀況。[19]
從這四個概念出發，當前兩岸關係發展中，將出現以下兩種可能。第一種可能，兩岸關係因臺灣態度的改變而迅速「緊縮」，直到「溢回」。目前的兩岸關係充滿偶

然性，其前提與其說是臺灣對大陸在經濟上的依賴性，不如說是臺灣目前積極的兩岸政策。[20]

如果臺灣的態度發生改變，那麼，目前有利於兩岸關係和平發展的局面，可能出現「溢回」的狀況。這一點，已經為1995年前後的兩岸關係發展史所證明。從今天的眼光來看，1995年前兩岸關係的發展不可謂不順利，雖然大陸和臺灣間存在種種爭議，但兩岸能從互不接觸到開展事務性商談，並簽訂一系列協議，已經是一個不小的進步，而兩會還規劃了包括政治性談判在內的一系列重大議題。但是，1995年李登輝態度急轉後，兩岸關係迅速「緊縮」，並很快跌入低谷，直到2005年後才有所緩和。第二種可能，兩岸關係長期出現「環溢」、「強化」等狀態。即便臺灣不改變當前積極的兩岸政策，也很難保證兩岸關係會沿著新功能主義的路徑發展。因為如果臺灣僅僅想透過兩岸關係和平發展獲得現實利益，而並不想使兩岸關係有更加深入的發展，那麼，兩岸關係將只有量的擴大，而無質的提高。馬英九在就職演說上提出的「不統、不獨、不武」就體現了臺灣只想從兩岸關係發展中獲取經濟利益，而無更深一步發展的意圖。如果出現兩岸關係「環溢」和「強化」的狀況，那麼，兩岸關係將最終淪為「永久性地維持現狀」。這顯然與構建兩岸關係和平發展框架的目的相違背。

　　兩岸關係和平發展框架中制度原則的確立，將兩岸關係和平發展制度化、常態化，利用制度的穩定性，提升兩岸關係和平發展的穩定性，從而可以削弱兩岸關係和平發展的偶然性，最終透過制度的有效性使兩岸形成對兩岸關係和平發展框架的制度依賴。制度原則，是指兩岸關係和平發展框架除規定若干優先性內容外，應只包括制度和程序，而避免對實質問題的判斷。從此意義而言，作為「法理共識」的兩岸關係和平發展框架，其主要內容是制度和程序的集合，目的是透過制度的安排，為兩岸關係和平發展提供製度平台。因此，制度原則構成了兩岸關係和平發展框架的主幹。對制度原則的理解，可以從以下三個方面來把握：

　　第一，制度原則是一個開放的空間，目的在於透過制度安排，為兩岸關係發展提供各種不違背優先性內容的可能性，核心就是避免對實質性問題的判斷。羅爾斯提出憲法共識的精義，便在於為各種完備性學說的重疊提供必要的空間和程序，從而避免對特定完備性學說的選擇。法理共識脫胎於憲法共識理論，自然承繼了憲法

共識的精義。將制度原則作為兩岸關係和平發展框架的主幹性原則，因而也體現了憲法共識精義。對於兩岸關係和平發展框架而言，制度原則意味著兩岸之間除了某些優先性內容的其他議題，具有各種可能的發展空間。對於這些可能的發展空間，兩岸關係和平發展框架應不作任何實質性判斷，而是給予平等的發展機會。至於最終兩岸關係的走向如何，將由大陸和臺灣根據兩岸關係和平發展框架所規定的制度所共同決定。從此意義而言，制度原則又是一個形式原則。

第二，制度原則並非絕然不對實質性問題作出判斷，對於若干優先性內容，兩岸關係和平發展框架應作出確認。兩岸關係和平發展框架雖然以制度原則為主幹，但是，確定製度的目的是為實質性問題的深入協商提供平台，因此，制度原則並不排除對若干重大實質性問題（優先性內容）的確認。按「臨時協議——法理共識——重疊共識」的次序，兩岸關係和平發展框架屬於第二階段的共識，其意指在兩岸關係和平發展框架之前，必然形成了一定前置協議（即「臨時協議」），否則，無「第二階段的共識」可言。對於兩岸關係和平發展框架而言，前置協議的成果是被默認成立的，即便沒有被明確地成為兩岸關係和平發展框架的一部分，也不能否定其有效性。同時，作為一項兩岸共識，構建兩岸關係和平發展框架又必然以一定認同為基礎，如在本研究看來，兩岸關係和平發展框架的認同基礎是「中華民族認同」。對於此認同，兩岸關係和平發展框架也是必須包含的。

第三，兩岸關係和平發展框架中制度原則的「制度」，應指向以協商機製為主的制度，而非其他。對於「制度」一詞，本身包含著各種可能選擇，但其目的是為了配合兩岸關係和平發展框架的建立。周葉中教授認為，兩岸關係和平發展框架最終在形式上都體現為一致性、明確性和穩定性的法律機制，[21] 立基於此認識，兩岸關係和平發展框架中所謂的「制度」，主要是指兩岸協商機制，而非其他。協商機制，是指兩岸以各種形式，就有關問題進行會談、交流和磋商，並簽訂協議的制度和程序的總稱。由於兩岸關係的特殊性，在大陸和臺灣沒有形成「超兩岸」的結構前，兩岸形成任何協議，都必須建立在共識的基礎上，而不可能透過任何形式的多數決和決斷。

（五）兩岸關係和平發展框架與臺灣有序參加國際空間

基於兩岸關係和平發展框架的兩岸原則、功能原則和制度原則，兩岸可以在構建兩岸關係和平發展框架之下，構建臺灣有序參加國際空間的相應機制。臺灣有序參加國際空間的機制，因而也自然成為構建兩岸關係和平發展框架的重要組成部分。

　　第一，基於兩岸原則，大陸方面對於臺灣以及臺灣民眾參與國際組織、參加國際交流和合作的願望應當給予必要的重視和尊重。由於構建兩岸關係和平發展框架並不涉及主權、「國家」等政治敏感議題，臺灣在兩岸關係和平發展框架後，形式上仍保持中華民國的「國號」，並自認為擁有主權，而臺灣民眾在此認識的基礎上，亦將繼續產生參與國際社會、獲取國際承認的願望。透過參與國際社會，獲取一定的「國際空間」，有助於臺灣民眾產生明確的自我認同。如果能對此自我認同引導恰當，未必不是爭取臺灣民心以及對兩岸關係和平發展框架認同的有效手段。兩岸關係和平發展框架的認同基礎是「中華民族共識」，對於「國家」、主權等問題採擱置態度，因此，在臺灣「國際空間」問題上，亦應擱置敏感的政治議題。從兩岸原則出發，尊重臺灣以及臺灣民眾參與國際組織、參加國際交流和合作的正當願望，不反對臺灣在一定條件下參與國際組織、開展必要的對外交流。同時，在大陸和臺灣分別以各種名義同時加入的國際組織中，雙方應充分尊重對方在該國際組織中的地位，尊重對方依據該國際組織章程所享有的權利，以平等地位在該國際組織架構中交往。

　　第二，基於功能原則，可以開放臺灣在一定前提條件下參加功能性國際組織的空間。功能性的國際組織不同於以安全、政治為目的的國際組織，前者側重於經濟、文化、科技等功能領域，是「低級政治」的國際組織，而後者則側重於安全、政治，有著明確的指向性，屬於「高級政治」的國際組織。根據功能原則，兩岸關係和平發展框架著力促進兩岸功能性合作，而在功能性合作方面，兩岸國際層面的合作具有特殊的意義。而一些功能性的國際組織，為了包容儘可能多的實體，在加入資格上，並未限定主權、「國家」等政治性要素，而是採「不作政治判斷原則」。以WTO為例，根據WTO仍然引據的《哈瓦那憲章》第86條規定，任何WTO成員，都不得嘗試作出任何涉及實質性政治爭議（essentially political matter）的判決；[22] 而臺灣以「中華台北」名義加入的另一國際組織APEC，也規定加入的主體是「經濟

體」（Economies），而不必然是「國家」（State）。因此，就功能性國際組織而言，若臺灣採取大陸方面可以接受的、不表明臺灣是一個「主權國家」的名義加入、不會造成「兩個中國」、「一中一台」效果的名義參加，應保留雙方協商和探討的空間，而不宜完全否定。

第三，基於制度原則，兩岸應建立起務實、具有可操作性的協商機制，使兩岸在重大國際事務上能開展協調。儘管有兩岸原則和功能原則，但臺灣的「國際空間」問題畢竟是一個敏感而複雜的問題，在具體到個別事件時，不宜一概而論。因此，即便是臺灣以大陸方面可以接受的名義加入功能性國際組織，仍須採取謹慎的態度，保留一定的協商空間，而不作定論，防止造成不必要的誤解。立基於此考量，兩岸之間在臺灣「國際空間」問題上的協商制度，顯得尤為重要。作為一項法理共識，兩岸關係和平發展框架應儘量少作實質性判斷，亦不宜提出可以作為判準的標準，而只是提供製度和程序，供兩岸在臺灣「國際空間」問題上協商。除此以外，隨著全球經濟一體化和兩岸交流的不斷加深，兩岸在「中華民族共識」基礎上，開展國際層面的合作，在國際上相互協調、配合，以一致立場對外、以一個聲音說話，制約外部勢力挑撥兩岸關係從而從中漁利的行為，以爭取中華民族的共同利益。[23]
在此意義上，兩岸間就臺灣「國際地位」問題的協商機制，就顯得更加重要了。至於協商機制本身如何建立，考慮到涉外事務的重要性和敏感性，可以採取「兩會協商、公權力機關在場」的模式予以展開。

就目前情況來看，「中華台北」是最適合兩岸關係和平發展框架的模式，原因有三：其一，「中華台北」突出「中華」，體現了「中華民族認同」，亦可以解讀為具有反「台獨」的立場；其二，「中華台北」以「台北」為主體，一方面表明與大陸的區別，切合臺灣民眾的心理，另一方面又不如臺灣那樣已經具有特定的政治符號意涵；其三，實踐證明，「中華台北」作為臺灣加入特定國際組織的符號，已經為兩岸所接受，即便是「台獨」分子，也對此持默認態度。因此，在兩岸關係和平發展框架之下，兩岸應充分保留臺灣以「中華台北」或其他名義參與「國際空間」的協商空間，在兩岸關係和平發展框架、兩岸原則和功能原則的指導下，妥善解決臺灣的「國際空間」問題。

二、涉及臺灣的國際法律文件及其在臺灣有序參加國際空間問題中的作用研究

建立臺灣有序參加國際空間的機制，不僅是權力邏輯的結果，而也應當是法律邏輯的結果。當前，大陸和臺灣在處理臺灣參加國際空間問題時，主要仍是從權力邏輯來進行思考，因而較少慮及與臺灣地位有關的國際法規則在建立臺灣有序參加國際空間中的作用。造成這一現象的原因主要有三：其一，臺灣參加國際空間問題的主要癥結並不在於有無國際法規範作為依據，而在於大陸和臺灣之間因為政治對立而存在的「承認爭議」，因此有必要在客觀上承認國際法規範在臺灣參加國際空間問題上的作用有限；其二，較多與臺灣地位相關的國際法規範是在臺灣1990年之前形成的，因而涉及「中國法統」及政府繼承乃至於「國家繼承」的問題，不僅大陸方面難以對之產生認同，而在當前以「臺灣主體性」為主軸的背景下，臺灣社會對此的認同度也並不高；其三，與權力邏輯的運作過程和特點相比，從國際法規範中探尋解決臺灣參加國際空間問題的邏輯，具有明顯的「小眾」特點，民眾的關注度不高，因而導致兩岸對於此問題都缺乏足夠的重視。儘管如此，本研究認為，從涉及臺灣的國際法律文件——主要是各類國際法規範——中去窺探解決臺灣有序參加國際空間問題的路徑，有其必要性。為此，本研究將運用規範分析的方法，從國際法律文件的文本出發，對其在解決臺灣有序參加國際空間問題中的作用進行談論。

從規範角度，對涉及臺灣的國際法律文件進行整理，主要是要著力解決以下四個問題：其一，臺灣的地位；其二，臺灣的地位；其三，臺灣與大陸的關係；其四，臺灣參加國際空間的資格。在臺灣參加國際空間問題的論域內，四個問題中的最後一個問題顯然是具有根本性的，前三個問題本質上都是圍繞第四個問題展開。由於涉及臺灣的國際法律文件較多，因而本研究主要討論比較重要的《馬關條約》、《中華民國政府對日宣戰布告》、《開羅宣言》、《波茨坦公告》、《日本投降條件》、「舊金山對日合約」、聯合國2758號決議、中美之間三個聯合公報、《中日聯合聲明》、《中日友好條約》以及臺灣與有關方面簽署的部分文件，等等。值得說明的是，在上述國際法律文件中，有些文件的規範效力並不為大陸和臺灣所共同承認，尤其是大陸方面對於臺灣與其他相關主體簽署的規範的合法性持否

定態度。然而，本研究並非以承認上述國際法律文件的規範效力為前提，而是探究其所揭示的臺灣在參加國際空間上的有關問題，因此，沒有必要因大陸方面否定相關國際法律文件的合法性而迴避對該國際法律文件所涉問題的討論。

（一）1945年8月15日之前的涉台國際法律文件

1895年4月17日，因在中日甲午戰爭中戰敗，清朝政府被迫與日本政府簽署《馬關條約》。《馬關條約》第2款規定：「中國將管理下開地方之權，並將該地方所有堡壘軍器工廠及一切屬公對象，永遠讓與日本：……；二、臺灣全島及所有附屬島嶼；三、澎湖列島……」。[24]
根據以上規定，清朝政府將臺灣全島及所有附屬島嶼的主權和治權永遠讓與日本。《馬關條約》為處理中日甲午戰爭的結果問題的條約，因而並非是為締約國樹立長期遵行行為規範的立法性條約，而僅具有處分條約的性質。根據處分條約的特點，《馬關條約》上述條款在日本於1895年6月完成對臺灣的事實占領後，即因處分被履行而失其效力。儘管如此，《馬關條約》所導致臺灣被日本占領的事實並未改變。有臺灣學者認為，根據《馬關條約》，日本已經取得對臺灣的「領土主權」。[25]

《馬關條約》是近代以來涉及臺灣的第一個條約，某種意義上也是臺灣問題的總根源。

1937年7月7日，日本發動全面侵華戰爭，引發包括臺灣同胞在內的全體中國人民的全面抗戰。經過8年的艱苦抗戰，1945年8月15日，日本宣布無條件投降，抗日戰爭獲得勝利，第二次世界大戰也隨之結束。因日本侵華及第二次世界大戰，中國和盟國發布或達成了一系列的國際法律文件，這些國際法律文件對於臺灣的地位有著豐富的闡述。

1941年12月9日，中華民國國民政府發布《中華民國政府對日宣戰布告》（以下簡稱「布告」），宣布正式對日宣戰。根據該布告，「所有一切條約、協定、合約，有涉及中、日間至關係者，一律廢止」。這一布告不僅表明了當時中國國民政府對日宣戰和斷絕一切關係的態度，而在法律上表明中國方面單方面廢止對日一切

國際法上權利義務關係的態度。對於布告在廢止對日國際法上權利義務關係的表述，台海兩岸的學者有著不同認知。大陸學者普遍認為，這一布告實際上廢止了《馬關條約》對於中國的效力，因而日本依據《馬關條約》取得臺灣的主權和治權是非法的。但是，部分臺灣學者認為，片面廢止涉及領土主權的國際條約是被國際法所禁止的，因此，中國片面宣告廢止《馬關條約》，依國際法而言，是不具法律效力的，所以日本依《馬關條約》的規定而擁有臺灣的主權在國際法上是真實而具體的。[26]

1943年12月3日，美、英、中三國首腦在開羅發表了著名的《開羅宣言》，宣告：「三國之宗旨，在剝奪日本自1914年第一次世界大戰開始後在太平洋所奪得或所占領之一切島嶼，在使日本所竊取於中國之領土，例如……臺灣、澎湖列島等，歸還中國，其他日本以武力或貪慾所攫取之土地，亦務將日本驅逐出境。」1945年7月26日，以中美英三國首腦名義公布的《波茨坦公告》，在第8項重申了《開羅宣言》的效力，規定「開羅宣言之條件必將實施，而日本之主權必將限於本州、北海道、九州、四國及吾人所決定之其他小臺灣」。多數兩岸學者認同《開羅宣言》和《波茨坦公告》的法律效力，認為以上兩個重要的國際法律文獻，是臺灣必須歸還中國以及中國恢復對臺灣行使主權的國際法依據。但是，亦有臺灣學者認為以上兩個國際文件並不是嚴格意義的國際法，具有單方性，因而不具法律效力。[27]

其實，稍有國際法常識的人就能發現，《開羅宣言》和《波茨坦公告》並不是盟國單方面的表述，不僅在國際法的實質合法性上是正當的，而也具有形式合法性。1945年9月2日，日本在投降文件中表明：「接受美、中、英三國政府首腦於1945年7月26日在波茨坦所發表……之公告所列舉之條款。」實際上，日本已經透過投降公告接受了《開羅宣言》和《波茨坦公告》，上述兩個國際法律文件中涉及臺灣問題的條款，當然具有拘束日本的法律效力。況，日本在二戰結束後與有關方面所簽署的一系列條約、協定等，都是以承認《開羅宣言》和《波茨坦公告》為基礎的，因而兩者對日的法律效力是毋庸置疑的。

（二）「舊金山和約」（1951年）和「中日和平條約」（1952年）

1949年後，中國共產黨在中國內戰中取得勝利，親美的國民黨政權退逃臺灣，美國逐漸改變《開羅宣言》和《波茨坦公告》中處理臺灣問題的立場，提出所謂「臺灣地位未定論」，其意指臺灣的地位並未因中國恢復對臺灣的實際控制而確定，臺灣仍有「脫離中國」並「獨立」的可能性。美國提出「臺灣地位未定論」自有其在冷戰思維指導下的考量，其利用在二戰後的國際號召力，單方面形成了既沒有大陸代表也沒有臺灣代表簽署的「舊金山和約」。

杜魯門在1950年6月27日結合朝鮮局勢提出了「臺灣地位未定論」。杜魯門提出：「（臺灣）未來地位的決定，必須等到太平洋安全的恢復、對日本的和平解決、或聯合國的審議。」次日，艾奇遜針對杜魯門的上述言論解釋道：「杜魯門總統並不是在決定臺灣的法律地位，《開羅宣言》中表明的是參加國的意見，其含義是它對沒有參加那次會議的國家並不具有拘束力。」杜魯門的「臺灣地位未定論」，引發了台海兩岸中國人的強烈不滿和抗議。1950年10月，杜勒斯提出了有關臺灣問題的四點綱領性意見：其一，杜勒斯認為，在《開羅宣言》和《波茨坦公告》中達成的協議確認了臺灣是中國的一部分，當時得到大多數中國人的歡迎，但是自那以後，中華人民共和國政府成立，《開羅宣言》和《波茨坦公告》不應該被用作把中華人民共和國政府「強加」給臺灣本地居民的工具；其二，杜勒斯提出臺灣在回歸中國後「自治」的可能性；其三，杜勒斯提出「臺灣永久中立化」的主張；其四，杜勒斯提出臺灣繼續保持與美國和日本密切經貿關係的主張。[28]

1951年9月8日，美國與英國、法國、荷蘭、加拿大等49個國家在舊金山簽署了「舊金山和約」，以最終解決因二戰遺留的日本問題。值得注意的是，作為對日作戰的主要國家和戰勝國的中國，並未參加簽署這一涉及中國重大利益的國際法律文件。在「舊金山和約」第2章「領土」中規定，日本放棄對臺灣及澎湖列島的一切權利、權利根據與要求。但是，「舊金山和約」與《開羅宣言》的不同點在於：後者明確地規定為日本所竊據的臺灣及澎湖列島應當歸還中國，但前者取消了這一規定，僅僅規定日本放棄對臺灣及澎湖列島的主權，卻未規定是否應當將這一主權歸還中國。亦即：「舊金山和約」僅規定了日本必須承擔的義務，而未規定中國應得的權利，因而引發兩岸中國人的強烈抗議。[29]

「臺灣地位未定論」為日後的「台獨」分裂活動埋下了伏筆，一些早期的「台獨」分裂分子正是以「臺灣地位未定論」作為論證其「台獨」理論的基礎。

由於「舊金山和約」並未邀請臺灣的參加，因而引發臺灣的強烈抗議。為此，由美國出面斡旋，臺灣與日本簽署「中日和平條約」。該「條約」第2條回溯性地承認「舊金山和約」第2條處置臺灣條款的效力，確認了日本放棄對臺灣及澎湖列島的一切權利、權利名義與要求。第4條又確認1941年12月9日之前中日之間締結之一切條約、專約及協議，均因戰爭結果而歸無效。[30]

事實上，「中日和平條約」與「舊金山和約」一樣，僅僅規定了日本放棄對臺灣和澎湖列島的權利，但並未明確地將臺灣和澎湖列島交還中國。對此，大陸主流學術界認為，「中日和平條約」和「舊金山和約」都是非法的，因而所謂「臺灣地位未定論」都是非法和不成立的。[31]

臺灣學者基於特定的政治立場，普遍承認「中日和平條約」的法律效力，但對其的解讀也並非一致。邱宏達是臺灣具有較大影響力的國際法學者，其觀點在一定程度上代表臺灣主流學者的觀點。邱宏達在較早的論著中認為，根據「中日和平條約」，《馬關條約》已經失其效力，臺灣從1941年12月9日開始就應當恢復到中日甲午戰爭之前的狀態，即恢復為中國領土。[32]

在1990年代之後的著作中，邱宏達又列舉了六點理由認定臺灣的法律地位因「中日和平條約」的簽署已經確定，因而不存在所謂「臺灣地位未定論」：其一，「中日和平條約」廢止了1941年12月9日之前所有的中日間條約，當然也包括《馬關條約》；其二，《開羅宣言》和《波茨坦公告》為日本投降公告所接受，因而對日本產生拘束力，日本有將臺灣歸還中國的國際法義務；其三，臺灣歸還中國一事，不僅為國際法律文件所規定，而在1945年在法律上已經執行完畢；其四，中華民國透過「占有」和「時效」等原則，取得了對臺灣的主權；其五，日本國內的法院也作出臺灣屬於中華民國的判決；其六，「中日和平條約」中的某些條款，如第10條和第13條就是以臺灣屬於中華民國為前提。[33]

但是，主張「台獨」的學者認為，「中日和平條約」也沒有在法律上決定臺灣的地位，因而依然存在「臺灣地位未定論」，只不過由於中華民國長期占據臺灣，因「統治時效」的原則而取得對於臺灣的主權。[34]

（三）聯合國2758號決議（1971年）

1971年10月25日，聯合國大會透過第2758號決議，決定恢復中華人民共和國在聯合國組織中的合法權利，並將蔣介石的代表從它在聯合國組織及其所屬一切機構中所非法占據的席位上驅逐出去。聯合國2758號決議至少有著三層含義：其一，確認中華人民共和國是代表中國的唯一合法代表；其二，恢復中華人民共和國在聯合國組織的合法權利，包括在聯合國安理會的常任理事國席位；其三，將蔣介石的代表從聯合國及其所屬機構中驅逐出去。但是，2758號決議仍然存在著兩個問題，這兩個問題也經常被主張「台獨」的學者和政治人物所提及。

第一個問題是2758號決議是否承認「一個中國」的原則。考察2758號決議的文本，一個中國原則的確沒有明確地出現，但是這並不影響可以透過法律解釋的方法推導出一個中國的原則。在聯合國大會表決2758號決議前，美國曾提出過一個「雙重代表」的提案。根據美國的提案，「將蔣介石的代表從它在聯合國組織及其所屬一切機構中所非法占據的席位上驅逐出去」這一表述被從整個決議文本中抽出，而單獨作為一個議案表決。美國的用意在於：將恢復中華人民共和國的合法席位與驅逐蔣介石代表分開討論，吸引一部分雖支持中華人民共和國恢復在聯合國的合法席位但未見得支持驅逐蔣介石代表的國家，以謀求在聯合國造成「兩個中國」的局面。但美國的「雙重代表」提案被聯合國大會否決。結合這一程序問題上的波折，可以推知多數聯合國成員在透過2758號決議時的「立法原意」，因而可以認定2758號決議中有關「將蔣介石的代表從它在聯合國組織及其所屬一切機構中所非法占據的席位上驅逐出去」的表述，本身就包含了「一個中國」原則的意涵。

第二個問題是2758號決議所指的「蔣介石的代表」含義為何。有「台獨」學者認為，聯合國2758號決議驅逐的是「蔣介石的代表」，而不是中華民國或臺灣的代表，因而來自於臺灣的非「蔣介石的代表」依然有資格參加聯合國。[35]這一論調在2000年臺灣政黨輪替後逐漸升溫，而在2007年陳水扁策動「入聯公投」時達到高潮。2758號決議的確只出現了「蔣介石的代表」，但並不意味著非「蔣介石的代表」能夠以中華民國或臺灣的名義加入聯合國。首先，「蔣介石的代表」事實上就是指中華民國和臺灣，只不過中華民國已經不為世界上絕大多數國家所承認，臺灣這一稱謂在當時並未作為一個「國家」的符號，因而只能用「蔣介石的代

表」用以指稱。其次，根據聯合國的有關規定，如果將中華民國從聯合國中除名，必須經過聯合國安理會並獲得聯合國大會三分之二以上會員的同意。由於美國可能在安理會中使用否決權，因而上述程序幾乎無法完成。因此，用「蔣介石的代表」一詞，可以表明中華人民共和國只是取代「蔣介石的代表」恢復在聯合國的合法席位，而不存在驅逐中華民國的問題。亦即：用國家和政權相剝離的辦法來迴避相對複雜的程序。再次，聯合國及各專門機構依據2758號決議否定臺灣參加政府間國際組織已經形成具有法律意義的慣例，與之相關的法律文件亦較多出現，因而表明從解釋學的角度，「蔣介石的代表」被解釋為與中華民國或臺灣同一含義已經有著廣泛的共識。從此意義而言，2758號決議寫入「蔣介石的代表」一詞只能說是在國際政治關係背景下的一種替代性表述，並不存在開放中華民國或臺灣參加聯合國及其專門機構空間的意涵。

聯合國第2758號決議讓中華民國不僅失去在國際上代表整個中國的「合法性」，而剝奪了中華民國作為一個主權國家的國際人格的「正當性」。[36]對於大陸方面，聯合國第2758號決議也成為封鎖臺灣參加國際空間的可能性以及與臺灣構成不對稱博奕的國際政治基礎。[37]

（四）中國與美國、日本的關係文件

1970年代，國際格局發生深刻變化，中美、中日關係緩和。1971年10月，聯合國恢復中華人民共和國合法席位後，中國與世界上絕大多數國家——尤其是歐美等發達國家——逐步建立外交關係。1972年2月28日，尼克松與周恩來在上海發表《中美聯合公報》（以下簡稱《上海公報》），1978年12月16日，中美雙方又發表《中美建交公報》（以下簡稱《建交公報》），1982年8月17日，中美雙方就對台軍售問題達成《中美聯合公報》（以下簡稱《八一七公報》）。日本政府於1972年9月29日與中國政府發布《中日聯合聲明》，宣布中日建交。1978年8月12日，中日雙方又達成《中日友好和平條約》，重申了上述聲明的立場。以下將對五個重要的關係文件進行分析。

中美在簽署《上海公報》時，對臺灣的地位並未形成深刻共識，因而在文字上採取了各自表達立場的方法。中國方面重申：「中華人民共和國政府是中國唯一的

合法政府,臺灣是中國的一個省,早已歸還祖國;解放臺灣是中國的內政,別國無權干涉;……中國政府堅決反對任何旨在製造『一中一台』、『一個中國,兩個政府』、『兩個中國』、『臺灣獨立』和鼓吹『臺灣未定論』的活動。」美國方面則聲明:「美國認識到(acknowledge),在臺灣海峽兩岸的所有中國人都認為只有一個中國,臺灣是中國的一部分,美國政府對這一立場不提出異議。」值得注意的是,在《上海公報》中,美國的聲明使用了「認識」(acknowledge)而非具有較強國際法拘束力意涵的「承認」(recognize)。有臺灣學者認為,這一用詞並不是表明美國將自己置於一個中國原則的規約之下,而僅僅表明對於某種觀點的認知。[38]

在《建交公報》中,美國「承認(recognize)中華人民共和國政府是中國的唯一合法政府」、「美國人民將同臺灣人民保持文化、商務和其他非官方關係」,中美雙方「重申《上海公報》雙方一致同意的原則」,美國政府「承認(acknowledge)中國的立場,即只有一個中國,臺灣是中國的一部分」。在《建交公報》中,無論是recognize,還是acknowledge,在中文文本中都被翻譯為「承認」。對此,美國方面參加雙方談判的美國專家奧格森博格詢問將「acknowledge」轉譯為「承認」,是內容上的,還是語氣上的。中方對此的回答是「語氣上的」。美國對此再未表示過異議。[39]

《八一七公報》繼續沿用了上述表述,因而肯定了中美雙方在《上海公報》和《建交公報》中的態度。由此可見,美國對於臺灣地位的態度依然比較模糊,而大陸方面在國際政治的大背景下,採取「求同存異」的策略,在相當程度上包容了美國的模糊態度。當然,從文義解釋的角度,「acknowledge」也可以表示「承認某事」,但並不如「recognize」正式,而後者則更具規範性和嚴肅性。因此,部分臺灣學者將「acknowledge」僅僅理解為「認知」也是不正確的。

《中日聯合聲明》第2條規定:「日本國政府承認中華人民共和國政府是中國唯一合法政府。」第3條規定:「中華人民共和國政府重申:臺灣是中華人民共和國領土不可分割的一部分,日本國政府充分理解和尊重中國政府的立場,並堅持遵循《波茨坦公告》第8條的立場。」《中日聯合聲明》的上述規定,至少可以從以下三個方面加以解讀:其一,《中日聯合聲明》將《波茨坦公告》引入中華人民共和國和日本關係之間,因而使得《波茨坦公告》得以成為拘束中華人民共和國與日本關係的國際法律文件,據此,《波茨坦公告》及其對《開羅宣言》的確認,都得適用

於中華人民共和國和日本之間；其二，日本承認「一個中國」原則以及中華人民共和國對中國的唯一代表權；其三，日本與臺灣的官方關係就此終結，而日本與臺灣之間簽署了「中日和平條約」也失其效力。

（五）臺灣有序參加國際空間的法律邏輯

以上對於涉及臺灣的國際法律文件的整理，並未完全地揭示臺灣參加國際空間問題在國際法律文件上的完整面貌，但亦具有相當的代表性。上述的國際法律文件主要解決的是以下兩個問題：其一，中國代表權的問題；其二，臺灣的歸屬問題。從以上的規範分析的方法可以發現，對於前一問題，自聯合國2758號決議後，已經比較明確了，亦即中華人民共和國是代表中國的唯一合法政府；對於後一問題，美國、日本等仍存在暧昧的態度，在法律語言上的表述因而也比較模糊，但總體上依然傾向於「臺灣是中國一部分」或「臺灣歸還中國」的觀點。可以說，當前的國際法律文件已經對於臺灣的國際地位作出了比較明確的回答，而這一回答與中國大陸一貫主張的立場也是相符合的。當然，並不能因此而完全封鎖臺灣參加國際空間的可能性。因此，當前的問題可以集中於如何從國際法律文件中構建臺灣有序參加國際空間的法律邏輯。對此，主要可以從以下四個問題迭次展開。

第一，中華民國的地位問題。中華民國在1971年中華人民共和國恢復在聯合國的合法席位之前，都是居於「中國符號」的地位。臺灣方面以中華民國的名義在國際空間生存。但是，2758號決議否定了中華民國的提法，同時壓縮在聯合國及其專門機構中中華民國所存在的空間。因此，2007年陳水扁策動「入聯公投」時，並未依循中華民國這一臺灣現行憲法上所規定的「正式國號」，而是改採即便在臺灣也無據可查的臺灣。中美、中日等關係文件中，中華民國也被臺灣甚至「臺灣人民」等字樣所取代，因此，中華民國這一政權符號在法律上已經沒有依據，也就喪失了其法律地位。在建立臺灣有序參與國際空間機制時，中華民國是一個必須被放棄的符號，這也構成了臺灣得以有序參與國際空間的前提條件。

第二，臺灣的地位問題。聯合國2758號決議沒有使用「中華民國代表」、中華民國政府或「臺灣代表」等類似提法，而是將臺灣稱為「蔣介石的代表」。前文已經對2758號決議採取「蔣介石的代表」這一提法的原因進行了簡要的說明。因此，根據聯合國2758號決議，臺灣被理解為一個實際統治臺灣的團體，而非是一個政

權。可以說，臺灣的法律地位在國際法律文件中被大大地「降格」。中美《建交公報》中，迴避了臺灣的地位問題，而是用「美國人民將同臺灣人民保持文化、商務和其他非官方關係」表明美國繼續與臺灣保持非官方聯繫的意圖。「美國人民」對「臺灣人民」的模式，在規範文本上顯然是沒有將「臺灣」作為美國與臺灣發展非官方關係的主體。但是，事實上美國仍然透過半官方的途徑與臺灣發展相互關係，只不過這種半官方的關係被掩蓋在「美國人民」對「臺灣人民」的模式中，有效地迴避了對「臺灣」的定位問題。這或許也是中華人民共和國和美國在此問題上能夠達成的最大共識。有鑒於此，臺灣有序參加國際空間機制的建立過程中，「臺灣」的地位依然只能按照聯合國2758號決議的規定去設定與理解。

　　第三，臺灣參加聯合國及其專門機構的資格問題。根據聯合國在1950年透過的第369（5）號決議，聯合國大會及委員會關於中國代表權問題所採取的態度，應為聯合國的其他機構與專門機構所顧及。因此，臺灣在聯合國維護席次，涉及聯合國相關機構的會籍問題：如果聯合國席位不保，臺灣將連帶失去在聯合國相關機構的會籍。這也是「中國代表權問題」在聯合國競爭激烈的原因。[40] 聯合國2758號決議也明確地表明：「將蔣介石的代表從它在聯合國組織及其所屬一切機構中所非法占據的席位上驅逐出去。」據此，臺灣事實上喪失在在聯合國及其專門組織的會員資格。但在美國的干預下，臺灣依然在國際貨幣基金組織（IMF）、世界銀行（WB）、國際開發協會（IDA）等組織以正式成員存在長達9年之久。直到中華人民共和國提出反對意見或表露出參加上述國際組織的意願時，臺灣的會籍才告終止。此外，大多數聯合國專門機構在處理涉台問題時，也都引用聯合國2758號決議作為排除或擱置臺灣會籍問題的法律依據。此外，聯合國2758號決議的文本，「蔣介石的代表」是被「驅逐出去」（to expel forthwith），而不是簡單地「取消會籍」（cancel），因此，臺灣在法理上連作為觀察員、副會員等「參與」聯合國專門組織活動的資格也不具備。如世界衛生組織於1972年的一份決議（WHA25.1）即引用聯合國大會第2758號決議，恢復中華人民共和國在世界衛生組織的合法席位，該決議因而多次為世界衛生組織引用，以拒絕臺灣的「觀察員」或「會員」申請。[41]

　　但是，這並不意味著臺灣以「觀察員」或其他非正式會員方式參與聯合國專門機構的活動是無解的。對於「蔣介石的代表」，不妨理解為具有政治意涵的「臺灣」，

而非臺灣有關功能性事務的管制機構。後者雖因不具有「國家」意涵而不能成為正式會員，但並不影響其基於實現特定功能的目的，而在國際法規則允許的情況下，「參與」一些國際組織的活動。這樣的理解，符合構建兩岸關係和平發展框架中功能原則的考量。

　　第四、臺灣參加非政府間國際組織的資格問題。大陸方面原先排除臺灣參加非政府間國際組織的可能性。如1973年中華人民共和國政府曾致函聯合國教科文組織，要求通知與聯合國教科文組織有聯繫的國際組織將「蔣介石的代表」驅逐出去。但是，在與臺灣有聯繫的38個國際組織中，只有3個遵循聯合國教科文組織的決議，其餘國際組織均以「非屬政治性組織，不應以政治理由排斥會員」為由加以拒絕。考察國際法律文件，「美國人民」對「臺灣人民」的模式或許是解決臺灣參加非政府間國際組織的一種可行思路。事實上，聯合國2758號決議和中國與美國、日本簽署關係條約，都沒有禁止臺灣人民與外國發生非官方關係。因此，如果將臺灣參加非政府間國際組織理解為臺灣人民的權利，那麼，根據「法無明文規定即自由」的原則，在建立臺灣有序參與國際空間機制的過程中，有必要開放臺灣以「臺灣人民」的名義參加非政府間國際組織的空間，或者逐漸放鬆對臺灣參加非政府間國際組織的限制。

　　以上幾個問題都是臺灣參加國際空間以及在兩岸關係和平發展框架之下建立臺灣有序參與國際空間機制的關鍵問題。臺灣有序參與國際空間機制本身應當是一個法律和制度的集合，而不應僅僅是權力運作和博弈的結果，而是一個暗含法律邏輯的構成。國際法律文件對於臺灣參加國際空間的問題，有著比較全面的論述，儘管其解決的重點更多的集中於臺灣的地位與歸屬，以及是否對「一個中國」原則的體認。但是，透過規範分析的方法，對國際法律文件的內涵進行挖掘，也不失為理順臺灣有序參加國際空間機制建立過程中一些重大問題的方法。本研究在提出建立臺灣有序參加國際空間機制時，也將以上述國際法律文件所建構的法律邏輯為基礎和依據。

三、兩岸應對共處一個國際組織的問題及其解決：

以WTO為例

　　一個客觀存在的事實是：兩岸已經以各種名義透過各種途徑共同參加了一些國際組織，其中不乏在國際社會具有重大影響力的國際組織，如國際奧委會（IOC）、世界貿易組織（WTO）、世界衛生組織（WHO）等。兩岸在這些組織中的法律地位雖有不同，但都依據該組織的憲制性規則享有權利和履行義務，都依託該國際組織所提供的組織結構和運行機制處理相關的國際問題。可以說，兩岸共處一個國際組織的問題，已經超越了臺灣參加國際空間的政治性意涵，而更多地關注於國際組織本身的功能性意涵。這一現象符合構建兩岸關係和平發展框架所依循的功能原則。兩岸共處一個國際組織的問題，因而從一個臺灣是否有資格參加該國際組織的政治問題，轉變為由以下兩個問題所構成的複雜問題。第一個問題：臺灣雖以合適名義與大陸共處一個國際組織，國際組織的功能性意涵超越了其政治性意涵，但並不意味著臺灣沒有繼續借該國際組織作為平台，彰顯其國際存在的可能性，事實上，臺灣已經多次利用其合法參加的國際組織宣揚其所謂「自主性」，因此，即便兩岸共處一個國際組織，仍有必要防範臺灣在國際組織中破壞一個中國原則的行為。第二個問題：臺灣在符合國際組織規則不破壞一個中國原則的前提下，勢必會因形形色色的問題與大陸在國際組織的框架內發生互動，這種互動應當如何開展，兩岸如何透過國際組織的規則解決彼此間的爭端或促進共同利益，值得關注。在此兩個問題中，大陸學者對於前一個問題關注較多，也形成了豐富的研究成果，值得參考和借鑑。[42]

但是，現有成果中對於後者的討論則尚付闕如。然而，第二問題又關涉兩岸在國際組織框架內良性互動，因而確有研究之必要。臺灣學者多有論文對兩岸在國際組織內的互動有所描述。當然，臺灣學者的研究大多立基於其希圖突出臺灣「主體性」的立意與目的，部分論證過程雖出於功能性的考量，但落腳點和結論仍糾纏於國際組織的政治性意涵。為此，有必要在一個中國原則的基礎上，透過對兩岸共處一個國際組織問題的論述，對臺灣有序參加國際空間後如何堅持一個中國原則、如何更好地發揮國際組織功能以及如何透過國際組織框架更好地為兩岸共同利益等問題進行討論。

在目前兩岸所共同參加的國際組織中,世界貿易組織(以下簡稱「WTO」)是兩岸互動最為頻繁、也是關涉兩岸利益最大的國際組織之一。對於兩岸在WTO內的互動進行描述與研究,對於探討如何構建兩岸共處一個國際組織的機制具有重要的參考價值。兩岸在2001年經過長時間談判幾乎同時成為WTO正式成員,期間的艱難過程和兩岸「鏖戰」都已經成為歷史。對於這段歷史,多有學者從不同角度加以揭示,本研究不再贅述。[43]

其一是因為此段歷史已經過去,其間兩岸圍繞臺灣加入WTO的各項議題都隨著臺灣以「台澎金馬單獨關稅區」的名義加入WTO而獲得最大限度的妥協及解決,無須再一一回顧。其二是因為本研究所關注者並非在於兩岸在加入WTO前的攻防,而是更加關注WTO在臺灣參加國際空間後的地位與行為規範。其三,兩岸在加入WTO上的攻防,更多地被理解為對抗思維占據著上風,而在兩岸共處WTO的互動中,基於務實精神的妥協與合作應當占據核心位置。因此,本研究將著力於以兩岸在WTO內的互動為研究的典範,對兩岸共處一個國際組織的相關問題進行探討,以期推動建立更加完整的臺灣有序參加國際空間的機制。

(一)兩岸在WTO內的攻防

儘管兩岸都是以正式成員的身分加入WTO,但是,兩岸在WTO內的互動難說和諧,而是與兩岸在國際空間中的互動相類似。兩岸基於各自的利益,在WTO框架內互有交鋒,其中既有所涉及的經貿利益的考量,也伴有兩岸間揮之不去的「承認爭議」,因此呈現出政治經濟互動的複雜樣態。不過,2010年,兩岸引據WTO規則簽署《海峽兩岸經濟合作框架協議》(ECFA),從而在WTO框架下走出了休兵和解的實質性步伐。仔細探討這一過程,對於總結兩岸共處WTO的經驗與教訓頗有裨益。

兩岸對於將彼此間經貿爭端交由WTO框架內解決存在著不同的認知。臺灣方面當然認為:「加入WTO後,希望兩岸能在同樣國際組織、同樣規則下,進行有秩序及比較正面的發展;……必須兩岸協商,能在WTO架構下來談。」[44] 臺灣陸委會也發表聲明,提出「兩岸互不隸屬,雙方加入世貿組織申請案也是分開處理,入世後將是兩個獨立、平行、對等的會員體」,「WTO部長會議透過兩岸同

時入會案,此舉代表著國際社會已正式接納兩岸成為國際自由體系一員。這個體系為兩岸提供一個新的溝通、對話與諮詢管道,透過WTO的架構,雙方不再需要預設任何政治立場,也無須設置前提,即可依據現有規範和架構,針對共同和各自關切的經貿議題,自然地進行對話和諮詢」。[45]

儘管上述表態都是在民進黨執政時期作成的,但2008年後,臺灣並未對上述觀點作成重大修改,因此,臺灣的態度比較清晰,亦即:希望兩岸能夠在同時加入WTO後,建立正常互動關係,並在WTO架構下建立雙邊、常設性機制,以解決加入WTO後兩岸間的經貿問題。[46]

事實上,在臺灣看來,兩岸簽署ECFA,並接受在WTO框架下處理兩岸經貿爭端和開展經貿合作,也未嘗不是WTO框架之下的產物。

與此相對應,大陸方面則堅持兩岸經貿關係的「一國性」。國台辦於兩岸入世前就提出:「兩岸加入世貿組織為兩岸經貿發展……提供了契機,但這些問題都是中國人自己的事情,可以在一個中國的原則下協商解決,不需要借助WTO架構下的爭端解決機制,也不需要借助其他場合。」[47]
在加入WTO之後,當時的外經貿部和國台辦聯合發表談話:「兩岸先後加入世貿組織後,兩岸經貿關係仍屬中國主體與其單獨關稅區之間的經貿關係,兩岸經貿關係只有在一個中國框架內才能得到發展。」[48]

由於兩岸在是否應當將彼此之間的經貿爭端訴諸WTO框架的問題上存在分歧,因而導致WTO的爭端解決機制在解決兩岸爭端方面的作用並未完全發揮。在涉及兩岸的貿易爭端及其解決的過程中,兩岸基本上形成了「民間-WTO」雙重管道的模式,其中:民間管道主要負責具體事務的協商與溝通,而WTO管道起著更加類似於訊息交換和文書傳遞平台的作用。在2002 後發生的一系列涉及兩岸的貿易爭端都充分說明了WTO在解決兩岸貿易爭端方面的有限作用。

2002年2月20日,上海寶鋼集團公司、武漢鋼鐵股份有限公司和鞍山鋼鐵集團公司代表大陸的冷軋板卷產業向當時的外經貿部提出了對原產於俄羅斯、韓國、烏克蘭、哈薩克斯坦和臺灣的進口冷軋板卷進行反傾銷調查的申請。經商原國家經貿委

員會，原外經貿部於2002年3月23日發布公告，決定對原產於上述四國和臺灣的進口冷軋板卷進行反傾銷調查。3月22日，原外經貿部透過大陸的鋼鐵協會向臺灣的「鋼鐵工業同業公會」和「工業總會」遞交了立案公告和申請書的公開部分。隨後，調查機關又透過中國常駐世界貿易組織代表團向「台澎金馬單獨關稅區」駐世界貿易組織代表機構遞交了立案公告和申請書的公開部分。2003年9月23日，承繼原外經貿部職能的商務部終裁裁定上述四國和臺灣的確存在傾銷和實質損害，傾銷與實質損害之間存在因果關係。終裁涉及多家臺灣企業，這些臺灣企業被課徵6%至24%不等的反傾銷稅，有效期五年。

2002年6月18日，中國石油化工股份有限公司上海高橋分公司、中國石化北京燕化石油化工股份有限公司等四家企業代表中國苯酚產業向原外經貿部正式提交了對原產於日本、韓國、美國和臺灣的進口苯酚產品進行反傾銷調查的申請書。2002年7月24日，原外經貿部透過中國常駐世界貿易組織代表團向「台澎金馬單獨關稅區」駐世界貿易組織代表機構遞交了立案公告和申請書的公開部分。經商原國家經貿委，原外經貿部於2002年8月1日發布立案公告，決定對原產於上述三國和臺灣的進口苯酚進行反傾銷調查。2004年2月1日，承繼原外經貿部職能的商務部發布終裁裁定，認定原產於上述國家的苯酚產品存在傾銷對中國苯酚產業造成實質損害。終裁裁定涉及臺灣化學纖維股份有限公司、臺灣信昌化學工業股份有限公司等多家臺灣化工企業，被課徵3%至19%不等的反傾銷稅。

與以上兩案基本類似的案件還包括有關對聚氯乙烯、乙醇胺、棉綸6.66長絲、未漂白牛皮箱紙板等產品的反傾銷調查案件。這些案件所體現出的特點是：

第一，兩岸主要採取民間管道開展協商與溝通，而避免了在WTO框架下兩岸經貿爭端「兩國化」的趨勢。大陸方面，相關案件雖由公權力機關受案，但與臺灣有關企業和同業公會的溝通，主要是採取民間團體對民間團體的模式。亦即由大陸方面的有關協會向臺灣的同業公會傳遞公權力機關立案、裁決或其他具有公權力屬性的訊息。而臺灣方面為避免將兩岸貿易爭端複雜化和政治化，也主張兩岸貿易爭端透過民間方式協商妥善解決。如在前述冷軋板卷案中，兩岸鋼鐵行業的民間團體（即大陸的中國鋼鐵工業協會和臺灣的「鋼鐵工業同業公會」）就兩岸鋼鐵貿易糾紛和合作問題在台北開展協商和談判，並達成共識。即便在大陸對臺灣鋼鐵企業採取反傾銷調查和臨時保護措施後，臺灣鋼鐵行業仍然建議臺灣不要介入，避免事態

複雜化和政治化，繼續採取與中國鋼鐵工業協會開展溝通和協商。在兩岸敏感而微妙的政治關係下，用民間團體對民間團體的方法解決本不應涉及政治問題的經貿爭端，是兩岸當前的最佳選擇。

第二，兩岸也透過WTO管道交換訊息和相關文書，以表明糾紛解決方式的WTO屬性。值得注意的是，兩岸並未完全在WTO框架之外、透過民間管道進行糾紛解決，對於WTO框架，兩岸並未完全棄之不用。相反，兩岸透過各自駐WTO的代表機構，相互交換訊息和文本。如在上述所提及的案件中，大陸方面都透過其在WTO的代表團向臺灣設在WTO的代表機構交換文本。由於臺灣有將兩岸經貿關係置於WTO框架下的意圖，因而有時會限制臺灣民間團體與大陸發生聯繫，因此，運用WTO框架協調兩岸經貿關係，至少進行訊息與文書的交換，就成為大陸處理與臺灣經貿關係的一種折衷。至少，大陸方面能夠借此表明兩岸經貿糾紛解決的WTO屬性。[49]

但是，兩岸在WTO框架內的互動也並非是沒有摩擦。由於「承認爭議」的存在，大陸曾就臺灣設在WTO的組織機構的名稱等問題向WTO秘書處開展相關的工作，力圖推動臺灣設在WTO的機構「去主權化」。例如，在前述冷軋鋼卷反傾銷案件中，大陸致臺灣的函件上使用的名稱為「臺灣、澎湖、金門、馬祖單獨關稅區（中國台北）」，並使用了簡體中文而非WTO的官方文字英語。對臺灣設在WTO的代表機構，也沒有用具有主權意涵的「常駐代表團」呼之，而是代之以「常駐代表辦公室」，相應的，所謂「公使」、「參事」也以「代表」、「副代表」呼之。2003年，中國政府要求WTO秘書處，參照港澳模式，將臺灣設在WTO的代表機構從機構名稱到人權名稱一律「去主權化」。WTO秘書處亦根據中國政府的要求，對臺灣的相關機構名稱和人員名稱作了相應的調整。此外，大陸方面曾指臺灣方面送審的臺灣「海關法」中使用中華民國、行政院和立法院等具有官方、主權性質的文字，與1992年GATT理事會的主席聲明不符，要求WTO拒絕審理臺灣提出的相關法律文件。[50]

對照本研究提出的兩岸「承認爭議」的表現形式，兩岸在WTO框架內的摩擦，歸根到底，仍然是「承認爭議」作祟。

兩岸在經貿問題上的攻防，對兩岸正常經貿關係的開展和兩岸政治互信的累積顯然起著消極的作用。然而，兩岸在事涉「一個中國」原則和兩岸政治關係定位等

重要問題上尚未達成共識，亦不會率先讓步。為此，尋求非政治化的道路解決兩岸在WTO內的攻防問題，成為兩岸關係中的一大難題。ECFA是兩岸解決這一難題的制度化方法。ECFA在相當程度上包容並體現了兩岸經貿休兵的意圖，也回應和表達了兩岸是否在 WTO框架內解決相互之間貿易爭端的訴求。ECFA的序言載明：「海峽兩岸同意，本著世界貿易組織基本原則，……簽署《海峽兩岸經濟合作框架協議》。」這表明了ECFA除了被納入到兩岸事務性協商機制和兩會框架之外，還被納入到WTO的框架內，是兩岸在WTO框架下開展區域經濟合作的規則。根據ECFA第2條規定，兩岸開展經濟交流與合作的措施，諸如逐步減少或消除海峽兩岸之間實質多數貨物貿易的關稅和非關稅壁壘；逐步減少或消除海峽兩岸之間涵蓋眾多部門的服務貿易限制性措施；提供投資保護，促進雙向投資；促進貿易投資便利化和產業交流與合作等，與WTO所欲實現的目標也具有一致性。ECFA第9條規定，ECFA的任何規定不得解釋為妨礙一方採取或維持與世界貿易組織規則相一致的例外措施，相當於將WTO規則引入到ECFA的框架內，實現了ECFA和WTO的互動。可以說，ECFA在相當程度上是大陸與臺灣根據兩岸的實際情況，所採取的迴避兩岸經貿關係中「承認爭議」的方法，因而是兩岸在WTO框架下經貿休兵乃至於「外交休兵」的一個典範。

（二）臺灣在WTO內的地位及兩岸在WTO內的相互關係

兩岸儘管在WTO框架內亦有攻防，在解決貿易糾紛方面並未將WTO框架作為主要的制度化途徑。[51]
但是，兩岸畢竟在客觀上已經共處於WTO這一國際組織之內，尤其是隨著兩岸經貿關係更加緊密化，兩岸亟需尋求和諧共處 WTO的方法。釐清臺灣在WTO中的地位以及兩岸在WTO之間的相互關係，是解決兩岸和諧共處WTO的核心問題。本研究認為，可以依據「成員地位平等性」的思路，對臺灣在WTO內的地位以及兩岸在WTO框架內的相互關係加以界定。

成員地位的平等性，是指兩岸在以不同名義參加 WTO並成為 WTO正式成員後，在WTO框架內，地位是平等的，亦即兩岸平等地享有 WTO規則所規定的權利，平等地承擔WTO規則所規定的義務。「平等性」的考量，立基於臺灣在WTO

框架下所提出的「對等性」主張。眾所周知，「對等」是臺灣在處理兩岸政治關係定位時最為關注的核心議題之一。臺灣在WTO框架內，亦主張與大陸的「對等性」，尤其是認為其已經具備超越一個中國原則的條件，而與其他WTO正式會員開展經貿往來。這一主張本來是作為WTO正式成員的題中應有之義，但臺灣方面更多的是將其理解為「兩岸在WTO下的關係『一般化』或『正常化』，努力在WTO下尋求與中國對等的地位」。[52]

如果將WTO框架理解為一個具有法意義的框架和結構，那麼，「平等」應當替代「對等」的表述。與「對等」表述具備複雜的政治內涵不同，「平等」表述所蘊含的更多是法律上的意涵。大陸和臺灣應在WTO框架內平等地行使權利、履行義務，因而是「平等關係」。「平等」是兩岸共處WTO框架的邏輯起點，沒有對於「平等」的體認，而一味追求「對等」，則兩岸在WTO框架內只能不斷地發生摩擦。「平等」一詞在用法上的特點有二：其一，「平等」一般用語修飾兩岸在WTO之內所享有的權利義務關係，而不是兩岸之間的政治關係，亦即大陸並不否認兩岸在WTO框架內是「平等」的，只是否認兩岸在政治地位上的「對等關係」；其二，「平等」的主體不是中華人民共和國政府和臺灣，也不是中華人民共和國和中華民國，更不是「中國」和臺灣，甚至不是大陸和臺灣，而是參與WTO框架的兩個WTO正式成員。可以說，「平等」的表述一方面可以釋出大陸方面希望與臺灣在WTO框架內和諧共處的善意，另一方面也使用語言策略，有效地否認了臺灣的「對等」主張。

有關兩岸在WTO框架內的關係，大陸方面一般界定為「中國主體同單獨關稅區之間的貿易關係」，而臺灣方面則更加傾向於界定為「兩個WTO正式成員之間的對等關係」。顯然，無論從一個中國原則的角度出發，還是從WTO規則出發，「中國主體同單獨關稅區之間的貿易關係」的界定更加合適。首先，臺灣是以「臺灣、澎湖、金門、馬祖單獨關稅區」的名義加入WTO，並成為正式成員，因而臺灣仍然被視為「地區」，而並不因其作為正式成員加入WTO而具有主權或「國家」的意涵。臺灣作為「單獨關稅區」參加WTO的依據是GATT第26條和第33條。根據該兩條的規定，凡為一個締約方代為接受本協定（指GATT）的任何關稅區，若掌握並獲得了對外貿易關係和本協定規定的其他問題上的完全自主權，經代表締約方以確認上述事實的方式舉薦，應看作一個締約方；一個非本協定締約方的政府，或者代表某

個在處理對外貿易關係與本協定規定其他事務具有完全自主權的單獨關稅區的政府，得代表其本身或該區按照該政府與締約方全體議定的條件加入協定。臺灣亦是自1990年起，即依據GATT上述兩條規定，謀求以「單獨關稅區」名義加入GATT/WTO。因此，「單獨關稅區」並不是一個獨立於主權國家的概念，相反，在WTO框架內，「單獨關稅區」恰恰是一個從屬於主權國家的概念。臺灣以「單獨關稅區」參加WTO並為WTO各成員所認可和接受，只能更加鮮明地體現了臺灣是中國的一部分，而不具有任何「臺灣獨立於中國」的意涵。

其次，臺灣的所謂「自主性」，只能是與貿易有關的「自主性」，而不是具有政治意涵的「自主性」。有臺灣學者認為，WTO並不同於其他國際組織，並不強調主權的運用，而是強調所謂的「自主性」。如GATT第26條和第33條規定單獨關稅區必須以對於本區域內的貿易具有「自主權」為前提。[53]「自主性」的觀點以及WTO規則對「自主權」的表述，常常被用於論證臺灣與大陸的「對等關係」。事實上，考察GATT第24條對「單獨關稅區」的定義，所謂「單獨關稅區」是指「一個與其他領土之間的大部分貿易保持著單獨稅率或其他單獨貿易規章的地區」。GATT第24條實際上是將單獨關稅區嚴格限定在貿易領域內，使其不可能擴張解釋為具有主權意涵的「國家」或其他類型的政治實體。因此，所謂「單獨關稅區」的「自主性」應當從以下兩個層次來理解：其一，「單獨關稅區」的確具有「自主性」，這種「自主性」係指處理本地區對外經貿關係方面所具有的自主權，此為「單獨關稅區」得與其所屬國家分開參加WTO的前提；其二，「單獨關稅區」的「自主性」又僅限於經貿關係領域，依據自《哈瓦那憲章》以降GATT和WTO的「非政治化」傳統，不再貿易中捲入或實質捲入政治因素，是WTO的基本原則，因而對「單獨關稅區」及其地位的解釋也應當向著「非政治化」的方向理解。事實上，提出「自主性」問題的臺灣學者也承認，WTO想儘量避免政治上的麻煩，讓所有經濟上自主的實體，包括國家及單獨關稅區領域，都能破除政治上的障礙以達到貿易自由化的目標，因此，在WTO框架內，成員間的運作、往來或協商、談判等都不涉及「國家主權」的爭議或國際政治上的「國家承認」問題。[54]

再次，兩岸在WTO爭端解決機制中平等地享有權利，平等地履行義務。兩岸是以「一攬子」方式加入WTO並成為WTO正式成員的。所謂「一攬子」方式，是指大陸和臺灣在加入WTO時，並未針對對方援引《馬拉喀什建立世界貿易組織協定》

第13條關於多邊貿易在特定會員間不適用的條款。因此，在兩岸加入　　WTO後，WTO的各項規則都是適用於兩岸之間的，其中就包括有關爭端解決機制的規定。WTO並未對以國家身分參加WTO的成員和以「單獨關稅區」身分參加WTO的成員做區別對待，因而兩者在WTO規則的框架內，其法律上的權利義務關係是平等的。[55]

事實上，WTO規則本身並未出現主權的表述，因而WTO規則具有「非主權」特徵，而是延續GATT的「契約」氣質。基於此種「契約」氣質，WTO爭端解決機制因而有著依據「契約自由」和「任意性強制」而產生的強制性特徵，具體表現在以下三個方面。其一，WTO爭端解決機制是強制性管轄。根據《關於爭端解決規則與程序的諒解》（DSU）第6條第1款規定：「如起訴方提出請求，則專家組應最遲在此項請求首次作為一項議題列入爭端解決機構（DSB）議程的會議之後的DSB會議上設立，除非在此次會議上DSB協商一致決定不設立專家組。」由於起訴方肯定不會否決設立專家組的提議，因而事實上一旦起訴方提出起訴，則一定會成立專家組，被起訴方無法阻止進入專家組審理的程序。因此，只要起訴方將爭議提交DSB，WTO爭端解決機制就對起訴方和被起訴方的貿易爭端產生強制性管轄。其二，WTO爭端解決機制的審理報告具有強制性。根據DSU第16條第4款、第17條第14款的規定，除非DSB經協商一致不透過DSB專家組或審理機構的審理報告，該報告應透過。由於勝訴方不可能不透過該報告，因而該報告事實上必定會生效，從而對兩造都產生拘束力。其三，WTO爭端解決機制報告在執行上也具有強制性。根據DSB採納的報告建議，有關成員必須在經協商的期限內，對其域內法作出必要的修改，或作出其他措施實施DSB的建議，否則可能面臨DSB授權的貿易報復。因此，WTO的審理報告對於有關各方都具有強制的執行力。正是因著爭端解決機制的強制性特徵，因而兩岸在WTO內和諧共處也就有著制度上的可能性和必要性。

　　總之，臺灣作為單獨關稅區，在WTO內享有完整的成員權利和義務。基於WTO爭端解決的強制性，臺灣也完全有可能與大陸在WTO發生大陸方面必須面對的爭端解決程序。由於同為WTO正式成員，兩岸在WTO內的法律地位是平等的，因而大陸方面理應在WTO的框架內加以應對。當然，即便如此，大陸和臺灣在WTO框架內的關係，依然是一個國家和其內部具有貿易自主性的單獨關稅區之間的關係，並不能由於兩岸在WTO框架內法律地位的平等性而產生兩岸「對等」的意

涵，這是兩岸在WTO內和諧共處的前提，也是必須堅守的政治底線。

（三）兩岸共處一個國際組織的機制構建：WTO的經驗與不足

WTO或許是兩岸互動最多的國際組織，而兩岸在WTO之內的互動與兩岸關係最具實質性的關聯。因此，兩岸共處WTO的經驗與不足，在相當程度上能夠為兩岸共處其他國際組織所借鑑。隨著兩岸「外交休兵」的深入，臺灣有序參與國際空間機制將逐步建立和完善，因此，臺灣有序參與國際空間會逐漸常態化，臺灣以合適名義參加國際組織的數量或參與國際組織活動的頻次都將增加，兩岸共處一個國際組織的情形也會隨之增多。慮及以上情形，有必要在反思WTO的經驗與不足的基礎上，對構建兩岸共處一個國際組織的機制進行探討。

第一，堅持一個中國原則，是兩岸共處一個國際組織的政治底線，也決定了兩岸共處一個國際組織的功能特徵。兩岸依據兩岸原則、功能原則和制度原則，允許臺灣參加特定的國際組織，因而造成兩岸共處一個國際組織的情形。但是，這並不是對臺灣主權屬性和「國家」屬性的肯定，也不產生所謂「承認」的效果，而只是因應臺灣人民參加國際空間的意願而作出的合情合理的安排。因此，兩岸共處一個國際組織仍應當以「一個中國」原則為底線，而不能在兩岸間造成「雙重代表」的情形。結合兩岸在WTO框架內的實踐，主要應注意以下兩點：其一，臺灣名稱的特殊性，亦即不能以中華民國或臺灣的名義參加，而應當以具備「一中」性又能體現臺灣特點的名稱，「中華台北」或許是最佳的選擇；其二，代表機構名稱的特殊性，亦即不能以具有主權意涵的「代表團」、「大使」等名稱，而應代之以「代表機構」、「代表」等名稱，以示區分。

第二，遵守國際組織的規則，尊重臺灣依據國際組織規則所享有的權利與義務，是兩岸共處一個國際組織的基礎，也為兩岸共處一個國際組織提供了可能性。臺灣參加國際組織的首要前提，是該國際組織對於類似於臺灣的實體參加該國際組織的活動有著特殊的安排與規定。如WTO對類似於臺灣的貿易實體，有著「單獨關稅區」的安排，給予正式成員的地位。可以設想，如果WTO沒有有關「單獨關稅區」或類似安排，或者沒有給予「單獨關稅區」以正式成員的地位，則臺灣無論其參加WTO的意願如何，顯然都是不能夠參加WTO活動的，或者不享有正式成員的地位。因此，臺灣能否參加某一國際組織以及享有何種法律上的地位，完全取決於

該國際組織的規定。從另一方面而言，如果臺灣根據國際組織的特殊制度安排，得以參加該國際組織的活動，並享有國際組織規則所規定的權利、履行國際組織規定的義務，則大陸方面對此亦應給予必要的尊重。這種尊重既是對臺灣人民參加特定國際組織意願的尊重，也是對國際組織規則的尊重。立基於上述認識，國際組織有利於兩岸共處該國際組織的規則，為兩岸共處一個國際組織奠定了基礎，兩岸有必要共同的遵守國際組織的相關規則，以期最大限度地實現共同參加國際組織的目的。

第三，在一個國際組織中，儘量發揮國際組織所設定的各項機制，維護兩岸各自的利益以及中華民族整體利益，是兩岸共處一個國際組織的目的，也決定了兩岸共處一個國際組織的必要性。從功能性的角度理解，國際組織毋寧是為實現某種特定功能所產生的機制。參加國際組織由於國際組織的功能特性，因而產生了功能性的意涵，亦即參加國際組織將有助於參加方在某一功能上的實現或補強。為此，對於臺灣參加國際空間的問題，不能僅僅從其意圖標榜「國際存在」，或謀求「政治承認」等方面理解，更要從其實現特定的功能角度理解。尤其是在臺灣以合適名義參加國際組織後，政治方面的意涵已經透過兩岸在臺灣參加該國際組織中的博奕與妥協獲得釋放，而國際組織的功能性意涵成為問題的核心。立基於以上考量，兩岸共處一個國際組織後，兩岸在該國際組織框架內互動的重心應當關注於臺灣參加國際組織的資格及地位，轉移至如何透過國際組織的機制實現兩岸各自的利益以及中華民族的整體利益。透過國際組織的機制實現兩岸各自的利益以及中華民族整體利益，也符合兩岸各自參加國際組織的目的。

第四，透過兩岸事務性協商機制和兩會框架，在兩岸間構建作為國際組織相關機制的替代性機制，以迴避兩岸共處一個國際組織中的敏感議題，而將兩岸所共處的國際組織作為訊息交換渠道與機制，也未嘗不是兩岸共處一個國際組織的一種策略性選擇。兩岸共處一個國際組織的理想狀況，是兩岸恪守國際組織規則，在「一個中國」原則下，相互尊重，理性互動。然而，大陸與臺灣長期隔絕與對立，彼此之間缺乏互信，在「承認爭議」之下，兩岸在共處一個國際組織中所存在的隔閡和不信任在短時間內難以完全消除。WTO是證明上述結論的最佳例證。然而，兩岸卻不可能採取「擱置」的辦法解決上述問題：其一，臺灣對於利用國際組織框架解決兩岸關係一直比較熱心，而放棄或擱置這一立場的可能性較小，如臺灣一直想將兩

岸經貿爭端置於WTO框架下解決，就已經充分說明此一原因的存在；其二，國際組織畢竟有著功能性意涵，兩岸互動以及兩岸與第三主體的互動，不可能完全脫離國際組織所設定的框架，如兩岸在貿易爭端中儘量採取民間團體對民間團體的方式解決，甚至刻意避免牽涉與公權力相關的政治問題，但仍然要透過WTO的框架進行必要的訊息交換。為了因應以上兩個方面的原因，在「擱置」與「利用」之間尋找平衡與妥協，最佳的方式莫過於ECFA模式，亦即建立與國際組織相關機制相類似的兩岸間機制，以作為對該國際組織的替代性機制，而將國際組織本身所設置的機制僅僅作為交換訊息的渠道。ECFA的成功實踐已經證明了上述做法的有效性。在兩岸政治互信尚不充足，以及「承認爭議」在短短時間內難以消除的情況下，ECFA的模式未必不是一種可供選擇的策略。

總而言之，兩岸共處一個國際組織，需要兩岸深入的政治互信和有效的因應策略，也更加需要兩岸之間的彼此尊重以及對國際組織規則的尊重，唯有如此，兩岸方可和諧地共處於一個國際組織，利用國際組織之相關機制，通力合作，降低敵意，共謀兩岸關係和平發展的大道。

四、臺灣有序參與國際空間機制的構建

當前，大陸對於臺灣參加國際空間問題存在著兩難困境：一方面，因「一個中國」原則及其所衍生的「承認爭議」，大陸在臺灣參加國際空間的問題上，必須對臺灣加以限制，以防止造成「兩個中國」或「一中一台」的局面；另一方面，對於臺灣人民參加國際空間的意願，大陸方面在「寄希望於臺灣人民」方針的指引下，又不得不給予重視，因而對於臺灣借助臺灣人民的名義參加國際空間的行為，大陸方面亦應給予回應，而不能一限了之。這一兩難困境，造成了兩岸在臺灣參加國際空間問題上，始終存在溝通的障礙以及不信任感，並無助於兩岸消除誤解、積累互信。必須體認到：解決臺灣參加國際空間的問題，在兩岸關係和平發展框架內具有重要的位置，依循「封鎖」、「圍堵」的辦法，阻止臺灣參加國際空間，不僅不可能為臺灣所接受，而從長遠來看，也不符合兩岸的共同利益。兩岸同屬中華民族，理應攜起手來共同維護中華民族整體利益。當然，同時又不得不考量一個中國原則

的限制性作用。立基於上述考量,最佳的辦法是對於臺灣參加國際空間的行為採取有序的引導,此種有序應當是經由制度化安排的有序,亦即建立臺灣有序參加國際空間的機制。本章前三節對於建立臺灣有序參加國際空間的機制,分別進行部分地論述,對於與此有關的宏觀背景、國際法律文件以及重要問題進行了探討。本節對建立臺灣有序參加國際空間機制的主要內容和構建方法,尤其是具體的制度設計作一討論。

(一)指導思想:兩岸政治關係定位思路的運用

過往的研究,經常將兩岸政治關係定位與臺灣參加國際空間問題作為兩個不同的條目,解決臺灣參加國際空間問題常常被看作兩岸論域內一個獨立的問題域進行思考,而沒有將其鑲嵌在兩岸關係的大背景下,更未注意到兩岸政治關係定位與臺灣參加國際空間問題的關係。事實上,兩岸政治關係定位對於臺灣參加國際空間問題影響甚,在相當程度上決定了臺灣參加國際空間的可能性和具體的形式。同時,符合兩岸關係現狀的政治關係定位,對於解決臺灣參加國際空間問題也頗有助益。立基於此認識,臺灣參加國際空間問題已經成為兩岸政治關係定位的思路和模式適用於兩岸關係具體領域的一個典範。

兩岸政治關係定位和臺灣參加國際空間這兩個問題的癥結都在於本研究所揭示的「承認爭議」,無論是兩岸政治關係定位的難題,還是臺灣參加國際空間的困局,都因「承認爭議」產生,在本質上是「承認爭議」在不同問題域的表現形式,因而解決這兩個問題的方法雖各有側重,但總體而言都需以克服或規避「承認爭議」為切入點。臺灣參加國際空間問題涉及以何名義參加、以何身分參加、在何程度參加等重大問題,這些問題歸結起來就是兩岸如何定位政治關係的問題。臺灣參加國際空間的問題,只不過是兩岸政治關係定位在國際空間的摹寫。立基於上述考量,本研究將兩岸政治關係定位和臺灣參加國際空間問題結合起來,將兩岸政治關係定位的思路,運用到解決臺灣參加國際空間的問題中去,以尋求對臺灣參加國際空間問題在符合兩岸關係現狀基礎上的合適解決。

兩岸政治關係定位的思路運用到建立臺灣有序參加國際空間上,有著兩個層次的目標:第一,在本體論意義上,臺灣參加國際空間的步伐,應當與兩岸政治關係定位的節奏相適應,在不同的階段,有著不同的樣態;第二,在方法論意義上,臺

灣參加國際空間問題的解決，也可以借鑑兩岸政治關係定位的方法，亦即透過議題化的方法來解決。因此，建立臺灣有序參加國際空間的機制，就是要建立起能夠把握臺灣參加國際空間的節奏與步伐，能夠將臺灣參加國際空間的問題議題化，能夠為兩岸協商此類議題並達成共識提供製度平台的機制。

兩岸政治關係定位的思路，釐清了臺灣參加國際空間問題的癥結，因而也釐清了建立臺灣有序參加國際空間機制所指向的目標對象，因而是建立臺灣參加國際空間機制的指導思想。

（二）模式選擇：國際法允許下的參加與制度性協商

臺灣有序參加國際空間機制的建立，必然涉及兩個核心問題：第一，所有「有序參與」，何為「有序」，以什麼標準來判斷有序；第二，確定了「有序」的標準後，則如何實現「有序」。從宏觀層面而言，作為政治前提的「九二共識」和作為參與空間界定的「事務空間」，都可以理解為「有序」的標準，但從更加具有操作性的角度而言，依然需確定能夠為「有序」提供直接的、明確的判定方法及標準。圍繞上述兩個核心問題，本研究認為，建立臺灣有序參加國際空間的機制，應當依循有關國際法的規則，並遵循透過制度性協商參加的模式。

國際法的規則，是判斷臺灣參加國際空間是否為「有序」的操作性標準。國際法對於臺灣參加國際空間有著豐富的規定。本章對於國際法律文件的整理，已經對主要的國際法規則進行了歸納。總體而言，國際法規則對於臺灣參加國際空間的態度可描述為兩個方面的內容。第一，根據聯合國2758號決議，國際法規則原則性地禁止臺灣參加國際空間。第二，為實現特定的國際交往功能，有的國際組織或國家透過特定的方式，規定臺灣參加國際空間的方式，則臺灣可以根據具體的規定，參加特定範圍內的國際空間。

對於第一個方面，聯合國2758號決議可以說是處理臺灣參加國際空間問題的基礎性規則，包括兩個方面的含義：其一，聯合國2758號決議的文本，直接禁止臺灣（以「蔣介石代表」的名義）參加聯合國及其機構；其二，聯合國2758號決議包含著一個中國原則以及對「中國代表權」的論斷，因而在國際空間內，臺灣所有妨礙一個中國原則和「中國代表權」的參加方式，都是違背聯合國2758號決議的。前者不妨稱為聯合國2758號決議的直接效力，後者則不妨稱之為擴展效力。過往大陸方

面的研究和臺灣方面的說辭都更加重視聯合國2758號決議的直接效力，至多擴展至與聯合國有關的專門機構，對於擴展效力的挖掘不夠。建立臺灣有序參加國際空間的機制，需要為這一機制提供足夠的規範依據，從目前國際法有關臺灣問題的規則來看，只有聯合國2758號決議足以承擔起這一任務，因而有必要對其擴展效力加以廓清。可以說，聯合國2758號決議，是「九二共識」在國際法規則內的體現，遵守「九二共識」，在操作層面上就體現為遵守聯合國2758號決議。

對於第二個方面，國際空間的存在，除具有政治性意涵外，還具有功能性意涵，前文已經對此觀點多有論述。不論是考量臺灣的地理位置、經濟實力和政治影響力，還是考量臺灣人民參加國際空間的意願，臺灣參加國際空間都有著功能性的意涵，而不獨為政治性意涵。立基於此，臺灣在符合聯合國2758號決議的前提下，亦可根據國際法規則在功能性意涵上參加國際空間。但是，臺灣之參加有著三項條件。其一，根據聯合國2758號決議，臺灣之參加不得有違「一個中國」原則，也不得觸及「中國代表權」的問題。其二，臺灣參加國際空間並非是一般性允許的行為，而是被一般性禁止的行為，解禁的條件是臺灣所欲參加的國際空間有著相應的制度安排。具體是指：如果臺灣意欲參加之國際空間為國際組織，則該國際組織應當對於類似於臺灣參加的情形有著特殊的制度安排，如觀察員制度、聯繫會員制度、特殊的功能性實體或該國際組織系非政府組織，等等；如果臺灣意欲參加之國際空間為與外國發展交往關係，則必須符合中國與該國建交公報或條約所設定的框架，亦即只能與外國發展非政府間的經貿、文化等關係。其三，臺灣即便在符合國際法規則的前提下，參加了國際空間，也僅僅具備功能性意涵，不具有任何「國家承認」和「政府承認」的效果。

以上確立的是「有序」的標準，而達致「有序」的方式，則是透過制度化的協商。2000年中國政府發布的《一個中國的原則與臺灣問題》白皮書提出，「亞行模式」、「APEC」模式以及世界貿易組織接受臺灣參加的方法，都屬於「特殊安排，並不構成其他政府間國際組織及國際活動仿效的模式」。[56] 過往的解讀，主要偏向於對於臺灣參加國際空間的方法，大陸堅持的是個案處理的態度。這一解讀固然是符合白皮書原意的，但也不妨解讀為臺灣單方面不得依循既有模式參加國際空間，兩岸在解決臺灣參加國際空間的問題上，必須依循制度性協商的方法。中共十八大報告明確提出，兩岸在新階段要「促進平等協商，加強制度

建設」，就包含了進一步強化制度性協商機制，而逐漸改變個案處理模式的意涵。因此，對於解決臺灣參加國際空間的問題，必須建立制度性協商的機制，有步驟地改變個案協商的處理方式，推動臺灣參加國際空間始終處於有序的軌道內，符合以上所設定的「有序」標準。

制度性協商的要義在於兩岸透過類似於當前的事務性協商的方式，由雙方共同來決定臺灣參加國際空間中所涉及的重要問題。對此一要義的理解，不妨從兩個方面展開。一方面，臺灣參加國際空間的問題，即便臺灣自身認為符合以上所設定的「有序」標準，依然不能自主為之，而應當透過兩岸制度性協商的機制，透過兩岸平等協商的方式解決。另一方面，制度性協商並不能理解為大陸對臺灣參加國際空間的「審批程序」，而是兩岸共同解決和應對臺灣參加國際空間問題的方式，是因應臺灣民眾參與國際空間需求的一種機制，因此，兩岸制度性協商在價值上的導向，不是封鎖臺灣參加國際空間的可能性，相反，恰恰是為臺灣有序參加國際空間進行合情合理的安排。

（三）制度設計：與兩會事務性商談機制的銜接

臺灣參加國際空間的問題敏感複雜，微弱的擾動都有可能導致兩岸領導人著力推動已經初見成效的「外交休兵」遭遇挫折。因此，完善的制度設計，對於建立臺灣有序參加國際空間機制，具有重要的意義。目前，兩岸間為開展協商的機制主要有兩類，其一是由「海協」對「海基」的事務性商談機制，亦即兩會事務性商談機制，此一機制構成了兩岸協商機制的主幹和核心，也是兩岸目前最高層次和最具綜合性的協商機制；其二，由兩會簽署的各項協議所建立的聯繫機制，如經由ECFA所構建的「兩岸經濟合作委員會」等，這類機制大多數為完成相關協議所設定的具體目標而建構的機制。兩類機制尚未實現體系化，其間也無層次上的差別。對於建立臺灣有序參加國際空間機制而言，沒有必要建立一個專門的機制，這既是基於節約兩岸制度資源的考量，也是由於臺灣參加國際空間問題本身的敏感性所決定的。為避免建立新機制所帶來的不必要的猜測、臆想乃於歪曲，可以採取將臺灣有序參加國際空間機制附著在兩會事務性商談機制上，用兩會事務性商談機制來解決臺灣有序參加國際空間的問題。在具體的制度設計上，可以分為預備性磋商機制或程

序性談判機制，以及正式商談機制或實質性商談機制兩個部分。

第一，預備性磋商或程序性談判階段。預備性磋商，或程序性談判，是兩岸透過「兩會框架」針對「江八點」中所指的「政治談判的程序性事宜」進行談判，其主要內容是兩岸圍繞臺灣參加國際空間的名義、地點和方式等程序性問題，而與實質性的政治爭議無涉。預備性磋商可在兩會副秘書長層級進行。兩會經由預備性磋商所取得共識，將作為確定正式會談程序的直接依據。預備性磋商不限輪次，兩會可以進行多次、反覆的磋商，直到對程序性問題形成共識為止。臺灣有序參加國際空間機制中的預備性磋商，不同於兩岸事務性談判中的預備性磋商。後者可以討論議題所涉的具體問題，也可在對具體問題達成共識基礎上，形成協議的文字表述。但前者僅是針對程序性問題進行談判，而不涉及任何實質性問題。

第二，正式商談機制或實質性商談機制。正式商談，或實質性商談，是大陸和臺灣透過「兩會框架」對程序性問題達成共識的基礎上，適用經預備性磋商或程序性談判商定的程序，就臺灣參加國際空間的實質性問題進行談判。正式會談可以在兩會的副會長級或秘書長級進行，會談的議題以確定臺灣參加國際空間的名義、身分和程度等實質性問題，也包括在預備性磋商中因沒有預見或被擱置而未能解決的程序性問題，還可以是兩岸在共處一個國際組織中因互動而產生的問題。正式會談可以分層級進行，即兩會在各自副會長、副董事長或秘書長的主持下，在副秘書長、主任、處長等層級分專題進行談判，然後就談判所達成的初步成果，由兩會副會長級或秘書長級負責人彙總，形成總的初步共識。正式會談是就有關議題進行的實質性談判，因而在正式會談中，兩岸應繼續秉持「同意歧見」的原則，對一些議題、尤其是政治敏感性高的議題作出一些讓步，以求得在最大範圍內形成共識。在一定程度上的「同意歧見」，並不意味著作出讓步的一方已經放棄該主張。因此，應給予作出讓步方表達自己將繼續追求該主張的機會。對於此，可以借鑑西德發送「德國統一信函」的做法，允許作出讓步的一方向對方發出「意見信函」。1970年代，西德雖在「新東方政策」的指導下，承認東德的主權和國家地位，並與東德簽訂基礎關係條約，但並未放棄追求兩德統一的主張。1970年與蘇聯進行談判時，西德在簽訂協議的前半個小時，以附帶文件方式，用西德外長的名義，向蘇聯政府發出「德國統一信函」，表明西德將追求德國統一的立場，並為蘇聯政府所接受。同一方法還在兩德簽訂《兩德基礎關係條約》時使用。西德政府在給東德政府的「統

一信函」中表示，將在歐洲和平的架構下，以德意志民族自決方式恢復德國統一的目標和基礎關係條約並不牴觸。該「統一信函」也為東德政府所接受。[57] 借鑒「德國統一信函」的做法，大陸和臺灣在透過「兩會框架」進行臺灣參加國際空間問題的商談時，也可就必須作出讓步的部分以「意見信函」方式告知對方，以表明己方立場。

與當前兩岸透過個案處理方式解決臺灣參加國際空間問題不同的是，臺灣有序參加國際空間機制，是透過機制化的方法，將臺灣參加國際空間都納入到制度性協商的框架內。亦即所有的事務，都需經由相應機制加以解決，每個問題的解決都不再是孤立的個案，而是對後續問題的解決有著規範意義，或者至少具有可資參照的意義。兩岸還可以透過該機制，對於臺灣參加國際空間的一些共性問題進行商談，諸如臺灣參加國際空間的名義、身分等，都可以由兩岸透過商談達成共識，繼而一般性地適用於臺灣參加國際空間的情形。然而，這並不意味著兩岸可以透過簽署類似於「兩會協議」的規範，而是主張兩岸僅僅將臺灣有序參加國際空間的機製作為一個議題磋商機制，而非類似於兩會事務性商談機制的造法機制。之所以如此的原因，仍是臺灣參加國際空間議題的敏感性和複雜性，以及臺灣局勢的多變性。兩岸應當在微妙的平衡間尋求解決此問題的共識，協議因其規範性或許可以造成規範控制的作用，但在應變性和平衡性上略顯不足。立基於此，如果要對臺灣參加國際空間問題做一規範性的表述，不妨將其作為和平協議的一部分，在和平協議中做宣示性的表述。

兩岸政治關係定位和臺灣參加國際空間問題，是兩岸關係中最為敏感的議題，解決由此產生的「結」，勢必會遭遇曲折、反覆，乃至於倒退和失敗。但是，只要堅持「一個中國」的原則，堅持務實合作、求同存異的精神，兩岸中國人一定有足夠的智慧解決這一問題，共謀兩岸和平發展與共生共榮的大道，維護好、發展好中華民族的整體利益。

註釋

[1].周葉中：《論構建兩岸關係和平發展框架的法律機制》，載《法學評論》

2008年第3期。

[2].王毅：《在兩岸關係研討會開幕式上的致詞》，資料來源：http://www.gwytb.gov.cn/zyjh/zyjh0.asp? zyjh m id=1594，最後訪問日期：2008年10月19日。

[3].祝捷：《海峽兩岸和平協議研究》，香港社會科學出版社2010年版，第235頁。

[4].本人也曾經提出，兩岸原則、功能原則和制度原則是和平協議的基本原則。由於和平協議構成構建兩岸關係和平發展框架的基礎性規範，因而作為和平協議原則的兩岸原則、功能原則和制度原則也構成了兩岸關係和平發展框架的基本原則。

[5].周葉中、祝捷：《論海峽兩岸和平協議的性質》，載《法學評論》2009年第2期。

[6].該觀點首見民進黨的「臺灣前途決議文」（1999年），後也為一些泛藍人士所主張。參見顏厥安：《憲政體制與語言的困境》，載顏厥安：《憲邦異式》，元照出版有限公司2005年版，第152頁。

[7].顏厥安：《憲政體制與語言的困境》，載顏厥安：《憲邦異式》，元照出版有限公司2005年版，第155頁。

[8].See Ernst B.Hass, P.Schmitter: Economics and Differential Patterns of Political Integration, International Organizations, Vol.18, No4, pp707-719（1964）.

[9].R.Harrison, Europein Question: Theories of Regional International Integration, p32-36（1974）.轉引自高華：《地區一體化的若干理論闡釋》，載李慎明、王逸舟主編：《2003年：全球政治與安全報告》，社會科學文獻出版社2003年版。

[10].高華：《地區一體化的若干理論闡釋》，載李慎明、王逸舟主編：《2003年：全球政治與安全報告》，社會科學文獻出版社2003年版。

[11].周葉中、祝捷：《論兩岸關係和平發展框架的內涵》，載《時代法學》2009年第1期。

[12].林若雩：《東協整合發展與兩岸關係》，載《新世紀智庫論壇》第13期，2001年3月。

[13].王英津：《歐洲統合模式與兩岸統一》，載《太平洋學報》2003年第3期。

[14].周葉中、祝捷：《論海峽兩岸和平協議的性質》，載《法學評論》2009年第2期。

[15].[美] 羅爾斯：《政治自由主義》，萬俊人譯，譯林出版社2000年版，第141頁。

[16].[美] 羅爾斯：《政治自由主義》，萬俊人譯，譯林出版社2000年版，第141頁。

[17].周葉中、祝捷：《論海峽兩岸和平協議的性質》，載《法學評論》2009年第2期。

[18].[美] 羅爾斯：《政治自由主義》，萬俊人譯，譯林出版社2000年版，第169頁。

[19].高華：《地區一體化的若干理論闡釋》，載李慎明、王逸舟主編：《2003年：全球政治與安全報告》，社會科學文獻出版社2003年版。

[20].多位兩岸高層人士說過，馬英九當政的四年，是兩岸難得的機遇期。這些高層人士的言下之意就是四年後怎麼辦，如果民進黨重新執政，是否意味著兩岸關係將迅速「緊縮」？恐怕在說這些話的時候，兩岸高層人士都有著這樣的隱憂。

[21].周葉中：《論兩岸關係和平發展框架的法律機制》，載《法學評論》2008年第3期。

[22].《哈瓦那憲章》第86條的規定是：「The Members recognize that the Organization should not attempt to take action which involve passing judgment in any way in essentially political matters.」

[23].周葉中：《論兩岸關係和平發展框架的法律機制》，載《法學評論》2008年第3期。

[24].自鄭樟雄：《國家主權評析兩岸統合模式》，臺灣南華大學公共行政與政策研究所碩士論文，2003年，第92頁。

[25].鄭海麟：《臺灣主權的重新詮釋》，海峽學術出版社2000年版，第271頁至第273頁。

[26].陳荔彤：《臺灣主體論》，元照出版社2002年版，第11頁至第13頁。

[27].彭明敏、黃昭堂：《臺灣在國際法上的地位》，玉山社1995年版，第128頁至第129頁。

[28].王緝思：《論美國「兩個中國」政策的起源》，載《世界歷史》1987年第3期。

[29].鄭樟雄：《國家主權評析兩岸統合模式》，臺灣南華大學公共行政與政策研究所碩士論文，2003年，第97頁。

[30].「中日和平條約」全文，參見金瑩：《「日台條約」與1950年代初期遠東國際關係的形成》，復旦大學博士學位論文，2008年，第117頁至第118頁。

[31].餘子道：《舊金山和約和日蔣和約與美日的「臺灣地位未定論」》，載《軍事歷史研究》2002年第1期。

[32].邱宏達：《關於中國領土的國際法問題論集》，臺灣商務印書館1975年版，第7頁。

[33].邱宏達：《現代國際法》，三民書局1995年版，第531頁至第535頁。

[34].彭明敏、黃昭堂：《臺灣在國際法上的地位》，玉山社1995年版，第205頁。

[35].陳荔彤：《一個中國原則下的國際組織之競爭》，載陳荔彤：《臺灣主體論》，元照出版社2002年版。

[36].張亞中：《兩岸主權論》，生智文化事業有限公司1998年版，第46頁。

[37].參見本研究報告第六章。

[38].林正順：《「一個中國政策」的新動向與國際法》，載《臺灣國際法季刊》第3卷第3期，2006年9月。

[39].任東來：《美國對臺灣地位問題的立場》，載《開放時代》2003年第1期。

[40].羅啟政：《聯合國對「中國代表權問題」的法理爭議》，載《臺灣國際法季刊》第3卷第3期，2006年9月。

[41].裘兆琳：《中國參與世界衛生組織之策略演變與美國角色分析》，載《歐美研究》第40卷第2期，2010年6月。

[42].參見陳安：《中國「入世」後海峽兩岸經貿問題「政治化」之防治》，載《中國法學》2002年第2期。

[43].江啟臣：《WTO下兩岸政治互動之發展與意涵》，載《東吳政治學報》第19期，2004年。

[44].此言論系2011年11月12日時任當時臺灣「行政院院長」張俊雄的表態。

[45].《兩岸方入世，即掀攻防戰》，載《聯合報》2001年11月13日。

[46].邵宗海：《WTO可否提供兩岸談判僵局突破的溝通管道》，載《中國大陸研究》第45卷第5期，2002年9月。

[47].《國台辦發言人：兩岸之間的問題不需要借助WTO架構解決》，資料來源：http://news.sina.com.cn/c/2001-10-31/390023.html，最後訪問日期：2012年12月11日。

[48].《外經貿部和國台辦就中國台北入世發表談話》，資料來源：http://www.cctv.com/specials/wto/sanji/xw1112 2.html，最後訪問日期：2012年12月11日。

[49].江啟臣：《WTO下兩岸政治互動之發展與意涵》，載《東吳政治學報》第19期，2004年。

[50].呂志翔：《中共在WTO針對臺灣頻頻製造問題》，臺灣「中央社」2002年11月4日。

[51].彭莉：《入世後兩岸若干經貿法律問題的理論爭議與實務分析》，載《臺灣研究集刊》2008年第3期。

[52].江啟臣：《WTO下兩岸政治互動之發展與意涵》，載《東吳政治學報》第19期，2004年。

[53].江啟臣：《WTO下兩岸政治互動之發展與意涵》，載《東吳政治學報》第19期，2004年。

[54].江啟臣：《WTO下兩岸政治互動之了展與意涵》，載《東吳政治學報》第19期，2004年。

[55].陳安：《中國「入世」後海峽兩岸經貿問題「政治化」之防治》，載《中國法學》2002年第2期。

[56].《一個中國的原則與臺灣問題》（2000年）。

[57].高朗：《從整合理論探索兩岸整合的條件與困境》，載包宗和、吳玉山主編：《爭辯中的兩岸關係理論》，五南圖書出版有限公司1999年版，第91頁至第92頁。

參考文獻

（按本書首次引用順序排列）

（一）中文簡體著作

1. 祝捷：《海峽兩岸和平協議研究》，香港社會科學出版社2010年版。
2. 劉國深編著：《臺灣政治概論》，九州出版社2006年版。
3. 《鄧小平文選》（第三卷），人民出版社1993年版。
4. 周葉中、祝捷：《兩岸關係的法學思考》，香港社會科學出版社2010年版。
5. 中共中央政策文獻研究室編：《建國以來重要文獻選編》（第14冊），中央文獻出版社1997年版。
6. 韓德培主編：《國際私法問題專論》，武漢大學出版社2004年版。
7. 張憲文：《中華民國史綱》，河南人民出版社1986年版。
8. 劉德久、魏秀堂：《解讀臺灣》，九洲圖書出版社1999年版。
9. 周葉中主編：《憲法》（第二版），北京大學出版社、高等教育出版社2005年版。
10. 朱松嶺：《國家統一憲法學問題研究》，香港社會科學出版社2011年版。
11. 王鐵崖：《國際法》，法律出版社1981年版。
12. 梁西：《國際法》，武漢大學出版社2003年版。
13. 馬俊駒、餘延滿：《民法原論》（第二版），法律出版社2005年版。
14. 許崇德：《中華人民共和國憲法史》，載《許崇德全集》（第6卷），中國民主法製出版社2009年版。
15. 徐大同主編：《西方政治思想史》，天津教育出版社2002年版。
16. 胡繼堂等主編：《現代中國國家統一思想研究》，武漢出版社2007年版。
17. 祝捷主編：《外國憲法》，武漢大學出版社2010年版。
18. 韓秀義：《發展中的歐盟憲政》，中國政法大學出版社2002年版。

19.葛勇平、孫珺：《歐洲法析論》，法律出版社2008年版。

20.姚勤華：《歐洲聯盟集體身分的構建》，上海社會科學出版社2003年版。

21.陳雲林主編：《當代國家統一與分裂問題研究》，九州出版社2009年版。

22.朱天順主編：《當代臺灣政治研究》，廈門大學出版社1990年版。

23.姜士林、陳瑋主編：《世界憲法大全》（上），中國廣播電視大學出版社1989年版。

24.李慎明、王逸舟主編：《2003年：全球政治與安全報告》，社會科學文獻出版社2003年版。

25.鄭海麟：《臺灣主權的重新詮釋》，海峽學術出版社2000年版。

（二）中文簡體論文

1.周葉中、祝捷：《兩岸治理：一個形成中的結構》，載《法學評論》2010年第6期。

2.周葉中：《論構建兩岸關係和平發展框架的法律機制》，載《法學評論》2008年第3期。

3.祝捷：《論兩岸海域執法合作模式的構建》，載《臺灣研究集刊》2010年第3期。

4.李家泉：《關於60年來「臺灣意識」的看法》，載《黨建文匯》2008年第3期。

5.常泓、胡俊峰、於文善：《國民黨大陸政策的嬗變探析》，載《華中師範大學研究生學報》2007年第3期。

6.王建源：《涉台民商事案件法律適用的現狀與展望》，載《臺灣研究集刊》2007年第4期。

7.李龍、劉連泰：《廢除「六法全書」的回顧與反思》，載《河南省政法管理幹部學院學報》2003年第5期。

8.周葉中：《臺灣問題的憲法學思考》，載《法學》2007年第6期。

9.宋錫祥：《論海峽兩岸民商事司法協助的方法與途徑》，載《中國國際私法研究會2004年年會論文集》，武漢大學編。

10.杜力夫：《「憲法一中」與國民黨當政時的大陸政策》，載《臺灣研究集刊》2007年第1期。

11.周葉中、祝捷：《「一中憲法」與「憲法一中」——兩岸根本法「一中性」比較研究》，載《當代中國政治研究報告》，社會科學文獻出版社2012年版。

12.周葉中、祝捷：《論中國臺灣司法院大法官解釋兩岸關係的方法》，載《現代法學》2008年第1期。

13.王英津：《「兩德模式」與「一國兩制」之比較研究》，載《新視野》2001年第3期。

14.黃嘉樹、王英津：《主權構成研究及其在臺灣問題上的應用》，載《臺灣研究集刊》2002年第2期。

15.王英津：《分裂國家模式之探討》，載《國際論壇》2005年第2期。

16.黃嘉樹、王英津：《主權構成：對主權理論的再認識》，載《太平洋學報》2002年第4期。

17.陳動：《也談主權理論及在臺灣問題上的應用——兼與黃嘉樹、王英津商榷》，載《臺灣研究集刊》2003年第1期。

18.祝捷：《「臺灣國族認同」剖析》，載周葉中、祝捷：《兩岸關係的法學思考》，香港社會科學出版社2010年版。

19.周葉中、祝捷：《論兩岸關係和平發展框架的內涵》，載《時代法學》2009年第1期。

20.許世銓：《1992年共識：海基海協兩會協商之回顧與評析》，載《臺灣研究》2000年第4期。

21.江國華：《主權價值論》，載《政治學研究》2004年第2期。

22.錢福臣：《洛克與盧梭人民主權學說比較研究》，載《法治論叢》2005年第4期；

23.陳雲林：《發展兩岸關係是我們共同的願望》，載《兩岸關係》第7期，1998年1月。

24.李鵬：《「統合」掩飾不了「台獨」的陰謀——評陳水扁「統合論」的理論誤區、現實困境和政策實質》，載《廣東省社會主義學院學報》2001年第4期。

25.祝捷：《聯邦德國基本法與德國的統一》，載《武漢大學學報》（哲學社會科學版）2010年第5期。

26.黃正柏：《德國統一前兩德關係發展述評》，載《華中師範大學學報》（哲

學社會科學版）1993年第6期。

27.王英津：《朝韓復歸統一模式探析》，載《國際論壇》2003年第6期。

28.王建民：《臺灣參與政府間國際組織的現狀及兩岸較量》，載《亞非縱橫》2007年第4期。

29.李建濤、季亞軍：《淺析臺灣近期「攻勢外交」的若干特點》，載《世界經濟與政治論壇》2003年第6期。

30.王英津：《歐洲統合模式與兩岸統一》，載《太平洋學報》2003年第3期。

31.黃志瑾：《中國臺灣「國際空間」法律模式初探——以兩岸法律關係為視角》，載《法學評論》2012年第4期。

32.汪波、吳儀：《新-新功能主義：對功能主義理論的重新審視》，載《武漢大學學報》（哲學社會科學版）2004年第3期。

33.周葉中、祝捷：《論海峽兩岸和平協議的性質》，載《法學評論》2009年第2期。

34.王輯思：《論美國「兩個中國」政策的起源》，載《世界歷史》1987年第3期。

35.餘子道：《舊金山和約和日蔣和約與美日的「臺灣地位未定論」》，載《軍事歷史研究》2002年第1期。

36.任東來：《美國對臺灣地位問題的立場》，載《開放時代》2003年第1期。

37.陳安：《中國「入世」後海峽兩岸經貿問題「政治化」之防治》，載《中國法學》2002年第2期。

38.彭莉：《入世後兩岸若干經貿法律問題的理論爭議與實務分析》，載《臺灣研究集刊》2008年第3期。

（三）中文繁體著作

1.吳玉山：《爭辯中的兩岸關係理論》，載包宗和、吳玉山主編：《爭辯中的兩岸關係理論》，五南圖書出版股份有限公司2002年版。

2.張亞中：《兩岸主權論》，生智文化事業有限公司1998年版。

3.陳孔立：《臺灣學導論》，博揚文化事業有限公司2004年版。

4.石之瑜編：《家國之間：開展兩岸關係的能動機緣》，翰蘆圖書出版有限公司2003年版。

5. 邵宗海：《兩岸關係》，五南圖書出版有限公司2006年版。

6. 張亞中：《全球化與兩岸統合》，聯經出版事業股份有限公司2003年版。

7. 張亞中：《兩岸統合論》，生智文化事業有限公司2000年版。

8. 包宗和、吳玉山主編：《爭辯中的兩岸關係理論》，五南圖書出版股份有限公司1999年版。

9. 顏厥安：《憲邦異式》，元照出版有限公司2005年版。

10. 李震山：《多元、寬容與人權保障——以憲法未列舉權之保障為中心》，元照出版公司2005年版。

11. 傅肅良：《中國憲法論》，三民書局1989年版。

12. 周葉中、祝捷：《臺灣「憲政改革」研究》，香港社會科學出版社2007年版。

13. 丘宏達編：《現代國際法》，三民書局1977年版。

14. 張五岳：《分裂國家互動模式與統一政策之比較研究》，業強出版社1992年版。

15. 許宗力：《法與國家權力》（增訂二版），月旦出版社股份有限公司1993年版。

16. 蔡文斌：《特殊的兩國論》，載蔡文斌：《考銓行政與正當法律程序》，學林文化事業有限公司2000年版。

17. 王泰升：《臺灣法律史概論》，元照出版公司2001年版。

18. 李鴻禧等著：《臺灣憲法之縱剖橫切》，元照出版公司2002年版。

19. 蘇起、鄭安國編：《「一個中國、各自表述」共識的史實》，翰蘆圖書出版有限公司2003年版。

20. 施正峰編：《歐洲統合與臺灣》，前衛出版社2003年版。

21. 蔡政文、林嘉誠：《台海兩岸政治關係》，「國家」政策研究中心1989年。

22. 林正義、葉國興、張瑞猛：《臺灣加入國際經濟組織策略分析》，聯經出版事業股份有限公司1990年版。

23. 黃異：《國際法在國內法領域的效力》，元照出版公司2006年版。

24. 蘇永欽：《走向憲政主義》，聯經出版事業公司1994年版。

25. 陳隆志等：《臺灣非政府組織國際參與策略之研究》，臺灣「研究發展考核

委員會」研究報告2002年版。

26.陳荔彤：《臺灣主體論》，元照出版社2002年版。

27.彭明敏、黃昭堂：《臺灣在國際法上的地位》，玉山社1995年版。

28.邱宏達：《關於中國領土的國際法問題論集》，臺灣商務印書館1975年版。

（四）中文繁體論文

1.章念馳：《對台研究也是一門科學——評陳孔立的〈臺灣學導論〉》，《中國評論》2006年5月號。

2.［荷蘭］王鵬令：《「邦聯論」與「兩國論」》，載《聯合早報》2000年4月29日。

3.黃明瑞：《從二則「反攻大陸」判例的作成與廢止論民法上的政治解釋》，載《台大法學論叢》第34卷第4期，2005年。

4.臺灣智庫財經研究小組：《ECFA對地方產業與就業影響衝擊調查結果》2009年。

5.葉俊榮：《憲法的上升與沉淪：六度修憲後的定位與走向》，載《政大法學評論》第69期，2002年。

6.張啟雄、鄭家慶：《中華民國（臺灣）參與WHO／WHA會籍的「國際名分」認定》，載《近代史研究所集刊》第66期，2009年12月。

7.江啟臣：《WTO下兩岸政治互動之發展與意涵》，載《東吳政治學報》第19期，2004年。

8.楊開煌：《中共「對台政策」解釋與評估——決策人物取向之研究》，載《東吳政治學報》1997年第7期。

9.邵宗海：《兩岸關係：變遷、定位與策略》，「兩岸關係——變遷、定位與策略學術研討會」，臺灣大學政治學系主辦，2002年。

10.楊永明：《民主主權：政治理論中主權概念之演變與主權理論新取向》，載《台大政治科學論叢》第7期。

11.黃偉峰：《歐盟整合模式與兩岸主權爭議之解析》，載《歐美研究》第31卷第1期，2004年。

12.張亞中：《兩岸統合之理論與實踐：歐盟經驗的啟示》，載《美歐季刊》第14卷第1期，2000年春季號。

13. 李俊增：《論哈伯馬斯之憲政愛國主義》，載《歐美研究》第36卷第1期，2006年。

14. 曾建元：《一個憲法，各自表述》，載《萬竅：中華通識教育學刊》第4期，2006年。

15. 趙國材：《從國際法觀點論分裂國家之承認》，載《中國國際法與國際事務年報》（第三卷），臺灣商務印書館1989年版。

16. 張麟征：《務實外交——政策與理論之解析》，載《問題與研究》第29卷第12期，1990年。

17. 曾建元：《動員戡亂時期臺灣憲法變遷的環境動力》，載李炳南、何輝慶、曾建元：《動員戡亂時期臨時條款之研究——臺灣憲政變遷的環境動力、政治過程與制度後果》，臺灣大學社會科學院「國家」發展研究所2003年版。

18. 陳隆志：《臺灣國家進行曲》，載《新世紀智庫論壇》第39期，2007年3月。

19. 許宗力：《兩岸關係法律定位百年來的演變與最新發展——臺灣的角度出發》，載《月旦法學雜誌》第12期，1996年。

20. 王泰升：《臺灣憲法的故事：從「舊日本」與「舊中國」蛻變而成「新臺灣」》，載《台大法學論叢》第32卷第1期，2003年。

21. 周嘉川、陳水扁：「已做好準備兩岸隨時可談判」，載《聯合報》2000年10月22日。

22. 何振忠、尹乃馨：《果不其然提出來，各說各話解僵局》，載《聯合報》1992年3月24日。

23. 蘇宏達：《以「憲政主權建造」概念解釋歐洲統合之發展》，載《歐美研究》第31卷第4期，2001年12月。

24. 沈衛平：《兩岸關係應該如何定位——兼評「一邊一國論」》，載《中國評論》2003年第3期。

25. 張旺山：《史米特的決斷論》，載《人文及社會科學集刊》第15卷第2期，2003年6月。

26. 蔡英文：《霍布斯主權理論的當代詮釋》，載《公法學與政治理論——吳庚大法官榮退論文集》，元照出版社2004年版。

27. 張洋培：《國家主權與歐洲統合》，載《新世紀智庫論壇》第13期，2001年3

月。

28.錢永祥：《偉大的界定者：霍布斯絕對主權論的一個新解釋》，載《人文及社會科學集刊》第5卷第1期，1992年11月。

29.王泰升：《臺灣近代「憲政」文化的形成：以文本分析為中心》，載《台大法學論叢》第36卷第3期，2007年9月。

30.黃偉峰：《剖析歐洲聯盟正在成型的治理體系》，載《歐美研究》第33卷第2期，2003年6月。

31.張啟雄：《「法理論述」vs「事實論述」》，《臺灣史研究》第17卷第2期，2010年6月。

32.蔡政文：《務實外交的理念、實踐及評估》，載《政治科學論叢》第6期，1995年5月。

33.裘兆琳：《中國參與世界衛生組織之策略演變與美國角色分析》，載《歐美研究》第40卷第2期，2010年6月。

34.林文程：《中國參與國際組織的困境與對策》，載《新世紀智庫論壇》第10期，2000年6月。

35.陳隆志：《新世紀臺灣的國際角色》，載《新世紀智庫論壇》第10期，2000年6月。

36.姜皇池：《臺灣參與國際漁業組織：國際地位與實際利益之衡量》，載《臺灣國際法季刊》第2卷第1期，2005年3月。

37.傅崑成：《中國政府在英美國內法上的地位》，載《台大法學論叢》第23卷第2期，1994年。

38.黃昭元：《司法違憲審查的正當性爭議》，載《台大法學論叢》第32卷第6期，2003年。

39.李明峻：《政府承認與國內法院的訴訟權——從國際法看光華寮案》，載《臺灣國際法季刊》第3卷第3期，2006年9月。

40.蕭全政：《政治民主化與臺灣的對外政策》，載《政治科學論叢》第7期，1996年5月。

41.林若雩：《東協整合展與兩岸關係》，載《新世紀智庫論壇》第13期，2001年3月。

42.林正順：《「一個中國政策」的新動向與國際法》，載《臺灣國際法季刊》第3卷第3期，2006年9月。

43.羅啟政：《聯合國對「中國代表權問題」的法理爭議》，載《臺灣國際法季刊》第3卷第3期，2006年9月。

（五）中文譯著

1. [德] 漢斯·波塞爾：《科學：什麼是科學》，上海三聯書店2002年版。

2. [英] 詹寧斯、瓦茨修訂：《奧本海國際法》，王鐵崖等譯，中國大百科全書出版社1995年版。

3. [德] 法布拉斯·拉哈：《歐洲一體化如何運作？——分析框架之設想》，載《歐洲研究》2003年第3期。

4. [德] 卡爾·施米特：《憲法學說》，劉鋒譯，世紀出版集團、上海人民出版社2005年。

5. [美] 小查爾斯·愛德華·梅里亞姆：《盧梭以來的主權學說史》，畢洪海譯，法律出版社2006年版。

6. [英] 洛克：《政府論》（下），葉啟芳、瞿菊農譯，商務印書館1996年版。

7. [美] 戈登：《控制國家——西方憲政的歷史》，應奇等譯，江蘇人民出版社2001年版。

8. [法] 盧梭：《社會契約論》，何兆武譯，商務印書館1980年版。

9. [法] 托克維爾：《論美國的民主》，董果良譯，商務印書館1997年版。

10. [日] 安藤仁介：《論光華寮案與國際法》，黃居正譯，載《臺灣國際法季刊》第3卷第3期，2006年9月。

11. [美] 羅爾斯：《政治自由主義》，萬俊人譯，譯林出版社2000年版。

（六）學位論文

1.李孟鎔：《兩岸經貿互動過程中WTO爭端解決機制之研究》，臺灣東華大學碩士論文，2004年。

2.張惠玲：《歐盟「共同外交暨安全政策」之整合談判過程與台海兩岸協商經驗之比較》，臺灣中山大學大陸研究所博士論文，2002年。

3.鄭樟雄：《國家主權評析兩岸統合模式》，臺灣南華大學公共行政與政策研

究所碩士論文，2003年。

4.沈正彥：《兩岸主權問題研究》，臺灣中山大學大陸研究所碩士論文，2000年。

5.初國華：《不對稱權力結構下的兩岸談判：辜汪會談個案分析》，臺灣政治大學中山人文社會科學研究所博士論文，2007年9月。

6.李洪梅：《海峽兩岸在聯合國問題上的鬥爭研究》，首都師範大學碩士學位論文，2012年。

7.李宗龍：《從各區域性漁業管理組織看捕魚實體在國際漁業法上的法律地位》，東吳大學碩士論文2007年。

8.金瑩：《「日台條約」與1950年代初期遠東國際關係的形成》，復旦大學博士學位論文，2008年。

（七）大陸政策文件

1.胡錦濤：《攜手推動兩岸關係和平發展 同心實現中華民族偉大復興——在紀念〈告臺灣同胞書〉發表30週年座談會上的講話》（2008年）。

2.江澤民：《為促進祖國統一大業的完成而繼續奮鬥》（1995年）。

3.錢其琛：《在紀念江八點發表三週年座談會上的講話》（1998年）。

4.《臺灣問題與中國統一白皮書》（1993年）。

5.《臺灣省出席第十一屆全國人民代表大會代表協商選舉方案》（2007年）。

6.賈慶林：《在第八屆兩岸經貿文化論壇開幕式上的致辭》，《臺灣民調》（第113輯），2012年7月26日至7月31日。

7.王兆國：《關於〈反分裂國家法（草案）〉的說明》（2005年）。

8.《江澤民在中國共產黨成立七十週年大會上的講話》，載《人民日報》1991年7月2日。

9.江澤民：《加快改革開放和現代化建設步伐 奪取有中國特色社會主義事業的更大勝利》（1997年）。

10.《一個中國的原則與臺灣問題白皮書》（2000年）。

11.汪道涵：《汪道涵會見辜振甫談話提綱》（1998年）。

12.胡錦濤：《高舉中國特色社會主義偉大旗幟 為奪取全面建設小康社會新勝利而奮鬥》（2007年）。

13.胡錦濤：《在紀念辛亥革命100週年大會上的講話》，載《人民日報》2011年10月9日。

14.《中國共產黨總書記胡錦濤與親民黨主席宋楚瑜會談公報》（2005年）。

（八）臺灣有關言論及文件

1.馬英九：「在臺灣憲法學會2009年年會上的講話」（2009年）。

2.臺灣「國統會」：「國家統一綱領」（1991年）。

3.馬英九：「在2012年就職典禮上的講話」（2012年）。

4.民進黨：「憲政政策白皮書」（1999年）。

5.臺灣「行政院陸委會」：「我們對辜汪會談的看法」（1993年）。

6.臺灣「國統會」：「台海兩岸關係說明書」（1994年）。

7.李登輝：「民之所欲，長在我心」（1996年）。

8.馬英九：「在就任臺灣領導人典禮上的講話」（2008年）。

9.馬英九：「國慶談話全文」（2008年）。

10.臺灣「國統會」：「『一個中國』意涵定位結論」（1992年）。

11.馬英九：「做中華文化的引航者」（2011年）。

12.臺灣「外交部」：「中華民國參與聯合國說帖」，1994年4月。

13.臺灣「外交部」：「重新檢視一九七一年聯合國二七五八號決議」，1996年7月。

14.臺灣立法院：「外交部部長黃志芳報告外交施政並備詢」，臺灣「立法院公報」2006年第11期。

15.臺灣「外交部」：「黃（志芳）部長說明我今年推動以臺灣名義申請加入WHO案記者會」，2007年5月14日。

16.臺灣立法院：「外交部政務次長楊子葆及行政院衛生署主管副署長專題報告『二零零七年中國推動參加世界衛生組織（WHO）之經過、檢討與展望』」，臺灣「立法院公報」2007年第50期。

17.葉金川：「行政院衛生署專案報告二零零九年參與世界衛生組織之規劃」，載《社會福利及衛生環境委員會第七屆第三會期專案報告》，臺灣立法院2009年版。

18.臺灣「衛生署」：「WHO來函同意將我納入《國際衛生條例》運作體

系」，2009年1月22日。

19.臺灣「外交部」：「中國推動世界衛生組織（WHO）案說帖」，2002年5月。

20.臺灣「外交部」：「推動WHO案恰助說帖及文宣」，2004年5月。

21.臺灣「外交部」：「外交部對第五十八屆世界衛生大會透過《國際衛生條例》修正條文暨決議之表示歡，並感謝相關國家之協助」，2005年5月23日。

22.臺灣立法院：「外交部部長黃志芳報告外交施政並備詢」，臺灣「立法院公報」2006年第11期。

23.臺灣立法院：「外交部政務次長高英茂專題報告『二零零四年中國參與世界衛生組織大會（WHA）之經過、檢討與展望』」，臺灣「立法院公報」第34期。

24.臺灣立法院：「邀請外交部高次長英茂及行政院衛生署李副署長龍騰專題報告『中國參加世界衛生組織（WHO）工作之檢討』」，臺灣「立法院公報」2003年第36期。

25.臺灣「外交部」：「外交部重申絕不接受『世界衛生組織』（WHO）將臺灣實施『國際衛生條例2005』（IHR2005）納入中國之下」，2007年6月15日。

（九）外文資料

1.Joseph S Nyeand John D.Donahue.Governance in a Globalizing World, Brookings Institution Press（2000）.

2.David Mitrany：The Function Theory of Politics，London School of Economics and Political Science（1975）.

3.Ernst B.Hass，P.Schmitter：Economics and Differential Patterns of Political Integration，International Organizations，Vol.18，No4（1964）.

後記

　　本項目在一定程度上，是本人開始研究兩岸關係和臺灣問題的一個初步總結。在恩師周葉中教授指導下，我開始從事兩岸關係和臺灣問題研究。先後對「統一臺灣新戰略」、「遏制『臺灣法理獨立』」、「構建兩岸關係和平發展框架的法律機制研究」三個問題展開系統研究，也取得一些成績，開創了從法學，尤其是憲法學研究兩岸關係和臺灣問題的新視野，在學界有一定的影響。與周葉中教授合著的《臺灣「憲政改革」研究》，據一些學者介紹，已經成為從事臺灣問題研究人員的「案頭書」之一。我也有幸多次參加大陸對台決策和重大問題的理論研究工作，參加多個涉台問題的重大會議和內部研討會。對於兩岸關係和臺灣問題的認識，對中央對台政策的理解，也更加全面和深入。這些認識與理解，相當程度上，都體現在本研究的成果中。

祝捷

國家圖書館出版品預行編目(CIP)資料

兩岸關係定位與國際空間：臺灣參與國際活動問題研究 / 祝捷 著.
-- 第一版. -- 臺北市：崧燁文化，2019.01

　面；　公分

ISBN 978-957-681-749-6(平裝)

1.兩岸關係 2.國際政治

573.09　　　　107023355

書　名：兩岸關係定位與國際空間：臺灣參與國際活動問題研究
作　者：祝捷 著
發行人：黃振庭
出版者：崧燁文化事業有限公司
發行者：崧燁文化事業有限公司
E-mail：sonbookservice@gmail.com
粉絲頁　　　　　　　網　址：
地　址：台北市中正區重慶南路一段六十一號八樓815室
8F.-815, No.61, Sec. 1, Chongqing S. Rd., Zhongzheng Dist., Taipei City 100, Taiwan (R.O.C.)
電　話：(02)2370-3310　傳　真：(02) 2370-3210
總經銷：紅螞蟻圖書有限公司
地　址：台北市內湖區舊宗路二段121巷19號
電　話:02-2795-3656　傳真:02-2795-4100　網址：
印　刷：京峯彩色印刷有限公司（京峰數位）

　　本書版權為九州出版社所有授權崧博出版事業股份有限公司獨家發行電子書繁體字版。若有其他相關權利及授權需求請與本公司聯繫。

定價：750 元
發行日期：2019 年 01 月第一版
◎ 本書以POD印製發行